U0689676

中华经典名著

全本全注全译丛书

陈曦　周旻　等◎注
陈曦　王珏　王晓东　周旻◎译
韩兆琦◎审阅

史　记　三

表

中華書局

史记卷十五

六国年表第三

【释名】

《六国年表》与《十二诸侯年表》前后衔接，上起周元王元年（前476），下至秦二世三年（前207）秦朝灭亡，共谱列了约二百七十年间的历史，从时间跨度上说包含了现在通常所说的战国与秦朝两个时段。表中反映的史实，主要是七雄混战、秦国统一、秦朝建立各种制度，以及陈涉起义、秦朝灭亡等。表格的编排，从周元王元年（前476）至秦庄襄王三年（前247），分八栏，以周为首，下列秦、魏、韩、赵、楚、燕、齐七个诸侯国，即今所谓“战国七雄”；从秦始皇元年（前246）至二十六年（前221），周一栏被取消，只列七国，因为此时周已被秦所灭；从秦始皇二十七年（前220）至秦二世三年（前207），只有秦一栏，记秦朝各年大事，因为秦已统一了六国。

《六国年表》与《十二诸侯年表》相同，列周而不数周；剩余七国，因六国缘自为秦所灭，且此表资料基本来自《秦纪》，所以秦国地位也不能与六国相同，所以也不计，所以称《六国年表》。表中所记，还包括了晋、卫、郑、鲁、蔡、宋、吴等国。魏、韩、赵三家分晋，晋国史事记在魏格；卫国后为魏国附庸，其事也记在魏格；郑国被韩所灭，其事记在韩格；宋国被齐所灭，其事记于齐格；吴国被越所灭，越被楚所灭，蔡、鲁亦被楚所灭，所以吴、越、蔡、鲁诸国事皆记在楚格。

太史公读《秦记》[1]，至犬戎败幽王[2]，周东徙洛邑[3]，秦襄公始封为诸侯[4]，作西畤用事上帝[5]，僭端见矣[6]。《礼》曰：“天子祭天地，诸侯祭其域内名山大川[7]。”今秦杂戎翟之俗，先暴戾，后仁义，位在藩臣而胪于郊祀[8]，君子惧焉。及文公逾陇[9]，攘夷狄，尊陈宝[10]，营岐雍之间[11]，而穆公修政[12]，东竟至河[13]，则与齐桓、晋文中国侯伯侔矣[14]。是后陪臣执政[15]，大夫世禄[16]，六卿擅晋权[17]，征伐会盟，威重于诸侯。及田常杀简公而相齐国[18]，诸侯晏然弗讨[19]，海内争于战攻矣。三国终之卒分晋[20]，田和亦灭齐而有之[21]，六国之盛自此始。务在强兵并敌[22]，谋诈用而从衡短长之说起[23]。矫称蜂出，誓盟不信，虽置质剖符犹不能约束也[24]。秦始小国僻远，诸夏宾之[25]，比于戎翟，至献公之后常雄诸侯[26]。论秦之德义不如鲁卫之暴戾者，量秦之兵不如三晋之强也[27]，然卒并天下，非必险固便、形埶利也[28]，盖若天所助焉[29]。

【注释】

①《秦记》：又作《秦纪》，秦国编年体史书。今见于《秦始皇本纪》附录。

②犬戎：古族名。西戎的一支。殷周时游牧于泾渭流域即今陕西咸阳彬州、宝鸡岐山县一带，为殷周西边之劲敌。幽王：周宣王之子，名宫涅。前781—前771年在位。荒淫腐败，为西周最后一代君主。

③洛邑：一作雒邑。故城在今河南洛阳洛水北岸，瀍水东西两岸。周成王时筑。有成周、王城二城。成周在瀍水东，王城在瀍水西，故址当今洛阳涧水入洛水处一带。平王即迁都于此，至敬王、赧

王之时。

④秦襄公始封为诸侯：秦襄公，名失传。前777—前766年在位。原为西垂（今甘肃天水西南）大夫，犬戎攻周时曾予以救助，平王东迁时又率兵相送，遂被封为诸侯，赐岐西之地。

⑤西畤（zhì）：秦襄公在西垂所建祀西方之神白帝的神祠。秦襄公认为此神即少皞。畤，古时帝王祭祀天、地、五帝的场所。《史记索隐》："止也，言神灵之所依止也。"用：以。

⑥僭（jiàn）端见矣：超越本分的苗头表现出来了。按，泷川认为秦襄公建西畤只是依旧俗祭祀，而非天子南郊祭天之意，"此时秦襄始封，岂可有覬周之事？自汉武封禅，儒生方士附会为说，史公亦为其所误也"。

⑦天子祭天地，诸侯祭其域内名山大川：《礼记·王制》："天子祭天地，诸侯祭社稷。""天子祭天下名山大川……诸侯祭名山大川之在其地者。"

⑧胪（lǚ）：通"旅"，祭名。陈列祭品而祭。郊祀：天子在郊外祭祀天地之礼。郊谓大祀，祀为群祀。

⑨文公逾陇：指秦文公越过陇山向东方发展。文公，名失传。襄公之子。前765—前716年在位。即位四年，于汧、渭之会（今陕西宝鸡眉县东北）营造城邑，后迁都于此。多次伐犬戎，曾多次出兵攻西戎，收周之余民，扩地至岐。陇，陇山，在陕、甘之间。

⑩陈宝：文公十九年（前747）得到一块神石，据说其神"若雄鸡"，立祠供奉于陈仓（今陕西宝鸡东南）北阪，称为"陈宝"。实际为一块被神化了的状如雄鸡的玉石。

⑪岐：岐山。雍：秦邑名。秦德公（前701—前676年在位）迁都于此。在今陕西宝鸡凤翔南。

⑫穆公：德公之子，名任好，前659—前621年在位。秦穆公任用百里奚、蹇叔等为谋臣，奋发图强，努力向东开拓，图谋争霸中原。后

期被晋抑制，又听戎降臣由余之谋，灭掉西戎许多部落，称霸西戎。

⑬竟：同“境”。河：即今之黄河。

⑭则与齐桓、晋文中国侯伯侔矣：汉代人以齐桓、晋文、宋襄、秦穆、楚庄为春秋五霸，所以这句以为秦穆公与齐桓、晋文相当。中国，指中原地区。侔，相等。

⑮陪臣执政：指诸侯势弱，卿大夫掌握诸侯国的实权，如鲁国三桓、晋国六卿、齐国田氏。陪臣，大夫对于天子，大夫之家臣对于诸侯，都是隔了一层的臣，因之称为“陪臣”。此指卿大夫。

⑯世禄：世代享有爵禄。

⑰六卿：掌握晋国实权的范氏、中行氏、智氏、韩氏、赵氏、魏氏六大家族。

⑱田常杀简公：前481年，齐权臣田常弑杀齐简公，立平公，为执政。诛诸强族，自封采邑，其地大于齐君。田常，名恒，避汉文帝刘恒讳，作“田常”。谥成子。他立齐悼公，杀齐简公，立齐平公，自为相。期间基本控制齐国政权，是田氏篡夺姜氏齐国的关键人物之一。简公，齐悼公之子，名壬，前484—前481年在位。

⑲诸侯晏然弗讨：田常杀简公后，孔子曾向鲁哀公、季孙氏等提出讨伐田常，都未被接受。晏然，安然。

⑳三国终之卒分晋：晋幽公时，公室仅保有晋都绛（今山西临汾曲沃东北）与别都曲沃（今山西运城闻喜东北）之地，余皆归韩、赵、魏，晋侯反朝三家之君。前403年，周天子册命韩、赵、魏为诸侯。三国，即韩、赵、魏。

㉑田和亦灭齐而有之：田和初相齐康公，前391年，迁康公于海上。自求为诸侯。前386年列为诸侯。田和，田常曾孙，名和，又称和子，号太公。

㉒并：吞并。

㉓从衡短长：即合纵连横。从，同“纵”，合纵。衡，连横。“合众弱以

攻一强”为合纵，“事一强以攻众弱”为连横。战国后期，秦国独强，常指六国联合抗秦为合纵，秦国联合一些国家攻打其他国家为连横。因为秦在西，六国在东而自北而南，故有人又释曰南北联合为合纵，东西联合为连横。短长，颜师古注引张晏曰：“趋彼为短，归此为长。《战国策》名‘长短术’也。”

㉔置质：派遣人质作担保，以示信守盟约或臣服。剖符：符为凭信用具，剖分为二，双方各执其一，传达命令、调动军队时，合符以为征信。

㉕诸夏：指中原地区各诸侯国。夏，华夏，我国古代对中原地区的称呼。宾（bìn）：通“摈”，排斥。

㉖献公：秦灵公之子，名师隰，一名连，前384—前362年在位。在位期间励精图治，筑栎阳（今陕西西安临潼北）为都城，以求向东发展，曾多次出兵攻韩、魏。前364年大破魏于石门（今山西运城西南），斩首六万，取得战国时秦对关东六国的第一次大胜。后又出兵攻魏少梁（今陕西渭南韩城南），破魏军，擒俘魏太子公孙痤。其子孝公任用商鞅变法，秦一跃而成为强国。

㉗三晋：指韩、赵、魏三国。

㉘埶：同“势”。

㉙盖若天所助焉：秦吞并天下原因很多，主要是因为商鞅变法成功，使秦国富兵强，又采取了“远交近攻”各个击破等有效策略，而司马迁在此不做此解释却将之归于不可知之“天”，是他将秦暴戾而卒并天下作为一个实例，以表达他对“天道无亲，常与善人”之说的背于实际的不满。郭嵩焘曰：“中间忽插入此一段议论，文气跌宕，波趣无穷，此班氏所无。”

【译文】

太史公阅读《秦记》，当读到犬戎打败周幽王，周平王东迁洛邑，秦襄公因护驾有功而刚开始被封为诸侯，就建立了西畤来祭祀天帝，意识到秦国越分犯上的苗头这时候已经表现出来了。《礼记》说：“天子祭祀天地，诸侯祭祀自己国内的名山大川。”当时秦国的风俗混杂着戎狄的成分，把暴力排在首位，把仁义置于后位，身份为诸侯却用天子礼仪祭祀天地，君子们为此感到恐惧。到秦文公率军东越陇山，驱逐了当地的夷狄，建立宝鸡神祠，经营岐山、雍县一带，后来秦穆公修明政治，把国境向东扩张到黄河边，已经和中原地区齐桓公、晋文公等诸侯霸主的势力不相上下了。此后各国诸侯的权力相继落入卿大夫手里，大夫们也都享有了世袭的爵禄，晋国的六卿把持了晋国的朝政，掌控征伐会盟，权势比诸侯还大。等到齐国的田常杀了齐简公而自立为齐的相国，各国诸侯竟安然视之不去讨伐，从此诸侯开始在海内依仗武力相互争夺。韩、赵、魏三家最终瓜分了晋国，田和也灭掉了姜氏，夺取了齐国，东方六国的强盛时代由此开启。当时各国都致力于发展军事力量打败对手，使用权谋诈术，合纵连横的学说也应运而生。假传命令的谎言层出不穷，郑重订立的盟约无人遵守，甚至连互派人质、剖符为信也起不到约束作用。秦国原本只是一个偏远小国，中原各国都排斥它，把它看作戎翟，而秦献公执政以后，秦国在诸侯国中常常称雄。论秦国的德义，它比不上鲁国、卫国的那些最暴虐的国君；论秦国的兵力，它也不如韩、赵、魏三国强大；但它却最终统一了天下，这不仅是因为它有山川险固和形势时机的便利，而且大概像是有上天的帮助似的。

或曰：“东方物所始生，西方物之成孰[①]。”夫作事者必于东南，收功实者常于西北[②]。故禹兴于西羌[③]，汤起于亳[④]，周之王也以丰镐伐殷[⑤]，秦之帝用雍州兴[⑥]，汉之兴自蜀汉[⑦]。

【注释】

①东方物所始生，西方物之成孰：古人把春、夏、秋、冬四季与东、西、南、北相配，说东方之神为青帝，主春，主生发；西方之神为白帝，

主秋，主收获。孰，同“熟”。

②功实：实际的功效。

③故禹兴于西羌：《集解》引皇甫谧曰：“孟子称禹生石纽，西夷人也。传曰‘禹生自西羌’是也。”石纽，石纽山，《括地志》云在汶川西。《正义》曰：“禹生于茂州汶川县，本冉駹国，皆西羌。”《新语·术事》：“大禹出于西羌。”顾颉刚等认为禹所领导的夏后氏部落联盟的活动区域首先当在较西的陕西以东、山西一带。

④汤起于亳（bó）：一般认为汤之亳在今河南境内（有西亳、南亳、北亳），而司马迁明言“西北”，故徐广、钱大昕以为此所说之亳当指今陕西西安东南之亳亭。徐广曰：“京兆杜县有亳亭。”

⑤丰镐（hào）：周的旧都。文王邑丰，在今陕西西安西南丰水以西。武王迁镐，在丰水以东。

⑥雍州：《尚书·禹贡》“黑水西河惟雍州”，即今甘肃、陕西一带。

⑦汉之兴自蜀汉：刘邦初封汉王，拥有巴蜀和陕西汉中地区，都南郑（今陕西汉中）。

【译文】

有人说：“东方是万物开始生长的地方，西方是万物成熟的地方。”最初起事的必定是在东南，而最后获得成功的却常常是在西北。所以夏禹是从西羌兴起的，商汤是从亳县兴起的，周人是从丰、镐起兵讨伐殷朝而称王的，秦人是拥有了雍州才兴起而最终统一天下，汉朝的兴盛是从蜀汉开端的。

秦既得意[①]，烧天下《诗》《书》，诸侯史记尤甚[②]，为其有所刺讥也。《诗》《书》所以复见者，多藏人家，而史记独藏周室，以故灭。惜哉，惜哉！独有《秦记》，又不载日月，其文略不具[③]。然战国之权变亦有可颇采者[④]，何必上古？秦取天下多暴，然世异变[⑤]，成功大。传曰“法后王”[⑥]，何也？以其近己而俗变相类[7]，议卑而易行也[8]。学者牵于所闻[9]，见秦在帝位日浅，不察其终始，因举而笑之，不敢道，此与以耳食无异[10]。悲夫！

【注释】

①得意：此指秦如愿统一天下。

②诸侯史记：各诸侯国的史书。

③不具：不完备。

④战国之权变：指战国时期纵横家的游说辞和游说故事，即后来刘向编写《战国策》时参考的各种资料。杨宽《战国史》："司马迁所作《史记》，所凭战国主要史料，除《秦记》以外，惟有纵横家书……汉初皇家书库和民间都有收藏。"颇：略，少。

⑤世异变：世事发生变化。这里指秦根据形势变化而变革旧制，采用适时的政策。

⑥传曰"法后王"：《荀子·儒效》："法后王，一制度。"《非相》："舍后王而道上古，譬之是犹舍己之君而事人之君也。"传，贤人的著述曰"传"，此指《荀子》。

⑦俗变：习俗变通。

⑧议卑：指议论切实。

⑨牵：拘泥。

⑩以耳食：用耳朵吃饭，不知其滋味。喻不加省察，徒信传闻。

【译文】

秦始皇如愿统一天下后，下令烧毁天下的《诗》《书》，对诸侯国史书的焚毁尤其彻底，因为其中有批评秦国的文辞。《诗》《书》后来之所以能够重新出现，是因为这些书多被收藏在民间，而各国史书却只保存在周朝的史馆，因此全部被毁。可惜啊，可惜啊！剩下来的史书只有《秦记》，而它却连日月都没有记载，记事也有点简略不全。但是战国时代记载权谋应变的资料也很有值得借鉴的地方，为什么一定只能采用上古文献呢？秦朝夺取天下的手段虽然很残暴，但它能随着形势的变化而采取相应的措施，所以获得了巨大成功。古代文献说"要效法后代帝王"，为什么这样说呢？这是因为时代与我们接近，礼法习俗经过变通也和我们差不多，议论切实容易实行。现在有些学者因为被学识见闻所局限，看到秦朝统治的时间不长，不去考察它兴衰变化的前因后果，就全盘否定加以讥笑，不敢探究秦制的优劣短长，这和某些蠢人想用耳朵吃饭有什么两样？可悲啊！

余于是因《秦记》，踵《春秋》之后①，起周元王，表六国时事，讫二世，凡二百七十年，著诸所闻兴坏之端②。后有君子，以览观焉。

【注释】

①踵《春秋》之后：《春秋》止于鲁哀公十四年（前481），《六国年表》起于周元王元年（前476），中间只相差数年。踵，继。

②端：头绪。

【译文】

因此我根据《秦记》，紧承《春秋》的记述，上起周元王元年，用表格排列了战国时代各国的大事，下至秦二世被杀，总共二百七十年，记载了各国兴亡变化的诸多头绪。后代的君子们通过这个年表可以浏览各国历史变迁。

	前476	前475
周	周元王**元**年[①] 周元王名仁(一说名赤),周敬王的儿子,该年是其元年。	**二** 元王二年。
秦	秦厉共公**元**年 秦厉共公是秦悼公的儿子,该年是其元年。	**二** 蜀人来赂[⑧]。厉共公二年,蜀国来秦国进献财物。
魏	魏献子[②] 卫出公辄后元年[③]。魏献子(此为衍文)。卫出公名辄,是卫灵公的孙子、蒯聩的儿子,该年是其复位后元年。	晋定公卒。晋定公去世。
韩	韩宣子[④] 韩宣子(此为衍文)。	
赵	赵简子**四十二**[⑤] 赵简子是晋卿赵武的孙子,景叔成的儿子,该年是他即位的第四十二年。	**四十三**[赵襄子元年][⑨] 简子四十三年(赵襄子元年)。
楚	楚惠王章**十三**年 吴伐我[⑥]。楚惠王名章,是楚昭王的儿子,该年是他即位的第十三年。吴军(应为越军)进攻我国。	**十四** 越围吴,吴恐[⑩]。惠王十四年。越军包围吴国,吴人恐惧。
燕	燕献公**十七**年[燕孝公十七年][⑦] 该年为燕献公即位的第十七年(燕孝公十七年)。	**十八**[十八] 献公十八年(孝公十八年)。
齐	齐平公骜**五**年 齐平公名骜,是齐悼公的儿子,齐简公的弟弟,该年是他即位的第五年。	**六** 平公六年。

前474	前473	前472
三 元王三年。	**四** 元王四年。	**五** 元王五年。
三 厉共公三年。	**四** 厉共公四年。	**五** 楚人来赂。厉共公五年，楚国人来秦国进献财物。
晋出公错元年[11]。晋出公名错，是晋定公的儿子，该年是其元年。		
四十四［二］ 简子四十四年（襄子二年）。	**四十五**［三］ 简子四十五年（襄子二年）。	**四十六**［四］ 简子四十六年（襄子四年）。
十五 惠王十五年。	**十六** 越灭吴[12]。惠王十六年。越国灭掉吴国。	**十七** 蔡景侯卒[13]。惠王十七年。蔡景侯（应为成侯）去世。
十九［十九］ 献公十九年（孝公十九年）。	**二十**［二十］ 献公二十年（孝公二十年）。	**二十一**［二十一］ 献公二十一年（孝公二十一年）。
七 越人始来。平公七年。越国人开始派使者来齐国通好。	**八** 平公八年。	**九** 晋知伯瑶来伐我[14]。平公九年。晋人知伯瑶领兵来进攻我国。

【注释】

前476—前472

①周元王元年:周元王,名仁,又名"赤"。周敬王之子,《世本》作周定王之子。按,依《十二诸侯年表》周敬王在位四十三年,则周元王元年在前476年。而《左传》鲁人奔敬王之丧在鲁哀公十九年(前476),则敬王在位四十四年,元王元年在前475年。因《左传》早于《史记》,目前史学界多从《左传》说,但陈梦家、杨宽、白寿彝等仍持《史记》说,以为周元王元年为前476年。

②魏献子:魏氏,名舒,《索隐》作"钟舒",《世本》作"荼"。谥献。春秋时晋国正卿。时已去世。此为衍文。

③卫出公辄后元年:卫灵公太子蒯聩得罪出亡,灵公去世,蒯聩之子辄即位,是为出公。后蒯聩在赵鞅帮助下回国争位成功,为庄公,出公辄出亡;庄公被杀,立卫君起,卫君起被逐,出公辄回国复位,此年是其复位后的第一年,故称后元年。又,卫国后来一度为魏国附庸,故其事附于魏格。

④韩宣子:韩氏,名起。《左传》又作"士起"。谥宣。春秋时晋国正卿。时已去世,此为衍文。

⑤赵简子:赵鞅。谥简。时为晋国正卿。

⑥吴伐我:据《左传》,此年"越人侵楚"。时吴将亡,无力伐楚。疑此当作"越伐我"。

⑦"燕"格:底本作"燕献公十七年"。据《史记》,燕献公上接简公下接孝公,而《竹书纪年》无献公,杨宽《战国史·大事年表》认为此年当孝公十七年。与《燕召公世家》相对照,杨说合理。孝公在位三十八年,今表中"燕"格自此年至周定王十四年(前455)括注杨说纪年。

⑧蜀人来赂:蜀国人来进献财物。赂,赠送财物。

⑨"赵"格:按,此与《赵世家》以为赵简子在位六十年,"晋出公十

七年，简子卒”，并误。据《左传》，鲁哀公二十年（前475）“十一月，越围吴，赵孟降于丧食”，杜预注：“赵孟，襄子无恤，时有父简子之丧。”可证此时襄子已继简子为晋国正卿，故史家以为本年为襄子元年。格内括注补“赵襄子元年”。襄子在位五十一年，表中赵格自此年至周威烈王元年（前425）括注襄子正确纪年。

⑩越围吴，吴恐：据《左传》，此年越围吴，吴王夫差对晋使说“句践将生忧寡人，寡人死之不得矣”，非“怨”也，张文虎疑字当作“恐”。今据改。

⑪晋出公错：晋出公，名错，《世本》《晋世家》皆名“凿”。晋出公在位之年，《晋世家》作十七年，此表作十八年，《索隐》引《竹书纪年》云“出公二十三年奔楚，乃立昭公之孙，是为敬公”，当从《竹书纪年》。

⑫越灭吴：据《左传》，此年十一月丁卯（二十七日），越灭吴。吴王夫差自杀。

⑬蔡景侯：当作“蔡成侯”。蔡景侯为成侯之高祖父，前591—前543年在位，见《十二诸侯年表》。成侯，名朝。蔡昭侯之子。蔡被楚所灭，此表蔡事附记于楚格。

⑭知伯瑶：知氏，名瑶。又称“知伯”。又为荀氏，也称“荀瑶”。谥襄，故称“知襄子”。晋出公初年，继其父知宣子为卿。

	前471	前470
周	**六** 元王六年。	**七** 元王七年。
秦	**六** 义渠来赂[①]。绵诸乞援[②]。厉共公六年。义渠来秦国进献财物。绵诸乞求秦国出兵救援。	**七** 彗星见[④]。厉共公七年。彗星出现。
魏		卫出公饮，大夫不解袜[⑤]，公怒，即攻公，公奔宋[⑥]。卫出公和大夫们饮酒，大夫褚师比没脱袜子就上了酒席，卫出公发怒，大夫们就攻打卫出公，他逃亡到了宋国。
韩		
赵	**四十七**［五］ 简子四十七年（襄子五年）。	**四十八**［六］ 简子四十八年（襄子六年）。
楚	**十八** 蔡声侯元年[③]。惠王十八年。蔡声侯名产，是蔡成侯的儿子，该年是其元年。	**十九** 王子英奔秦[⑦]。惠王十九年。王子英逃亡到了秦国。
燕	**二十二**［二十二］ 献公二十二年（孝公二十二年）。	**二十三**［二十三］ 献公二十三年（孝公二十三年）。
齐	**十** 平公十年。	**十一** 平公十一年。

前469	前468
八 元王八年。	**定王元年**[8] 周定王又称周贞定王，名介，是周元王的儿子，该年是其元年。
八 厉共公八年。	**九** 厉共公九年。
四十九［七］ 简子四十九年（襄子七年）。	**五十**［八］ 简子五十年（襄子八年）。
二十 惠王二十年。	**二十一** 惠王二十一年。
二十四［二十四］ 献公二十四年（孝公二十四年）。	**二十五**［二十五］ 献公二十五年（孝公二十五年）。
十二 平公十二年。	**十三** 平公十三年。

前467

周	**二** 定王二年。
秦	**十** 庶长将兵拔魏城[9]。彗星见。厉共公十年。秦国庶长领兵攻下魏城。彗星出现。
魏	
韩	
赵	**五十一**［九］ 简子五十一年（襄子九年）。
楚	**二十二** 鲁哀公卒[10]。惠王二十二年。鲁哀公去世。
燕	**二十六**［二十六］ 献公二十六年（孝公二十六年）。
齐	**十四** 平公十四年。

前466

三　定王三年。
十一　厉共公十一年。
五十二［十］　简子五十二年（襄子十年）。
二十三　鲁悼公元年[11]。三桓胜，鲁如小侯。惠王二十三年。鲁悼公名宁，是鲁哀公的儿子，该年是其元年。鲁国的三卿孟孙氏、叔孙氏、季孙氏势力强盛，鲁国宫室卑于三国，鲁君犹如小侯。
二十七［二十七］　献公二十七年（孝公二十七年）。
十五　平公十五年。

前465

周	**四** 定王四年。
秦	**十二** 厉共公十二年。
魏	
韩	
赵	**五十三**［十一］ 简子五十三年（襄子十一年）。
楚	**二十四** 惠王二十四年。
燕	**二十八**［二十八］ 献公二十八年（孝公二十八年）。
齐	**十六** 平公十六年。

前464

五　定王五年
十三　厉共公十三年。
知伯伐郑，驷桓子如齐求救[12]。知伯领兵攻打郑国，郑大夫驷桓子到齐国请求援救（事应在四年前）。
五十四［十二］　知伯谓简子，欲废太子襄子，襄子怨知伯[13]。简子五十四年（襄子十二年）。知伯对赵简子说，想让他废掉太子赵襄子，赵襄子怨恨知伯（事在简子时期，因纪年错乱误书于此）。
二十五　惠王二十五年。
燕孝公**元**年［二十九年］　该年是燕孝公元年（孝公二十九年）。
十七　救郑，晋师去。中行文子谓田常[14]："乃今知所以亡[15]。"平公十七年。齐军救援郑国，晋军撤离。中行文子对田常说："我现在知道晋国将要灭亡的原因了。"

【注释】

前471—前464

①义渠:古民族名。西戎之一。春秋时自称为王,长期与秦对峙。秦昭襄王三十七年(前270)被秦所灭。

②绵诸:古民族名。戎人的一支。战国时分布在今甘肃天水东。后为秦所灭。

③蔡声侯:名产。蔡成侯之子。

④彗星见:据马非百《秦集史》考证,此彗星为哈雷彗星。

⑤卫出公饮,大夫不解袜:卫出公与诸大夫饮酒,大夫褚师比不解袜。古人之袜,用皮制,且有带系结,依礼,宴饮时须脱袜后登席。

⑥公奔宋:褚师比联合不满卫出公的大夫与工匠发动叛乱,进攻卫出公。出公逃到靠近宋国的城鉏,后死在越国。

⑦王子英奔秦:王子英为周敬王之子(一说为贞王之子),周元王时逃亡楚国,此年又逃奔秦国。

⑧定王:又称贞定王。名介。周元王之子。

⑨庶长将兵拔魏城:梁玉绳认为魏城本为秦地,此不当言“拔”,或当作“补”,即修补魏城城墙。庶长,官爵名。秦国设置,掌握军政大权,相当于卿。魏城,在今山西运城芮城北。

⑩鲁哀公卒:据《左传》,鲁哀公卒于去年(前468)。

⑪鲁悼公:名宁,一作“曼”。鲁哀公之子。据《左传》,悼公元年在去年(前467)。

⑫知伯伐郑,驷桓子如齐求救:据《左传》记载,知伯于鲁哀公二十七年(前468)率师伐郑,此年再次率师围郑,驷桓子向齐求救是在前一次,不是本年事。下“齐”格“救郑”云云,亦是哀公二十七年事。驷桓子,驷弘,字子般,谥桓。郑国大夫。

⑬“知伯谓简子”几句:《左传》《赵世家》均记本年“知伯伐郑”。《左传》说,攻打郑城门时,知伯命襄子“入之”,襄子认为知伯为

主将，自己不应先入，知伯骂襄子“恶而无勇，何以为子”，于是襄子怨知伯。而《赵世家》则说知伯醉，以酒灌击襄子，襄子“愠知伯”；归，知伯又让简子废襄子，襄子“怨知伯”。按，此处记事与《赵世家》同，因纪年错乱误书于此年。参前注。

⑭中行文子：中行寅。又称荀寅。谥文。曾为晋国大夫。晋定公时，与范吉射等攻赵鞅，失败后奔齐。

⑮乃今知所以亡：据《左传》，齐为救郑与晋交战，中行文子对田常说晋人向他说晋军勇猛，可能尽歼齐军。田常发怒，怀疑中行文子有为晋国而威吓齐国之心。中行文子曰：“吾乃今知所以亡。君子之谋也，始、衷、终皆举之，而后入焉。今我三不知而入之，不亦难乎?”

前463

周	**六** 定王六年。
秦	**十四** 晋人、楚人来赂。厉共公十四年。晋国人、楚国人来秦国进献财物。
魏	
韩	郑声公卒[1]。郑声公去世。
赵	**五十五**［十三］ 简子五十五年（襄子十三年）。
楚	**二十六** 惠王二十六年。
燕	**二**［三十］ 孝公二年（孝公三十年）。
齐	**十八** 平公十八年。

前462	前461
七 定王七年。	**八** 定王八年。
十五 厉共公十五年。	**十六** 堑河旁[2]。伐大荔[3]。补庞戏城[4]。厉共公十六年。沿黄河边修筑防御工事。进攻大荔。补建庞戏城。
郑哀公元年。 郑哀公名易，是郑声公的儿子，该年是其元年。	
五十六［十四］ 简子五十六年（襄子十四年）。	**五十七**［十五］ 简子五十七年（襄子十五年）。
二十七 惠王二十七年。	**二十八** 惠王二十八年。
三［三十一］ 孝公三年（孝公三十一年）。	**四**［三十二］ 孝公四年（孝公三十一年）。
十九 平公十九年。	**二十** 平公二十年。

	前460	前459	前458
周	**九** 定王九年。	**十** 定王十年。	**十一** 定王十一年。
秦	**十七** 厉共公十七年。	**十八** 厉共公十八年。	**十九** 厉共公十九年。
魏			
韩			
赵	**五十八**[十六] 简子五十八年（襄子十六年）。	**五十九**[十七] 简子五十九年（襄子十七年）。	**六十**[十八] 简子六十年（襄子十八年）。
楚	**二十九** 惠王二十九年。	**三十** 惠王三十年。	**三十一** 惠王三十一年。
燕	**五**[三十三] 孝公五年（孝公三十三年）。	**六**[三十四] 孝公六年（孝公三十四年）。	**七**[三十五] 孝公七年（孝公三十五年）。
齐	**二十一** 平公二十一年。	**二十二** 平公二十二年。	**二十三** 平公二十三年。

前457

十二 定王十二年。
二十 公将师与绵诸战。厉共公二十年。秦厉共公领兵与绵诸作战。
襄子**元**年［十九］ 未除服，登夏屋，诱代王，以金斗杀代王。封伯鲁子周为代成君⑤。该年是赵襄子元年（襄子十九年）。赵简子的丧期还没有满，赵襄子就登上了北方的夏屋山，引诱代王与他相见，命令厨师用手中的铜勺击杀代王。把代地封给了伯鲁的儿子周，让他作了代成君。
三十二 蔡声侯卒。惠王三十二年。蔡声侯去世。
八［三十六］ 孝公八年（孝公三十六年）。
二十四 平公二十四年。

前456

周	**十三** 定王十三年。
秦	**二十一** 厉共公二十一年。
魏	晋哀公忌元年[6]。晋哀公(应为敬公或懿公子骄)名忌,该年是其元年(其元年应为前451年)。
韩	
赵	**二**[二十] 襄子二年(襄子二十年)。
楚	**三十三** 蔡元侯元年。惠王三十三年。蔡元侯是蔡声侯的儿子,该年是其元年。
燕	**九**[三十七] 孝公九年(孝公三十七年)。
齐	**二十五** 平公二十五年。

前455

十四　定王十四年。
二十二　厉共公二十二年。
卫悼公黔元年[⑦]。卫悼公名黔，该年是其元年（其元年应为前469年或前468年）。
三［二十一］　襄子三年（襄子二十一年）。
三十四　惠王三十四年。
十［三十八］　孝公十年（孝公三十八年）。
齐宣公就匝**元年**[⑧]　齐宣公名就匝（《齐太公世家》曰名积），该年是其元年。

前454

周	**十五** 定王十五年。
秦	**二十三** 历共公二十三年。
魏	
韩	[郑共公元年][9] （郑共公元年）。
赵	**四**[二十二] 与智伯分范、中行地[10]。襄子四年（襄子二十二年）。赵襄子与智伯瓜分了范氏、中行氏的土地（事应在前458年）。
楚	**三十五** 惠王三十五年。
燕	**十一**[燕成公元年][11] 孝公十一年（燕成公元年）。
齐	**二** 宣公二年。

前453

十六 定王十六年。
二十四 厉共公二十四年。
魏桓子败智伯于晋阳⑫。魏桓子在晋阳打败智伯。
韩康子败智伯于晋阳⑬。韩康子在晋阳打败智伯。
五[二十三] 襄子败智伯晋阳,与魏、韩三分其地⑭。襄子五年(襄子二十三年)。赵襄子在晋阳打败智伯,与魏氏、韩氏共同瓜分了智伯的土地。
三十六 惠王三十六年。
十二[二] 孝公十二年(成公二年)。
三 宣公三年。

【注释】

前463—前453

①郑声公卒：此年为郑声公三十八年（前463）。按，据《郑世家》，郑声公卒于其三十七年。因郑为韩所灭，故其事记于“韩”格内。

②堑河旁：在黄河边挖壕沟筑防御工事。堑，挖掘壕沟。

③大荔：古民族名。春秋战国时期西戎的一支，分布在今陕西泾水、洛水上游地区。在今陕西渭南大荔一带。

④庞戏城：即原戎族彭戏氏之城，在华山下。

⑤“赵”格：未除服，指赵简子去世，赵襄子尚在服丧期间。夏屋，古山名。在今山西忻州代县东北。代，古国名。都城在今河北张家口蔚县东北。伯鲁，赵襄子之兄，曾被赵简子立为太子，后被废。按，底本此格标为襄子元年，此格内所记之事亦为当时之事。但赵襄子纪年错乱（说见前注），赵襄子元年在前475年，此年实为襄子十九年。

⑥晋哀公忌元年：按，据《竹书纪年》和《世本》，晋无哀公，忌未为君，忌之子骄为敬公（《竹书纪年》，《世本》作懿公）。敬公在位十八年，其元年当在周定王十八年（前451）。

⑦卫悼公黔元年：据《左传》，前469年卫立悼公。《卫康叔世家》说悼公五年卒，而《索隐》引《竹书纪年》云“四年卒于越”，则其元年依《左传》与《竹书纪年》当为前468年，依《卫康叔世家》当为前469年。

⑧齐宣公就匝：《齐太公世家》云其名为“积”。

⑨“韩”格：该年是郑共公元年。据《郑世家》，上一年郑人弑哀公而立共公。郑共公，名丑，郑声公弟，郑哀公叔父。按，此表失书郑共公一世，今括注补出。

⑩与智伯分范、中行地：据《晋世家》，赵鞅在晋定公二十二年（前490）打败范氏、中行氏，范、中行氏奔齐；晋出公十七年（前

458)，赵与智伯、韩、魏共分范、中行氏地，表记于本年，且不书韩、魏，误。范、中行，春秋时期晋国“六卿”中的范氏、中行氏两大家族。

⑪“燕”格：据《竹书纪年》，此年是燕成公元年。燕成公，名载，继燕孝公立。燕成公在位十六年，此表自此年至周考王二年（前439）括注燕成公纪年。

⑫魏桓子：名驹。晋卿。晋阳：晋邑名。在今山西太原西南。

⑬韩康子：名虎。晋卿。

⑭襄子败智伯晋阳，与魏、韩三分其地：前455年，智伯向韩、赵、魏三家索地，韩与魏与之，赵不与，智伯遂率韩、魏伐赵，襄子奔保晋阳，三家包围晋阳。前453年，赵氏策反韩、魏共灭智伯，分其地，形成了三家分晋的局面。大致赵有今山西中部及北部、河北西南部及宁夏河套之地，兼有河南、山东的一部分，都晋阳。魏得山西西南部、河南东部及陕西、安徽的一部分，是原晋国的心脏地区，都安邑（今山西运城夏县附近）。韩有今河南中部、西部，兼有陕西、山西的一部分，都阳翟（今河南许昌禹州）。

前452

周	**十七** 定王十七年。
秦	**二十五** 晋大夫智开率其邑人来奔[1]。厉共公二十五年。晋大夫智开率领着他封邑中的族人逃亡来到了秦国。
魏	
韩	
赵	**六**［二十四］ 襄子六年（襄子二十四年）。
楚	**三十七** 惠王三十七年。
燕	**十三**［三］ 孝公十三年（成公三年）。
齐	**四** 宣公四年。

前451

十八 定王十八年。
二十六 左庶长城南郑[2]。厉共公二十六年。左庶长修筑南郑城墙。
[晋敬公元年][3] （晋敬公元年）。
七[二十五] 襄子七年（襄子二十五年）。
三十八 惠王三十八年。
十四[四] 孝公十四年（成公四年）。
五 宋景公卒[4]。宣公五年。宋景公去世。

前450

周	**十九** 定王十九年。
秦	**二十七** 厉共公二十七年。
魏	卫敬公元年[⑤]。卫敬公名佛，是卫悼公的儿子，该年是其元年。
韩	
赵	**八**［二十六］ 襄子八年（襄子二十六年）。
楚	**三十九** 蔡侯齐元年[⑥]。惠王三十九年。蔡侯名齐，是蔡元侯的儿子，该年是其元年。
燕	**十五**［五］ 孝公十五年（成公五年）。
齐	**六** 宋昭公元年[⑦]。宣公六年。宋昭公名特，是宋元公的曾孙，该年是其元年。

前449

二十 定王二十年。
二十八 越人来迎女。厉共公二十八年。越人来迎娶秦国女子。
九[二十七] 襄子九年(襄子二十七年)。
四十 惠王四十年。
燕成公**元**年[六][8] 燕成公名载,该年是其元年(成公六年)。
七 宣公七年。

前448

周	**二十一** 定王二十一年。
秦	**二十九** 晋大夫智宽率其邑人来奔[⑨]。厉共公二十九年。晋大夫智宽率领他封邑中的族人逃亡来到秦国。
魏	
韩	
赵	**十**［二十八］ 襄子十年（襄子二十八年）。
楚	**四十一** 惠王四十一年。
燕	**二**［七］ 成公二年（成公七年）。
齐	**八** 宣公八年。

前447	前446
二十二 定王二十二年。	**二十三** 定王二十三年。
三十 厉共公三十年。	**三十一** 厉共公三十一年。
十一［二十九］ 襄子十一年（襄子二十九年）。	**十二**［三十］ 襄子十二年（襄子三十年）。
四十二 楚灭蔡[⑩]。惠王四十二年。楚国灭了蔡国。	**四十三** 惠王四十三年。
三［八］ 成公三年（成公八年）。	**四**［九］ 成公四年（成公九年）。
九 宣公九年。	**十** 宣公十年。

前445

周	**二十四** 定王二十四年。
秦	**三十二** 厉共公三十二年。
魏	[魏文侯斯元年][11] （魏文侯元年）。
韩	
赵	**十三**[三十一] 襄子十三年（襄子三十一年）。
楚	**四十四** 灭杞[12]。杞，夏之后。惠王四十四年。楚国灭了杞国。杞国人是夏禹的后裔。
燕	**五**[十] 成公五年（成公十年）。
齐	**十一** 宣公十一年。

前444

二十五　定王二十五年。
三十三　伐义渠[13]，虏其王。厉共公三十三年。秦军攻打义渠，俘获了义渠王。
[二]（文侯二年）。
十四[三十二]　襄子十四年（襄子三十二年）。
四十五　惠王四十五年。
六[十一]　成公六年（成公十一年）。
十二　宣公十二年。

【注释】

前452—前444

①智开:智伯瑶之子。一说为智氏族人。邑:一本作“邑人”,即其封地上的百姓。

②左庶长:秦国的执政大臣,后为秦武功爵二十级中的第十级。南郑:秦邑名。在今陕西汉中东。其地濒临汉水,北取褒斜道以通长安,南取金牛道以通巴蜀,为古代兵争之地。

③“魏”格:据《竹书纪年》与杨宽《战国史表》,此年是晋敬公元年。格内括注补出。

④宋景公卒:据梁玉绳、钱穆等考证,宋景公卒于前469年。宋景公,名头曼,宋元公之子。

⑤卫敬公:名弗,一作“费”。卫悼公之子。

⑥蔡侯齐:名齐,蔡元侯之子。国灭无谥。

⑦宋昭公:名特,一作“得”。宋元公曾孙。据《左传·哀公二十六年》,宋景公无子,养得、启兄弟于宫中。景公卒,景公宠臣大尹(官名)立启,宋三族、六卿攻大尹,大尹奉启奔楚,国人立得,即昭公。则宋昭公之立在前469年,其元年当为前468年,当周元王九年。

⑧燕成公元年:其立在前454年,此年是其六年。说见前。

⑨智宽:智伯瑶族人。智伯被灭已六年,此时才奔秦,可能是守别邑之大夫。

⑩楚灭蔡:蔡,诸侯国名。姬姓。始封君为周武王之弟叔度。初都蔡(今河南驻马店上蔡西南),后迁新蔡(今属河南)、州来(即下蔡,今安徽淮南凤台)。战国时都高蔡(今湖南常德),楚宣王灭之。

⑪“魏”格:陈梦家、杨宽等据《竹书纪年》推算,魏文侯元年应在周定王二十四年(前445)。此格括注据补“魏文侯斯元年”。魏文

侯在位五十年，于周威烈王二年（前424）自称侯，此表魏格自此年至周威烈王元年（前425）括注补出魏文侯纪年；自周威烈王二年（前424）至其去世（前396），括注附加其在位总年数。魏文侯，名斯。在位期间，重用贤士，变法图强，败齐、楚、秦，使魏成为战国初年第一强国。

⑫杞：诸侯国名。姒姓。夏禹之后，周武王时封。初都雍丘（今河南开封杞县），后迁缘陵（今山东潍坊昌乐东南）、淳于（今山东潍坊安丘东北）。

⑬义渠：古民族名。西戎之一，分布在今甘肃庆阳及平凉泾川一带。春秋时自称为王，常与秦交战。

前443

周	**二十六** 定王二十六年。
秦	**三十四** 日蚀[①],昼晦。星见。厉共公三十四年。发生日食,白天黑暗。能看见星星。
魏	[三] (文侯三年)。
韩	
赵	**十五**[三十三] 襄子十五年(襄子三十三年)。
楚	**四十六** 惠王四十六年。
燕	**七**[十二] 成公七年(成公十二年)。
齐	**十三** 宣公十三年。

前442	前441
二十七 定王二十七年。	**二十八** 定王二十八年。
秦躁公**元**年[②] 秦躁公是秦厉共公的儿子,该年是其元年。	**二** 南郑反。躁公二年,南郑人谋反。
[四] (文侯四年)。	[五] (文侯五年)。
十六[三十四] 襄子十六年(襄子三十四年)。	**十七**[三十五] 襄子十七年(襄子三十五年)。
四十七 惠王四十七年。	**四十八** 惠王四十八年。
八[十三] 成公八年(成公十三年)。	**九**[十四] 成公九年(成公十四年)。
十四 宣公十四年。	**十五** 宣公十五年。

前440

周	考王**元年**[3] 周考王名嵬，是周定王的儿子，该年是其元年。
秦	**三** 躁公三年。
魏	[六] （文侯六年）。
韩	
赵	**十八**[三十六] 襄子十八年（襄子三十六年）。
楚	**四十九** 惠王四十九年。
燕	**十**[十五] 成公十年（成公十五年）。
齐	**十六** 宣公十六年。

前439	前438
二 考王二年。	**三** 考王三年。
四 躁公四年。	**五** 躁公五年。
[七] (文侯七年)。	[八] (文侯八年)。
十九[三十七] 襄子十九年(襄子三十七年)。	**二十**[三十八] 襄子二十年(襄子三十八年)。
五十 惠王五十年。	**五十一** 惠王五十一年。
十一[十六] 成公十一年(成公十六年)。	**十二**[燕湣公元年][4] 成公十二年(燕湣公元年)。
十七 宣公十七年。	**十八** 宣公十八年。

前437

周	四　考王四年。
秦	六　躁公六年。
魏	[九]晋幽公柳元年[5]。服韩、魏[6]。（文侯九年）。晋幽公名柳，该年是其元年。朝见韩、魏（应为朝韩、赵、魏）的君主。
韩	
赵	二十一[三十九]　襄子二十一年（襄子三十九年）。
楚	五十二　惠王五十二年。
燕	十三[二]　成公十三年（湣公二年）。
齐	十九　宣公十九年。

前436

五　考王五年。
七　躁公七年。
[十]（文侯十年）。
二十二[四十]　襄子二十二年（襄子四十年）。
五十三　惠王五十三年。
十四[三]　成公十四年（滑公三年）。
二十　宣公二十年。

前435

周	**六** 考王六年。
秦	**八** 六月，雨雪。日、月蚀。躁公八年。六月，有雨夹雪。发生日食、月食。
魏	[十一] （文侯十一年）。
韩	
赵	**二十三**[四十一] 襄子二十三年（襄子四十一年）。
楚	**五十四** 惠王五十四年。
燕	**十五**[四] 成公十五年（湣公四年）。
齐	**二十一** 宣公二十一年。

前434

七 考王七年。
九 躁公九年。
［十二］（文侯十二年）。
二十四［四十二］ 襄子二十四年（襄子四十二年）。
五十五 惠王五十五年。
十六［五］ 成公十六年（湣公五年）。
二十二 宣公二十二年。

前433

周	**八** 考王八年。
秦	**十** 躁公十年。
魏	[十三　晋幽公柳元年][7]（文侯十三年。晋幽公元年）。
韩	
赵	**二十五**[四十三] 襄子二十五年（襄子四十三年）。
楚	**五十六** 惠王五十六年。
燕	燕湣公**元**年[六][8] 该年是燕湣公元年（湣公六年）。
齐	**二十三** 宣公二十三年。

前432

九 考王九年。
十一 躁公十一年。
[十四] （文侯十四年）。
二十六[四十四] 襄子二十六年（襄子四十四年）。
五十七 惠王五十七年。
二[七] 滑公二年（滑公七年）。
二十四 宣公二十四年。

前431

周	**十** 考王十年。
秦	**十二** 躁公十二年。
魏	[十五]卫昭公元年[9]。(文侯十五年)。卫昭公名纠,是卫敬公的儿子,该年是其元年。
韩	
赵	**二十七**[四十五] 襄子二十七年(襄子四十五年)。
楚	楚简王仲**元**年 灭莒[10]。楚简王名仲,是楚惠王的儿子,该年是其元年。灭掉了莒国。
燕	三[八] 湣公三年(湣公八年)。
齐	**二十五** 宣公二十五年。

前430

十一 考王十一年。
十三 义渠伐秦，侵至渭阳[11]。躁公十三年。义渠进攻秦国，侵犯到了渭阳（应为渭阴）。
［十六］ （文侯十六年）。
二十八［四十六］ 襄子二十八年（襄子四十六年）。
二 简王二年。
四［九］ 滑公四年（滑公九年）。
二十六 宣公二十六年。

前429

周	**十二** 考王十二年。
秦	**十四** 躁公十四年。
魏	[十七] （文侯十七年）。
韩	
赵	**二十九**[四十七] 襄子二十九年（襄子四十七年）。
楚	**三** 鲁悼公卒[12]。简王三年。鲁悼公去世。
燕	**五**[十] 滑公五年（滑公十年）。
齐	**二十七** 宣公二十七年。

前428

十三 考王十三年。
秦怀公**元**年[13] 生灵公[14]。秦怀公是秦厉共公的儿子，躁公的弟弟，该年是其元年。秦灵公出生。
[十八]（文侯十八年）。
三十[四十八] 襄子三十年（襄子四十八年）。
四 鲁元公元年[15]。简王四年。鲁元公名嘉，是鲁悼公的儿子，该年是其元年。
六[十一] 滑公六年（滑公十一年）。
二十八 宣公二十八年。

【注释】

前443—前428

①日蚀:据朱文鑫考证,此次日食当在下一年的3月11日。

②秦躁公:史失其名。秦厉共公之子。

③考王:周考王,名嵬。周定王之子。在位期间封其弟揭于河南(今河南洛阳涧滨东周城),称为西周惠公,是周分裂为东周、西周两个小国的开端。

④“燕”格:据《竹书纪年》,燕成公之后为文公,在位二十四年。其元年应在周考王三年(前438)。《世本》文公作“闵公”,本表和《燕召公世家》作“湣公”。按,“文”“湣”“闵”古可通,诸书所云为一王。此格括注“燕湣公元年”。燕湣公在位二十四年,表中燕格自此年至周威烈王十一年(前415)括注附加燕湣公纪年。

⑤晋幽公柳元年:依杨宽《战国史表》此年为晋敬公十四年,幽公并未即位。钱穆、陈梦家考证幽公元年在四年后的周考王八年,前433年。幽公,名柳,继敬公立,在位十八年。此格当标魏文侯纪年“九”。

⑥服韩、魏:当依《晋世家》作“朝韩、赵、魏”。

⑦“魏”格:晋幽公元年实始于此年。今括注补“晋幽公柳元年”数字。

⑧燕湣公元年:燕湣公元年实始于六年前的周考王三年(前438)。括注补湣公纪年“六”。

⑨卫昭公元年:卫昭公,名纠。卫敬公之子。梁玉绳认为其元年当在周定王二十四年,前445年;平势隆郎认为在周考王五年,前436年。

⑩莒:诸侯国名。嬴姓(一作己姓)。始封之君为兹舆期。始都计斤(今山东胶州东南)。春秋初年迁都于莒(今山东日照莒县)。

⑪侵至渭阳:渭阳,指渭河以北地区。《秦本纪》作“渭南”,指渭河

以南地区。缪文远《战国史系年辑证》附录《〈史记·六国年表〉校读札记》引《后汉书·西羌传》作“渭阴”,与《本纪》合。

⑫鲁悼公卒:有公元前431年(黄式三、梁玉绳)、前437年(钱穆)、前432年(平势隆郎)不同说法。缪文远曰黄、梁之说可据。郭克煜《鲁国史》以为《鲁世家》纪年多误,而《六国年表》鲁年无误。

⑬秦怀公:史失其名。秦躁公之弟,厉共公之子。

⑭生灵公:梁玉绳曰:“灵乃怀之孙,此仍《秦纪》之误。”张文虎曰:“《表》于是年书‘生灵公’,而后灵公元年书‘生献公’,首尾仅五年,错误甚矣。”

⑮鲁元公:名嘉。鲁悼公之子。

	前427	前426
周	**十四** 考王十四年。	**十五** 考王十五年。
秦	**二** 怀公二年。	**三** 怀公三年。
魏	[十九] （文侯十九年）。	[二十] （文侯二十年）。
韩		
赵	**三十一**[四十九] 襄子三十一年（襄子四十九年）。	**三十二**[五十] 襄子三十二年（襄子五十年）。
楚	**五** 简王五年。	**六** 简王六年。
燕	**七**[十二] 湣公七年（湣公十二年）。	**八**[十三] 湣公八年（湣公十三年）。
齐	**二十九** 宣公二十九年。	**三十** 宣公三十年。

前425

威烈王元年[①] 周威烈王是周考王的儿子，该年是其元年。
四 庶长晁杀怀公。太子蚤死[②]，大臣立太子之子，为灵公。怀公四年。庶长晁杀死秦怀公。秦怀公的太子死得早，大臣就立太子的儿子为秦君，他就是秦灵公。
［二十一］卫悼公亹元年[③]。（文侯二十一年）。该年是卫悼公（应为怀公）即位的第一年。
三十三［五十一］ 襄子卒。襄子三十三年（襄子五十一年）。赵襄子去世。
七 简王七年。
九［十四］ 滑公九年（滑公十四年）。
三十一 宣公三十一年。

前424

周	**二** 威烈王二年。
秦	秦灵公元年 生献公。秦灵公是秦怀公的孙子,该年是其元年。秦献公出生。
魏	魏文侯斯元年[二十二][4] 魏文侯名斯,是魏桓子的儿子,该年是其自称侯元年,是其即位的第二十二年。
韩	韩武子元年[5] 韩武子名启章,是韩康子的儿子,该年是其元年。
赵	赵桓子元年[6] 赵桓子名嘉,是赵简子的儿子,该年是其元年。
楚	**八** 简王八年。
燕	**十**[十五] 湣公十年(湣公十五年)。
齐	**三十二** 宣公三十二年。

前423

三 威烈王三年。
二 灵公二年。
二［二十三］ 文侯自称侯二年（文侯即位第二十三年）。
二 郑幽公元年[7]。韩杀之。武子二年。郑幽公名己，是郑共公的儿子，该年是其元年。他被韩武子杀死。
赵献侯元年[8] 赵献侯是赵襄子的侄孙，代成君的儿子，该年是其元年。
九 简王九年。
十一［十六］ 滑公十一年（滑公十六年）。
三十三 宣公三十三年。

前422

周	**四** 威烈王四年。
秦	三 作上、下畤[9]。灵公三年。建造祭祀黄帝的上畤与祭祀炎帝的下畤。
魏	三［二十四］ 文侯自称侯三年（文侯即位第二十四年）。
韩	三 郑立幽公子，为繻公[10]，元年。武子三年。郑人立幽公的儿子为郑君，他就是郑繻公，该年是其元年。
赵	**二** 献侯二年。
楚	**十** 简王十年。
燕	**十二**［十七］ 湣公十二年（湣公十七年）。
齐	**三十四** 宣公三十四年。

前421	前420
五 威烈王五年。	**六** 威烈王六年。
四 灵公四年。	**五** 灵公五年。
四［二十五］ 文侯自称侯四年（文侯即位第二十五年）。	**五**［二十六］ 魏诛晋幽公，立其弟止[11]。文侯自称侯五年（文侯即位第二十六年）。魏人诛杀晋幽公，立他的弟弟（应为儿子）止为晋君。
四 武子四年。	**五** 武子五年。
三 献侯三年。	**四** 献侯四年。
十一 简王十一年。	**十二** 简王十二年。
十三［十八］ 湣公十三年（湣公十八年）。	**十四**［十九］ 湣公十四年（湣公十九年）。
三十五 宣公三十五年。	**三十六** 宣公三十六年。

前419

周	**七** 威烈王七年。
秦	**六** 灵公六年。
魏	**六［二十七］** 晋烈公止元年⑫。魏城少梁。文侯自称侯六年(文侯即位第二十七年)。晋烈公名止,该年是其元年。魏人在少梁筑城。
韩	**六** 武子六年。
赵	**五** 献侯五年。
楚	**十三** 简王十三年。
燕	**十五［二十］** 湣公十五年(湣公二十年)。
齐	**三十七** 宣公三十七年。

前418

八 威烈王八年。
七 与魏战少梁⑬。灵公七年。秦军与魏军战于少梁。
七［二十八］ 文侯自称侯七年（文侯即位第二十八年）。
七 武子七年。
六 献侯六年。
十四 简王十四年。
十六［二十一］ 湣公十六年（湣公二十一年）。
三十八 宣公三十八年。

	前417	前416
周	**九** 威烈王九年。	**十** 威烈王十年。
秦	**八** 城堑河濒。初以君主妻河[14]。灵公八年。在黄河之滨筑城。初次把公主嫁给河神。	**九** 灵公九年。
魏	**八**［二十九］ 复城少梁。文侯自称侯八年（文侯即位第二十九年）。又在少梁筑城。	**九**［三十］ 文侯自称侯九年（文侯即位第三十年）。
韩	**八** 武子八年。	**九** 武子九年。
赵	**七** 献侯七年。	**八** 献侯八年。
楚	**十五** 简王十五年。	**十六** 简王十六年。
燕	**十七**［二十二］ 湣公十七年（湣公二十二年）。	**十八**［二十三］ 湣公十八年（湣公二十三年）。
齐	**三十九** 宣公三十九年。	**四十** 宣公四十年。

前415

十一 威烈王十一年。
十 补庞[15],城籍姑[16]。灵公卒,立其季父悼子,是为简公。灵公十年。补建庞城,还在籍姑筑城。秦灵公去世,立他的叔父悼子为秦君,他就是秦简公。
十[三十一 晋烈侯止元年][17] 文侯自称侯十年(文侯即位第三十一年。晋烈侯元年)。
十 武子十年。
九 献侯九年。
十七 简王十七年。
十九[二十四] 湣公十九年(湣公二十四年)。
四十一 宣公四十一年。

【注释】

前425—前415

①威烈王:名午。周考王之子。

②太子蚤死:《秦本纪》:“怀公太子曰昭子,蚤死。”蚤,通“早”。

③卫悼公亹(wěi):据《卫康叔世家》:“昭公六年,公子亹弑之代立,是为怀公。”悼公当作“怀公”。梁玉绳认为:“亹前三世为悼公,后六世为怀君,不应重谥,此必有误。”

④魏文侯斯元年:魏文侯元年在周定王二十四年(前445),说见前注。此年是魏文侯二十二年,魏斯自称“侯”元年。

⑤韩武子:名启章。韩康子之子。

⑥赵桓子:名嘉。赵襄子之弟,赵简子之子。

⑦郑幽公:名已。郑共公之子。

⑧赵献侯:名浣。襄子之兄伯鲁之孙。襄子因伯鲁不得立,立伯鲁子代成君为太子,代成君早死,襄子立代成君之子浣为太子。襄子卒,浣立,为献侯。将赵都由耿(今山西运城河津南)迁于中牟(今河南鹤壁西)。桓子逐之,自立于代(今河北张家口蔚县东北代王城)。桓子死,国人杀桓子之子复立献侯。

⑨上、下畤:秦灵公所建祭神场所,均在吴阳(今陕西宝鸡陇县南)。上畤祭黄帝,下畤祭炎帝。

⑩繻公:名骀。韩武子伐郑,杀幽公,郑人立之。

⑪魏诛晋幽公,立其弟止:事在周威烈王十年(前416),不在本年。又,据《竹书纪年》《晋世家》,晋幽公淫妇人,为其夫人秦嬴所杀,“魏文侯以兵诛晋乱,立幽公子止,是为烈公”,《世本》亦言止为幽公之子,此言幽公弟,误。

⑫晋烈公止元年:据上注,晋烈公止元年是周威烈王十一年,前415年。

⑬少梁:魏邑名。在今陕西渭南韩城南。

⑭初以君主妻河：把公主嫁给河神。君主，国君之女。犹公主。按，秦国国君必不肯将真公主投入河中“妻河”，据《滑稽列传》记西门豹事，当是取民女冒充公主。缪文远引吕祖谦曰：“魏西门豹为邺令，邺民苦岁为河伯娶妇，豹禁之，正与此同时。魏与秦邻，意者染秦俗欤？”

⑮庞：秦邑名。亦作“庞城”“繁庞”。在今陕西渭南韩城东南。

⑯籍姑：秦邑名。在今陕西渭南韩城东北。

⑰“魏”格：据前注，今年为晋烈侯元年。括注补“晋烈侯止元年”数字。

前414

周	**十二** 威烈王十二年。
秦	秦简公元年[1] 秦简公名悼子，是秦怀公的儿子，该年是其元年。
魏	**十一**［三十二］ 卫慎公元年[2]。文侯自称侯十一年（文侯即位第三十二年）。卫慎公名穨，是公子適的儿子，该年是其元年（卫慎公即位在前425年）。
韩	**十一** 武子十一年。
赵	**十** 中山武公初立[3]。献侯十年。中山武公即位复国，该年是其元年。
楚	**十八** 简王十八年。
燕	**二十**［燕简公元年］[4] 湣公二十年（燕简公元年）。
齐	**四十二** 宣公四十二年。

前413

十三 威烈王十三年。
二 与晋战,败郑下[5]。简公二年。秦军与晋军作战,战败于郑下。
十二[三十三] 文侯自称侯十二年(文侯即位第三十三年)。
十二 武子十二年。
十一 献侯十一年。
十九 简王十九年。
二十一[二] 滑公二十一年(简公二年)。
四十三 伐晋,败黄城[6],围阳狐[7]。宣公四十三年。齐军进攻晋国,在黄城打败晋军,包围阳狐。

前412

周	**十四** 威烈王十四年。
秦	**三** 简公三年。
魏	**十三**[三十四] 公子击围繁庞[8],出其民。文侯自称侯十三年(文侯即位第三十四年)。魏文侯的儿子公子击包围繁庞,把住在那里的民众都赶了出来。
韩	**十三** 武子十三年。
赵	**十二** 献侯十二年。
楚	**二十** 简王二十年。
燕	**二十二**[三] 湣公二十二年(简公三年)。
齐	**四十四** 伐鲁、莒及安阳[9]。宣公四十四年。齐军进攻鲁、莒与安阳。

前411

十五 威烈王十五年。
四 简公四年。
十四［三十五］ 文侯自称侯十四年（文侯即位第三十五年）。
十四 武子十四年。
十三 城平邑[10]。献侯十三年。在平邑筑城。
二十一 简王二十一年。
二十三［四］ 湣公二十三年（简公四年）。
四十五 伐鲁，取都[11]。宣公四十五年。齐军进攻鲁国，占领一城。

	前410	前409
周	**十六** 威烈王十六年。	**十七** 威烈王十七年。
秦	**五** 日蚀。简公五年。发生日食。	**六** 初令吏带剑。简公六年。初次命令官吏须佩剑。
魏	**十五**[三十六] 文侯自称侯十五年（文侯即位第三十六年）。	**十六**[三十七] 伐秦,筑临晋、元里[12]。文侯自称侯十六年（文侯即位第三十七年）。魏军进攻秦国,在临晋、元里筑城。
韩	**十五** 武子十五年。	**十六** 武子十六年。
赵	**十四** 献侯十四年。	**十五** 献侯十五年。
楚	**二十二** 简王二十二年。	**二十三** 简王二十三年。
燕	**二十四**[五] 湣公二十四年（简公五年）。	**二十五**[六] 湣公二十五年（简公六年）。
齐	**四十六** 宣公四十六年。	**四十七** 宣公四十七年。

前408

十八　威烈王十八年。
七　堑洛[13]，城重泉[14]。初租禾[15]。简公七年。在北洛河挖壕沟，在重泉筑城。初次征收实物地租。
十七［三十八］　击守中山[16]。伐秦，至郑还[17]，筑洛阴、合阳[18]。文侯自称侯十七年（文侯即位第三十八年）。派公子击镇守中山国。进攻秦国，打到郑国返还，在洛阴、合阳筑城。
韩景侯虔**元**年　伐郑，取雍丘[19]。郑城京[20]。韩景侯名虔，是韩武子的儿子，该年是其元年。攻打郑国，占领雍丘。郑人在京筑城。
赵烈侯籍**元**年　魏使太子伐中山。赵烈侯名籍，是赵献侯的儿子，该年是其元年。魏派太子攻打中山。
二十四　简王卒。简王二十四年。楚简王去世。
二十六［七］　湣公二十六年（简公七年）。
四十八　取鲁郕[21]。宣公四十八年。占领鲁国的郕邑。

【注释】

前414—前408

①秦简公：名悼子。秦怀公之子。

②卫慎公元年：卫慎公，名颓。卫敬公之孙。据《卫康叔世家》，颓弑卫怀公自立为君。梁玉绳以为慎公在位之年为前428—前387年；平势隆郎以为在前421—前381年。

③中山武公：史失其名。中山，古国名。春秋时我国北方少数民族白狄所建。在今河北石家庄正定东北。本称鲜虞，春秋晚年改称中山。战国初期建都于顾（今河北定州）。

④“燕”格：据前注，燕湣公元年为周考王三年（前438），在位二十四年卒（前415），燕简公即位，则此年为燕简公元年。此格括注“燕简公元年”。据《竹书纪年》，燕简公在位四十五年，表中燕格自此年至周烈王六年（前370）括注燕简公纪年。

⑤郑：此指秦国郑邑，在今陕西渭南华州南。

⑥黄城：魏邑名。在今河南安阳内黄西北。

⑦阳狐：魏邑名。在今河北邯郸大名东北。

⑧公子击：魏文侯之子，后继位为魏武侯。繁庞：即前文之庞邑。

⑨安阳：在今山东菏泽曹县，其地近宋。《陈杞世家》作“安陵”，在今河南许昌鄢陵西北，战国时属魏，据鲁、莒太远，当误。

⑩平邑：说法不一，一说在今山西大同阳高西南，一说在今河南濮阳南乐东北。

⑪取都：《田敬仲完世家》作“取鲁一城”。盖不知其地，故称之“一城”或“一都”。凡有宗庙之邑曰都，无者曰邑。

⑫临晋：古邑名。在今陕西渭南大荔朝邑镇西南。元里：古邑名。在今陕西渭南澄城南。二地均在河西。缪文远认为这是魏将吴起在秦河西地区用兵所取得的胜利。

⑬堑洛：因此时秦的河西地已被魏攻取，故退守洛水，沿北洛河西岸

至白水县的黄龙山修筑防御工事。洛指北洛河，发源于陕西定边，东南流，至渭南大荔入黄河。

⑭重泉：秦邑名。在今陕西渭南蒲城南。

⑮租禾：这是秦国开始征收实物地租。

⑯击守中山：《魏世家》："伐中山，使子击守之。"

⑰郑：秦县名。在今陕西渭南华州。

⑱洛阴：古邑名。在今陕西渭南大荔西。合阳：古邑名。在今陕西渭南合阳东南。

⑲雍丘：古邑名。在今河南开封杞县。

⑳京：古邑名。在今河南郑州荥阳东南。

㉑郕（chéng）：鲁邑名。在今山东泰安宁阳东北。

前407

周	**十九** 威烈王十九年。
秦	**八** 简公八年。
魏	**十八**[三十九] 文侯受经子夏①。过段干木之闾常式②。文侯自称侯十八年(文侯即位第三十九年)。魏文侯随子夏学习经书。经过段干木里巷之门时常扶着车前的横木敬礼。
韩	**二** 郑败韩于负黍③。景侯二年。郑军在负黍打败韩军。
赵	**二** 烈侯二年。
楚	楚声王当**元**年 鲁穆公元年④。楚声王名当,该年是其元年。鲁穆公名显,是鲁元公的儿子,该年是其元年。
燕	**二十七**[八] 湣公二十七年(简公八年)。
齐	**四十九** 与郑会于西城⑤。伐卫,取毌丘。宣公四十九年。齐、郑在西城会盟。齐军进攻卫国,占领了毌丘。

前406	前405
二十 威烈王二十年。	**二十一** 威烈王二十一年。
九 简公九年。	**十** 简公十年。
十九[四十] 文侯自称侯十九年(文侯即位第四十年)。	**二十**[四十一] 卜相李克,翟璜争[⑥]。文侯自称侯二十年(文侯即位第四十一年)。魏文侯请李克分析谁适合当魏国的国相,翟璜争当国相。
三 景侯三年。	**四** 景侯四年。
三 烈侯三年。	**四** 烈侯四年。
二 声王二年。	**三** 声王三年。
二十八[九] 湣公二十八年(简公九年)。	**二十九**[十] 湣公二十九年(简公十年)。
五十 宣公五十年。	**五十一** 田会以廪丘反[⑦]。宣公五十一年。田会占据廪丘反叛。

前404

周	**二十二** 威烈王二十二年。
秦	**十一** 简公十一年。
魏	**二十一**［四十二］ 文侯自称侯二十一年（文侯即位第四十二年）。
韩	**五** 景侯五年。
赵	**五** 烈侯五年。
楚	**四** 声王四年。
燕	**三十**［十一］ 湣公三十年（简公十一年）。
齐	齐康公贷**元**年［田和元年］⑧ 齐康公名贷，是齐宣公的儿子，该年是其元年（田和元年）。

前403

二十三　九鼎震。威烈王二十三年。九鼎发生震动。
十二　简公十二年。
二十二［四十三］　初为侯[9]。文侯自称侯二十二年（文侯即位第四十三年）。周威烈王正式赐命，开始位居诸侯。
六　初为侯。景侯六年。周威烈王正式赐命，开始位居诸侯。
六　初为侯。烈侯六年。周威烈王正式赐命，开始位居诸侯。
五　魏、韩、赵始列为诸侯。声王五年。魏、韩、赵开始位居诸侯。
三十一［十二］　滑公三十一年（简公十二年）。
二［田和二］　宋悼公元年[10]。康公二年（田和二年）。宋悼公名购由，是宋昭公的儿子，该年是其元年。

【注释】

前407—前403

①子夏:即卜商。孔子学生。以文学见称。曾仕于鲁,为莒父宰。孔子死后,居于西河(今济水、黄河间),李克、吴起、田子方、段干木皆曾受业。魏文侯尊以为师,受经艺。

②段干木:姓段干,名木。原为晋之大驵(即市侩)。子夏弟子。居于魏,隐居不仕。文侯待以客礼,出过其闾必伏轼致敬。后尝为文侯之师。闾:里巷之门。式:通“轼”,以手抚轼,为古人表示敬意的一种礼节。

③负黍:韩邑名。在今河南郑州登封西南。

④鲁穆公:名显。鲁元公之子。

⑤西城:未详其地。缪文远认为可能是临淄之西城。毌(guàn)丘:毌,古“贯”字。贯丘,在今山东菏泽曹县西南。郭嵩焘曰:“殿本、金陵本作‘毋丘’。”

⑥卜相李克,翟璜争:据《魏世家》,魏文侯在魏成子与翟璜二人中选一人为相,请李克参谋,并不是李克与翟璜争为相。李克,魏国大臣。子夏弟子。魏文侯攻灭中山,封太子击为中山君。他以翟璜推荐,任中山相,有治绩。《汉书·艺文志》儒家类著录有《李克》七篇(已佚)。有人以为李克与李悝为一人,杨宽《战国史》详辨其非。翟璜:又名触,魏国大臣。《汉书》作“翟黄”。下邽(今陕西渭南东北)人。曾推荐吴起、西门豹、乐羊、李克、屈侯鲋于魏文侯。以直言敢谏被任为上卿。

⑦田会以廪丘反:指田会叛降赵。田会,齐大夫,又称公孙会。廪丘,齐邑名。在今山东菏泽郓城西北。

⑧“齐”格:此年亦为田齐太公和元年,田和前404—前384年在位(自前386年始称侯)。说见《田敬仲完世家》。格内括注补“田和元年”数字,表中“齐”格自此年至周安王十七年(前385)括

注补田和纪年。田和，田常曾孙。号太公。田齐的开国之君。

⑨初为侯：据《竹书纪年》，上年曾有三晋因反击“齐攻廪丘”而“伐齐，入长城”之事，故周王“命韩、魏、赵为诸侯”。《资治通鉴》将此事作为战国的开端。

⑩宋悼公元年：宋悼公，名购由。宋昭公之子，在位十八年。其元年可能在前421年。

前402

周	**二十四** 威烈王二十四年。
秦	**十三** 简公十三年。
魏	**二十三**［四十四］ 文侯自称侯二十三年（文侯即位第四十四年）。
韩	**七** 景侯七年。
赵	**七** 烈侯好音，欲赐歌者田，徐越侍以仁义，乃止[①]。烈侯七年。赵烈侯喜好音乐，想赐给歌者田地，徐越（应为牛畜）用仁义之道劝谏他，这件事就停止不做了。
楚	**六** 盗杀声王。 声王六年。强盗杀死了楚声王。
燕	燕釐公元年［十三］[②] 该年是燕釐公元年（简公十三年）。
齐	三［田和三］ 康公三年（田和三年）。

前401

安王**元**年[3] 周安王(又称元安王)名骄,该年是其元年。
十四 伐魏,至阳狐[4]。简公十四年。秦军进攻魏国,打到阳狐。
二十四[四十五] 秦伐我,至阳狐。文侯自称侯二十四年(文侯即位第四十五年)。秦军进攻我国,打到阳狐。
八 景侯八年。
八 烈侯八年。
楚悼王类**元**年[5] 楚悼王名类,该年是其元年。
二[十四] 鲞公二年(简公十四年)。
四[田和四] 康公四年(田和四年)。

前400

周	**二** 安王二年。
秦	**十五** 简公十五年。
魏	**二十五**［四十六］ 太子䓨生[⑥]。文侯自称侯二十五年（文侯即位第四十六年）。太子䓨出生。
韩	**九** 郑围阳翟[⑦]。 景侯九年。郑军包围阳翟。
赵	**九** 烈侯九年。
楚	**二** 三晋来伐我，至乘丘[⑧]。悼王二年。魏、韩、赵三国军队前来进攻我国，打到了乘丘。
燕	三［十五］ 釐公三年（简公十五年）。
齐	**五**［田和五］ 康公五年（田和五年）。

前399

三　王子定奔晋。安王三年。王子定逃亡到晋国。
秦惠公元年[9]　秦惠公是秦简公的儿子，该年是其元年。
二十六［四十七］　虢山崩[10]，壅河。文侯自称侯二十六年（文侯即位第四十七年）。虢山崩塌，堵塞黄河。
韩烈侯元年[11]　韩烈侯名取，是韩景侯的儿子，该年是其元年。
赵武公元年［十］[12]　该年为赵武公元年（烈侯十年）。
三　归榆关于郑[13]。悼王三年。楚国归还榆关给郑国。
四［十六］　鳌公四年（简公十六年）。
六［田和六］　康公六年（田和六年）。

	前398	前397
周	**四** 安王四年。	**五** 安王五年。
秦	**二** 惠公二年。	**三** 日蚀。惠公三年。发生日食。
魏	**二十七**［四十八］ 文侯自称侯二十七年（文侯即位第四十八年）。	**二十八**［四十九］ 文侯自称侯二十八年（文侯即位第四十九年）。
韩	**二** 郑杀其相驷子阳[14]。烈侯二年。郑繻公杀了国相子阳。	**三** 三月，盗杀韩相侠累[15]。烈侯三年。三月，盗贼杀死了韩国国相侠累。
赵	**二**［十一］ 武公二年（烈侯十一年）。	**三**［十二］ 武公三年（烈侯十二年）。
楚	**四** 败郑师，围郑。郑人杀子阳。悼王四年。楚军打败郑军，包围郑国。郑人杀死子阳。	**五** 悼王五年。
燕	**五**［十七］ 釐公五年（简公十七年）。	**六**［十八］ 釐公六年（简公十八年）。
齐	**七**［田和七］ 康公七年（田和七年）。	**八**［田和八］ 康公八年（田和八年）。

前396

六 安王六年。
四 惠公四年。
二十九［五十］ 文侯自称侯二十九年（此年文侯去世，在位共五十年）。
四 郑相子阳之徒杀其君繻公。烈侯四年。郑国国相子阳的党徒们杀死了国君郑繻公。
四［十三］ 武公四年（烈侯十三年）。
六 悼王六年。
七［十九］ 蠚公七年（简公十九年）。
九［田和九］ 康公九年（田和九年）。

前395

周	**七** 安王七年。
秦	**五** 伐绵诸[16]。惠公五年。秦军进攻绵诸。
魏	**三十**［魏武侯击元年］[17] 文侯自称侯三十年（武侯元年）。
韩	**五** 郑康公元年[18]。烈侯五年。郑康公名乙（或作乙阳），是郑共公的儿子，郑幽公的弟弟，该年是其元年。
赵	**五**［十四］ 武公五年（烈侯十四年）。
楚	**七** 悼王七年。
燕	**八**［二十］ 釐公八年（简公二十年）。
齐	**十**［田和十］ 宋休公元年[19]。康公十年（田和十年）。该年是宋休公在位的第一年（宋休公元年应在前385年）。

前394	前393
八 安王八年。	**九** 安王九年。
六 惠公六年。	**七** 惠公七年。
三十一［二］ 文侯自称侯三十一年（武侯二年）。	**三十二**［三］ 伐郑，城酸枣[22]。文侯自称侯三十二年（武侯三年）。魏军进攻郑国，在酸枣筑城。
六 救鲁。郑负黍反[20]。烈侯六年。韩军救援鲁军。郑负黍城叛归韩国。	**七** 烈侯七年。
六［十五］ 武公六年（烈侯十五年）。	**七**［十六］ 武公七年（烈侯十六年）。
八 悼王八年。	**九** 伐韩，取负黍。悼王九年。楚军进攻韩国，攻取负黍。
九［二十一］ 鳌公九年（简公二十一年）。	**十**［二十二］ 鳌公十年（简公二十二年）。
十一［田和十一］ 伐鲁，取最[21]。康公十一年（田和十一年）。齐军进攻鲁国，占领最邑。	**十二**［田和十二］ 康公十二年（田和十二年）。

【注释】

前402—前393

①“烈侯好音”几句：据《赵世家》所载，烈侯好音，欲赐二歌者田，相国公仲连推荐了牛畜、荀欣、徐越三位贤士。“牛畜侍烈侯以仁义，约以王道，烈侯逌然。明日，荀欣侍以选练举贤，任官使能。明日，徐越侍以节财俭用，察度功德。所与无不充”，烈侯悦，不再赐歌者田，任牛畜为师，荀欣为中尉，徐越为内史。此处徐越当为牛畜。

②燕釐公元年：据《竹书纪年》所载，燕无釐公，“简公立十三年而三晋命邑为诸侯”，则简公即位于周威烈王十一年（前415），次年（前414）为元年，本年为简公十三年。

③安王：名骄。周威烈王之子。

④阳狐：魏邑名。在今山西运城垣曲东南。

⑤楚悼王类：楚悼王，名类，又名疑。楚声王之子。

⑥太子罃生：罃是太子击之子，当云“太子子罃生”。

⑦阳翟：此时为韩国国都，在今河南许昌禹州。

⑧乘丘：古邑名。在今山东菏泽巨野西南。

⑨秦惠公：史失其名。秦简公之子。

⑩虢山：在今河南三门峡陕州。

⑪韩烈侯：名取。韩景侯之子。

⑫赵武公元年：此年实为赵烈侯十年。《魏世家·索隐》引《竹书纪年》说：“魏武侯元年当赵烈侯十四年。”可证本表及《赵世家》烈侯九年卒，弟武公立之误，武公之十三年（前399—前387）当属烈侯。至于武公之事，应是武公作乱。详见牛鸿恩《论〈左传〉的成书年代》（《首都师大学报》1994年第5期）之有关论述。一说，此武公乃中山武公之误移。此格括注烈侯纪年“十”。表内“赵”格自此年至周安王十五年（前387）括注赵烈侯纪年。

⑬榆关：在今河南郑州中牟西南。

⑭郑杀其相驷子阳：驷子阳与楚国关系不好，从下文楚国“败郑师，围郑。郑人杀子阳”来看，郑缥公在兵临城下时杀了子阳以取悦于楚，换取楚国解围。

⑮盗杀韩相侠累：此指聂政为严遂刺杀侠累事。详见《刺客列传》。事在韩哀侯三年，当周烈王二年，前374年，表误记于此年。侠累，韩人，名傀，相韩哀侯。

⑯绵诸：古民族名。戎人的一支。战国时分布在今甘肃天水东。

⑰“魏”格：据前注，魏文侯在位五十年（前445—前396），魏武侯元年为赵烈侯十四年，则此年为魏武侯击元年。格内括注“魏武侯击元年”。武侯在位二十六年，表中“魏”格自此年至周烈王六年（前370）括注魏武侯纪年。

⑱郑康公：名乙。郑共公之子，幽公之弟。在位二十一年，郑被韩所灭。

⑲宋休公元年：宋休公，名田。宋悼公之子。据考证，其在位时间当在前403—前381年。

⑳郑负黍反：指负黍叛归韩。

㉑最：古邑名。即“郰（zōu）”，在今山东济宁曲阜东南。

㉒酸枣：即郑廪延邑，在今河南新乡延津西南。

前392

周	十　安王十年。
秦	八　惠公八年。
魏	三十三[四]　晋孝公倾元年[1]。文侯自称侯三十三年(武侯四年)。晋孝公名倾,该年是其元年。
韩	八　烈侯八年。
赵	八[十七]　武公八年(烈侯十七年)。
楚	十　悼王十年。
燕	十一[二十三]　釐公十一年(简公二十三年)。
齐	十三[田和十三]　康公十三年(田和十三年)。

前391

十一　安王十一年。
九　伐韩宜阳[②],取六邑。惠公九年。秦军进攻韩国宜阳,占领了六座城邑。
三十四［五］　文侯自称侯三十四年(武侯五年)。
九　秦伐宜阳,取六邑。烈侯九年。秦军进攻宜阳,占领了六座城邑。
九［十八］　武公九年(烈侯十八年)。
十一　悼王十一年。
十二［二十四］　釐公十二年(简公二十四年)。
十四［田和十四］　康公十四年(田和十四年)。

	前390	前389
周	**十二** 安王十二年。	**十三** 安王十三年。
秦	**十** 与晋战武城[3]。县陕[4]。惠公十年。秦军与晋军战于武城。在陕设县。	**十一** 太子生[7]。惠公十一年（《秦本纪》为十二年）。太子出生。
魏	**三十五**［六］ 齐伐取襄陵[5]。文侯自称侯三十五年（武侯六年）。齐军进攻夺取襄陵。	**三十六**［七］ 秦侵阴晋[8]。文侯自称侯三十六年（武侯七年）。秦军侵袭阴晋。
韩	**十** 烈侯十年。	**十一** 烈侯十一年。
赵	**十**［十九］ 武公十年（烈侯十九年）。	**十一**［二十］ 武公十一年（烈侯二十年）。
楚	**十二** 悼王十二年。	**十三** 悼王十三年。
燕	**十三**［二十五］ 釐公十三年（简公二十五年）。	**十四**［二十六］ 釐公十四年（简公二十六年）。
齐	**十五**［田和十五］ 鲁败我平陆[6]。康公十五年（田和十五年）。鲁军在平陆打败我军。	**十六**［田和十六］ 与晋、卫会浊泽[9]。康公十六年（田和十六年）。田和与魏文侯、卫君在浊泽会盟。

前388	前387
十四 安王十四年。	**十五** 安王十五年。
十二 惠公十二年。	**十三** 蜀取我南郑[⑩]。惠公十三年。蜀国夺取我国的南郑。
三十七[八] 文侯自称侯三十七年（武侯八年）。	**三十八**[九] 文侯自称侯三十八年（武侯九年）。
十二 烈侯十二年。	**十三** 烈侯十三年。
十二[二十一] 武公十二年（烈侯二十一年）。	**十三**[二十二] 武公十三年（烈侯二十二年）。
十四 悼王十四年。	**十五** 悼王十五年。
十五[二十七] 鳌公十五年（简公二十七年）。	**十六**[二十八] 鳌公十六年（简公二十八年）。
十七[田和十七] 康公十七年（田和十七年）。	**十八**[田和十八] 康公十八年（田和十八年）。

前386

周	**十六** 安王十六年。
秦	秦出公**元**年 秦出公（应为出子）是秦惠公的儿子，该年是其元年。
魏	魏武侯**元**年［十］[11] 袭邯郸[12]，败焉。魏武侯名击，是魏文侯的儿子，该年是其元年（武侯十年）。魏军侵袭邯郸，在那里被打败。
韩	韩文侯**元**年[13] 韩文侯是韩烈侯的儿子，该年是其元年。
赵	赵敬侯**元**年[14] 武公子朝作乱，奔魏。赵敬侯名章，是赵烈侯的儿子，该年是其元年。赵武公的儿子朝制造动乱，逃亡到魏国。
楚	**十六** 悼王十六年。
燕	**十七**［二十九］ 釐公十七年（简公二十九年）。
齐	**十九**［齐太公和元年］ 田常曾孙田和始列为诸侯。迁康公海上，食一城[15]。康公十九年（齐太公元年）。田常曾孙田和开始被周天子立为齐侯。将齐康公迁移到海上，只给他一个城的俸禄。

前385

十七 安王十七年。
二 庶长改迎灵公太子[16]，立为献公[17]。诛出公[18]。出公二年，庶长改迎接秦灵公的太子，立为秦君，他就是秦献公。诛杀秦出公。
二［十一］ 城安邑、王垣[19]。武侯二年（武侯十一年）。在安邑、王垣筑城。
二 伐郑，取阳城[20]。伐宋，到彭城[21]，执宋君[22]。文侯二年。韩军进攻郑国，占领阳城。进攻宋国，攻到彭城，拘捕宋休公。
二 敬侯二年。
十七 悼王十七年。
十八［三十］ 鳌公十八年（简公三十年）。
二十［二］ 伐鲁，破之。田和卒。康公二十年（齐太公二年）。进攻鲁国，攻下它。田和去世。

【注释】

前392—前385

①晋孝公倾元年：依《晋世家》，烈公卒，子孝公颀（《世本》作“倾”，同《表》）立，孝公十七年卒（《表》作十五年卒），子静公俱酒立，静公二年，魏、韩、赵迁静公为家人，晋绝祀。《竹书纪年》与此不同，《索隐》曰“《纪年》以孝公为桓公”，“桓公二十年赵成侯、韩共侯迁桓公于屯留。已后更无晋事”。晋桓公元年在前388年。

②宜阳：韩县名。故治在今河南洛阳宜阳西。《樗里子甘茂列传》：“宜阳，大县也，上党、南阳积之久矣。名曰县，其实郡也。”

③武城：古邑名。在今陕西渭南华州东。

④县陕：在陕设县。

⑤襄陵：魏邑名。在今河南商丘睢县。

⑥平陆：齐邑名。在今山东济宁汶上北。

⑦太子生：太子即日后的秦出公。《秦本纪》记其出生于秦惠公十二年。

⑧阴晋：魏邑名。在今陕西渭南华阴东。

⑨与晋、卫会浊泽：此指田和与魏文侯在浊泽相会“求为诸侯”。据《田敬仲完世家》，“太公与魏文侯会浊泽，求为诸侯。魏文侯乃使使言周天子及诸侯，请立齐相田和为诸侯。周天子许之。康公之十九年，田和立为齐侯，列于周室，纪元年”。《索隐》认为，世家前文云齐康公十四年被迁于海上，“又云‘明年会平陆’，‘又三年会浊泽’，则是十八年”，表与世家作十六年均误。浊泽，古泽薮名。在今河南许昌长葛西南、漯河临颍西北。

⑩蜀取我南郑：《秦本纪》：“（惠公）十三年，伐蜀，取南郑。”则是蜀先取南郑，秦惠公又出兵伐蜀夺回。

⑪魏武侯元年：据《竹书纪年》，魏武侯元年当赵烈侯十四年，为前395年，说见前注。此年是魏武侯十年。

⑫邯郸：即今河北邯郸。战国时属赵。前386年赵敬侯自晋阳徙都于此。

⑬韩文侯元年：史失其名。依《韩世家》，文侯为烈侯之子。

⑭赵敬侯：名章，赵烈侯之子。

⑮“齐”格：据《田敬仲完世家》，齐康公十九年，田和立为齐侯，列于周室，纪元年。则此年应书“齐太公和元年”，今括注补出。田和为诸侯两年去世，下年“齐”格亦括注齐太公和纪年。迁康公海上，据《田敬仲完世家》，田和迁齐康公是在五年前的康公十四年（前391）。

⑯庶长改：大庶长名改，史失其姓。据《吕氏春秋·当赏》此人名曰“菌改”。

⑰献公：《吕氏春秋》称其为“公子连”，而《索隐》谓其名曰“师隰”，二说不同。

⑱诛出公：《秦本纪》谓“杀出子及其母，沉之渊旁”。

⑲安邑：时为魏都城。在今山西运城夏县西北。王垣：魏邑名。在今山西运城垣曲东南。因其地有王屋山，故曰王垣。

⑳阳城：郑邑名。在今河南郑州登封东南。

㉑彭城：宋邑名。即今江苏徐州。

㉒宋君：指宋休公。

	前384	前383
周	十八 安王十八年。	十九 安王十九年。
秦	秦献公元年[①] 秦献公名师，该年是其元年。	二 城栎阳[③]。献公二年。在栎阳筑城。
魏	三［十二］ 武侯三年（武侯十二年）。	四［十三］ 武侯四年（武侯十三年）。
韩	三 文侯三年。	四 文侯四年。
赵	三 敬侯三年。	四 魏败我兔台[④]。敬侯四年。魏军在兔台打败我军。
楚	十八 悼王十八年。	十九 悼王十九年。
燕	十九［三十一］ 釐公十九年（简公三十一年）。	二十［三十二］ 釐公二十年（简公三十二年）。
齐	二十一［齐侯剡元年］ 田和子桓公午立[②]。康公二十一年（齐侯剡元年）。田和的儿子桓公午（应为侯剡）即位。	二十二［二］ 康公二十二年（侯剡二年）。

前382	前381
二十 安王二十年。	**二十一** 安王二十一年。
三 日蚀,昼晦。献公三年。发生日食。白天黑暗。	**四** 孝公生[⑤]。献公四年。秦孝公出生。
五[十四] 武侯五年(武侯十四年)。	**六**[十五] 武侯六年(武侯十五年)。
五 文侯五年。	**六** 文侯六年。
五 敬侯五年。	**六** 敬侯六年。
二十 悼王二十年。	**二十一** 悼王二十一年。
二十一[三十三] 鳌公二十一年(简公三十三年)。	**二十二**[三十四] 鳌公二十二年(简公三十四年)。
二十三[三] 康公二十三年(侯剡三年)。	**二十四**[四] 康公二十四年(侯剡四年)。

前380

周	**二十二** 安王二十二年。
秦	**五** 献公五年。
魏	**七**［十六］ 伐齐，至桑丘[⑥]。武侯七年（武侯十六年）。魏军进攻齐国，打到桑丘。
韩	**七** 伐齐，至桑丘。郑败晋。文侯七年。韩军攻打齐国，打到桑丘。郑军打败了晋军。
赵	**七** 伐齐，至桑丘。敬侯七年。赵军进攻齐国，打到桑丘。
楚	楚肃王臧**元**年 楚肃王名臧，是楚悼王的儿子，该年是其元年。
燕	**二十三**［三十五］ 釐公二十三年（简公三十五年）。
齐	**二十五**［五 宋桓侯元年］ 伐燕，取桑丘[⑦]。康公二十五年（侯剡五年。宋桓侯元年）。齐军进攻燕国，占领桑丘。

前379

二十三 安王二十三年。
六 初县蒲、蓝田、善明氏[8]。献公六年。开始在蒲、蓝田、善明氏设县。
八［十七］ 武侯八年（武侯十七年）。
八 文侯八年。
八 袭卫，不克。敬侯八年。赵军侵袭卫国，没有攻破。
二 肃王二年。
二十四［三十六］ 鳌公二十四年（简公三十六年）。
二十六［六］ 康公卒，田氏遂并齐而有之。太公望之后绝祀。康公二十六年（侯剡六年）。齐康公去世，田氏于是就全部占有了齐国。太公望的祭祀断绝了。

前378

周	**二十四** 安王二十四年。
秦	**七** 献公七年。
魏	**九**［十八］ 翟败我浍[9]。伐齐，至灵丘[10]。武侯九年（武侯十八年）。翟人在浍水打败我军。魏军进攻齐国，打到灵丘。
韩	**九** 伐齐，至灵丘。文侯九年。韩军进攻齐国，打到灵丘。
赵	**九** 伐齐，至灵丘。敬侯九年。赵军进攻齐国，打到灵丘。
楚	**三** 肃王三年。
燕	**二十五**［三十七］ 釐公二十五年（简公三十七年）。
齐	齐威王因齐**元**年［七］[11] 自田常至威王，威王始以齐强天下。齐威王名因齐（或作婴齐），该年是其元年（侯剡七年）。从田常到齐威王，齐威王才凭齐国的强盛称雄天下。（应书于前356年齐威王继位时，因纪年错乱误书于此。）

前377

二十五 安王二十五年。
八 献公八年。
十［十九］ 晋静公俱酒元年。武侯十年（武侯十九年）。晋静公名俱酒，该年是其元年。
十 文侯十年。
十 敬侯十年。
四 蜀伐我兹方[12]。肃王四年。蜀国进攻我国兹方。
二十六［三十八］ 鳌公二十六年（简公三十八年）。
二［八］ 威王二年（侯剡八年）。

【注释】

前384—前377

①秦献公：名师。秦灵公之子。

②田和子桓公午立：依《竹书纪年》所说："齐康公五年，田侯午生。二十二年，田侯剡立。后十年，齐田午弑其君及孺子喜而为公。"则此脱去田侯剡一世。剡之后始为桓公。今"齐"格内据《竹书纪年》括注补"齐侯剡元年"数字。侯剡在位十年，表中"齐"格自此年至周烈王元年（前375）括注侯剡纪年。又，本表与《田齐世家》所说田和称侯二年而卒，则侯剡之立在齐康公二十一年，与《竹书纪年》所说康公二十二年侯剡立相差一年，故至今学者意见不一。但田和于齐康公十九年列为诸侯，为侯二年而卒，于此未见异议，故今从侯剡元年为齐康公二十一年之说。侯剡在位十年为桓公午所弑，桓公午元年当为前374年。

③栎（yuè）阳：在今陕西西安阎良区之武屯镇。秦都自此乃迁至栎阳。

④兔台：一作"菟台"。《正义》曰："兔台、刚平并在河北。"今地未详。

⑤孝公：名渠梁。秦献公之子。

⑥桑丘：齐邑名。在今山东济宁兖州西南。

⑦"齐"格：据前注，宋休公去年去世，此年为其子宋桓侯元年。格内当补"宋桓侯元年"数字。宋桓侯，即下文之"宋辟公"，表误以为是二人。桑丘，此为燕邑。在今河北保定徐水区西南。

⑧蒲：一说在今山西临汾隰县。蓝田：秦县名。在今陕西西安蓝田西。善明氏：未详所在。

⑨浍（huì）：浍水。源出今山西临汾翼城东南浍山，西流经曲沃，又西流注于汾河。

⑩灵丘：在今山东聊城高唐南南。

⑪齐威王因齐元年：依《竹书纪年》，《史记》遗落田悼子（在田和之

前）和侯剡（在田和之后）二世，田桓公午在位十八年，而《史记》作六年，于是使威王之世提前了二十二年。威王元年应在周显王十三年（前356），表与《田敬仲完世家》均误。齐威王，名因齐，又作“婴齐”。战国初期齐国最有作为的国君，继魏称雄于诸侯，自称为王，号令天下。又于临淄门外大兴稷下之学，提倡学术，开“百家争鸣”之端。

⑫兹方：楚邑名。在今湖北荆州松滋。

前376

周	**二十六** 安王二十六年。
秦	**九** 献公九年。
魏	**十一**[二十] 魏、韩、赵灭晋,绝无后[1]。武侯十一年(武侯二十年)。魏、韩、赵灭亡晋国,晋国绝祀没有了继位者(应在前349年)。
韩	韩哀侯**元**年[2] 分晋国。韩哀侯是韩文侯的儿子,该年是其元年。魏、韩、赵瓜分晋国。
赵	**十一** 分晋国。敬侯十一年。魏、韩、赵瓜分晋国。
楚	**五** 鲁共公元年[3]。肃王五年。鲁共公名奋,是鲁穆公的儿子,该年是其元年。
燕	**二十七**[三十九] 釐公二十七年(简公三十九年)。
齐	三[九] 三晋灭其君。威王三年(侯剡九年)。韩、赵、魏灭亡晋国。

前375

烈王元年[4] 周烈王名喜,是周安王的儿子,该年是其元年。
十 日蚀。献公十年。发生日食。
十二[二十一 卫成侯元年][5] 武侯十二年(武侯二十一年。卫成侯元年)。
二 灭郑[6]。康公二十年灭,无后。哀侯二年。灭亡郑国。郑康公二十年被灭,没有了继位者。
十二 敬侯十二年。
六 肃王六年。
二十八[四十] 鳌公二十八年(简公四十年)。
四[十] 威王四年(侯剡十年)。

前374

周	**二** 烈王二年。
秦	**十一** 县栎阳。献公十一年。在栎阳设县。
魏	**十三**［二十二］ 武侯十三年（武侯二十二年）。
韩	三［懿侯元年］[7] 哀侯三年（懿侯元年）。
赵	赵成侯**元**年[8] 赵成侯名种，是赵敬侯的儿子，该年是其元年。
楚	**七** 肃王七年。
燕	**二十九**［四十一］ 釐公二十九年（简公四十一年）。
齐	**五**［齐桓公午元年］[9] 威王五年（桓公元年）。

前373

三　烈王三年。
十二　献公十二年。
十四［二十三］　武侯十四年（武侯二十三年）。
四［二］　哀侯四年（懿侯二年）。
二　成侯二年。
八　肃王八年。
三十［四十二］　败齐林孤[10]。鲞公三十年（简公四十二年）。燕军在林孤（《燕召公世家》作林营）打败齐军。
六［二］　鲁伐入阳关[11]。晋伐到鲔陵[12]。威王六年（桓公二年）。鲁军进攻侵入阳关。晋军进攻到鲔陵。

【注释】

前376—前373

①魏、韩、赵灭晋，绝无后：此即《晋世家》所说“静公二年，魏武侯、韩哀侯、赵敬侯灭晋后而三分其地，静公迁为家人，晋绝不祀”。《索隐》引《竹书纪年》则曰：“桓公二十年赵成侯、韩共侯迁桓公于屯留。”迁晋之年，钱穆定在前370年，陈梦家、杨宽、平势隆郎定于前369年。又，晋迁屯留，并未竟灭。赵成侯十六年（前359），韩取屯留，赵、韩复迁晋君于端氏。赵成侯二十三年（前352），晋取韩、赵泫氏、濩泽二邑。赵肃侯元年（前349），赵夺晋君端氏，徙处屯留，而韩姬弑晋君悼公（当即《史记》之静公），晋终绝祀。详见钱穆、陈梦家考证。

②韩哀侯元年：史失其名。韩文侯之子。

③鲁共公：名奋。鲁穆公之子。

④烈王：周烈王，名喜。周安王之子。

⑤“魏”格：梁玉绳曰：“秦孝公元年当卫孝成侯十五年。”则此年为卫成侯元年。格内括注补“卫成侯元年”数字。

⑥灭郑：《索隐》曰：“按：《纪年》魏武侯二十一年，韩灭郑，哀侯入于郑。二十二年，晋桓公邑哀侯于郑。”韩徙都郑（即今河南郑州新郑），故韩也称郑，犹如魏徙都梁后也称“梁”。

⑦“韩”格：按，《韩世家》“六年韩严弑其君哀侯而韩若山立”，《索隐》引《竹书纪年》云：“晋桓公邑哀侯于郑，韩山坚贼其君哀侯而韩若山立。”《晋世家·索隐》引《竹书纪年》云：“韩哀侯、赵敬侯并以桓公十五年卒。”据此，韩哀侯在位二年见弑，表与《韩世家》均误以其在位六年。则此年应为韩懿侯元年。格内括注“懿侯元年”数字。懿侯在位十二年，表中“韩”格自此年至周显王六年（前363）括注懿侯纪年。

⑧赵成侯：名种，又名偃。赵敬侯之子。

⑨“齐”格：此年为齐桓公午元年。格内括注“齐桓公午元年”数字。表内“齐”格自此年至周显王十二年（前357）括注齐桓公午正确纪年。

⑩林孤：《燕召公世家》作“林营”，其地不详。

⑪阳关：古邑名。在今山东泰安东南汶水东岸。

⑫鲊陵：《田敬仲完世家》作“博陵”。齐邑名。在今山东聊城茌平区博平镇西北。

前372

周	**四** 烈王四年。
秦	**十三** 献公十三年。
魏	十五［二十四］ 卫声公元年[①]。败赵北蔺[②]。武侯十五年（武侯二十四年）。卫声公名训，是卫慎公的儿子，该年是其元年。魏军在北蔺打败赵军。
韩	**五**［三］ 哀侯五年（懿侯三年）。
赵	三 伐卫，取都鄙七十三。魏败我蔺。成侯三年。赵军进攻卫国，攻取七十三座城邑。魏军在蔺打败我军。
楚	**九** 肃王九年。
燕	燕桓公元年［四十三］[③] 该年是燕桓公即位的第一年（简公四十三年）。
齐	七［三］ 宋辟公元年[④]。威王七年（桓公三年）。宋辟公（应为宋桓侯）名壁兵，是宋休公的儿子，该年是其元年（其元年应在前380年）。

前371

五 烈王五年。
十四 献公十四年。
十六[二十五] 伐楚,取鲁阳⑤。武侯十六年(武侯二十五年)。魏军进攻楚国,占领鲁阳。
六[四] 韩严杀其君⑥。哀侯六年(懿侯四年)。韩严杀死韩哀侯(此事应在前375年)。
四 成侯四年。
十 魏取我鲁阳。肃王十年。魏军攻取我国鲁阳。
二[四十四] 桓公二年(简公四十四年)。
八[四] 威王八年(桓公四年)。

前370

周	**六** 烈王六年。
秦	**十五** 献公十五年。
魏	惠王**元**年[二十六][7] 魏惠王名罃，是魏武侯的儿子，这是他即位的第一年（武侯二十六年）。
韩	庄侯**元**年[五][8] 韩庄侯名若山，是韩哀侯的儿子。该年是其元年（懿侯五年）。
赵	**五** 伐齐于甄[9]。魏败我怀[10]。成侯五年。赵军进攻齐国甄邑。魏军在怀邑打败我军。
楚	**十一** 肃王十一年。
燕	**三**[四十五] 桓公三年（简公四十五年）。
齐	**九**[五] 赵伐我甄。威王九年（桓公五年）。赵军进攻我国甄邑。

前369

七 烈王七年。
十六 民大疫。日蚀。献公十六年。秦国民间发生大瘟疫。发生日食。
二［惠王元年］[11] 败韩马陵。惠王二年（惠王元年）。魏军在马陵打败韩军。
二［六］ 魏败我马陵。庄侯二年（懿侯六年）。魏军在马陵打败我军。
六 败魏涿泽[12]，围惠王。成侯六年。赵军在涿泽打败魏军，包围魏惠王。
楚宣王良夫**元**年[13] 楚宣王名良夫，是楚悼王的儿子，楚肃王的弟弟，该年是其元年。
四［桓公元年］[14] 桓公四年（桓公元年）。
十［六］ 宋剔成元年[15]。威王十年（桓公六年）。该年是宋剔成君即位的第一年。

【注释】

前372—前369

①卫声公元年：卫声公，名训，一作“驯”。卫慎公之子。梁玉绳以为其元年在前386年，平势隆郎以为在前380年。

②北蔺：一作“蔺”，赵邑名。在今山西吕梁离石西。

③燕桓公元年：《燕召公世家》未言简公（世家作“釐公”）在位年数，据《竹书纪年》所说“简公四十五年卒”，则桓公元年应在前369年。此年为燕简公四十三年。

④宋辟公元年：宋辟公，即上文的宋桓侯，其名据《竹书纪年》作“壁兵”，“辟”当因“壁兵”之“壁”而误，表误以为是二人。其元年有不同说法，但学者均认为不在此年。钱穆认为其在位时间为前380—前340年，此年是其九年。平势隆郎认为其在位时间是前384—前382年。

⑤鲁阳：楚邑名。即今河南平顶山鲁山县。

⑥韩严杀其君：韩严是韩国贵族，所杀为韩哀侯，时间为韩哀侯二年，前375年。说见前注。

⑦惠王元年：惠王，名罃。魏武侯之子。前334年与齐威王会徐州相王，并改是年为后元元年。据陈梦家、杨宽等考证，魏惠王元年应在明年。

⑧庄侯：名若山。韩哀侯之子。《韩世家》作“懿侯”。韩严杀哀侯而立其为君，其元年为前374年。

⑨甄：一作“鄄”。古邑名。在今山东菏泽鄄城北旧城集。

⑩怀：魏邑名。在今河南焦作武陟西南。

⑪“魏”格：此年是魏惠王元年，应补“惠王元年”数字。惠王在位五十一年，表中“魏”格自此年至周慎靓王二年（前319）括注魏惠王正确纪年。马陵，韩邑名。在今河南许昌长葛东北。

⑫涿泽：也作“浊泽”。在今山西运城永济东北。另有一浊泽在今

河南许昌长葛西南、漯河临颍西北，不是此处。

⑬楚宣王：名良夫。楚肃王之弟。

⑭“燕”格：据前注，此年为燕桓公元年。燕桓公在位年数，依《燕召公世家》为十一年。而以学者公认的燕王哙元年在前320年推算，则王哙前之桓、成、易三世共有四十九年，《史记》却有五十二年，不能相合。又没有正确的资料可据，陈梦家从易王十二年中截去三年，杨宽则于桓公截去三年，桓公在位改为八年。现在行世年表姑依杨说，今亦从众。表中“燕”格自此年至周显王七年（前362）中括注杨说桓公纪年。

⑮宋剔成元年：有不同说法。据《竹书纪年》，前356年宋桓侯曾朝魏惠王，则剔成之世必在其后，故此处取钱穆前304年说。剔成，《宋微子世家》以为是辟公（即桓侯）之子，误甚。《纪年》曰：“宋剔城肝废其君璧而自立。”此人即《韩非子》中屡次提到的“杀宋君而夺其政”的司城子罕。姓戴名喜，字子罕，称“剔成君”，为宋戴公之后，专权，杀桓侯而自立。此即史家所谓“戴氏代宋”。“肝”“罕”音同通用。剔成在位三年。

	前368	前367
周	显王元年[①] 周显王名扁,是周烈王的弟弟,该年是其元年。	二 显王二年。
秦	十七 栎阳雨金[②],四月至八月。献公十七年。栎阳从四月到八月,从天上落下金雨。	十八 献公十八年。
魏	三[二] 齐伐我观[③]。惠王三年(惠王二年)。齐军进攻我国观邑。	四[三] 惠王四年(惠王三年)。
韩	三[七] 庄侯三年(懿侯七年)。	四[八] 庄侯四年(懿侯八年)。
赵	七 侵齐,至长城[④]。成侯七年。赵军侵袭齐国,打到长城。	八 成侯八年。
楚	二 宣王二年。	三 宣王三年。
燕	五[二] 桓公五年(桓公二年)。	六[三] 桓公六年(桓公三年)。
齐	十一[七] 伐魏,取观。赵侵我长城。威王十一年(桓公七年)。齐军进攻魏国,攻取观邑。赵军侵袭我国长城。	十二[八] 威王十二年(桓公八年)。

前366	前365
三　显王三年。	四　显王四年。
十九　败韩、魏洛阴。献公十九年。秦军在北洛水之南打败韩军、魏军。	二十　献公二十年。
五［四］　与韩会宅阳⑤。城武都⑥。惠王五年（惠王四年）。魏惠王与韩懿侯在宅阳会盟。在武都筑城。	六［五］　伐宋，取仪台⑦。惠王六年（惠王五年）。魏军进攻宋国，攻取仪台。
五［九］　庄侯五年（懿侯九年）。	六［十］　庄侯六年（懿侯十年）。
九　成侯九年。	十　成侯十年。
四　宣王四年。	五　宣王五年。
七［四］　桓公七年（桓公四年）。	八［五］　桓公八年（桓公五年）。
十三［九］　威王十三年（桓公九年）。	十四［十］　威王十四年（桓公十年）。

	前364	前363
周	**五** 贺秦。显王五年。周显王给秦国送礼以祝贺秦国的石门大捷。	**六** 显王六年。
秦	**二十一** 章蟜与晋战石门[8]，斩首六万，天子贺[9]。献公二十一年。章蟜与晋军在石门大战，斩首六万，周显王送礼祝贺。	**二十二** 献公二十二年。
魏	**七**[六] 惠王七年（惠王六年）。	**八**[七] 惠王八年（惠王七年）。
韩	**七**[十一] 庄侯七年（懿侯十一年）。	**八**[十二] 庄侯八年（懿侯十二年）。
赵	**十一** 成侯十一年。	**十二** 成侯十二年。
楚	**六** 宣王六年。	**七** 宣王七年。
燕	**九**[六] 桓公九年（桓公六年）。	**十**[七] 桓公十年（桓公七年）。
齐	**十五**[十一] 威王十五年（桓公十一年）。	**十六**[十二] 威王十六年（桓公十二年）。

前362

七 显王七年。
二十三 与魏战少梁，虏其太子[⑩]。献公二十三年。秦军与魏军战于少梁，俘获魏太子痤（《魏世家》作“虏我将公孙痤”）。
九［八］ 与秦战少梁，虏我太子。惠王九年（惠王八年）。魏军与秦军战于少梁，俘获我国太子。
九［昭侯元年］ 魏败我于浍。大雨三月[⑪]。庄侯九年（昭侯元年）。魏军在浍水边打败我军。大雨下了三个月。
十三 魏败我于浍。成侯十三年。魏军在浍水边打败我军。
八 宣王八年。
十一［八］ 桓公十一年（桓公八年）。
十七［十三］ 威王十七年（桓公十三年）。

前361

周	**八** 显王八年。
秦	秦孝公元年[12] 彗星见西方。秦孝公名渠梁,是秦献公的儿子,该年是其元年。彗星在西方出现。
魏	十[九] 取赵皮牢[13]。卫成侯元年[14]。惠王十年(惠王九年)。魏军攻取赵国皮牢。卫成侯名不逝,是卫声公的儿子,该年是其元年。
韩	十[二] 庄侯十年(昭侯二年)。
赵	**十四** 成侯十四年。
楚	**九** 宣王九年。
燕	燕文公元年[15] 该年是燕文公即位的第一年。
齐	十八[十四] 威王十八年(桓公十四年)。

前360	前359
九 致胙于秦[16]。显王九年。周显王将祭祀文王、武王的供肉赐给秦国。	**十** 显王十年。
二 天子致胙。孝公二年。周显王赐给秦国祭祀文王、武王的酒肉。	**三** 孝公三年。
十一[十] 惠王十一年(惠王十年)。	**十二**[十一] 星昼堕,有声。惠王十二年(惠王十一年)。白昼有星星从天空落下,发出声响。
十一[三] 庄侯十一年(昭侯三年)。	**十二**[四] 庄侯十二年(昭侯四年)。
十五 成侯十五年。	**十六** 成侯十六年。
十 宣王十年。	**十一** 宣王十一年。
二 文公二年。	**三** 文公三年。
十九[十五] 威王十九年(桓公十五年)。	**二十**[十六] 威王二十年(桓公十六年)。

【注释】

前368—前360

①显王:周显王,名扁。周烈王之弟,或曰其子。

②栎阳雨金:据《秦本纪》,事在明年。

③观:魏邑名。在今河南濮阳清丰南。

④长城:此指齐长城。西起今山东济南长清西南的广里,大致沿古济水东北,绕泰山西北麓的长城岭向东,经历城区东南,沿章丘、莱芜交界处向东,再经淄博南、沂源北,和临朐、沂水两县交界处向东,逾穆陵关转向东北,经安丘西南,又东北经五莲、诸城入胶州境,最后在青岛黄岛区附近的海滨止,全长千余里。

⑤宅阳:一作"北宅",魏邑名。在今河南郑州荥阳西南。

⑥武都:魏邑名。《魏世家》作武堵,其地不详。

⑦仪台:古台阁名。又名义台、灵台。在今河南商丘虞城西南。

⑧章蟜与晋战石门:《秦本纪》未记此战秦将名,章蟜在《史记》中仅次一见。石门,山名。在今山西运城西南。

⑨天子贺:《秦本纪》曰"贺以黼黻"。黼黻,指帝王所穿之服。杨宽曰:"是役秦军攻入河东,于石门大胜,乃秦军首次大胜,因而周显王加以祝贺。"

⑩与魏战少梁,虏其太子:《魏世家》《秦本纪》都云俘虏魏将公孙痤,《赵世家》作"太子痤",杨宽以为称"虏其太子痤"者乃误传而讹。

⑪"韩"格:韩懿侯在位十二年,此年应为韩昭侯元年。格内括注补"昭侯元年"数字。昭侯在位三十年,此表"韩"格自此年至周显王三十六年(前333)括注正确纪年。

⑫秦孝公:名渠梁。秦献公之子。

⑬皮牢:赵邑名。在今山西临汾翼城东牢寨村。

⑭卫成侯元年:梁玉绳曰:"秦孝公元年当卫孝成侯十五年。"则成

公元年在前375年。卫成侯,名不逝。卫声公之子。

⑮燕文公:《竹书纪年》作“成侯”,名载。继燕桓公立。

⑯致胙:《周本纪》曰:“致文武胙于秦孝公。”这是周天子对诸侯霸主的一种特殊礼遇。胙,祭祀用的酒肉。文武胙,指祭祀周文王、武王的酒肉。

前358

周	**十一** 显王十一年。
秦	**四** 孝公四年。
魏	**十三**［十二］ 惠王十三年（惠王十二年）。
韩	韩昭侯**元**年［五］[1] 秦败我西山。韩昭侯名武，是韩懿侯的儿子，该年是其元年（应为五年）。秦军在西山打败我军。
赵	**十七** 成侯十七年。
楚	**十二** 宣王十二年。
燕	**四** 文公四年。
齐	**二十一**［十七］ 邹忌以鼓琴见威王[2]。威王二十一年（桓公十七年）。邹忌凭借弹琴的特长求见齐威王（此事应在齐威王即位之初）。

前357

十二 显王十二年。
五 孝公五年。
十四［十三］ 与赵会鄗[3]。惠王十四年（惠王十三年）。魏惠王与赵成侯在鄗邑会盟。
二［六］ 宋取我黄池[4]。魏取我朱[5]。昭侯二年（昭侯六年）。宋军占领我国黄池。魏军攻取我朱地。
十八 赵孟如齐[6]。成侯十八年。赵孟到访齐国。
十三 君尹黑迎女秦[7]。宣王十三年。君尹黑到秦国为楚宣王迎娶一位秦国公主。
五 文公五年。
二十二［十八］ 封邹忌为成侯[8]。威王二十二年（桓公十八年）。齐威王封邹忌为成侯（此事应在齐威王即位之初）。

前356

周	**十三** 显王十三年。
秦	**六** 孝公六年。
魏	**十五［十四］ 鲁、卫、宋、郑侯来**[9]。惠王十五年（惠王十四年）。鲁共公、卫成侯、宋桓侯、郑釐侯来魏国朝见。
韩	**三［七］** 昭侯三年（昭侯七年）。
赵	**十九 与燕会阿**[10]**。与齐、宋会平陆**[11]。成侯十九年。赵成侯与燕文公在阿邑会盟。赵成侯与齐威王、宋桓侯在平陆会盟。
楚	**十四** 宣王十四年。
燕	**六** 文公六年。
齐	**二十三［齐威王因齐元年］**[12] **与赵会平陆**。威王二十三年（威王元年）。齐威王与赵成侯在平陆会盟。

前355

十四 显王十四年。
七 与魏王会杜平[13]。孝公七年。秦孝公与魏惠王在杜平会盟。
十六［十五］ 与秦孝公会杜平。侵宋黄池,宋复取之。惠王十六年(惠王十五年)。魏惠王与秦孝公在杜平会盟。魏军侵袭宋国黄池,宋国又把它夺回去。
四［八］ 昭侯四年(昭侯八年)。
二十 成侯二十年。
十五 宣王十五年。
七 文公七年。
二十四［二］ 与魏会田于郊[14]。威王二十四年(威王二年)。齐威王与魏惠王一起在野外打猎。

前354

周	**十五** 显王十五年。
秦	**八** 与魏战元里[15],斩首七千,取少梁。孝公八年。秦军与魏军战于元里,斩首七千,占领少梁。
魏	**十七**[十六] 与秦战元里,秦取我少梁。惠王十七年(惠王十六年)。魏军与秦军战于元里,秦军夺取我国少梁。
韩	**五**[九] 昭侯五年(昭侯九年)。
赵	**二十一** 魏围我邯郸。成侯二十一年。魏军包围我国邯郸。
楚	**十六** 宣王十六年。
燕	**八** 文公八年。
齐	**二十五**[三] 威王二十五年(威王三年)。

前353

十六 显王十六年。
九 孝公九年。
十八［十七］ 邯郸降。齐败我桂陵[16]。惠王十八年（惠王十七年）。邯郸投降。齐军在桂陵打败我军。
六［十］ 伐东周[17]，取陵观、廪丘[18]。昭侯六年（昭侯十年）。韩军进攻东周，占领陵观、廪丘。
二十二 魏拔邯郸。成侯二十二年。魏军攻破邯郸。
十七 宣王十七年。
九 文公九年。
二十六［四］ 败魏桂陵。威王二十六年（威王四年）。齐军在桂陵打败魏军。

【注释】

前358—前353

①韩昭侯元年：据前注，韩昭侯元年为前362年（周显王七年），此年是其五年。韩昭侯，又称“昭釐侯”“釐侯”。名武。韩懿侯之子。

②邹忌以鼓琴见威王：此事应在齐威王即位之后。据前注，齐威王元年应在周显王十三年（前356），此年齐威王尚未即位。

③鄗（hào）：赵邑名。在今河北邢台柏乡北。

④黄池：古邑名。在今河南新乡封丘西南。

⑤朱：古邑名。其地不详。

⑥赵孟：其人不详。也有人认为就是赵成侯。《孟子·告子上》：“赵孟之所贵，赵孟能贱之。”杨伯峻注：“晋国正卿赵盾字孟，因而其子孙都称赵孟。孙奕《示儿篇》云：‘晋有三赵孟：赵朔之子曰武，谥文子，称赵孟；赵武之子曰成，赵成之子曰鞅，又名封父，谥简子，亦称赵孟；赵鞅之子曰无恤，谥襄子，亦称赵孟。’”

⑦君尹黑：君尹，疑为“右尹”，楚国官名。其人名黑。

⑧封邹忌为成侯：此事应在齐威王即位之后。此年齐威王尚未继位。

⑨鲁、卫、宋、郑侯来：据《魏世家·索隐》引《竹书纪年》，来者为鲁恭侯、宋桓侯、卫成侯、郑釐侯（即韩昭侯）。

⑩阿：一作“安邑”“葛邑”，燕邑名。在今河北保定安新西。

⑪平陆：齐邑名。在今山东济宁汶上北。

⑫“齐”格：据前注，此年为齐威王元年。格内括注补“齐威王因齐元年”数字。齐威王在位三十七年，表内“齐”格自此年至周慎靓王元年（前320）括注齐威王纪年。

⑬杜平：秦邑名。在今陕西渭南澄城境。

⑭会田：相会并一起打猎。田，狩猎。

⑮元里：秦邑名。在今陕西渭南澄城东南。

⑯邯郸降。齐败我桂陵：此即孙膑用“围魏救赵”之计大败魏军的

桂陵之战。上年赵伐取卫地，于是魏救卫，围赵都邯郸。本年魏拔邯郸，赵求救于齐，齐派田忌、孙膑大败魏于桂陵。桂陵，魏邑名。在今河南新乡长垣西北，一说在今山东菏泽东北。

⑰东周：从周国分出的小诸侯国。始封之君为周惠公之子班。周考王分封其弟揭于河南（今洛阳西），为西周桓公。传至西周惠公时，于周显王二年（前367），西周惠公又封其少子班于巩（今河南郑州巩义西南），以奉王室，称“东周惠公”。

⑱陵观、廪丘：可能是聚落名。其地不详。廪丘，《韩世家》作“邢丘”。

前352

周	**十七** 显王十七年。
秦	**十** 卫公孙鞅为大良造[①],伐安邑,降之。孝公十年。卫公孙鞅担任大良造,进攻安邑,迫使安邑投降。
魏	**十九**[十八] 诸侯围我襄陵[②]。筑长城[③],塞固阳[④]。惠王十九年(惠王十八年)。诸侯联军包围我国襄陵。修筑长城,在固阳修筑要塞。
韩	**七**[十一] 昭侯七年(昭侯十一年)。
赵	**二十三** 成侯二十三年。
楚	**十八** 鲁康公元年[⑤]。宣王十八年。鲁康公名屯,是鲁共公的儿子,该年是其元年。
燕	**十** 文公十年。
齐	**二十七**[五] 威王二十七年(威王五年)。

前351

十八 显王十八年。
十一 城商塞[6]。卫鞅围固阳，降之。孝公十一年。修筑商坂要塞。卫鞅包围固阳，迫使它投降。
二十［十九］ 归赵邯郸。惠王二十年（惠王十九年）。归还赵国邯郸。
八［十二］ 申不害相[7]。昭侯八年（昭侯十二年）。申不害出任国相。
二十四 魏归邯郸，与魏盟漳水上。成侯二十四年。魏军归还邯郸，赵成侯与魏惠王在漳水边会盟。
十九 宣王十九年。
十一 文公十一年。
二十八［六］ 威王二十八年（威王六年）。

前350

周	**十九** 显王十九年。
秦	**十二** 初聚小邑为三十一县,令[8]。为田开阡陌[9]。孝公十二年。开始合并众多小乡邑,集为三十一个县,每县设一个县令。规划土地,设置田界。
魏	**二十一**[二十] 与秦遇彤[10]。惠王二十一年(惠王二十年)。魏惠王与秦孝公在彤邑会晤。
韩	**九**[十三] 昭侯九年(昭侯十三年)。
赵	**二十五** 成侯二十五年。
楚	**二十** 宣王二十年。
燕	**十二** 文公十二年。
齐	**二十九**[七] 威王二十九年(威王七年)。

前349	前348
二十 显王二十年。	**二十一** 显王二十一年。
十三 初为县,有秩史[11]。孝公十三年。在县官之下,开始设置有定额俸禄的小吏。	**十四** 初为赋[14]。孝公十四年。初次征收田赋。
二十二[二十一] 惠王二十二年(惠王二十一年)。	**二十三**[二十二] 惠王二十三年(惠王二十二年)。
十[十四] 韩姬弑其君悼公[12]。昭侯十年(昭侯十四年)。韩姬杀死国君悼公。	**十一**[十五] 昭侯如秦。昭侯十一年(昭侯十五年)。韩昭侯到访秦国。
赵肃侯**元年**[13] 赵肃侯名语,是赵成侯的儿子,该年是其元年。	**二** 肃侯二年。
二十一 宣王二十一年。	**二十二** 宣王二十二年。
十三 文公十三年。	**十四** 文公十四年。
三十[八] 威王三十年(威王八年)。	**三十一**[九] 威王三十一年(威王九年)。

【注释】

前352—前348

①卫公孙鞅为大良造：公孙鞅即商鞅。入秦说孝公，孝公六年任为左庶长，实行变法。十年，任大良造。其生平事迹详见《商君列传》。大良造，战国初期为秦国的最高官职，掌握军政大权。同时又为爵名，为秦二十等爵的第十六级，亦称大上造。

②诸侯围我襄陵：指齐、宋、卫联军包围魏之襄陵。襄陵，在今河南商丘睢县。

③长城：指魏南起今陕西渭南华州，沿北洛水，经渭南大荔、澄城至今韩城以南备秦的长城。

④塞固阳：在固阳修筑要塞。固阳，旧说即汉代的固阳县，在今内蒙古包头东古城湾。魏的领土远不能到达此地，此说不可信。一说当为"合阳"之误，在今陕西渭南合阳东南。

⑤鲁康公：名屯。鲁共公之子。

⑥商塞：指商，秦邑名。在今陕西商洛商州区东南，地近韩、楚。又，《读史方舆纪要》曰："《史记》秦孝公十一年城商塞，曰峣关，在兰田县；曰武关，曰白羽城，在河南内乡县；曰苍野聚，在商州南。"

⑦申不害：也称申子。郑国京人。法家重要代表人物，后世常以申、商齐称，思想更主于"术"，其实就是驾驭使用大臣的权术。相韩十五年，整顿内政，对外联魏共抗诸侯，使韩国一度强盛而不受侵害。申不害始相韩在昭侯八年，但本表的昭侯八年实当昭侯十二年。

⑧令：《秦本纪》作"县一令"，即每县置一县令。

⑨为田开阡陌：即废井田制，重新规划土地，设置田界。具体措施是：改百步为一亩为二百四十步为一亩，重新设置田界；"陌道"设于百亩之内，亩与亩之间；"阡道"设于千亩之内，百亩与百亩之间；每顷田阡、陌的交界处，一一加筑土埂作为标记。

⑩彤:秦邑名。在今陕西渭南华州西南。

⑪初为县,有秩史:即在县令之下,开始设置有定额俸禄的小吏,县一级地方行政机构正式确立。有秩史,即有固定俸禄的县吏。一说,“有秩”为古代乡官名,“史”为佐史,皆为县令属下。

⑫韩姬:亦作“韩玘”。悼公:韩无悼公,梁玉绳、钱穆等以为其为晋君。悼公被杀,晋亡。

⑬赵肃侯:名语。赵成侯之子。

⑭初为赋:按户按人口征收军赋,即云梦秦简中所说的“户赋”,也称“口赋”,是汉代“算赋”的起源。

	前347	前346
周	**二十二** 显王二十二年。	**二十三** 显王二十三年。
秦	**十五** 孝公十五年。	**十六** 孝公十六年。
魏	**二十四**[二十三] 惠王二十四年(惠王二十三年)。	**二十五**[二十四] 惠王二十五年(惠王二十四年)。
韩	**十二**[十六] 昭侯十二年(昭侯十六年)。	**十三**[十七] 昭侯十三年(昭侯十七年)。
赵	三 公子范袭邯郸[①],不胜,死。肃侯三年。公子范率兵侵袭我国邯郸,战败身亡。	**四** 肃侯四年。
楚	**二十三** 宣王二十三年。	**二十四** 宣王二十四年。
燕	**十五** 文公十五年。	**十六** 文公十六年。
齐	**三十二**[十] 威王三十二年(威王十年)。	**三十三**[十一] 杀其大夫牟辛[②]。威王三十三年(威王十一年)。齐威王杀死大夫牟辛。

前345	前344
二十四 显王二十四年。	**二十五** 诸侯会[3]。显王二十五年。诸侯在逢泽举行盟会。
十七 孝公十七年。	**十八** 孝公十八年。
二十六[二十五] 惠王二十六年（惠王二十五年）。	**二十七**[二十六] 丹封名会[4]。丹，魏大臣。惠王二十七年（惠王二十六年）。丹因主持逢泽之会而受封。丹，即白圭，名丹，是魏国大臣。
十四[十八] 昭侯十四年（昭侯十八年）。	**十五**[十九] 昭侯十五年（昭侯十九年）。
五 肃侯五年。	**六** 肃侯六年。
二十五 宣王二十五年。	**二十六** 宣王二十六年。
十七 文公十七年。	**十八** 文公十八年。
三十四[十二] 威王三十四年（威王十二年）。	**三十五**[十三] 田忌袭齐，不胜[5]。威王三十五年（威王十三年）。田忌侵袭齐国，没有取胜。

前343

周	**二十六** 致伯秦。显王二十六年。命秦为诸侯霸主。
秦	**十九** 城武城。从东方牡丘来归[6]。天子致伯。孝公十九年。在武城筑城。从东方牡丘归来。周天子赐给秦孝公霸主称号。
魏	**二十八**［二十七］ 惠王二十八年（惠王二十七年）。
韩	**十六**［二十］ 昭侯十六年（昭侯二十年）。
赵	**七** 肃侯七年。
楚	**二十七** 鲁景公偃元年[7]。宣王二十七年。鲁景公名偃，是鲁康公的儿子，该年是其元年。
燕	**十九** 文公十九年。
齐	**三十六**［十四］ 威王三十六年（威王十四年）。

前342

二十七 显王二十七年。
二十 诸侯毕贺。会诸侯于泽[8]。朝天子。孝公二十年。诸侯都来祝贺，秦派公子少官与诸侯在逢泽会盟。朝见周天子。
二十九［二十八］ 中山君为相[9]。惠王二十九年（惠王二十八年）。中山君出任魏国相。
十七［二十一］ 昭侯十七年（昭侯二十一年）。
八 肃侯八年。
二十八 宣王二十八年。
二十 文公二十年。
齐宣王辟彊**元**年［十五］[10] 齐宣王名辟彊，该年是其元年（威王十五年）。

前341

周	**二十八** 显王二十八年。
秦	**二十一** 马生人。孝公二十一年。马生了一个人。
魏	**三十**［二十九］ 齐虏我太子申,杀将军庞涓[11]。惠王三十年(惠王二十九年)。齐军俘获我太子申,杀死将军庞涓。
韩	**十八**［二十二］ 昭侯十八年(昭侯二十二年)。
赵	**九** 肃侯九年。
楚	**二十九** 宣王二十九年。
燕	**二十一** 文公二十一年。
齐	**二**［十六］ 败魏马陵。田忌、田婴、田肦将[12],孙子为师[13]。宣王二年(威王十六年)。齐军在马陵打败魏军。田忌、田婴、田肦担任将军,孙膑担任军师。

前340	前339
二十九 显王二十九年。	**三十** 显王三十年。
二十二 封大良造商鞅[14]。孝公二十二年。秦孝公封大良造商鞅为列侯，号商君。	**二十三** 与晋战岸门[17]。孝公二十三年。秦军与晋军战于岸门。
三十一［三十］ 秦商君伐我，虏我公子卬[15]。惠王三十一年（惠王三十年）。秦国商君鞅进攻我国，俘获我公子卬。	**三十二**［三十一］ 公子赫为太子[18]。惠王三十二年（惠王三十一年）。公子赫当上魏太子。
十九［二十三］ 昭侯十九年（昭侯二十三年）。	**二十**［二十四］ 昭侯二十年（昭侯二十四年）。
十 肃侯十年。	**十一** 肃侯十一年。
三十 宣王三十年。	**楚威王熊商元年** 楚威王名商，熊氏，是楚宣王的儿子，该年是其元年。
二十二 文公二十二年。	**二十三** 文公二十三年。
三［十七］ 与赵会[16]，伐魏。宣王三年（威王十七年）。齐威王与赵肃侯会盟，联合进攻魏国。	**四**［十八］ 宣王四年（威王十八年）。

【注释】

前347—前339

①公子范袭邯郸：公子范谋夺政权。公子范，赵国公子。

②杀其大夫牟辛：徐广、司马贞以为“大夫”或作“夫人”，牟辛是其姓字。

③诸侯会：魏惠王在逢泽召集诸侯会盟，邀请宋、卫、邹、鲁等国参加，秦也派公子少官与会，并曾共同去朝见周王。

④丹封名会：梁玉绳以为是“丹封于浍”之讹。丹，白圭之名。曾自称“丹之治水也愈于禹”。浍为魏地。

⑤田忌袭齐，不胜：田忌本齐国大将，桂陵之战与马陵之战为主将。后被邹忌诬为谋反，一度出亡楚国。宣王初年又被齐召回。如此，田忌出亡是在马陵之战后，而马陵之战在两年后，此处记载有误。

⑥从东方牡丘来归：马非百曰：“语不可通。疑是‘宋太丘社来归’之误。惠文王二年有‘宋太丘社亡’之文。当是来而复去，至惠文王时乃灭亡耳。‘从’字衍文。”

⑦鲁景公偃：鲁景公，名偃。鲁康公之子。

⑧会诸侯于泽：此指逢泽之会，事在两年前（前344）。泽，当作逢泽，在今河南开封东南。

⑨中山君为相：前406年，魏文侯灭中山；前378年，中山复国，这时中山君入魏为相。

⑩齐宣王辟彊元年：据《竹书纪年》，“齐幽公（当作‘桓公’）之十八年而威王立”，“梁惠王后元十五年齐威王薨”。梁惠王后元十五年为前320年，则齐宣王元年在前319年。此年是齐威王十五年。

⑪齐虏我太子申，杀将军庞涓：此即齐、魏马陵之战。齐国将领为田忌与孙膑。过程详见《孙子吴起列传》。齐虏我太子申，《孟子·梁惠王》则曰：“东败于齐，长子死焉。”两处记载不同。庞

涓，魏国将领。曾与孙膑同学兵法。后事魏惠王，任将军。因妒忌孙膑，将其诱至魏处以膑刑。后桂陵之战与马陵之战两次中孙膑之计大败，自杀而死。

⑫田婴：齐威王少子，孟尝君田文之父。封于薛（今山东枣庄滕州南），故称“薛公”，号“靖郭君”（一作“静郭君”）。曾与田忌等指挥桂陵、马陵之战，大败魏军。齐宣王时为齐相。田肦（bān）：齐将，被齐威王视为“宝”。

⑬孙子为师：孙膑为军师。孙子，此指孙膑。孙武之后。著有《孙膑兵法》。事迹详见《孙子吴起列传》。

⑭封大良造商鞅：此年商鞅率师大破魏军，以功封以於商十五邑，号商君。

⑮公子卬：魏惠王之子。率军迎战商鞅。早年他与商鞅友善，被鞅以谈和为名袭俘于酒宴之上，魏军遂败。

⑯与赵会：《田敬仲完世家》中《集解》引徐广曰：“表曰三年，与赵会博望伐魏。”则两国会于博望。博望，齐邑名。在今山东聊城茌平的博平旧城西南。

⑰岸门：魏邑名。在今河南许昌西北。

⑱公子赫：太子申在马陵之战为齐所杀，他被立为太子，后未嗣而卒。一说即魏襄王。

前338

周	**三十一** 显王三十一年。
秦	**二十四** 大荔围合阳。孝公薨。商君反[①],死彤地[②]。孝公二十四年。大荔军队包围合阳。秦孝公去世。商君鞅谋反,死在彤地。
魏	**三十三**[三十二] 卫鞅亡归我,我恐,弗内[③]。惠王三十三年(惠王三十二年)。商鞅逃亡到我国,我国担心秦人报复,不敢收留他。
韩	**二十一**[二十五] 昭侯二十一年(昭侯二十五年)。
赵	**十二** 肃侯十二年。
楚	**二** 威王二年。
燕	**二十四** 文公二十四年。
齐	**五**[十九] 宣王五年(威王十九年)。

前337

三十二 显王三十二年。
秦惠文王**元**年[4] 楚、韩、赵、蜀人来。秦惠文王名驷，是秦孝公的儿子，该年是其元年。楚、韩、赵、蜀人来秦国朝见。
三十四［三十三］ 惠王三十四年（惠王三十三年）。
二十二［二十六］ 申不害卒。昭侯二十二年（昭侯二十六年）。国相申不害去世。
十三 肃侯十三年。
三 威王三年。
二十五 文公二十五年。
六［二十］ 宣王六年（威王二十年）。

前336

周	**三十三** 贺秦。显王三十三年。周显王派人到秦国祝贺。
秦	**二** 天子贺。行钱[⑤]。宋太丘社亡[⑥]。惠文王二年。周显王派人来我国祝贺。秦国开始使用铜货币。宋太丘社沦亡。
魏	**三十五**[三十四] 孟子来[⑦],王问利国,对曰:“君不可言利。”[⑧]惠王三十五年(惠王三十四年)。孟子来到魏国,魏惠王问他怎么才能让国家获利,孟子回答说:“君主不可以说利。”(孟子至魏应在魏惠王末年)。
韩	**二十三**[二十七] 昭侯二十三年(昭侯二十七年)。
赵	**十四** 肃侯十四年。
楚	**四** 威王四年。
燕	**二十六** 文公二十六年。
齐	**七**[二十一] 与魏会平阿南[⑨]。宣王七年(威王二十一年)。齐威王与魏惠王在平阿之南会盟。

前335

三十四 显王三十四年。
三 王冠[10]。拔韩宜阳[11]。惠文王三年。秦惠文王举行成年加冠礼。秦军攻下韩国宜阳。
三十六［三十五］ 惠王三十六年（惠王三十五年）。
二十四［二十八］ 秦拔我宜阳。昭侯二十四年（昭侯二十八年）。秦军攻克我国宜阳。
十五 肃侯十五年。
五 威王五年。
二十七 文公二十七年。
八［二十二］ 与魏会于甄。宣王八年（威王二十二年）。齐威王与魏惠王在甄邑会盟。

【注释】

前338—前335

①商君反:《商君列传》曰:“公子虔之徒告商君欲反。”则商鞅并未反,乃公子虔等强加罪名。

②彤地:在今陕西渭南华州西南。《商君列传》言“杀之于郑黾池”。黾池,在今河南三门峡渑池西。

③“卫鞅亡归我”几句:卫鞅,商鞅。商鞅逃到魏国,“魏人怨其欺公子卬而破魏师,弗受……曰:‘商君,秦之贼。秦强而贼入魏,弗归,不可。’遂内秦”。内,同“纳”。

④秦惠文王:名驷。秦孝公之子。按,此年尚称“君”,至十三年(前325)始称王。

⑤行钱:开始普遍使用圆形圆孔金属铸币。

⑥宋太丘社亡:社亡,一说指祭坛崩塌,一说指社主亡失,都是国家将亡的征兆。太丘,《尔雅·释丘》“右陵泰(“泰”“太”通)丘”疏:“丘之西有大阜者名泰丘。”因为依丘作社,故称太丘。在今河南商丘永城西北。社,祭地神之处。

⑦孟子来:孟子至魏当在魏惠王改元后的十五年(前320),司马迁误将惠王改元当作惠王去世,将改元后之年数归于魏襄王,故误以为孟子此时来魏。孟子即孟轲,儒家学派代表人物,与弟子合著《孟子》。后与孔子合称“孔孟”。

⑧“王问利国”几句:此即《孟子·梁惠王》中“王何必曰利”之事。

⑨平阿:在今安徽蚌埠怀远西南。杨宽据《孟尝君列传》作“东阿”,疑此当为“东阿”之误。按,杨说有理。魏都今河南开封,齐都今山东淄博临淄,远至怀远会盟,不合情理。东阿在今山东聊城阳谷东北,正在河南开封与山东淄博临淄之间。

⑩王冠:秦惠文王行加冠礼,表示已经成人。《正义》引《礼记》云:“二十行冠礼也。”但也有在二十二岁,或不到二十岁者。杨宽

曰:“秦制,秦君必须于二十二岁行冠礼后,方得亲政。”《秦始皇本纪》附《秦纪》称惠文王“生十九年而立”,至其在位三年,正是二十二岁。

⑪拔韩宜阳:秦派甘茂拔韩宜阳在秦武王四年(前307),此“拔”当为“攻”。宜阳,韩县名。治在今河南洛阳宜阳西,以宜阳山而名。

前334

周	**三十五** 显王三十五年。
秦	**四** 天子致文武胙。魏夫人来。惠文王四年。周显王给秦国送来祭祀文王、武王的供肉。魏夫人来到秦国。
魏	魏襄王**元**年[惠王后元年][1] 与诸侯会徐州，以相王[2]。魏襄王名嗣，是魏惠王的儿子，该年是其元年（惠王后元元年）。与齐威王在徐州会盟，相互尊对方为王。
韩	**二十五**[二十九] 旱。作高门，屈宜臼曰[3]："昭侯不出此门[4]。"昭侯二十五年（昭侯二十九年）。韩国天旱。筑造高门，楚大夫屈宜臼说："韩昭侯将不会走出这座高门，寿命将不长久。"
赵	**十六** 肃侯十六年。
楚	**六** 威王六年。
燕	**二十八** 苏秦说燕[5]。文公二十八年。苏秦游说燕文公。
齐	**九**[二十三] 与魏会徐州，诸侯相王。宣王九年（威王二十三年）。齐威王与魏惠王在徐州会盟，他们相互尊对方为王。

前333

三十六 显王三十六年。
五 阴晋人犀首为大良造[⑥]。惠文王五年。阴晋人犀首担任秦国的大良造。
二［后二］ 秦败我雕阴[⑦]。襄王二年（惠王后元二年）。秦军在雕阴打败我军。
二十六［三十］ 高门成，昭侯卒，不出此门。昭侯二十六年（昭侯三十年）。高门建成，昭侯去世，果然没有走出这座高门。
十七 肃侯十七年。
七 围齐于徐州[⑧]。威王七年。楚军在徐州包围齐军。
二十九 文公二十九年。
十［二十四］ 楚围我徐州。宣王十年（威王二十四年）。楚军包围我国的徐州。

前332

周	**三十七** 显王三十七年。
秦	**六** 魏以阴晋为和,命曰宁秦。惠文王六年。魏人向秦国献出阴晋以求和平,将阴晋更名为宁秦。
魏	三[后三] 伐赵。卫平侯元年[9]。襄王三年(惠王后元三年)。魏军进攻赵国。卫平侯,南氏,名劲,是卫成侯的儿子,该年是其元年。
韩	韩宣惠王**元**年[10] 韩宣惠王是韩昭侯的儿子,该年是其元年。
赵	**十八** 齐、魏伐我,我决河水浸之。肃侯十八年。齐军、魏军联合进攻我国,我国打开黄河缺口用水灌淹敌军。
楚	**八** 威王八年。
燕	燕易王**元**年[11] 燕易王是燕文公的儿子,该年是其元年。
齐	**十一**[二十五] 与魏伐赵。宣王十一年(威王二十五年)。齐军与魏军联合进攻赵国。

前331

三十八 显王三十八年。
七 义渠内乱，庶长操将兵定之。惠文王七年。义渠内部有乱，庶长操领兵平定了叛乱。
四［后四］ 襄王四年（惠王后元四年）。
二 宣惠王二年。
十九 肃侯十九年。
九 威王九年。
二 易王二年。
十二［二十六］ 宣王十二年（威王二十六年）。

前330

周	**三十九** 显王三十九年。
秦	**八 魏入少梁河西地于秦[12]。** 惠文王八年。魏人将少梁河西地献给秦国。
魏	**五[后五] 与秦河西地少梁。秦围我焦、曲沃[13]。** 襄王五年(惠王后元五年)。将河西地少梁献给秦国。秦国包围我国的焦邑、曲沃。
韩	**三** 宣惠王三年。
赵	**二十** 肃侯二十年。
楚	**十** 威王十年。
燕	**三** 易王三年。
齐	**十三[二十七]** 宣王十三年(威王二十七年)。

前329

四十 显王四十年。
九 度河，取汾阴、皮氏[14]。围焦，降之。与魏会应[15]。惠文王九年。渡过黄河，占领汾阴、皮氏。包围焦邑，迫使魏军投降。秦惠文王与魏惠王在应邑会盟。
六［后六］ 与秦会应。秦取汾阴、皮氏。襄王六年（惠王后元六年）。魏惠王与秦惠文王在应邑会盟。秦军占领汾阴、皮氏。
四 宣惠王四年。
二十一 肃侯二十一年。
十一 魏败我陉山[16]。威王十一年。魏军在陉山打败我军。
四 易王四年。
十四［二十八］ 宣王十四年（威王二十八年）。

【注释】

前334—前329

①魏襄王元年：据《竹书纪年》，魏惠王三十六年改元称元年，又十六年而卒，并非三十六年卒。司马迁误将改元当成他去世，故误以此年为襄王元年。此格括注“惠王后元元年”，表中“魏”格自此年至周慎靓王二年（前319）括注魏惠王后元纪年。

②与诸侯会徐（shū）州，以相王：是年魏惠王、齐威王会徐州，相互尊对方为王，即“相王”。魏惠王改元即因此会。因韩昭侯亦曾与会，故称“与诸侯会”。徐州，即齐之薛邑，在今山东枣庄滕州南。

③屈宜臼：楚国大夫，此时在魏。

④昭侯不出此门：屈宜臼认为韩昭侯在天旱时建造高门，是不体恤民生疾苦而只顾满足自己追求奢华的私欲，其命将不久。

⑤苏秦说燕：此记有误。苏秦是战国时期著名的纵横家，卒于前284年。他主要活动在燕昭王、齐愍王时期，《史记》误把他的活动提早了三十多年。说详《苏秦列传》。

⑥阴晋人犀首为大良造：犀首即公孙衍。初仕秦，为大良造。他与张仪不合，后至魏，曾主持三晋和燕、中山五国相王，佩五国相印。阴晋，古邑名。在今陕西渭南华阴东。

⑦秦败我雕阴：此雕阴之战，秦虏魏将龙贾，斩首数万。《秦本纪》记于秦惠文王七年，《魏世家》记于魏襄王五年，均与此不同。梁玉绳曰当从《魏世家》，在魏惠王后元五年，秦惠文王八年，与下文“与秦河西地少梁”为同时事。龙贾为魏西境主将，此役魏西境防秦主力全军覆没，因而河西、上郡不得不相继献与秦国。雕阴，魏邑名。在今陕西延安甘泉县南。

⑧围齐于徐州：魏、齐徐州相王，楚威王大怒，遂亲自率军攻齐，围徐州，打败齐将申缚。

⑨卫平侯元年：史失其名。卫成侯之子。

⑩韩宣惠王：史失其名。韩昭侯之子。《竹书纪年》作威侯、威王。此年尚称“侯”，至八年（前325），与梁惠王会于巫沙，始称王。

⑪燕易王：史失其名。燕文公之子。

⑫魏入少梁河西地于秦：秦孝公时已取得河西地的一部分，在秦的进逼之下，至此魏把河西地全部献给秦国。河西，地区名。指今山西、陕西交界的黄河南段之西，陕西合阳、大荔一带。

⑬秦围我焦、曲沃：焦、曲沃，皆魏邑名。焦，在今河南三门峡陕州；曲沃，在今河南三门峡灵宝东北曲沃镇。按，据《魏世家》，秦围焦、曲沃在前，魏与秦河西地在后。

⑭汾阴、皮氏：皆魏邑名。汾阴，在今山西运城万荣西南；皮氏，在今山西运城河津。

⑮应：古邑名。在河南平顶山鲁山县东，此时属魏。

⑯陉山：山名。在今河南漯河东。

前328

周	**四十一** 显王四十一年。
秦	**十** 张仪相[①]。公子桑围蒲阳,降之。魏纳上郡[②]。惠文王十年。张仪担任秦相。公子桑(《张仪列传》作公子华)率兵包围蒲阳,迫使该城投降。魏国献出上郡十五县。
魏	**七**[后七] 入上郡于秦。襄王七年(惠王后元七年)。魏国向秦国献出上郡十五县。
韩	**五** 宣惠王五年。
赵	**二十二** 肃侯二十二年。
楚	楚怀王槐**元**年 楚怀王名槐,是楚威王的儿子,该年是其元年。
燕	**五** 易王五年。
齐	**十五**[二十九] 宋君偃元年[③]。宣王十五年(威王二十九年)。宋君偃即宋康王,是剔成君的儿子,该年是其元年。

前327	前326
四十二 显王四十二年。	**四十三** 显王四十三年。
十一 义渠君为臣。归魏焦、曲沃。惠文王十一年。义渠君俯首称臣。归还魏国的焦邑、曲沃。	**十二** 初腊[4]。会龙门[5]。惠文王十二年。初次进行腊祭。在龙门举行集会。
八[后八] 秦归我焦、曲沃。襄王八年（惠王后元八年）。秦国向我国归还所占领的焦邑、曲沃。	**九**[后九] 襄王九年（惠王后元九年）。
六 宣惠王六年。	**七** 宣惠王七年。
二十三 肃侯二十三年。	**二十四** 肃侯二十四年。
二 怀王二年。	**三** 怀王三年。
六 易王六年。	**七** 易王七年。
十六[三十] 宣王十六年（威王三十年）。	**十七**[三十一] 宣王十七年（威王三十一年）。

前325

周	**四十四** 显王四十四年。
秦	**十三** 四月戊午，君为王[6]。惠文王十三年。四月戊午，我国国君开始称王。
魏	**十**［后十］ 襄王十年（惠王后元十年）。
韩	**八** 魏败我韩举[7]。宣惠王八年。魏人打败我国将军韩举。
赵	赵武灵王**元**年[8] 魏败我赵护[9]。赵武灵王名雍，是赵肃侯的儿子，该年是其元年。魏人打败我国将军赵护。
楚	**四** 怀王四年。
燕	**八** 易王八年。
齐	**十八**［三十二］ 宣王十八年（威王三十二年）。

前324

四十五 显王四十五年。
相张仪将兵取陕[10]。初更**元**年。秦相张仪领军占领陕邑。惠文王后元元年，正式改为用“王”纪年。
十一［后十一］ 卫嗣君元年[11]。襄王十一年（惠王后元十一年）。卫嗣君是卫平侯的儿子，该年是其元年。
九 宣惠王九年。
二 城鄗[12]。武灵王二年。赵军在鄗筑城（《赵世家》记载于下一年）。
五 怀王五年。
九 易王九年。
十九［三十三］ 宣王十九年（威王三十三年）。

前323

周	**四十六** 显王四十六年。
秦	**二** 相张仪与齐楚会啮桑[13]。惠文王后元二年。秦相张仪在啮桑与齐、楚大臣会晤。
魏	**十二**[后十二] 襄王十二年(惠王后元十二年)。
韩	**十** 君为王[14]。宣惠王十年。我国国君开始称王。
赵	**三** 武灵王三年。
楚	**六** 败魏襄陵。怀王六年。楚军在襄陵打败魏军。
燕	**十** 君为王。易王十年。我国国君开始称王。
齐	齐湣王地**元**年[三十四][15] 齐湣王名地,是齐宣王的儿子,该年是其元年(威王三十四年)。

前322

四十七 周显王四十七年。
三 张仪免相，相魏。惠文王后元三年。张仪免去秦相，成为魏相。
十三［后十三］ 秦取曲沃、平周[16]。女化为丈夫。襄王十三年（惠王后元十三年）。秦军占领曲沃、平周。有一位魏国女子变成了男子汉。
十一 宣惠王十一年。
四 与韩会区鼠[17]。武灵王四年。赵武灵王与韩宣惠王在区鼠会盟。
七 怀王七年。
十一 易王十一年。
二［三十五］ 湣王二年（威王三十五年）。

【注释】

前328—前322

①张仪相：张仪为秦国相。张仪，战国时著名纵横家，采用连横政策，为秦的发展扩张做出了重要贡献。生平事迹详见《张仪列传》。

②“公子桑围蒲阳”几句：据《张仪列传》，秦使公子华与张仪围蒲阳，降之。仪因言秦复与魏，让魏入上郡、少梁谢秦惠王。惠王乃以张仪为相，更名少梁曰夏阳。公子桑，《张仪列传》作“公子华”。蒲阳，魏邑名。在今山西临汾隰县。上郡，魏文侯置。辖境相当于今陕西黄梁河以北，洛河以东，东北到延安、子安一带。

③宋君偃元年：钱穆以为宋君偃元年在前337年，平势隆郎定于前331年。宋君偃于前318年称王，前286年被齐所灭。宋君偃，即宋康王，名偃，剔成君之子。

④初腊：初次举行岁末祭祀祖先的活动。《秦本纪》之《正义》曰：“秦惠文王始效中国为之，故云‘初腊’。猎禽兽，于岁终祭先祖。”

⑤龙门：古山名。在今山西运城河津西北及陕西渭南韩城东北。山跨黄河东西，两岸对峙，形势如门阙，因名。相传为禹所凿，故亦称禹门。又因地当古时秦晋交通渡口，又称禹门口。

⑥君为王：指秦惠文君此年开始称王。

⑦韩举：韩国将领名。

⑧赵武灵王：名雍。赵肃侯之子。在位期间，提倡胡服骑射，实行军事改革。先后攻灭中山，破林胡、楼烦，拓地北至燕、代，建立云中、雁门等郡。前299年让位于幼子，自号“主父”，而封长子赵章于代，为安阳君。不久发生内讧，他被困饿死于沙丘宫。详见《赵世家》。此时尚称“君”，至前323年始称王。

⑨赵护：赵国将领名。

⑩陕：魏邑名。今河南三门峡陕州。

⑪卫嗣君元年：梁玉绳以为其元年在前338年，平势定为前335年。或以为卫嗣君即《纪年》之孝襄侯。卫嗣君，史失其名。卫平侯之子。

⑫城鄗（hào）：《赵世家》记在赵武灵王三年，即下一年。

⑬啮桑：古邑名。在今江苏徐州沛县西南。

⑭君为王：在公孙衍主持下三晋与燕、中山五国相王，以与秦对抗。

⑮齐湣王地元年：按，因为司马迁田齐几代国君纪年均有误，此年实为齐威王三十四年，齐湣王元年应在前300年。格内括注威王纪年“三十四”。齐湣王，名地。齐宣王之子。在位期间先后以田文、苏秦为相，联合韩、魏攻楚、攻秦。与秦称东、西帝。灭宋。前284年燕将乐毅攻下齐七十余城，齐湣王被淖齿所杀。

⑯平周：魏邑名。在今山西晋中介休西。

⑰区鼠：古邑名。今地不详。

前321

周	**四十八** 周显王四十八年。
秦	**四** 惠文王后元四年。
魏	**十四**［后十四］ 襄王十四年（惠王后元十四年）。
韩	**十二** 宣惠王十二年。
赵	**五** 取韩女为夫人。武灵王五年。赵武灵王娶了一位韩国女子为夫人。
楚	**八** 怀王八年。
燕	**十二** 易王十二年。
齐	**三**［三十六］ 封田婴于薛①。湣王三年（威王三十六年）。把田婴封到薛邑。

前320

慎靓王元年[②] 周慎靓王名定，是周显王的儿子，该年是其元年。
五 王北游戎地[③]，至河上[④]。惠文王后元五年。秦惠文王向北巡游到匈奴地区，到达黄河边上。
十五［后十五］ 襄王十五年（惠王后元十五年）。
十三 宣惠王十三年。
六 武灵王六年。
九 怀王九年。
燕王哙元年[⑤] 燕王名哙，是燕易王的儿子，该年是其元年。
四［三十七］ 迎妇于秦。湣王四年（威王三十七年）。到秦国迎娶了一位夫人（迎娶秦女的是齐湣王，因纪年错乱，误记于此）。

前319

周	**二** 慎靓王二年。
秦	**六** 惠文王后元六年。
魏	**十六**［后十六］ 襄王十六年（惠王后元十六年）。
韩	**十四** 秦来击我，取鄢[⑥]。宣惠王十四年。秦国出兵来攻打我国，占领了鄢邑。
赵	**七** 武灵王七年。
楚	**十** 城广陵[⑦]。怀王十年。楚军在广陵筑城。
燕	**二** 燕王哙二年。
齐	**五**［齐宣王辟彊元年］ 湣王五年（宣王元年）。

前318

三　慎靓王三年。
七　五国共击秦[9]，不胜而还。惠文王后元七年。魏、赵、韩、燕、楚五国联合起来进攻秦国，没有获胜，撤退回国。
魏哀王**元**年［魏襄王元年］[10]　击秦不胜。该年是魏哀王即位的第一年（襄王元年）。魏军攻打秦国没有获胜。
十五　击秦不胜。宣惠王十五年。韩军攻打秦国没有获胜。
八　击秦不胜。武灵王八年。赵军攻打秦国没有获胜。
十一　击秦不胜。怀王十一年。楚军攻打秦国没有获胜。
三　击秦不胜。燕王哙三年。燕军攻打秦国没有获胜。
六［二］　宋自立为王[11]。湣王六年（宣王二年）。宋君偃自立为王。

前317

周	**四** 慎靓王四年。
秦	**八** 与韩、赵战,斩首八万。张仪复相。惠文王后元八年。秦军与韩、赵联军大战,斩首八万。张仪再次担任秦相。
魏	**二**[二] 齐败我观泽[12]。哀王二年(襄王二年)。齐军在观泽打败我军。
韩	**十六** 秦败我脩鱼[13],得韩将军申差。宣惠王十六年。秦军在脩鱼打败我军,俘获了我国将军申差。
赵	**九** 与韩、魏击秦。齐败我观泽。武灵王九年。赵军会合韩军、魏军攻打秦国。齐军在观泽打败我军。
楚	**十二** 怀王十二年。
燕	**四** 燕王哙四年。
齐	**七**[三] 败魏、赵观泽。湣王七年(宣王三年)。齐军在观泽打败魏、赵联军。

前316

五　慎靓王五年。
九　击蜀，灭之[14]。取赵中都、西阳、安邑[15]。惠文王后元九年。秦军进攻蜀国，灭了它。出兵占领了赵国的中都、西阳、安邑。
三［三］　哀王三年（襄王三年）。
十七　宣惠王十七年。
十　秦取我中都、西阳、安邑。武灵王十年。秦军出兵占领了我国的中都、西阳、安邑。
十三　怀王十三年。
五　君让其臣子之国，顾为臣[16]。燕王哙五年。燕王哙把君位让给大臣子之，自己反而为臣（《燕召公世家》记载于燕王哙三年）。
八［四］　湣王八年（宣王四年）。

【注释】

前321—前316

①封田婴于薛:田婴仕齐威王、宣王,和齐愍王不同时。据《竹书纪年》,此事发生在齐威王三十六年。薛,齐邑名。在今山东枣庄滕州南。

②慎靓王:周慎靓王,名定。周显王之子。

③戎:此指匈奴。

④至河上:《秦本纪》作“至北河”。北河,黄河流经内蒙古磴口以后,在阴山南麓分为南、北两支。南支称为南河,即今黄河正流;北支称为北河,在今内蒙古之临河、包头一线,当时秦国的北境,约当今乌加河。

⑤燕王哙(kuài):名哙,燕易王之子。任子之为相,委以国政,后又将君位让于子之。将军市被与太子平起兵攻子之,造成国内大乱,死数万人。齐国乘机攻破燕都,燕王哙与子之均被杀。

⑥鄢:一作“鄢陵邑”,韩邑名。在今河南许昌鄢陵西北。

⑦广陵:楚邑名。在今江苏扬州西北蜀冈上。

⑧“齐”格:齐威王在位三十七年,于去年去世,子辟彊即位,即齐宣王。此年为齐宣王元年。格内括注“齐宣王辟彊元年”。齐宣王在位十九年,表内“齐”格自此年至周赧王十四年(前301)括注齐宣王纪年年数。

⑨五国共击秦:公孙衍发动魏、赵、韩、燕、楚五国攻秦。

⑩魏哀王元年:《竹书纪年》《世本》均无哀王,继惠王而立的是襄王。《史记》误以为惠王改元为襄王即位,于是多出哀王一代。此格括注“魏襄王元年”。襄王在位二十三年,表内“魏”格自此年至周赧王十九年(前296)括注魏襄王实际纪年年数。

⑪宋自立为王:宋称王在前328年,不在此年。

⑫观泽:魏邑名。在今河南濮阳清丰西南。

⑬脩鱼：韩邑名。在今河南新乡原阳西南。

⑭击蜀，灭之：此年秦惠文王听从司马错建议伐灭蜀国。

⑮中都、西阳：当是西都、中阳。皆赵邑名。西都，在今山西晋中平遥西南；中阳，在今山西吕梁中阳东。

⑯君让其臣子之国，顾为臣：此事《燕召公世家》记于燕王哙三年，与此不同。《中山王方壶铭文》云："燕君子哙不顾大宜，不谋诸侯，而臣宗易位。"

前315

周	**六** 慎靓王六年。
秦	**十** 惠文王后元十年。
魏	**四**［四］ 哀王四年（襄王四年）。
韩	**十八** 宣惠王十八年。
赵	**十一** 秦败我将军英[①]。武灵王十一年。秦人打败我国将军英（《秦本纪》作赵将泥）。
楚	**十四** 怀王十四年。
燕	**六** 燕王哙六年。
齐	**九**［五］ 湣王九年（宣王五年）。

前314

周赧王元年[②] 周赧王名延，是慎靓王的儿子，该年是其元年。
十一 侵义渠，得二十五城[③]。惠文王后元十一年。秦军侵入义渠，占领了二十五个城池。
五［五］ 秦拔我曲沃，归其人。走犀首岸门[④]。哀王五年（襄王五年）。秦军占领我国曲沃，让住在那里的民众回到魏国。使魏将犀首败逃到岸门。
十九 宣惠王十九年。
十二 武灵王十二年。
十五 鲁平公元年[⑤]。怀王十五年。鲁平公名旅，是鲁景公的儿子，该年是其元年。
七 君哙及太子、相子之皆死。燕王哙七年。燕君哙与燕太子、燕相子之都死于内乱。
十［六］ 湣王十年（宣王六年）。

前313

周	**二** 赧王二年。
秦	**十二** 樗里子击蔺阳[6],虏赵将。公子繇通封蜀[7]。惠文王后元十二年。樗里子进攻蔺阳,俘获赵将。把公子繇通封为蜀侯。
魏	**六**[六] 秦来立公子政为太子。与秦王会临晋。哀王六年(襄王六年)。秦惠文王来魏国立太子政为太子。魏襄王与秦惠文王在临晋会盟。
韩	**二十** 宣惠王二十年。
赵	**十三** 秦拔我蔺,虏将赵庄。武灵王十三年。秦军攻克我国蔺邑,俘获将军赵庄。
楚	**十六** 张仪来相。怀王十六年。张仪来楚国担任楚相(实则张仪使楚,破齐、楚之交,但未相楚)。
燕	**八** 燕王哙八年。
齐	**十一**[七] 湣王十一年(宣王七年)。

前312

三 赧王三年。
十三 庶长章击楚[8]，斩首八万。惠文王后元十三年。庶长魏章领兵攻打楚国，斩首八万。
七［七］ 击齐，虏声子于濮[9]。与秦击燕。哀王七年（襄王七年）。魏军攻打齐国，在濮水边俘获声子。魏军与秦军联合进攻燕国。
二十一 秦助我攻楚，围景座[10]。宣惠王二十一年。秦军帮助我军攻打楚国，包围楚将景座的军队。
十四 武灵王十四年。
十七 秦败我将屈匄[11]。怀王十七年。秦人打败我国将军屈匄。
九 燕人共立公子平[12]。燕王哙九年。燕国人共同立公子平（应为公子职）为燕君。
十二［八］ 湣王十二年（宣王八年）。

前311

周	**四** 赧王四年。
秦	**十四** 蜀相杀蜀侯[13]。惠文王后元十四年。蜀相陈壮杀死蜀侯公子繇通。
魏	**八**[八] 围卫。哀王八年（襄王八年）。魏军包围卫国。
韩	韩襄王**元**年[14] 韩襄王名苍，是韩宣王的儿子，该年是其元年。
赵	**十五** 武灵王十五年。
楚	**十八** 怀王十八年。
燕	燕昭王**元**年 燕昭王是燕王哙的儿子，即公子职，该年是其元年。
齐	**十三**[九] 湣王十三年（宣王九年）。

前310

五 赧王五年。
秦武王**元**年[15] 诛蜀相壮。张仪、魏章皆出之魏。秦武王名荡，是秦惠文王的儿子，该年是其元年。秦武王杀了蜀相陈壮。张仪、魏章都离开秦国到魏国去了。
九［九］ 与秦会临晋。哀王九年（襄王九年）。魏襄王与秦武王在临晋会盟。
二 襄王二年。
十六 吴广入女[16]，生子何，立为惠王后。武灵王十六年。吴广将女儿孟姚献给赵武灵王，她生下公子何，被立为惠王后。
十九 怀王十九年。
二 昭王二年。
十四［十］ 湣王十四年（宣王十年）。

【注释】

前315—前310

①将军英:《秦本纪》作“赵将泥”。

②周赧王:名延,一作“诞”,也称“王赧”。周慎靓王之子。

③侵义渠,得二十五城:表于秦惠文王十一年(前327)书“义渠君为臣”,此年又侵义渠,则义渠在此数年间又有反复,故秦侵之。

④“秦拔我曲沃”几句:《秦本纪》作:“十一年,樗里疾攻魏焦,降之。败韩岸门,斩首万,其将犀首走。”则此年攻魏者是樗里疾,所攻之地为“焦”。犀首此时为韩将,而非魏将。岸门,韩邑名。在今河南许昌西北。“走犀首岸门”数字应置于下“韩”格内。

⑤鲁平公:名旅。鲁景公之子。

⑥樗(chū)里子:名疾,因居渭南阴乡之樗里,故称樗里子。秦惠文王异母弟。初任左庶长,以战功封为严君。秦武王时任左丞相。昭襄王时助魏冉平定叛乱。多智,性滑稽,世人称为“智囊”。详见《樗里子甘茂列传》。蔺阳:即蔺,赵邑名。在今山西吕梁离石西。赵将:此指赵庄。

⑦公子繇通封蜀:《秦本纪》作“公子通封于蜀”。公子繇通即公子通,又作“公子通国”。蜀王子弟。后为其相所杀。

⑧庶长章击楚:庶长章即魏章,此年败楚军于丹阳(今河南丹水之北),俘楚将屈匄,取楚汉中地六百里,置汉中郡;再败楚军于蓝田(今湖北荆门钟祥西北)。魏章,魏国人,初为魏将。后与张仪至秦事秦惠王,任左庶长。秦武王即位,他与张仪皆被逐,返魏。后卒于魏。

⑨声子:齐国将领名。濮:濮水。又名濮渠水。上下游各有二支:上游一支受济水于今河南新乡封丘西,东北流;一支受黄河于今新乡原阳北,东流经延津南;二支合流于长垣西,东流经其北至滑县东南,又分为二:一支经山东菏泽东明北,东北至鄄城南注入瓠子

河；一支经东明南，又东经菏泽北注入巨野泽。

⑩景座：楚国将领名。

⑪秦败我将屈匄（gài）：即魏章在丹阳大败楚军，屈匄与部将七十多人被俘。

⑫燕人共立公子平：按，《赵世家》：“王召公子职于韩，立以为燕王。”表赵武灵王十二年格《集解》引徐广曰：“《纪年》云立燕公子职。”则所立者非公子平，而为公子职，即燕昭王。

⑬蜀相杀蜀侯：两年前秦惠文王封蜀王子弟公子繇通为蜀侯，陈壮为蜀相。据《华阳国志》，陈壮反，故杀蜀侯。

⑭韩襄王：一作襄哀王。名仓。韩宣惠王之子。

⑮秦武王：名荡。秦惠文王之子。

⑯吴广入女：吴广是赵国大臣，入其女孟姚于武灵王。孟姚，又号娃嬴。赵惠文王之母。

前309

周	六 赧王六年。
秦	二 初置丞相，樗里子、甘茂为丞相[1]。武王二年。开始设置丞相。樗里子、甘茂为左、右丞相。
魏	十［十］ 张仪死。哀王十年（襄王十年）。张仪去世（张仪实死于上一年）。
韩	三 襄王三年。
赵	十七 武灵王十七年。
楚	二十 怀王二十年。
燕	三 昭王三年。
齐	十五［十一］ 湣王十五年（宣王十一年）。

前308

七 赧王七年。
三 武王三年。
十一［十一］ 与秦会应。哀王十一年（襄王十一年）。魏襄王与秦武王在应邑会盟。
四 与秦会临晋。秦击我宜阳②。襄王四年。韩襄王与秦武王在临晋会盟。秦军攻打我国宜阳城。
十八 武灵王十八年。
二十一 怀王二十一年。
四 昭王四年。
十六［十二］ 湣王十六年（宣王十二年）。

前307

周	**八** 赧王八年。
秦	**四** 拔宜阳城，斩首六万。涉河，城武遂[3]。武王四年。秦军攻克宜阳城，斩首六万。渡过黄河，在武遂筑城。
魏	**十二**［十二］ 太子往朝秦。哀王十二年（襄王十二年）。魏太子前往秦国朝见秦武王。
韩	**五** 秦拔我宜阳，斩首六万。襄王五年。秦军攻下我国的宜阳城，斩首六万。
赵	**十九** 初胡服[4]。武灵王十九年。赵武灵王初次推行穿游牧民族的服装。
楚	**二十二** 怀王二十二年。
燕	**五** 昭王五年。
齐	**十七**［十三］ 湣王十七年（宣王十三年）。

前306

九 赧王九年。
秦昭王**元**年[⑤] 秦昭王名稷，是秦惠文王的儿子，秦武王的异母弟，该年是其元年。
十三［十三］ 秦击皮氏，未拔而解。哀王十三年（襄王十三年）。秦军进攻我国皮氏，未攻克，秦军就撤退了。
六 秦复与我武遂。襄王六年。秦国把武遂又还给了我国。
二十 武灵王二十年。
二十三 怀王二十三年。
六 昭王六年。
十八［十四］ 湣王十八年（宣王十四年）。

前305

周	**十** 赧王十年。
秦	**二** 彗星见。桑君为乱，诛[⑥]。昭王二年。出现彗星。桑君（应为季君）制造祸乱，被杀。
魏	**十四**［十四］ 秦武王后来归[⑦]。哀王十四年（襄王十四年）。秦武王王后被逐返回魏国。
韩	**七** 襄王七年。
赵	**二十一** 武灵王二十一年。
楚	**二十四** 秦来迎妇。怀王二十四年。秦人来楚国为秦昭王迎娶夫人。
燕	**七** 昭王七年。
齐	**十九**［十五］ 湣王十九年（宣王十五年）。

前304	前303
十一 赧王十一年。	**十二** 赧王十二年。
三 昭王三年。	**四** 彗星见。昭王四年。出现彗星。
十五［十五］ 哀王十五年（襄王十五年）。	**十六**［十六］ 秦拔我蒲坂、晋阳、封陵⑩。哀王十六年（襄王十六年）。秦军攻下我国的蒲坂、晋阳、封陵。
八 襄王八年。	**九** 秦取武遂。襄王九年。秦军攻下武遂。
二十二 武灵王二十二年。	**二十三** 武灵王二十三年。
二十五 与秦王会黄棘⑧，秦复归我上庸⑨。怀王二十五年。楚怀王与秦昭王在黄棘会盟，秦国归还我国上庸。	**二十六** 太子质秦。怀王二十六年。楚太子在秦国当人质。
八 昭王八年。	**九** 昭王九年。
二十［十六］ 湣王二十年（宣王十六年）。	**二十一**［十七］ 湣王二十一年（宣王十七年）。

【注释】

前309—前303

①初置丞相,樗里子、甘茂为丞相:秦国初于前328年设“相邦”,任张仪为“相邦”。至本年设丞相,以甘茂为左丞相,樗里子为右丞相。甘茂,武王初立,奉命平定蜀侯辉反叛,归拜左丞相。攻取韩之宜阳。秦昭襄王时期,与右丞相樗里子将战略重点集中于魏国,而与韩国修好,因而与宠臣向寿等意见相左,终受谗言出奔齐国,被齐拜为上卿。后出使楚国,秦王欲诱归,未得。死于魏国。详见《樗里子甘茂列传》。

②秦击我宜阳:据《秦本纪》秦武王对甘茂说:“寡人欲容车通三川,窥周室,死不恨矣。”意即欲夺取韩国的三川郡,进而直取周都洛阳。于是使甘茂、庶长寿伐宜阳。

③武遂:韩邑名。在今山西运城垣曲东南黄河边,地近宜阳。

④初胡服:此指赵武灵王开始推行胡服骑射,发展骑兵。胡服,当时游牧民族的服装,上穿短衣,下着裤,腰束皮带,系带钩,穿皮靴。

⑤秦昭王:又称秦昭襄王。名稷,一名则。秦武王异母弟。初即位,因年少,母宣太后训政,先后任用贵族樗里疾、魏冉为相,由贵族外戚专权。后听范雎之计,夺太后权,削逐魏冉等人,改用范雎为相,始得亲政。在位期间,先后任用司马错、白起、范雎等为将相,采取远交近攻策略,攻取了大片土地,在实力上对关东六国形成压倒优势;攻灭西周国,接受周赧王投降,正式灭亡东周王朝。他在位五十余年,为后来秦统一奠定了基础。

⑥桑君为乱,诛:秦昭襄王即位初,秦武王诸弟争立,魏冉诛杀了叛乱的季君等诸公子,稳定了昭襄王之位。桑君,当作“季君”,秦惠文王之子,秦武王胞弟公子壮。时任大庶长。秦武王去世时,他得到惠文后支持而谋取王位不遂,于是联合诸公子为乱。

⑦秦武王后来归:秦武王后为魏女,在秦昭襄王平定诸公子争位叛

乱时，武王后也被驱逐回魏国。

⑧黄棘：楚邑名。在今河南南阳南。地有黄邮水、棘水所迳，故名。

⑨上庸：古县名。故治在今湖北十堰竹山县西南。

⑩蒲坂：魏邑名。在今山西运城永济西南蒲州镇。封陵：魏邑名。一作封陆、封谷。在今山西运城芮城西南黄河北岸。

前302

周	**十三** 赧王十三年。
秦	**五** 魏王来朝。昭王五年。魏襄王来秦国朝见。
魏	**十七**［十七］ 与秦会临晋①，复归我蒲坂。哀王十七年（襄王十七年）。魏襄王与秦昭王在临晋会盟，秦人把蒲坂又返还给了我国。
韩	**十** 太子婴与秦王会临晋②，因至咸阳而归。襄王十年。韩太子婴与秦昭王在临晋会盟，因而到了咸阳而后回国。
赵	**二十四** 武灵王二十四年。
楚	**二十七** 怀王二十七年。
燕	**十** 昭王十年。
齐	**二十二**［十八］ 湣王二十二年（宣王十八年）。

前301

十四 赧王十四年。
六 蜀反，司马错往诛蜀守煇[3]，定蜀。日蚀，昼晦[4]。伐楚[5]。昭王六年。蜀国谋反，司马错前往蜀国杀了蜀守煇，平定了蜀乱。发生日食，白天昏暗。进攻楚国。
十八［十八］ 与秦击楚。哀王十八年（襄王十八年）。魏军会合秦军进攻楚国。
十一 秦取我穰[6]。与秦击楚。襄王十一年。秦军占领我国穰邑。韩军与秦军会合攻打楚国。
二十五 赵攻中山。惠后卒。武灵王二十五年。赵军进攻中山国。惠后去世。
二十八 秦、韩、魏、齐败我将唐眛于重丘[7]。怀王二十八年。秦、韩、魏、齐四国联军在重丘打败我国将军唐眛。
十一 昭王十一年。
二十三［十九］ 与秦击楚，使公子将，大有功[8]。湣王二十三年（宣王十九年）。齐军与秦军会合攻打楚国，派公子（应为章子）率军作战，立下很大功勋。

前300

周	**十五** 赧王十五年。
秦	**七** 樗里疾卒。击楚，斩首三万[9]。魏冉为相[10]。昭王七年。樗里疾去世。秦军进攻楚国，斩首三万。魏冉担任秦相。
魏	**十九**［十九］ 哀王十九年（襄王十九年）。
韩	**十二** 襄王十二年。
赵	**二十六** 武灵王二十六年。
楚	**二十九** 秦取我襄城[11]，杀景缺。怀王二十九年。秦军攻下我国襄城（又称新城），杀死楚将景缺。
燕	**十二** 昭王十二年。
齐	**二十四**［齐湣王地元年］ 秦使泾阳君来为质[12]。湣王二十四年（湣王元年）。秦国派秦昭王同母弟弟泾阳君来齐国当人质。

前299

十六 赧王十六年。
八 楚王来，因留之[13]。昭王八年。楚怀王来到秦国，秦昭王就把他扣留下来。
二十［二十］ 与齐王会于韩。哀王二十年（襄王二十年）。魏襄王与齐湣王在韩国会盟。
十三 齐、魏王来。立咎为太子[14]。襄王十三年。齐王、魏王来韩国。立咎为韩国太子。
二十七 武灵王二十七年。
三十 王入秦。秦取我八城。怀王三十年。楚怀王进入秦国。秦国占领了我国八座城邑。
十三 昭王十三年。
二十五［二］ 泾阳君复归秦。薛文入相秦[15]。湣王二十五年（湣王二年）。泾阳君重新回到秦国。孟尝君薛文到秦国担任秦相。

【注释】

前302—前299

①临晋：古邑名。在今陕西渭南大荔朝邑镇西南。

②太子婴：字伯。襄王初，曾与弟公子咎、公子虮虱争为太子。韩襄王十二年（前300）病卒。

③蜀反，司马错往诛蜀守烨（huī）：据《华阳国志》，蜀侯烨后母陷害其“反”，实未反。秦派司马错往蜀，迫使烨自杀。司马错，秦国将领。力主伐蜀。前316、前301年两次伐蜀。多次率兵攻魏、韩、楚。蜀守烨，当作“蜀侯烨”，为原蜀王之子弟。

④日蚀，昼晦：据朱文鑫《历代日食考》，本年之日食，秦都所见不及一分。昭王七年七月二十六有日全食，既云“昼晦”，当指七年之日全食。

⑤伐楚：庶长奂伐楚，斩首二万。

⑥穰：古邑名。在今河南南阳邓州。

⑦秦、韩、魏、齐败我将唐眛于重丘：齐、韩、魏三国攻楚方城，与楚唐眛军夹泚水对阵，齐军夜袭破楚军，杀楚将唐眛。地点或说在垂沙（今河南南阳唐河县西南），此曰重丘（今河南驻马店泌阳东北），二地不同，但同在方城、泚水附近。按，据杨宽《战国史》考证，秦未参加此次战役。

⑧使公子将，大有功：此年攻楚，齐使“章子”为将，未闻“公子将”。章子即匡章，齐国名将，重丘之战夜袭唐眛军，功在章子。

⑨击楚，斩首三万：《秦本纪》云此年拔新城（今河南许昌襄城）；《楚世家》云此年秦大破楚军，死者二万，杀楚将军景缺。

⑩魏冉为相：秦昭襄王年少，宣太后执政，任异父弟魏冉为相。魏冉，受封于穰，号曰“穰侯”。前后四任秦相，一为赵相，权倾一时。秦昭襄王听范雎之说夺宣太后之政，魏冉罢相，被遣赴封邑。后死于陶。详见《穰侯列传》。

⑪襄城:《秦本纪》、睡虎地秦简《编年纪》并作“新城”,在今河南许昌襄城。

⑫“齐”格:据前注,此年为齐湣王地元年。格内括注补“齐湣王地元年”数字。齐湣王在位十七年,表内“齐”格自此年至周赧王三十一年(前284)括注齐湣王正确纪年年数。泾阳君,名市,称“公子市”,号“泾阳君”,秦昭王同母弟。昭王初期,宣太后听政,他与魏冉、高陵君、华阳君并擅国事,号称“四贵”。此年昭襄王闻齐孟尝君贤,乃使他为质于齐,以交换孟尝君质秦。宣太后失势后,他被逐回封地。

⑬楚王来,因留之:秦昭王约楚怀王到武关会盟,重修旧好,楚怀王赴约,秦人在武关设伏,劫持楚怀王,要求割地。楚怀王不答应,被秦扣留。

⑭立咎为太子:去年太子婴病死,今年立公子咎为太子,后来继位为韩釐王。

⑮薛文:即孟尝君田文,继承其父之封邑薛,故称薛文。事迹详见《孟尝君列传》。

前298

周	**十七** 赧王十七年。
秦	**九** 昭王九年。
魏	**二十一**［二十一］ 与齐、韩共击秦于函谷[①]。河、渭绝一日。哀王二十一年（襄王二十一年）。魏军与齐军、韩军共同进攻秦国，达到函谷关。黄河、渭水断流一天。
韩	**十四** 与齐、魏共击秦。襄王十四年。韩军与齐军、魏军共同进攻秦国。
赵	赵惠文王**元**年[②] 以公子胜为相，封平原君[③]。赵惠文王名何，是赵武灵王的儿子，该年是其元年。他以公子胜为赵相，封他为平原君（平原君为相应在赵惠文王的晚年）。
楚	楚顷襄王**元**年[④] 秦取我十六城。楚顷襄王名横，是楚怀王的儿子，该年是其元年。秦军夺取我国十六座城邑。
燕	**十四** 昭王十四年。
齐	**二十六**［三］ 与魏、韩共击秦。孟尝君归相齐。湣王二十六年（湣王三年）。齐军与魏军、韩军联合进攻秦国。孟尝君回齐国担任齐相。

前297

十八 赧王十八年。
十 楚怀王亡之赵，赵弗内[5]。昭王十年。楚怀王从秦国逃到赵国，赵国没有接纳他。
二十二［二十二］ 哀王二十二年（襄王二十二年）。
十五 襄王十五年。
二 楚怀王亡来，弗内[6]。惠文王二年。楚怀王逃来赵国，没有接纳他。
二 顷襄王二年。
十五 昭王十五年。
二十七［四］ 湣王二十七年（湣王四年）。

前296

周	**十九** 赧王十九年。
秦	**十一** 彗星见。复与魏封陵。昭王十一年。出现彗星。把封陵又还给了魏国。
魏	**二十三**［二十三］ 哀王二十三年（襄王二十三年）。
韩	**十六** 与齐、魏击秦，秦与我武遂和。襄王十六年。韩军与齐军、魏军联合进攻秦国，秦人把武遂还给了我国，因此和解。
赵	**三** 惠文王三年。
楚	**三** 怀王卒于秦，来归葬。顷襄王三年。楚怀王死在秦国，送回楚国安葬。
燕	**十六** 昭王十六年。
齐	**二十八**［五］ 湣王二十八年（湣王五年）。

前295

二十 赧王二十年。
十二 楼缓免[7]。穰侯魏冉为丞相。昭王十二年。楼缓免相。穰侯魏冉担任秦国丞相。
魏昭王**元**年[8] 秦尉错来击我襄城[9]。魏昭王名遬，是魏襄王的儿子，该年是其元年。秦国国尉司马错率兵来进攻我国襄城。
韩釐王咎**元**年 韩釐王名咎，是韩襄王的儿子，该年是其元年。
四 围杀主父[10]。与齐、燕共灭中山[11]。惠文王四年。主父（赵武灵王）被围困饿死。赵军联合齐军、燕军共同灭了中山国。
四 鲁文公元年[12]。顷襄王四年。鲁文公（《世本》作湣公）是鲁平公的儿子，该年是其元年。
十七 昭王十七年。
二十九［六］ 佐赵灭中山。湣王二十九年（湣王六年）。齐军帮助赵军灭了中山国。

前294

周	**二十一** 赧王二十一年。
秦	**十三** 任鄙为汉中守[13]。昭王十三年。任鄙被任命为汉中郡守。
魏	**二** 与秦战,我不利。昭王二年。魏军与秦军作战,我军失利。
韩	**二** 釐王二年。
赵	**五** 惠文王五年。
楚	**五** 顷襄王五年。
燕	**十八** 昭王十八年。
齐	**三十**[七] 田甲劫王,相薛文走[14]。湣王三十年(湣王七年)。齐国贵族田甲受齐相孟尝君薛文指使劫持齐湣王,孟尝君逃走。

前293

二十二　赧王二十二年。
十四　白起击伊阙[15]，斩首二十四万。昭王十四年。白起进攻伊阙，斩首二十四万。
三　佐韩击秦，秦败我兵伊阙。昭王三年。魏军帮助韩国攻打秦国，秦军在伊阙打败我军。
三　秦败我伊阙二十四万，虏将喜[16]。釐王三年。秦军在伊阙打败我军二十四万，俘获魏将公孙喜。
六　惠文王六年。
六　顷襄王六年。
十九　昭王十九年。
三十一［八］　湣王三十一年（湣王八年）。

【注释】

前298—前293

①与齐、韩共击秦于函谷：孟尝君相秦后，秦王听信其将先齐而后秦之说，欲杀之，孟尝君逃归齐，即发动齐、韩、魏共攻秦，攻入函谷关，迫使秦求和。

②赵惠文王：名何。赵武灵王之子，其母即惠后孟姚。

③以公子胜为相，封平原君：公子胜封平原君可能是本年，但惠文王此时至大十三岁，公子胜是赵惠文王之同母弟，必不能为相。其为相在惠文王之晚年。

④楚顷襄王：名横。楚怀王之子。楚怀王被秦扣押，楚人遂立他为王，以绝秦望。

⑤楚怀王亡之赵，赵弗内：楚怀王从秦国逃出，欲从赵国回国，赵惠文王不敢让他进入国境。

⑥楚怀王亡来，弗内：楚怀王又想从魏国回国，秦人追至，将其带回。

⑦楼缓免：楼缓是赵武灵王大臣，支持武灵王推行胡服骑射，主张与秦、楚联合。后入秦。两年前（前297）秦与赵、宋联合，谋对抗齐、魏、韩三国，由他出任秦丞相。去年三国攻入函谷关，秦求和。今年他被免去相职。

⑧魏昭王：名遬。魏襄王之子。

⑨秦尉错来击我襄城：秦尉错，或即司马错。本表前300年“楚”格有“秦取我襄城”，则襄城在此数年间或又归魏所有，此年秦又取之。

⑩围杀主父：赵武灵王周赧王十六年（前299）让位于幼子赵何，自号“主父”，而封长子赵章于代，为安阳君。此年公子章起兵争位失败，逃入主父所居沙丘宫。公子成、李兑因围沙丘宫三月，主父不得食，饿死。

⑪与齐、燕共灭中山：赵灭中山国在去年，且齐、燕并未参与。本年

“齐”格云佐赵灭中山，亦误。

⑫鲁文公：名贾。鲁平公之子。《世本》作“愍公”。

⑬任鄙：秦国力士。秦武王时以自我推荐得宠。秦昭王时，穰侯相秦，推荐他为汉中守。秦人将他与樗里子并称，有谚曰：“力则任鄙，智则樗里。”汉中：郡名。治南郑，在今陕西汉中。

⑭田甲劫王，相薛文走：田甲是齐国贵族。此年劫王，未成。湣王疑其为孟尝君所使，孟尝君惧祸出逃。

⑮白起击伊阙：魏佐韩在伊阙与秦大战，秦大败韩、魏，斩首二十四万，虏韩将公孙喜。白起，秦国名将。秦昭王时为左庶长，历任左更、国尉、大良造。极善用兵，为秦夺得韩、魏、赵、楚诸国大量土地。前278年攻克楚都，以功封武安君。用兵多杀戮，在长平之战，坑杀赵俘四十五万。后因与相国范雎有矛盾，又与昭王意见分歧，被迫自杀。伊阙，在今河南洛阳南。因两山相对，望之若阙门，伊水流经其间，故名。后亦称龙门。

⑯将喜：韩国将领公孙喜。

前292

周	**二十三** 赧王二十三年。
秦	**十五** 魏冉免相。昭王十五年。魏冉被免相。
魏	**四** 昭王四年。
韩	**四** 釐王四年。
赵	**七** 惠文王七年。
楚	**七** 迎妇秦。顷襄王七年。楚人到秦国为顷襄王迎娶夫人。
燕	**二十** 昭王二十年。
齐	**三十二[九]** 湣王三十二年(湣王九年)。

前291

二十四 赧王二十四年。
十六 昭王十六年。
五 昭王五年。
五 秦拔我宛城[①]。釐王五年。秦国攻下我国宛城。
八 惠文王八年。
八 顷襄王八年。
二十一 昭王二十一年。
三十三［十］ 湣王三十三年（湣王十年）。

前290

周	**二十五** 赧王二十五年。
秦	**十七** 魏入河东四百里[2]。昭王十七年。魏国献给秦国河东四百里土地。
魏	**六** 芒卯以诈见重[3]。昭王六年。芒卯凭借谋诈之术被魏昭王重用。
韩	**六** 与秦武遂地方二百里。釐王六年。把武遂方圆二百里割给秦国。
赵	**九** 惠文王九年。
楚	**九** 顷襄王九年。
燕	**二十二** 昭王二十二年。
齐	**三十四**［十一］ 湣王三十四年（湣王十一年）。

前289

二十六 赧王二十六年。
十八 客卿错击魏[4],至轵[5],取城大小六十一。昭王十八年。客卿司马错进攻魏国,打到轵邑,夺取大小城邑六十一座。
七 秦击我。取城大小六十一。昭王七年。秦军进攻我国。夺取我国大小城邑六十一座。
七 釐王七年。
十 惠文王十年。
十 顷襄王十年。
二十三 昭王二十三年。
三十五[十二] 湣王三十五年(湣王十二年)。

前288

周	**二十七** 赧王二十七年。
秦	**十九** 十月，为帝；十二月，复为王[⑥]。任鄙卒。昭王十九年。十月，秦昭王自称西帝；十二月，重又称王。任鄙去世。
魏	**八** 昭王八年。
韩	**八** 釐王八年。
赵	**十一** 秦拔我桂阳[⑦]。惠文王十一年。秦军攻克我国的桂阳。
楚	**十一** 顷襄王十一年。
燕	**二十四** 昭王二十四年。
齐	**三十六**［十三］ 为东帝二月，复为王。湣王三十六年（湣王十三年）。齐湣王自称东帝，两个月后，重又称王。

前287

二十八　赧王二十八年。
二十　昭王二十年。
九　秦拔我新垣、曲阳之城[8]。昭王九年。秦军攻克我国新垣、曲阳两座城邑。
九　釐王九年。
十二　惠文王十二年。
十二　顷襄王十二年。
二十五　昭王二十五年。
三十七［十四］　湣王三十七年（湣王十四年）。

前286

周	**二十九** 赧王二十九年。
秦	**二十一** 魏纳安邑及河内[9]。昭王二十一年。魏国把安邑、河内割给秦国。
魏	**十** 宋王死我温[10]。昭王十年。宋王死在我国的温邑。
韩	**十** 秦败我兵夏山[11]。釐王十年。秦军在夏山打败我军。
赵	**十三** 惠文王十三年。
楚	**十三** 顷襄王十三年。
燕	**二十六** 昭王二十六年。
齐	**三十八**［十五］ 齐灭宋[12]。湣王三十八年（湣王十五年）。齐国灭亡宋国。

前285

三十　赧王三十年。
二十二　蒙武击齐[13]。昭王二十二年。秦将蒙武进攻齐国。
十一　昭王十一年。
十一　釐王十一年。
十四　与秦会中阳[14]。惠文王十四年。赵惠文王与秦昭王在中阳会盟。
十四　与秦会宛。顷襄王十四年。楚顷襄王与秦昭王在宛地会盟。
二十七　昭王二十七年。
三十九［十六］　秦拔我列城九。湣王三十九年（湣王十六年）。秦军攻克我国九座城邑。

【注释】

前291—前285

①宛城：今河南南阳。时为韩邑。

②河东：魏郡名。辖境相当于今山西沁水以西，山西、河南间黄河以北，山西、陕西间黄河以东，霍山以南地区。

③芒卯以诈见重：芒卯以魏国长羊、王屋、洛林三地作为条件，让秦国帮助他当上魏国司徒，并让秦国派兵协助魏国攻打齐国，使魏国扩展了二十二个县的土地，以此见重于魏。

④客卿错击魏：司马错与白起共同攻魏。

⑤轵（zhǐ）：魏邑名。在今河南济源东南。

⑥十月，为帝；十二月，复为王：春秋时只有周天子称“王”，战国中期以后，各国诸侯皆相继称“王”，齐、秦两大国为自重身份而称“帝”。秦称“西帝”，齐称“东帝”。后齐湣王在苏代的劝说下放弃称帝，秦王也只得取消称帝，重又称王。

⑦秦拔我桂阳：《赵世家》云秦取梗阳。梗阳，在今山西太原清徐。

⑧新垣：其地未详，当在曲阳附近。曲阳：魏邑名。在今河南济源西。

⑨河内：《河渠书》“西门豹引漳水溉邺，以富魏之河内”，魏之河内相当于今河南安阳北部、河北邯郸临漳一带。

⑩宋王死我温：据《宋微子世家》，齐与魏、楚伐宋，杀王偃，三分其地。《魏世家》与表皆言王偃死于魏。温，魏邑名。在今河南焦作温县西南。

⑪夏山：地名。当在今山西运城夏县附近。

⑫齐灭宋：宋王偃向东讨伐齐国，攻取五城；向南击败楚军，拓地三百余里；向西战败魏军；与齐、魏、楚结怨。又攻灭滕国、讨伐薛国，被称为“五千乘之劲宋”。但是，宋王偃为人暴虐骄纵，诸侯皆称他为“桀宋”。齐湣王早有灭宋之心。此年宋国发生内乱，齐湣王遂出兵攻宋，宋人苦于宋王偃的虐政，民心离散，齐军得以

迅速攻破宋国都城。宋王偃出亡,死于魏国,宋国灭亡。

⑬蒙武击齐:按,当是蒙骜。据《蒙恬列传》,蒙骜事昭襄、孝文、庄襄、秦始皇四代,蒙武是蒙骜之子。此时伐齐者只能是蒙骜。

⑭中阳:赵邑名。在今山西吕梁中阳。

前284

周	**三十一** 赧王三十一年。
秦	**二十三** 尉斯离与韩、魏、燕、赵共击齐,破之[①]。昭王二十三年。尉斯离与韩、魏、燕、赵联军共同进攻齐国,攻破齐军。
魏	**十二** 与秦击齐济西[②]。与秦王会西周[③]。昭王十二年。魏军与秦军在济西攻破齐军。魏昭王与秦昭王在西周会盟。
韩	**十二** 与秦击齐济西。与秦王会西周。釐王十二年。韩军与秦军在济西攻破齐军。韩釐王与秦昭王在西周会盟。
赵	**十五** 取齐昔阳[④]。惠文王十五年。赵军占领齐国的昔阳(应为阴晋)。
楚	**十五** 取齐淮北[⑤]。顷襄王十五年。楚军占领齐国的淮北。
燕	**二十八** 与秦、三晋击齐,燕独入至临菑[⑥],取其宝器。昭王二十八年。燕军与秦军、三晋军共同攻破齐国,燕军单独进入临淄城,取走了那里的宝器。
齐	**四十**[十七] 五国共击湣王,王走莒[⑦]。湣王四十年(湣王十七年)。五国联军共同进攻齐湣王,齐湣王逃到莒城。

前283

三十二 赧王三十二年。	
二十四 与楚会穰[8]。昭王二十四年。秦昭王与楚顷襄王在穰会盟。	
十三 秦拔我安城[9]，兵至大梁而还[10]。昭王十三年。秦军攻取我国安城，一直打到大梁才撤还。	
十三 釐王十三年。	
十六 惠文王十六年。	
十六 与秦王会穰。顷襄王十六年。楚顷襄王与秦昭王在穰会盟。	
二十九 昭王二十九年。	
齐襄王法章**元年**[11] 齐襄王名法章，是齐湣王的儿子，该年是其元年。	

前282

周	**三十三** 赧王三十三年。
秦	**二十五** 昭王二十五年。
魏	**十四** 大水。卫怀君元年[12]。昭王十四年。发大水。该年是卫怀君元年。
韩	**十四** 与秦会两周间[13]。釐王十四年。韩釐王与秦昭王在东、西两周之间会盟。
赵	**十七** 秦拔我两城。惠文王十七年。秦国攻下我国两座城邑。
楚	**十七** 顷襄王十七年。
燕	**三十** 昭王三十年。
齐	**二** 襄王二年。

前281

三十四 赧王三十四年。
二十六 魏冉复为丞相。昭王二十六年。魏冉重新担任秦国丞相。
十五 昭王十五年。
十五 釐王十五年。
十八 秦拔我石城⑭。惠文王十八年。秦军攻克我国的石城。
十八 顷襄王十八年。
三十一 昭王三十一年。
三 襄王三年。

前280

周	**三十五** 赧王三十五年。
秦	**二十七** 击赵,斩首三万。地动,坏城。昭王二十七年。秦军击破赵军,斩首三万。地震,毁坏城池。
魏	**十六** 昭王十六年。
韩	**十六** 釐王十六年。
赵	**十九** 秦败我军,斩首三万。惠文王十九年。秦军打败我军,斩首三万。
楚	**十九** 秦击我,与秦汉北及上庸地[15]。顷襄王十九年。秦军攻打我国,我国将汉北及上庸地割给秦国。
燕	**三十二** 昭王三十二年。
齐	**四** 襄王四年。

前279

三十六 赧王三十六年。
二十八 昭王二十八年。
十七 昭王十七年。
十七 釐王十七年。
二十 与秦会黾池[16]，蔺相如从。惠文王二十年。赵惠文王与秦昭王在黾池会盟，蔺相如跟从前往。
二十 秦拔鄢、西陵[17]。顷襄王二十年。秦军攻破鄢、西陵。
三十三 昭王三十三年。
五 杀燕骑劫[18]。襄王五年。杀死了燕将骑劫。

【注释】

前284—前279

①尉斯离与韩、魏、燕、赵共击齐，破之：此即燕将乐毅领导的五国伐齐之役。尉斯离，秦国都尉，名斯离。

②济西：济水之西。当时约当今山东之聊城一带。当时的济水从河南流来，至菏泽定陶北折，至今济南北东折，入渤海。

③西周：从周国分出的小诸侯国。周考王分封其弟揭于河南（今洛阳西），为西周桓公。战国中期周显王时，西周惠公分封其少子班于巩（今河南郑州巩义西南），以奉王为名，号曰东周，由是为西周、东周两小国。周朝末年，西周辖境约仅河南（今河南洛阳西）、缑氏（今河南洛阳偃师东南）、穀城（今河南洛阳西北）三邑之地。

④取齐昔阳：昔阳在今河北石家庄晋县西，属赵不属齐。杨宽《战国史》曰“昔阳”乃“阳晋”之误。阳晋，在今山东菏泽郓城西。《赵世家》记赵取阳晋在下一年，即赵惠文王十六年。

⑤淮北：淮河以北。淮北本为楚地，宋王偃攻楚取之，此年楚趁宋国被灭收回。

⑥临菑：齐国都城临淄。在今山东淄博临淄。

⑦莒：齐邑名。在今山东日照莒县。

⑧穰：古邑名。在今河南南阳邓州。原属楚，时已被秦占有。

⑨安城：魏邑名。一说在今河南汝南东南，一说在今河南新乡原阳西南。

⑩大梁：魏国都城。即今河南开封。

⑪齐襄王法章：齐襄王名法章，齐愍王之子。

⑫卫怀君元年：梁玉绳认为在魏襄王二十三年（前296）；平势隆郎以为在魏昭王二年（前294）。卫怀君，史失其名。卫嗣君之子。

⑬两周：指从周王室分出的东周、西周两个小诸侯国。

⑭石城：赵邑名。在今山西吕梁离石。

⑮汉北：古地区名。汉水以北。此指今湖北西部汉水以北及河南南阳地区等地。上庸：楚县名。故治在今湖北十堰竹山县西南。

⑯黾（miǎn）池：古邑名。即渑池，在今河南三门峡渑池西。

⑰鄢：楚国别都。在今湖北襄阳宜城南。西陵：即今湖北宜昌西陵故城。

⑱杀燕骑劫：齐田单利用燕惠王与乐毅的矛盾，用反间计令燕派骑劫取代乐毅攻齐，又设计在即墨杀了骑劫，破燕军，收复了齐国失地，齐得以复国。骑劫，燕军将领。

前278

周	**三十七** 赧王三十七年。
秦	**二十九** 白起击楚，拔郢，更东至竟陵[①]，以为南郡[②]。昭王二十九年。白起率兵攻打楚国，攻下郢城，向东一直到竟陵，把郢城周围的一大片地区设置为南郡。
魏	**十八** 昭王十八年。
韩	**十八** 釐王十八年。
赵	**二十一** 惠文王二十一年。
楚	**二十一** 秦拔我郢，烧夷陵[③]，王亡走陈[④]。顷襄王二十一年。秦军攻下我国郢都，烧毁夷陵，顷襄王逃到陈地。
燕	燕惠王**元年**[⑤] 燕惠王是燕昭王的儿子，该年是其元年。
齐	**六** 襄王六年。

前277

三十八 赧王三十八年。
三十 白起封为武安君[⑥]。昭王三十年。白起被封为武安君（事应在上一年）。
十九 昭王十九年。
十九 釐王十九年。
二十二 惠文王二十二年。
二十二 秦拔我巫、黔中[⑦]。顷襄王二十二年。秦军攻下我国的巫郡、黔中郡。
二 惠王二年。
七 襄王七年。

前276

周	**三十九** 赧王三十九年。
秦	**三十一** 昭王三十一年。
魏	魏安釐王**元**年[8] 秦拔我两城。封弟公子无忌为信陵君。魏安釐王名圉，是魏昭王的儿子，该年是其元年。秦军攻下我国两座城邑。封弟弟公子无忌为信陵君。
韩	**二十** 釐王二十年。
赵	**二十三** 惠文王二十三年。
楚	**二十三** 秦所拔我江旁反秦[9]。顷襄王二十三年。楚国收复了被秦军攻克的沿江城邑，抵抗秦军。
燕	**三** 惠王三年。
齐	**八** 襄王八年。

前275

四十 赧王四十年。
三十二 昭王三十二年。
二 秦拔我两城,军大梁城,韩来救,与秦温以和。安釐王二年。秦军攻下我国两座城邑,驻军在大梁城下,韩军前来救援,魏国献给秦国温县以求和。
二十一 暴鸢救魏[10],为秦所败,走开封。釐王二十一年。韩国将领暴鸢援救魏国,被秦军打败,逃到开封。
二十四 惠文王二十四年。
二十四 顷襄王二十四年。
四 惠王四年。
九 襄王九年。

前274

周	**四十一** 赧王四十一年。
秦	**三十三** 昭王三十三年。
魏	三 秦拔我四城[11],斩首四万。安釐王三年。秦军攻下了我国四座城邑,斩首四万。
韩	**二十二** 釐王二十二年。
赵	**二十五** 惠文王二十五年。
楚	**二十五** 顷襄王二十五年。
燕	**五** 惠王五年。
齐	**十** 襄王十年。

前273

四十二 赧王四十二年。
三十四 白起击魏华阳军，芒卯走，得三晋将，斩首十五万[12]。昭王三十四年。白起进攻魏国驻守华阳的军队，魏将芒卯败走，俘获三位将领，斩首十五万。
四 与秦南阳以和[13]。安釐王四年。魏国把南阳地区割让给秦国以求和解。
二十三 釐王二十三年。
二十六 惠文王二十六年。
二十六 顷襄王二十六年。
六 惠王六年。
十一 襄王十一年。

【注释】

前278—前273

①竟陵：楚邑名。在今湖北潜江市西北。

②南郡：楚国原都城郢都（今湖北荆州纪南城）及其周围地区。初治郢，后迁江陵（今湖北江陵一带）。

③夷陵：在今湖北宜昌东南，是楚国先王陵墓所在地。

④王亡走陈：楚顷襄王被迫迁都至陈（今河南周口淮阳）。

⑤燕惠王：史失其名。燕昭王之子。

⑥白起封为武安君：据《秦本纪》《白起王翦列传》，白起封武安君在上一年。

⑦秦拔我巫、黔中：据《秦本纪》攻取楚巫郡、黔中郡的是蜀守张若。巫，巫郡。楚怀王所置，因巫山而得名。郡治在今重庆巫山县北。辖境相当于今湖北境内的清江中、上游和重庆。黔中，黔中郡。辖境相当于今湖南沅江、澧水流域，贵州东北部、四川黔江流域及湖北清江流域地区。

⑧魏安釐王：名圉。魏昭王之子。

⑨秦所拔我江旁反秦：据《楚世家》，此为顷襄王发起的反击战，又夺回"秦所拔我江旁十五邑以为郡，距秦"。

⑩暴鸢：史称"暴子"。韩国将领。此战韩军被俘斩四万余。

⑪秦拔我四城：四城为卷（今河南新乡原阳西）、蔡阳（今河南驻马店上蔡）、长设（今河南许昌长葛东北）、中阳（今河南郑州市东）。

⑫"白起击魏华阳军"四句：本年，魏联合赵攻韩的华阳，韩向秦求救，秦出兵攻魏、赵联军，斩首十三万，魏将芒卯逃走。秦又追赵军，沉杀赵将贾偃所部二万人于黄河。华阳，韩邑，亦称华、华下，在今河南郑州新郑北。得三晋将，按，此战秦、韩为盟友，敌方只有魏、赵，不可称"三晋将"。

⑬与秦南阳以和：魏被秦败于华阳后，将南阳献给秦国。南阳，古地区名。指今河南西南部一带。因地处伏牛山之南、汉水之北而名。战国时分属楚、韩、魏三国。

前272

周	**四十三** 赧王四十三年。
秦	**三十五** 昭王三十五年。
魏	**五** 击燕。安釐王五年。魏军攻打燕国。
韩	韩桓惠王**元**年［击燕］[①] 韩桓惠王是韩釐王的儿子，该年是其元年（韩国攻打燕国。）
赵	**二十七** 惠文王二十七年。
楚	**二十七** 击燕。鲁顷公元年[②]。顷襄王二十七年。楚国攻打燕国。鲁顷公名雠，是鲁文公（应为鲁湣公）的儿子，该年是其元年。
燕	**七** 惠王七年。
齐	**十二** 襄王十二年。

前271

四十四　赧王四十四年。
三十六　昭王三十六年。
六　安釐王六年。
二　桓惠王二年。
二十八　蔺相如攻齐，至平邑[3]。惠文王二十八年。蔺相如进攻齐国，达到平邑。
二十八　顷襄王二十八年。
燕武成王**元**年　燕武成王是燕惠王的儿子，该年是其元年。
十三　襄王十三年。

前270

周	**四十五** 赧王四十五年。
秦	**三十七** 昭王三十七年。
魏	**七** 安釐王七年。
韩	**三** 秦击我阏与城,不拔[4]。桓惠王三年。秦军攻打我国阏与城(阏与城应为赵国城邑),没有攻下(《秦本纪》记载于下一年)。
赵	**二十九** 秦拔我阏与。赵奢将击秦[5],大败之,赐号曰马服。惠文王二十九年。秦军进攻我国的阏与。赵奢领兵迎击秦军,大败秦军,赵惠文王给他赐号叫“马服君”。
楚	**二十九** 顷襄王二十九年。
燕	**二** 武成王二年。
齐	**十四** 秦、楚击我刚、寿[6]。襄王十四年,秦、楚联军攻打我国的刚地、寿地。

前269	前268
四十六 赧王四十六年。	**四十七** 赧王四十七年。
三十八 昭王三十八年。	**三十九** 昭王三十九年。
八 安釐王八年。	**九** 秦拔我怀城⑦。安釐王九年。秦军攻下我国的怀城。
四 桓惠王四年。	**五** 桓惠王五年。
三十 惠文王三十年。	**三十一** 惠文王三十一年。
三十 顷襄王三十年。	**三十一** 顷襄王三十一年。
三 武成王三年。	**四** 武成王四年。
十五 襄王十五年。	**十六** 襄王十六年。

前267

周	**四十八** 赧王四十八年。
秦	**四十** 太子质于魏者死[8],归葬芷阳[9]。昭王四十年。在魏国当人质的秦太子去世,归葬于芷阳。
魏	**十** 安釐王十年。
韩	**六** 桓惠王六年。
赵	**三十二** 惠文王三十二年。
楚	**三十二** 顷襄王三十二年。
燕	**五** 武成王五年。
齐	**十七** 襄王十七年。

前266

四十九 赧王四十九年。	
四十一 昭王四十一年。	
十一 秦拔我廪丘[10]。安釐王十一年。秦军攻下了我国的廪丘。	
七 桓惠王七年。	
三十三 惠文王三十三年。	
三十三 顷襄王三十三年。	
六 武成王六年。	
十八 襄王十八年。	

前265

周	**五十** 赧王五十年。
秦	**四十二** 宣太后薨[11]。安国君为太子[12]。昭王四十二年。宣太后去世。安国君成为太子。
魏	**十二** 安釐王十二年。
韩	**八** 桓惠王八年。
赵	赵孝成王**元**年[13] 秦拔我三城。平原君相[14]。赵孝成王名丹,是赵惠文王的儿子,该年是其元年。秦军攻下我三座城邑。平原君担任赵相。
楚	**三十四** 顷襄王三十四年。
燕	**七** 齐田单拔中阳[15]。武成王七年。齐将田单攻下中阳(应为中人)。
齐	**十九** 襄王十九年。

前264	前263
五十一 赧王五十一年。	**五十二** 赧王五十二年。
四十三 昭王四十三年。	**四十四** 攻韩，取南阳[19]。昭王四十四年。进攻韩国，攻下了南阳。
十三 安釐王十三年。	**十四** 安釐王十四年。
九 秦拔我陉[16]。城汾旁[17]。桓惠王九年。秦军攻克我国的陉城。韩人沿汾水修筑防御工事。	**十** 秦击我太行[20]。桓惠王十年。秦军攻打我国的太行。
二 孝成王二年。	**三** 孝成王三年。
三十五 顷襄王三十五年。	**三十六** 顷襄王三十六年。
八 武成王八年。	**九** 武成王九年。
齐王建**元**年[18] 齐王名建，是齐襄王的儿子，该年是其元年。	**二** 齐王建二年。

【注释】

前272—前263

①“韩”格：据《秦本纪》：“佐韩、魏、楚伐燕。”《楚世家》《燕召公世家》亦言与韩伐燕。则此格应补“击燕”二字。

②鲁顷公：名雠。鲁文公之子。前256年，楚灭鲁，他被迁封于莒（今山东日照莒县）；前249年，亡走卞邑（今山东济宁泗水县东北，一作“下邑”，谓国外之小邑），贬为家人，鲁绝祀。后病死于柯（今山东聊城阳谷东北），谥顷。

③平邑：齐邑名。在今河南濮阳南乐东北。

④秦击我阏与城，不拔：此战赵将赵奢大破秦军。详见《廉颇蔺相如列传》。据《秦本纪》和《编年纪》，阏与之战始于本年而终于次年。阏与，古邑名。在今山西晋中和顺。表与《廉颇蔺相如列传》都说是韩邑，《秦本纪》《战国策·赵策》则说是赵邑。马非百、杨宽均以为阏与属赵。

⑤赵奢：赵国将领。初为田部吏（征收田赋的官吏），受平原君赏识，推荐于惠文王，令治国赋，成绩卓著。后任将军。阏与之战后，因功封马服君。

⑥秦、楚击我刚、寿：梁玉绳曰：“‘楚’字衍，《秦纪》《田完世家》《穰侯》《范雎传》无楚也。”刚、寿，皆齐邑名。刚，在今山东泰安宁阳东北；寿，在今山东东平西南。

⑦怀城：魏邑名。在今河南焦作武陟西南。

⑧太子质于魏者：《秦本纪》称其为悼太子。

⑨芷阳：秦县名。在今陕西西安东北，当时咸阳之东南。

⑩廪丘：《集解》引徐广曰：“或作‘邢丘’。”按，《编年纪》正作“邢丘”。邢丘在今河南焦作温县东。

⑪宣太后：秦惠王妃，秦昭襄王之母。楚国贵族，芈姓，称芈八子（八子是妃的一个等级）。以秦王年幼为名专政。去年（前266）

范雎入秦说昭襄王夺其权,今年去世。

⑫安国君:名柱。后继位为秦孝文王。

⑬赵孝成王:名丹。赵惠文王之子。

⑭平原君:赵胜。惠文王之弟。为“战国四公子”之一。详见《平原君列传》。

⑮田单:齐王室旁支。乐毅率五国联军攻齐,他固守即墨(今山东青岛平度西南)。使用反间计逼走乐毅,杀骑劫,大败燕军,使齐复国,封安平君,后又任赵相。详见《田单列传》。中阳:当《赵世家》作“中人”。古邑名。在今河北保定唐县西南,当时属燕。

⑯陉(xíng):古邑名。一作陉廷、陉城、陉庭。在今山西临汾曲沃东北。

⑰城汾旁:沿汾河修筑防御工事。

⑱齐王建:齐国末代国君。名建,襄王之子。

⑲南阳:古地区名。指今河南济源至新乡获嘉一带,因地处太行山南、黄河之北而名。与前魏与秦之南阳并非一地。

⑳太行:山名。此指韩国太行山羊肠险塞。

前262

周	**五十三** 赧王五十三年。
秦	**四十五** 攻韩,取十城[1]。昭王四十五年。进攻韩国,攻下了十座城邑。
魏	**十五** 安釐王十五年。
韩	**十一** 桓惠王十一年。
赵	**四** 孝成王四年。
楚	楚考烈王**元**年[2] 秦取我州[3]。黄歇为相[4]。楚考烈王名元,是楚顷襄王的儿子,该年是其元年。秦军夺取我国的州。黄歇担任楚相。
燕	**十** 武成王十年。
齐	**三** 齐王建三年。

前261

五十四 赧王五十四年。	

五十四　赧王五十四年。

四十六　王之南郑[5]。昭王四十六年。秦昭王到南郑视察。

十六　安釐王十六年。

十二　桓惠王十二年。

五　使廉颇拒秦于长平[6]。孝成王五年。赵孝成王派廉颇在长平抵御秦军。

二　考烈王二年。

十一　武成王十一年。

四　齐王建四年。

前260

周	**五十五** 赧王五十五年。
秦	**四十七** 白起破赵长平，杀卒四十五万。昭王四十七年。白起在长平打败赵军，坑杀赵军四十五万。
魏	**十七** 安釐王十七年。
韩	**十三** 桓惠王十三年。
赵	**六** 使赵括代廉颇将。白起破括四十五万[7]。孝成王六年。赵孝成王派赵括代替廉颇指挥赵军。白起领兵打败赵括的四十五万军队。
楚	**三** 考烈王三年。
燕	**十二** 武成王十二年。
齐	**五** 齐王建五年。

前259	前258
五十六 赧王五十六年。	**五十七** 赧王五十七年。
四十八 昭王四十八年。	**四十九** 昭王四十九年。
十八 安釐王十八年。	**十九** 安釐王十九年。
十四 桓惠王十四年。	**十五** 桓惠王十五年。
七 孝成王七年。	**八** 孝成王八年。
四 考烈王四年。	**五** 考烈王五年。
十三 武成王十三年。	**十四** 武成王十四年。
六 齐王建六年。	**七** 齐王建七年。

前257

周	**五十八** 赧王五十八年。
秦	**五十** 王龁、郑安平围邯郸，及龁还军，拔新中[8]。昭王五十年。秦将王龁、郑安平领兵包围邯郸，没有攻陷，王龁撤军，攻克了新中。
魏	**二十** 公子无忌救邯郸[9]，秦兵解去。安釐王二十年。公子无忌援救邯郸，秦军撤兵解围离开。
韩	**十六** 桓惠王十六年。
赵	**九** 秦围我邯郸，楚、魏救我。孝成王九年。秦军包围我国邯郸，楚军、魏军前来援救。
楚	**六** 春申君救赵[10]。考烈王六年。春申君领兵援救赵国。
燕	燕孝王**元年**[11] 燕孝王是燕武成王的儿子，该年是其元年。
齐	**八** 齐王建八年。

前256

五十九　赧王卒。赧王五十九年。周赧王去世。
五十一　昭王五十一年。
二十一　韩、魏、楚救赵新中[12]，秦兵罢。安釐王二十一年。韩、魏、楚三国联军到新中援救赵国，秦军撤离。
十七　秦击我阳城[13]。救赵新中。桓惠王十七年。秦军进攻我国阳城。韩军到新中援救赵军。
十　孝成王十年。
七　救赵新中。考烈王七年。楚军到新中援救赵军。
二　孝王二年。
九　齐王建九年。

【注释】

前262—前256

①攻韩,取十城:据《编年纪》,秦攻取韩的野王(今河南焦作沁阳),然则十城即指野王等十城。至此,韩之上党郡与本土隔绝了。

②楚考烈王:名元,一作“完”。顷襄王之子。

③州:楚邑名。在今湖北荆州洪湖市东北。

④黄歇:楚国贵族。楚顷襄王时为左徒,曾为使与太子完(即考烈王)入质于秦。考烈王即位,为令尹,封春申君。相楚二十五年,有食客三千。与齐孟尝君、赵平原君、魏信陵君齐名,史称“战国四公子”。考烈王死,为李园所杀。详见《春申君列传》。

⑤南郑:秦邑名。在今陕西汉中东。

⑥使廉颇拒秦于长平:长平本属韩上党郡,秦攻韩,将上党与韩国本土分隔开,韩被迫将上党献给秦。上党郡守不愿降秦,上党献给赵国,秦攻上党,赵派廉颇驻守长平。事在上一年(前262)。廉颇,赵国名将,曾伐齐、御秦、破燕,惠文王时伐齐有功,被授上卿之位,以勇敢善战闻名于诸侯。详见《廉颇蔺相如列传》。长平,在今山西高平西北。

⑦使赵括代廉颇将。白起破括四十五万:由于廉颇筑垒固守,秦、赵在长平相持三年。秦使用反间计,使赵王以赵括代廉颇,秦又暗中起用白起为上将军。赵括改变廉颇的坚守战略,冒进出击,被白起打败,自己被射杀,赵军四十余万降秦后被坑杀。赵括,赵奢之子,亦称马服子。好空谈兵法,无真实指挥才能。

⑧“王龁(hé)、郑安平围邯郸”几句:长平之战后,自前259年起,秦开始围攻赵都邯郸,至此已三年。秦先后任命王陵、王龁为将,如今又命郑安平为将。本年在魏、楚援救下,秦军战败,邯郸解围。王龁所部担心魏军包抄后路,攻下了魏的宁新中。王龁,又作“王齮”,秦国将领。在对韩、赵作战中多立战功。前258年,王陵

攻打邯郸不利被罢免，由他代为将。郑安平，本是魏国人。范雎被魏相魏齐笞击折胁，他助范雎隐藏。范雎逃至秦国，得秦昭王重用，任相国，举荐郑安平为将军。在邯郸之战中，他兵败降赵，被赵封为武阳君。后死于赵。新中，即宁新中，魏邑名。在今河南安阳西南。

⑨公子无忌救邯郸：此即魏信陵君窃符救赵之事。详见《魏公子列传》。公子无忌，即魏信陵君。

⑩春申君救赵：赵平原君带领毛遂等人赴楚求援，楚派春申君率军救赵。春申君，即黄歇。

⑪燕孝王：史失其名。燕武成王之子。

⑫韩、魏、楚救赵新中：邯郸之战后，韩参加合纵攻秦，与魏、楚联军乘胜进攻宁新中。

⑬阳城：韩邑名。在今河南郑州登封东南。

前255

周	
秦	**五十二** 取西周。王稽弃市[1]。昭王五十二年。秦占领了西周。王稽被当众处死。
魏	**二十二** 安釐王二十二年。
韩	**十八** 桓惠王十八年。
赵	**十一** 孝成王十一年。
楚	**八** 取鲁,鲁君封于莒。考烈王八年。楚占领鲁国,鲁顷公被迁到莒邑。
燕	**三** 孝王三年。
齐	**十** 齐王建十年。

前254	前253
五十三 昭王五十三年。	**五十四** 昭王五十四年。
二十三 安釐王二十三年。	**二十四** 安釐王二十四年。
十九 桓惠王十九年。	**二十** 桓惠王二十年。
十二 孝成王十二年。	**十三** 孝成王十三年。
九 考烈王九年。	**十** 徙于钜阳[3]。考烈王十年。楚国迁都到钜阳。
燕王喜**元**年[2] 燕王喜是燕孝王的儿子，该年是其元年。	**二** 燕王喜二年。
十一 齐王建十一年。	**十二** 齐王建十二年。

前252

周	
秦	**五十五** 昭王五十五年。
魏	**二十五** 卫元君元年[4]。安釐王二十五年。卫元君是卫怀君的弟弟,该年是其元年。
韩	**二十一** 桓惠王二十一年。
赵	**十四** 孝成王十四年。
楚	**十一** 考烈王十一年。
燕	**三** 燕王喜三年。
齐	**十三** 齐王建十三年。

前251

五十六 昭王五十六年。
二十六 安釐王二十六年。
二十二 桓惠王二十二年。
十五 平原君卒。孝成王十五年。平原君赵胜去世。
十二 柱国景伯死[⑤]。考烈王十二年。柱国景伯去世。
四 伐赵,赵破我军,杀栗腹[⑥]。燕王喜四年。燕军进攻赵国,赵军击破我军,杀死燕相栗腹。
十四 齐王建十四年。

前250

周	
秦	秦孝文王**元**年[⑦]　秦孝文王名庄，是秦昭王的儿子，该年是其元年。
魏	**二十七**　安釐王二十七年。
韩	**二十三**　桓惠王二十三年。
赵	**十六**　孝成王十六年。
楚	**十三**　考烈王十三年。
燕	**五**　燕王喜五年。
齐	**十五**　齐王建十五年。

前249

秦庄襄王楚**元**年[8] 蒙骜取成皋、荥阳[9]。初置三川郡[10]。吕不韦相。取东周。秦庄襄王名异人，后改名楚，是秦孝文王的儿子，该年是其元年。蒙骜夺取成皋、荥阳。开始设置三川郡。吕不韦担任秦相。占领东周。
二十八 安釐王二十八年。
二十四 秦拔我成皋、荥阳。桓惠王二十四年。秦军攻下我国的成皋、荥阳。
十七 孝成王十七年。
十四 楚灭鲁，顷公迁卞[11]，为家人[12]，绝祀。考烈王十四年。楚国灭亡鲁国，鲁顷公流亡到卞，成为平民，鲁国从此断绝了祭祀。
六 燕王喜六年。
十六 齐王建十六年。

前248

周	
秦	**二** 蒙骜击赵榆次、新城、狼孟[13]，得三十七城。日蚀。庄襄王二年。蒙骜进攻赵国的榆次、新城、狼孟，夺得三十七座城邑。发生日食。
魏	**二十九** 安釐王二十九年。
韩	**二十五** 桓惠王二十五年。
赵	**十八** 孝成王十八年。
楚	**十五** 春申君徙封于吴[14]。考烈王十五年。春申君改封到吴地。
燕	**七** 燕王喜七年。
齐	**十七** 齐王建十七年。

前247

三　王龁击上党[15]。初置太原郡[16]。魏公子无忌率五国却我军河外[17]，蒙骜解去。庄襄王三年。王龁进攻上党。初次设置太原郡。魏公子无忌率领五国联军将秦军打退到河外，蒙骜撤兵而去。
三十　无忌率五国兵败秦军河外。安釐王三十年。无忌率领五国联军在河外打败秦军。
二十六　秦拔我上党。桓惠王二十六年。秦军攻下我国的上党。
十九　孝成王十九年。
十六　考烈王十六年。
八　燕王喜八年。
十八　齐王建十八年。

【注释】

前255—前247

①王稽：初为谒者。秦昭襄王命其出使魏国，暗求贤人。郑安平荐范雎，王稽私见之，知其贤，偷载入秦。后范雎得昭王重用，为相，他亦拜为河东守。后坐与诸侯通，被杀。

②燕王喜：燕国末代国君，名喜。燕孝王之子。

③徙于钜阳：杨宽曰："楚临时徙都到钜阳。"钜阳，楚邑名。在今安徽阜阳北。

④卫元君元年：史失其名。卫嗣君之子。梁玉绳定其元年于前265年，平势隆郎定于前264年。

⑤柱国景伯：其人生平事迹不详。柱国，楚官名。上柱国之简称。原掌保卫国都，后为楚国最高武官，其地位仅次于令尹。

⑥"伐赵"几句：燕王喜即位后，命相国栗腹出使赵国约和。栗腹回国后，以为赵经长平之战，国力衰弱，主张乘机伐赵。他采纳栗腹之计，并亲率偏军随后，被赵将廉颇击败，栗腹被杀。赵军进而围燕。

⑦秦孝文王：名庄。秦昭襄王之子。

⑧秦庄襄王楚：秦庄襄王本名异人，因安国君（孝文王）宠姬楚人华阳夫人认为己子，乃改名楚。孝文王之庶子。

⑨蒙骜：秦国名将。原为齐人。事昭襄、孝文、庄襄、秦始皇四代，官至上卿。在灭韩、魏的过程中立有大功。其孙即蒙恬。成皋：韩邑名。在今河南郑州荥阳西北。

⑩三川郡：郡名。因境内有伊河、洛河、黄河三河，故名。辖境相当于今黄河以南河南郑州中牟以西、北汝河上游及灵宝以东地区。郡治雒阳，一说治荥阳。

⑪下：鲁邑名。在今山东济宁泗水县东。

⑫家人：平民百姓。

⑬榆次、新城、狼孟：皆赵邑名。榆次，在今山西晋中榆次；新城，在今山西朔州西南；狼孟，在今山西太原阳曲。

⑭春申君徙封于吴：春申君初以淮北十二县为封地，此年自请在淮北设郡防齐，改封吴江东，以吴（今江苏苏州）为都邑。

⑮上党：此为韩国的上党郡。辖境约在今山西沁河以东一带地区，北与赵国上党郡相接。

⑯太原郡：治晋阳（今山西太原西南）。辖境相当于今山西忻州五台、阳泉以西，霍山以北，黄河以东，管涔山、五台山以南地区。

⑰魏公子无忌率五国却我军河外：魏公子无忌窃符救赵十年后，得到魏安釐王原谅回到魏国，魏安釐王授予他上将军印，公子便告诸侯，遂率魏、赵、楚、韩、燕五国军队破秦于河外。河外，此指黄河以南今河南三门峡陕州至陕西渭南华阴一带。

前246

秦	**始皇帝元年** 击取晋阳[①]。作郑国渠[②]。始皇帝名正（或作政），是秦庄襄王的儿子，该年是其元年。攻取晋阳，修建郑国渠。
魏	**三十一** 安釐王三十一年。
韩	**二十七** 桓惠王二十七年。
赵	**二十** 秦拔我晋阳。孝成王二十年。秦军攻下我国的晋阳。
楚	**十七** 考烈王十七年。
燕	**九** 燕王喜九年。
齐	**十九** 齐王建十九年。

前245	前244
二 始皇帝二年。	**三** 蒙骜击韩，取十三城。王龁死。始皇帝三年。蒙骜进攻韩国，夺取十三座城邑。王龁去世。
三十二 安釐王三十二年。	**三十三** 安釐王三十三年。
二十八 桓惠王二十八年。	**二十九** 秦拔我十三城。桓惠王二十九年。秦国攻下我国十三座城邑。
二十一 孝成王二十一年。	赵悼襄王偃**元**年③ 赵悼襄王名偃，是赵孝成王的儿子，该年是其元年。
十八 考烈王十八年。	**十九** 考烈王十九年。
十 燕王喜十年。	**十一** 燕王喜十一年。
二十 齐王建二十年。	**二十一** 齐王建二十一年。

前243

秦	**四** 七月，蝗蔽天下。百姓纳粟千石，拜爵一级。始皇帝四年。七月，蝗虫遮天蔽日。百姓献粟一千石者，可授给一级爵位。
魏	**三十四** 信陵君死[④]。安釐王三十四年。信陵君无忌去世。
韩	**三十** 桓惠王三十年。
赵	**二** 太子从质秦归。悼襄王二年。在秦国当人质的太子回国。
楚	**二十** 考烈王二十年。
燕	**十二** 赵拔我武遂、方城[⑤]。燕王喜十二年。赵军攻下我国的武遂、方城。
齐	**二十二** 齐王建二十二年。

前242

五 蒙骜取魏酸枣二十城[6]。初置东郡[7]。始皇帝五年。蒙骜夺取魏国的酸枣等二十座城邑。开始设置东郡。
魏景湣王**元**年[8] 秦拔我二十城。魏景湣王名增,是魏安釐王的儿子,该年是其元年。秦国攻下我国的二十座城邑。
三十一 桓惠王三十一年。
三 赵相、魏相会柯,盟[9]。悼襄王三年。赵相、魏相在柯地会盟。
二十一 考烈王二十一年。
十三 剧辛死于赵[10]。燕王喜十三年。剧辛死在赵国。
二十三 齐王建二十三年。

前241

秦	**六** 五国共击秦[11]。始皇帝六年。赵将庞煖率赵、楚、魏、燕、韩五国联军进攻秦国。
魏	**二** 秦拔我朝歌[12]。卫从濮阳徙野王[13]。景湣王二年。秦军攻下我国朝歌。卫元君从濮阳迁到野王。
韩	**三十二** 桓惠王三十二年。
赵	**四** 悼襄王四年。
楚	**二十二** 王东徙寿春[14],命曰郢。考烈王二十二年。楚考烈王把都城东迁到寿春,命名为郢。
燕	**十四** 燕王喜十四年。
齐	**二十四** 齐王建二十四年。

前240	前239
七 彗星见北方西方。夏太后薨[15]。蒙骜死。始皇帝七年。彗星出现在北方西方。夏太后去世。蒙骜去世。	**八** 嫪毐封长信侯[17]。始皇帝八年。嫪毐被封为长信侯。
三 秦拔我汲[16]。景湣王三年。秦军攻下我国的汲县。	**四** 景湣王四年。
三十三 桓惠王三十三年。	**三十四** 桓惠王三十四年。
五 悼襄王五年。	**六** 悼襄王六年。
二十三 考烈王二十三年。	**二十四** 考烈王二十四年。
十五 燕王喜十五年。	**十六** 燕王喜十六年。
二十五 齐王建二十五年。	**二十六** 齐王建二十六年。

【注释】

前246—前239

①击取晋阳：据《秦本纪》，秦庄襄王二年定太原，三年置太原郡，都晋阳，不久因庄襄王去世，“晋阳反”。始皇元年，“蒙骜击定之”。

②作郑国渠：据《秦始皇本纪》《李斯列传》，郑国渠之建在始皇十年，不在元年。郑国渠，秦国水利工程。因工程由韩国水利家郑国建议和主持，故名。此渠自瓠泽（今陕西咸阳泾阳西北）引泾水东流，至今三原北会合浊水及石川河水道，再引流东经今富平、蒲城南，注入洛水。渠长三百多里，“溉泽卤之地四万余顷”，“于是关中为沃野，无凶年，秦以富强”（《河渠书》）。

③赵悼襄王偃：赵悼襄王，名偃。赵孝成王之子。

④信陵君死：魏王中秦反间计，再次弃信陵君不用。信陵君纵饮淫乐自戕而死。此年魏王亦死。

⑤武遂、方城：皆燕邑名。武遂，在今河北保定徐水区西北遂城镇；方城，在今河北廊坊固安。

⑥酸枣：魏邑名。在今河南新乡延津西南。

⑦初置：指已经占有部分地区，但尚未设定郡治，尚未组成政府机构。

⑧魏景湣王：名增，一说名午。魏安釐王之子。

⑨柯：《索隐》说为齐邑东阿，在今山东聊城阳谷东北阿城镇；钱穆说在今河南安阳内黄东南。

⑩剧辛死于赵：剧辛原为赵人，与庞煖友善，后亡走燕，为燕将，庞煖留在赵国。剧辛认为庞煖好对付，乘赵弊击赵。庞煖反击，打败燕军，杀剧辛。

⑪五国共击秦：此年韩、魏、赵、燕、楚共击秦，攻蕞。秦出兵，五国兵罢。

⑫朝歌：在今河南鹤壁淇县东北。

⑬卫从濮阳徙野王：卫曾是魏的附庸，本年秦迁卫于野王而成为秦

的附庸。濮阳，卫都城，在今河南濮阳西南。野王，在今河南焦作沁阳。

⑭寿春：楚邑名。在今安徽淮南寿县。

⑮夏太后：秦庄襄王生母。

⑯汲：魏邑名。在今河南新乡卫辉西南。

⑰嫪毐（lǎo ǎi）：秦国宦官。由吕不韦推荐入宫，受太后宠幸，权倾于朝。封长信侯，食邑山阳、河西、太原三郡。

前238

秦	**九** 彗星见，竟天。嫪毐为乱，迁其舍人于蜀[①]。彗星复见。始皇帝九年。出现彗星，横贯天空。嫪毐作乱，将他的私门家臣流放到蜀地。再次出现彗星。
魏	**五** 秦拔我垣、蒲阳、衍[②]。景湣王五年。秦军攻下我国的垣、蒲阳、衍。
韩	韩王安**元**年[③] 韩王名安，该年是其元年。
赵	**七** 悼襄王七年。
楚	**二十五** 李园杀春申君[④]。考烈王二十五年。李园杀死春申君黄歇。
燕	**十七** 燕王喜十七年。
齐	**二十七** 齐王建二十七年。

前237

十　相国吕不韦免[5]。齐、赵来，置酒。太后入咸阳[6]。大索[7]。始皇帝十年。相国吕不韦免职。齐、赵遣使来秦，献酒祝贺。太后进入咸阳。国内进行大搜索。
六　景湣王六年。
二　韩王安二年。
八　入秦，置酒。　悼襄王八年。遣使进入秦国，献酒祝贺。
楚幽王悼**元**年[8]　楚幽王名悼（应为悍）是楚考烈王的儿子，该年是其元年。
十八　燕王喜十八年。
二十八　入秦，置酒。齐王建二十八年。遣使进入秦国，献酒祝贺。

前236

秦	**十一** 吕不韦之河南[9]。王翦击邺、阏与[10]，取九城。始皇帝十一年。吕不韦到河南封地去。王翦进攻邺、阏与，夺取九座城邑。
魏	**七** 景湣王七年。
韩	**三** 韩王安三年。
赵	**九** 秦拔我阏与、邺，取九城。悼襄王九年。秦军攻下我国的阏与、邺，夺取九座城邑。
楚	**二** 幽王二年。
燕	**十九** 燕王喜十九年。
齐	**二十九** 齐王建二十九年。

前235

十二 发四郡兵助魏击楚。吕不韦卒[11]。复嫪毐舍人迁蜀者[12]。始皇帝十二年。秦国征调四个郡的兵力去帮助魏国进攻楚国。吕不韦去世。赦免流放到蜀地的嫪毐的私门家臣回原籍。
八 秦助我击楚。景湣王八年。秦军帮助我军进攻楚国。
四 韩王安四年。
赵王迁**元**年[13] 赵王名迁，是赵悼襄王的儿子，该年是其元年。
三 秦、魏击我。幽王三年。秦、魏两国联军进攻我国。
二十 燕王喜二十年。
三十 齐王建三十年。

【注释】

前238—前235

①嫪毐为乱,迁其舍人于蜀:嫪毐与太后有私情,被秦王政发觉,因畏祸,遂趁此年秦王政至雍(今陕西宝鸡凤翔)行冠礼之机,在咸阳发动武装叛乱。秦王令相国昌文君、昌平君率军平叛,大战于咸阳,他战败被杀。他的舍人通通判刑,最轻为鬼薪。受牵连而被剥夺爵位、流放到蜀地去的有四千多户。舍人,战国及汉初王公贵人私门之官。

②垣、蒲阳、衍:皆魏邑名。垣,即长垣,在今河南新乡长垣东北。蒲阳,一作“蒲”。在今河南新乡长垣。衍,亦曰“衍氏”,在今河南郑州北。

③韩王安:韩国末代国君。名安。韩桓惠王之子。亡于秦。

④李园杀春申君:李园是春申君门客。楚考烈王无子,春申君患之。李园欲进其妹于楚王。闻王不能生育,恐久失宠,于是先以妹幸于春申君,知其有孕,再让春申君进其妹于楚王。楚王召入幸之,遂生子悍,立为太子,其妹为王后。此年楚考烈王卒,他恐事泄,为灭口,乃计杀春申君。

⑤相国吕不韦免:吕不韦受嫪毐牵连免相。

⑥太后入咸阳:太后因与嫪毐乱,被秦王政迁于雍(今陕西宝鸡凤翔西南)。在茅焦劝说下,秦王乃迎太后入咸阳,复居甘泉宫。

⑦大索:嫪毐叛乱之后,秦王又发觉郑国修渠乃是韩国为了消耗秦的国力,使之不能对韩用兵而行的诡计,于是大搜索,并下令逐客。李斯当时为客卿,也在被逐之列,《谏逐客书》即为此而作。

⑧楚幽王悼:楚幽王名悍,此作“悼”,误。幽王即李园妹所生。

⑨吕不韦之河南:吕不韦免相后,又被令迁往其在洛阳的封地居住。吕不韦“封为文信侯,食河南雒阳十万户”。

⑩王翦:秦国名将。为秦王政所重用。攻燕,燕王喜走辽东,遂定燕

都蓟；尽取赵地东阳（今河北太行山以东地区），得赵王迁；破楚，诛楚将项燕；进兵定楚江南地，南征百越，降百越之君，置会稽郡。以功封为武城侯。详见《白起王翦列传》。邺：赵邑名。在今河北邯郸磁县南。

⑪吕不韦卒：去年秦王令吕不韦去河南封地居住，今年进一步令吕不韦携家属迁居于蜀，吕不韦“恐诛，乃饮鸩而死”。

⑫复嫪毐舍人迁蜀者：赦免迁居蜀郡的嫪毐家臣，准其返乡。复，此指赦其罪，准许其返回原籍。

⑬赵王迁：赵国末代国君。名迁，赵悼惠王之子，亡于秦，追谥幽愍王。

前234

秦	**十三** 桓齮击平阳,杀赵扈辄[1],斩首十万,因东击赵。王之河南[2]。彗星见。始皇帝十三年。秦将桓齮进攻平阳,杀死赵将扈辄,斩首十万,于是向东进军攻打赵国。秦王到黄河之南视察。出现彗星。
魏	**九** 景湣王九年。
韩	**五** 韩王安五年。
赵	**二** 秦拔我平阳,败扈辄,斩首十万。赵王迁二年。秦军攻下我国的平阳,打败扈辄,斩首十万。
楚	**四** 幽王四年。
燕	**二十一** 燕王喜二十一年。
齐	**三十一** 齐王建三十一年。

前233

十四 桓齮定平阳、武城、宜安[3]。韩使非来，我杀非[4]。韩王请为臣。始皇帝十四年。桓齮平定平阳、武城、宜安。韩国使者韩非来到秦国，秦国杀了韩非。韩王请求对秦称臣。
十 景湣王十年。
六 韩王安六年。
三 秦拔我宜安。赵王迁三年。秦军攻下我国的宜安（宜安实际未被攻下）。
五 幽王五年。
二十二 燕王喜二十二年。
三十二 齐王建三十二年。

	前232	前231
秦	**十五** 兴军至邺。军至太原。取狼孟。始皇帝十五年。发动军队奔赴邺城。另一支军队到太原。夺取狼孟。	**十六** 置丽邑[6]。发卒受韩南阳地。始皇帝十六年。设置丽邑。派兵接受韩国南阳一带土地。
魏	**十一** 景湣王十一年。	**十二** 献城秦。景湣王十二年。魏国向秦国进献城邑。
韩	**七** 韩王安七年。	**八** 秦来受地。韩王安八年。秦人来韩国接受进献的土地。
赵	**四** 秦拔我狼孟、鄱吾[5],军邺。赵王迁四年。秦军攻下我国的狼孟、鄱吾,驻军在邺城。	**五** 地大动。赵王迁五年。发生大地震。
楚	**六** 幽王六年。	**七** 幽王七年。
燕	**二十三** 太子丹质于秦,亡来归。燕王喜二十三年。燕太子丹在秦国当人质,逃回燕国。	**二十四** 燕王喜二十四年。
齐	**三十三** 齐王建三十三年。	**三十四** 齐王建三十四年。

前230

十七 内史腾击得韩王安[7]，尽取其地，置颍川郡[8]。华阳太后薨[9]。始皇帝十七年。内史腾进攻韩国，擒获韩王安，全部取得韩国的土地，设置颍川郡。华阳太后去世。
十三 景湣王十三年。
九 秦虏王安，秦灭韩。韩王安九年。秦军俘获韩王安，秦国灭了韩国。
六 赵王迁六年。
八 幽王八年。
二十五 燕王喜二十五年。
三十五 齐王建三十五年。

前229

秦	**十八** 始皇帝十八年。
魏	**十四** 卫君角元年[⑩]。景湣王十四年。卫君名角，是卫元君的儿子，该年是其元年。
韩	
赵	**七** 赵王迁七年。
楚	**九** 幽王九年。
燕	**二十六** 燕王喜二十六年。
齐	**三十六** 齐王建三十六年。

前228

十九 王翦拔赵，虏王迁之邯郸[11]。帝太后薨[12]。始皇帝十九年。王翦攻下赵国，在邯郸擒获赵王迁。始皇帝的母亲帝太后去世。
十五 景湣王十五年。
八 秦王翦虏王迁邯郸。公子嘉自立为代王[13]。赵王迁八年。秦将王翦在邯郸擒获赵王迁。赵悼襄王的儿子公子嘉自立为代王。
十 幽王卒，弟郝立，为哀王。三月，负刍杀哀王[14]。幽王十年。楚幽王去世，他的弟弟郝被立为楚王，他就是楚哀王。三月，负刍杀死哀王。
二十七 燕王喜二十七年。
三十七 齐王建三十七年。

【注释】

前234—前228

①桓齮（yǐ）击平阳，杀赵扈辄：梁玉绳据《赵世家》及《廉颇蔺相如列传》论证此役桓齮被赵将李牧打败，并无取地杀将之事。桓齮，秦将，率兵攻取赵河间、漳水流域的土地及赤丽、宜安等地。李牧败秦师于肥（今河北石家庄晋县西），桓齮出奔燕。杨宽认为桓齮即后来借首级给荆轲的樊於期，音同通假。平阳，赵邑名。在今河北邯郸临漳西。扈辄，赵国将领。秦将桓齮攻赵，他率师迎战，大败于平阳（今河北邯郸磁县西南），损兵十万，被杀。一说秦攻武城，他率师救之，军败被杀。

②王之河南：秦王到河南巡视。

③武城、宜安：皆赵邑名。武城，亦作“东武城”，在今山东德州武城西北。宜安，在今河北石家庄藁城西南。

④韩使非来，我杀非：秦王政喜爱韩非的文章，为得到韩非发兵攻韩，韩遣韩非使秦。韩非入秦，遭李斯、姚贾诬害，冤死狱中。详见《老子韩非列传》。

⑤鄱（pó）吾：一作“番吾”。在今河北石家庄平山县东。一说在今河北邯郸磁县境。

⑥丽邑：即郦邑。在今陕西西安临潼东北。

⑦内史腾：秦官员，官为内史名为腾。马非百认为，内史腾即将军辛腾，曾守南郡，灭韩，攻燕（《秦集史·守令表》）。内史，官名。周时为天子亲近的高级辅佐官。秦汉沿置，掌治京师。此则率兵作战。

⑧颍川郡：以韩国地置。因颍水所经而得名。治阳翟（今河南禹州）。

⑨华阳太后：初为秦安国君宠姬，楚国公族。秦昭襄王四十二年（前265），安国君被立为太子，以她为夫人，号“华阳夫人”。因

无子，听从大商人吕不韦劝说，以安国君庶子异人为己子，改名楚，以巩固自己地位。安国君继位，即孝文王，以她为后。孝文王去世，子楚即位，是为庄襄王，尊她为华阳太后，权重一时。

⑩卫君角：卫国末代国君。名角。卫元君之子。

⑪王翦拔赵，虏王迁之邯郸：赵王迁听信郭开谗言，杀死大将李牧，再无人可以抵抗秦军，赵遂亡。

⑫帝太后：秦王政之母赵姬。秦王政称帝后追封为帝太后。

⑬公子嘉自立为代王：公子嘉，悼襄王之子。秦攻占赵都邯郸，俘赵王迁后，他率宗族数百人逃到代（今河北张家口蔚县东北），称代王，联燕共抗秦军。后秦将王贲攻辽东灭燕，还军攻代，将他俘虏。在位六年。代亡。

⑭负刍：考烈王之子，哀王庶兄。即位五年，秦灭楚，他被俘，楚亡。

前227

秦	**二十**　燕太子使荆轲刺王，觉之。王翦将击燕[①]。始皇帝二十年。燕太子丹派荆轲刺杀秦王，被秦王发觉了。王翦领兵进攻燕国。
魏	魏王假**元**年[②]　魏王名假，是魏景湣王的儿子，该年是其元年。
韩	
赵	代王嘉**元**年　该年是代王嘉元年。
楚	楚王负刍**元**年　负刍，哀王庶兄。楚王名负刍，该年是其元年。负刍是楚哀王的庶兄。
燕	**二十八**　太子丹使荆轲刺秦王，秦伐我。燕王喜二十八年。燕太子丹派荆轲刺杀秦王，秦国进攻我国。
齐	**三十八**　齐王建三十八年。

前226	前225
二十一 王贲击楚[3]。始皇帝二十一年。秦将王贲进攻楚国。	**二十二** 王贲击魏，得其王假，尽取其地[5]。始皇帝二十二年。王贲进攻魏国，擒获魏王假，全部夺取了魏国的土地。
二 魏王假二年。	**三** 秦虏王假。魏王假三年。秦军擒获魏王假。
二 代王嘉二年。	**三** 代王嘉三年。
二 秦大破我，取十城。楚王负刍二年。秦军打败我军，夺取十座城邑。	**三** 楚王负刍三年。
二十九 秦拔我蓟，得太子丹。王徙辽东[4]。燕王喜二十九年。秦军攻下我国蓟地，杀死了太子丹。燕王喜迁避到辽东。	**三十** 燕王喜三十年。
三十九 齐王建三十九年。	**四十** 齐王建四十年。

前224

秦	**二十三** 王翦、蒙武击破楚军，杀其将项燕[6]。始皇帝二十三年。王翦、蒙武击败楚军，杀死其大将项燕。
魏	
韩	
赵	**四** 代王嘉四年。
楚	**四** 秦破我将项燕。楚王负刍四年。秦军击败我军大将项燕。
燕	**三十一** 燕王喜三十一年。
齐	**四十一** 齐王建四十一年。

前223

二十四　王翦、蒙武破楚，虏其王负刍[7]。始皇帝二十四年。王翦、蒙武攻下楚国，擒获楚王负刍。
五　代王嘉五年。
五　秦虏王负刍。秦灭楚。楚王负刍五年。秦军擒获楚王负刍。秦国灭了楚国。
三十二　燕王喜三十二年。
四十二　齐王建四十二年。

前222

秦	**二十五** 王贲击燕，虏王喜[⑧]。又击得代王嘉[⑨]。五月，天下大酺。始皇帝二十五年。王贲进攻燕国，擒获燕王喜。又出兵进攻代，擒获代王嘉。五月，允许天下饮酒聚会。
魏	
韩	
赵	**六** 秦将王贲虏王嘉，秦灭赵。代王嘉六年。秦将王贲擒获代王嘉，秦国灭了赵国。
楚	
燕	**三十三** 秦虏王喜，拔辽东，秦灭燕。燕王喜三十三年。秦军擒获燕王喜，攻下辽东，秦国灭了燕国。
齐	**四十三** 齐王建四十三年。

前221

二十六 王贲击齐，虏王建[10]。初并天下，立为皇帝[11]。始皇帝二十六年。王贲进攻齐国，擒获齐王建。秦国兼并天下，秦王立为皇帝。
四十四 秦虏王建，秦灭齐。齐王建四十四年。秦国擒获齐王建，秦国灭了齐国。

【注释】

前227—前221

①王翦将击燕：荆轲刺秦王失败后，秦派王翦、辛胜攻燕，破燕军易水西。

②魏王假：魏国的末代国君。名假。魏景愍王之子。

③王贲：秦国大将。王翦之子。攻灭魏、燕、代、齐，为始皇统一中国屡建功勋，封为通武侯。

④"秦拔我蓟"几句：王翦等破燕太子丹军，取蓟城，太子丹逃到辽东，燕王喜为求秦国宽恕，派人杀了太子丹，将其首级献给秦国。燕王喜在辽东收揽余部称王。蓟，燕国都城。在今北京城区西南部。辽东，燕郡名。因在辽水以东，故名。治襄平（今辽宁辽阳）。辖地约当今辽宁之东部与其东南部。

⑤"王贲击魏"几句：王贲引黄河灌魏都大梁，大梁城垮塌，魏王假请降，魏亡。

⑥王翦、蒙武击破楚军，杀其将项燕：在攻楚所需兵力上，秦王与王翦有分歧，王翦称病告老，秦王用李信率军二十万伐楚，大败而回，于是秦王亲自请回王翦，给他六十万兵力伐楚，破楚军于蕲（今安徽宿州东南），杀项燕。项燕，楚国大将，项羽的祖父。曾大败秦将李信。

⑦王翦、蒙武破楚，虏其王负刍：《秦始皇本纪》系此事于上年，误。说见《秦始皇本纪》。

⑧王贲击燕，虏王喜：秦王政二十一年（前226）秦军将燕王喜赶到辽东后，集中兵力攻灭魏、楚，此年再次大举兴兵攻辽东，俘虏燕王喜，燕国灭亡。

⑨又击得代王嘉：秦军灭燕后，回军攻代，俘虏了代王嘉。

⑩王贲击齐，虏王建：齐王建与其相后胜发兵守其西界，不通秦。秦使将军王贲从燕南攻齐，俘虏齐王建，齐国灭亡。

⑪初并天下，立为皇帝：秦统一天下，秦王政下令议帝号，定为“皇帝”。

秦	前220	**二十七** 更命河为“德水”[1]。为金人十二[2]。命民 黄河改名为“德水”。铸造了十二个金人。改称黎民为
	前219	**二十八** 为阿房宫[6]。之衡山[7]。治驰道[8]。帝之琅 八年。建造阿房宫。始皇帝到达衡山。修建驰道。始皇 （“三十”为衍文）。
	前218	**二十九** 郡县大索十日[12]。帝之琅邪，道上党入[13]。 上党返回咸阳。
	前217	**三十** 始皇帝三十年。
	前216	**三十一** 更命腊曰“嘉平”[14]。赐黔首里六石米二羊， 赐给百姓每里六石米两只羊，以嘉许岁月太平。在国内大
	前215	**三十二** 帝之碣石，道上郡入[16]。始皇帝三十二年。始
	前214	**三十三** 遣诸逋亡及贾人、赘婿略取陆梁，为桂林、 恬将三十万[20]。 始皇帝三十三年。征发逃亡者、商人、 去戍守。在西北驱逐匈奴，设置四十四个县。蒙恬率领三

曰“黔首”[3]。同天下书[4]。分为三十六郡[5]。始皇帝二十七年。把“黔首”。统一天下的文字书写。
邪，道南郡入[9]。为天极庙[10]。赐户三十，爵一级[11]。始皇帝二十帝登上琅邪山，取道南郡返回咸阳。造天极庙。赐给百姓爵位一级
始皇帝二十九年。在各郡县大规模搜捕十天。始皇帝登上琅邪山，从
以嘉平。大索二十日[15]。始皇帝三十一年。把腊月改为“嘉平”月。规模搜捕二十天。
皇帝登上碣石山，取道上郡返回咸阳。
南海、象郡，以適戍[17]。西北取戎为三十四县[18]。筑长城河上[19]，蒙赘婿为兵卒，攻伐五岭以南地区，设置桂林、南海、象郡，发配有罪的人十万人在黄河以北修筑长城。

秦	前213	**三十四** 適治狱不直、覆狱故失者筑长城[21]。及南方 官员去修筑长城。还让这类人去戍守南越地区。
	前212	**三十五** 为直道，道九原，通甘泉[22]。始皇帝三十五年。
	前211	**三十六** 徙民于北河、榆中[23]，耐徙三处[24]，拜爵一级。 河、榆中地区，每户授一级爵位。有陨石白天落在东郡，
	前210	**三十七** 十月，帝之会稽、琅邪[26]，还至沙丘崩[27]。子 十七年。十月，始皇帝登上会稽山、琅邪山，返回走到沙 取道九原回到咸阳。重新流通钱币。
	前209	二世**元**年 十月戊寅，大赦罪人。十一月，为兔园[29]。 之[32]。出卫君角为庶人[33]。二世元年。十月戊寅，大赦 月，很多郡县都造反了。张楚起义军攻打到戏，章邯出击
	前208	**二** 将军章邯、长史司马欣、都尉董翳追楚兵至河[34]。 尉董翳追击张楚义军到黄河。二世杀死左丞相李斯、右丞
	前207	**三** 赵高反，二世自杀，高立二世兄子婴。子婴立， 汉[37]。二世三年。赵高谋反，二世自杀，赵高立二世兄长 入秦都咸阳，子婴投降，被项羽杀掉。不久，项羽被杀掉，

越地。始皇帝三十四年。贬谪审断官司不公正、覆核案件故意失实的
修建直道，从九原一直通到甘泉宫。
石昼下东郡，有文言“地分”[25]。始皇帝三十六年。迁徙三万户到北 陨石上有刻字说“地分”。
胡亥立，为二世皇帝。杀蒙恬。道九原入。复行钱[28]。始皇帝三 丘时去世了。他的儿子胡亥即位，就是二世皇帝。二世杀死蒙恬。
十二月，就阿房宫[30]。其九月，郡县皆反[31]。楚兵至戏，章邯击却 天下罪犯。十一月修建兔园。十二月，建成阿房宫（实未建成）。九 打败了义军。驱逐卫君角，贬为庶人。
诛丞相斯、去疾，将军冯劫[35]。二世二年。将军章邯、长史司马欣、都 相冯去疾、将军冯劫。
刺杀高，夷三族[36]。诸侯入秦，婴降，为项羽所杀。寻诛羽，天下属 的儿子子婴为秦王。子婴即位，刺杀赵高，夷灭了赵高三族。诸侯军攻 汉朝统一了天下。

【注释】

前220—前207

①更命河为“德水”:秦始皇采用阴阳家五德终始之说,以为周得火德,秦代周,克火者为水,所以秦为水德,于是将黄河改名为“德水”。河,河水,即后代所称之黄河。按,《秦始皇本纪》记此与以下诸事于下一年,与《表》不同。

②为金人十二:收天下兵器,铸成十二个钟架两端的人形铜立柱。

③命民曰“黔首”:秦国此前已称民为“黔首”,见李斯《谏逐客书》。此后则全国百姓统一称“黔首”。

④同天下书:文字统一为小篆。

⑤分为三十六郡:按,所谓“三十六郡”,只是秦始皇二十六年刚统一六国时的郡数,而具体有哪些,诸家说法略有差异。《集解》以为是:三川、河东、南阳、南郡、九江、鄣郡、会稽、颍川、砀郡、泗水、薛郡、东郡、琅邪、齐郡、上谷、渔阳、右北平、辽西、辽东、代郡、钜鹿、邯郸、上党、太原、云中、九原、雁门、上郡、陇西、北地、汉中、巴郡、蜀郡、黔中、长沙、内史。其他不录。

⑥为阿房(ē páng)宫:《秦始皇本纪》记阿房宫始筑于始皇三十五年,秦亡时尚未完工。阿房宫遗址在今西安未央区之三桥镇南,面积约八平方公里。

⑦衡山:衡山郡。治邾县,在今湖北黄冈西北。

⑧驰道:供车马驰行的大道,中央专供皇帝通行,列树标明,两旁任人行走。道宽五十步,每隔三丈植松树一株。东通燕、齐,南达吴、楚。按,《秦始皇本纪》系治驰道于二十七年,即上一年。

⑨帝之琅邪,道南郡入:秦始皇东巡诸郡县,登琅邪山,刻石记功,从南郡由武关回到咸阳。琅邪,此指琅邪山,在今山东青岛黄岛区。面临黄海,下有港湾。南郡,郡治江陵,在今湖北江陵一带。

⑩为天极庙:《秦始皇本纪》:“作信宫渭南,已更命信宫为极庙,象天

极。”景祐本、绍兴本、殿本等“天”作“太”，梁玉绳认为此“太”字应为衍文。极庙旧址大体在今陕西西安北郊的大刘寨村东，秦都咸阳渭水南。

⑪赐户三十，爵一级：“三十”为衍文，《秦始皇本纪》作“赐户爵一级”。

⑫郡县大索十日：始皇东游至博狼沙（今河南新乡原阳东南），遇张良带刺客伏击，误中副车。始皇命全国大搜捕十天。

⑬帝之琅邪，道上党入：秦始皇东巡登之罘山，刻石记功，又到琅邪，从上党回到咸阳。上党，上党郡。郡治长子，在今山西长治长子县西南。

⑭更命腊曰“嘉平”：《索隐》引《广雅》曰：“夏曰清祀，殷曰嘉平，周曰大蜡，亦曰腊，秦更名曰嘉平。”腊，腊月。

⑮大索二十日：始皇在咸阳微服出行，在兰池遇盗受窘，命关中大搜索二十日。兰池，宫殿名。旧址在今咸阳东北。又有说兰池为陂池名。在今陕西咸阳东。

⑯帝之碣石，道上郡入：秦始皇东至碣石山，派燕人卢生等去寻仙，刻石记功，巡视北方边境，从上郡回咸阳。碣石，山名。在今河北昌黎北。碣石也是秦朝的行宫名。在山海关外十五公里处的渤海之滨有一组自然礁石，即民间传说为“姜女坟”，应即史籍所载的东海碣石。在紧靠“姜女坟”的海岸上的建筑遗址群，则可能是碣石宫。上郡，治肤施，在今陕西榆林东南。

⑰“遣诸逋亡及贾人、赘婿略取陆梁”几句：即征发逃亡者、商人、入赘的女婿为兵卒，攻伐南越。逋亡，逃亡的人。逋，逃亡。赘婿，倒插门女婿。陆梁，地区名。指今五岭以南的两广一带。桂林、象郡、南海，皆秦郡名。桂林郡治在今广西桂平西南。象郡郡治临尘，在今广西崇左。南海郡治番禺，在今广州。以適戍，作为谪戍之地。適戍，谪罚戍边。適，通“谪”。本年迁罪犯五十万人戍

五岭。

⑱西北取戎为三十四县：底本作“四十四县”。张文虎曰：“《纪》作‘三十四县’，《表》亦宜同，故徐广引‘一云四十四’，以著异文，今《表》盖后人误依《集解》改。”今据改。

⑲筑长城河上：即沿着黄河修筑长城。据谭其骧《历史地图集》，秦始皇所筑长城约自今内蒙古磴口沿黄河东北行，经临河至乌拉特前旗一带，在当年赵国的长城之南。

⑳蒙恬：秦朝名将。蒙骜之孙，蒙武之子。北击匈奴，收复河南地（今内蒙古河套一带）。筑长城，西起临洮（今甘肃定西岷县）东至辽东（今辽宁辽阳北），守边十余年，威震匈奴，甚受始皇宠信。始皇病死，赵高与李斯合谋，伪造诏书，立二世胡亥，他与公子扶苏被迫自杀。

㉑治狱不直：判案不公。覆狱故失：覆审讼案故意失实。覆狱，覆审讼案。

㉒为直道，道九原，通甘泉：命蒙恬从九原至云阳修筑直道，“堑山堙谷，直通之”，故称直道，今尚有遗迹。九原，秦郡名。治九原县，在今内蒙古包头西北。甘泉，甘泉山，在云阳县（今陕西咸阳淳化西北）。山上有秦离宫，但离宫不叫甘泉宫。据《秦始皇本纪》“迎太后于雍而入咸阳，复居甘泉宫”，可知秦甘泉宫在咸阳。

㉓北河：此指北河流域。北河，黄河流经内蒙古磴口以后分为南、北两支。北支称为北河，在今内蒙古之临河、包头一线，约当今乌加河。是当时秦国的北境。榆中：指今内蒙古杭锦旗、东胜、伊金霍洛旗至陕西神木一带地区（依谭其骧《中国历史地图集》）。

㉔耐徙三处：据《秦始皇本纪》当作“三万家”。

㉕石昼下东郡，有文言“地分”：据《秦始皇本纪》：“有坠星下东郡，至地为石，黔首或刻其石曰‘始皇帝死而地分’。”则“石”为陨石，“文”为百姓所刻。

㉖会（kuài）稽：山名。在今浙江绍兴东南。

㉗沙丘：沙丘宫。在今河北邢台广宗西大平台，是战国时赵国的离宫，赵武灵王即死于此处。

㉘复行钱：再次使用圆形圆孔铜钱。陈直曰："此云二世复行钱，中间必脱有废行钱之记载。"

㉙兔园：园囿名。

㉚十二月，就阿房宫：《秦始皇本纪》只说"复作阿房宫"，且在四月。据实地考古，阿房宫并未修成，不可言"就"。

㉛其九月，郡县皆反：据《秦楚之际月表》，陈涉吴广起义在七月，至九月，已有楚、齐、魏、赵、燕等各路诸侯自称为王。按，秦以十月为岁首，故本年始书十月，末述九月。

㉜楚兵至戏，章邯击却之：陈涉派部将周文（即周章）率兵攻秦至戏，秦二世乃赦免骊山刑徒，命少府章邯率领他们与义军作战。章邯击破楚军，在曹阳（今河南三门峡灵宝东）杀死了周文。戏，在今陕西西安临潼东北，离始皇陵不远。

㉝出卫君角为庶人：卫君角是卫元君之子，名角。秦王政十八年（前229）继位。出卫君角，疑应作"废卫君角"。

㉞将军章邯、长史司马欣、都尉董翳追楚兵至河：章邯打败周文军后，秦二世又派长史司马欣、都尉董翳佐章邯进攻义军，杀陈胜城父（今安徽亳州东南），破项梁定陶（今山东菏泽定陶北）。长史，秦官名。众史之长。丞相、大将的属官。司马欣，初为秦栎阳狱掾，曾帮助项梁（项羽叔父）摆脱了官司。投降项羽后任上将军，灭秦后封塞王。后降刘邦。都尉，武官名。为高级将领之下的中级武官。董翳，以都尉从少府章邯镇压起义军。项羽救赵，在钜鹿（今河北邢台平乡西南）大破秦军，他劝章邯投降。被项羽封为翟王。刘邦定三秦，降汉。

㉟诛丞相斯、去疾，将军冯劫：据《秦始皇本纪》，由于李斯、冯去疾、

冯劫劝谏秦二世，二世怒而将三人下狱诛杀。而据《李斯列传》，李斯先是阿意求容，后与赵高相互倾轧，被赵高诬以谋反而死。丞相斯，李斯。这时为左丞相。详见《李斯列传》。去疾，冯去疾，时任右丞相。冯去疾、冯劫以为将相不辱，自杀而死。

㊱刺杀高，夷三族：子婴即位后，与身边的几个人骗赵高进宫，将其杀死，灭其三族。

㊲寻诛羽，天下属汉：此述秦灭以后，经楚汉战争，刘邦打败项羽，建立汉朝。寻，不久。

【集评】

牛运震曰："战国七雄，独秦最强，六国皆为秦所并。又六国时事多见于《秦纪》，故《年表》总论以《秦纪》发端，以《秦纪》收结，中间以秦取天下为主，而以六国事夹说带叙，归于权变诈谋，以为俗变议卑，亦有可采，殆有痛于中而为是不得已之论，然而世变可睹矣。'然战国之权变亦有可颇采者'云云，至'此与以耳食无异，悲夫'，按此望溪方氏以为诡辞，以志痛然，亦至论也。试问自汉以迄今日，郡县田制官名法律，何一不本秦氏，所谓'法后王'者，不已信欤！而其笔致疏宕纡回，中间转顿开阖，迥不犹人，此亦太史公至文也。"(《史记评注》)

李景星曰："表列七国，而标名曰'六国'者，亦殊秦也。六国皆为秦灭，自不能以秦与六国等，故殊之。然所谓六国，亦不过举其大者而言。当时与六国有关系者，尚有许多小国亦不容略，故用附载法以联络之。宋附齐，以齐灭宋也；郑附韩，以韩灭郑也；中山附赵，以赵灭中山也；鲁、蔡附楚，以楚灭鲁、蔡也；卫不灭于魏而附焉，以地相近也。表既殊秦，故表序以《秦记》发端，以《秦记》收结，而中间以'秦取天下'为主，以六国之事夹说带叙，使二百七十年事朗若列眉。凡秦所以灭六国，即六国所以见灭于秦之故，亦于感慨之中曲曲传出。而一则曰'法后王'，再则曰'俗变相类，议卑易行'，在太史公意中尤有慨叹不已者，谓不独六国

皆灭于秦,即后来世变虽多,其因革损益,恐亦不能出嬴氏之范围也。”(《史记评议》)

郝敬曰:“太史公论‘战国之权变亦有可颇采者,何必上古?秦暴取天下,然世异变,成功大,学者牵于所闻,见秦在帝位日浅,不察其始终,因举而笑之,此与耳食无异。’子长此论,可谓达时变,不随人唯诺者矣。以秦之短祚,称其成功大。汉五年成帝,而谓秦之禁足以益贤者为驱除。亦犹沛公入关,先叙项羽河北之功之意。若子长,可谓推见终始矣。”(《史汉愚按》)

齐树楷曰:“《六国表》非为六国,只以显并于强秦之迹。”(《史记意》)

蒋湘南曰:“秦人以虎狼之威,鞭挞万里,以为一人坐制,可以久安。论者谓其灭先王之法,实则因战国之陋耳。汉因秦制,始则法令疏阔,继则王霸杂用,后世有天下者,但能损益秦汉以为治,若变法用古,未有不乱者,太史公所谓世异变,成功大也。秦人之毒天下,不得不为罪魁,其利后世,不得不为功首。”(《七经楼文钞·再书〈史记六国表〉后》)

【评论】

《六国年表》用表格的形式再现了秦灭六国的过程,非常直观地展现了这一过程的惨烈与血腥。表中“击”“攻”“拔”“取”等字样出现的密度极高,甚至直接出现了斩首的具体数字,如秦惠文王后元八年(前317)“与韩、赵战,斩首八万”,秦惠文王后元十三年(前312)“庶长章击楚,斩首八万”,秦昭襄王十四年(前293)“白起击伊阙,斩首二十四万”,秦昭襄王四十七年(前260)“白起破赵长平,杀卒四十五万”。这些触目惊心的数字后,是秦军“虎狼之师”的凶残面目,其他篇章中反复出现的六国之人对秦国的痛恨与恐惧也就更易理解了。

本表中也直观地反映出战国时合纵连横的时代特色。如秦惠文王后元二年(前323)“秦”格:“相张仪与齐、楚会啮桑。”“韩”格:“君为王。”似乎是不相干的两件事。事实是公孙衍于本年发起魏、韩、赵、燕、中山“五国相王”，以与秦对抗，而秦相张仪与齐、楚大臣在啮桑相会，目的在拉拢齐、楚，防止公孙衍和齐、楚合纵。这是合纵与连横的针锋相对的斗争。其他诸国之间时合时战，更是随处可见，一切以眼前现实利益为标准。对此，前人表示出很大的遗憾。徐克范说：“读《六国表》，见当日诸侯战秦者，不过泄一朝之忿，媚秦者，第以偷旦夕之安，未见有能自强为天吏者。”（《读史记十表补》）汪越说：“秦灭六国，以六国自相灭也。表于攻伐、拔地、纳地、助击、助灭俱详载，合观之，可以见秦并天下之大机焉。”（《读史记十表》）但总体而言，六国可以彼此攻击，但当面对秦国时，大多是几国联合一致对秦。又因为《六国年表》主要依据秦国的《秦纪》写成，以秦为主的意味非常突出，自然就形成了秦与六国两大阵营，所以其中表现出来的两大阵营的较量，有着“本纪”“世家”“列传”所无法体现的宏观性、全局性，更可见秦统一六国的历史必然性。

反观《六国年表》的序言，司马迁也在反思秦统一的原因。他先说秦国的成功有地利形势之便，有西北易收功实之规律，是“天所助”，但接着又说这些并不是根本原因，根本原因是“世异变”，是秦根据形势变化而变革旧制，采用适当的政策，所以“成功大”。这个“成功大”，除了统一六国之外，还表现为它所设立的一系列制度，为汉代所取法，“汉因秦制，始则法令疏阔，继则王霸杂用，后世有天下者，但能损益秦汉以为治，若变法用古，未有不乱者，太史公所谓‘世异变，成功大’也。”（蒋湘南《七经楼文钞》）牛运震说：“试问自汉以迄今日，郡县、田制、官名、法律，何一不本秦氏？所谓‘法后王’者，不已信欤！”（《史记评注》）司马迁参酌了《荀子》《韩非子》的论述，对秦做了实事求是的评价，驳斥了汉代儒生不顾事实否定秦王朝的谰言，说他们“与以耳食无异”，明显与当时的官方舆论唱反调，勇气难能可贵。这是因为在司马迁看来，史家更应关注的是“通古今之变”，寻绎历史的真实与规律，并从中获取对今人后人的指导与借鉴，秦的统一，是事实上第一次在国家层面实现了中华民族的统一,这是无论如何都应载入史册的辉煌成就。对于司马迁的这种精神,后人也给予了高度评价,如郝敬说他对秦的评价“可谓达时变,不随人唯诺者矣。……可谓推见终始矣。”(《史汉愚按》)

由于六国史料被秦始皇烧毁,战国时代资料奇缺,致使此表的错误比较多,尤其是魏、齐两国诸侯世系问题最大,赵国、韩国、燕国世系也有一些问题,对此我们在注释里详细予以说明,并在表格中用[ ]标注了正确的世系纪年。除此表外,还可以参考齐、魏、赵、韩、燕几篇世家后所附的世系图。

史记卷十六

秦楚之际月表第四

【释名】

《秦楚之际月表》谱列了从秦二世元年七月陈涉起义至汉高祖五年后九月共九十个月的历史事件，因为事情多、变化快，所以采用了分国逐月记事的形式。由于诸侯国的兴起与败亡非常频繁而迅速，所以在表头所列的诸侯国也经常变化。

本表以项羽分封诸侯为界，分为前后两部分。前一部分，秦二世元年七月至汉元年十二月，（当时以十月为当年第一个月）记义军灭秦的过程，表头固定，列秦、楚、项、赵、齐、汉、燕、魏、韩九栏，因为秦当时还是唯一的合法政权，所以纪年从秦，格内写明某年某月；其余各栏都是在灭秦斗争中先后起义建国称王的“诸侯”，格内数字仅表示他们称王的月数，只在秦二世三年五月的“楚”格出现了“二年一月”，这是楚怀王为王的第二年第一个月，是一种不规范的纪年，表示楚国为当时天下义军之主。这一部分可与《陈涉世家》《项羽本纪》《高祖本纪》《田儋列传》等篇目中灭秦战争相关段落参看。后一部分，汉元年正月至汉五年后九月，记楚汉战争之全过程。表头变化频繁，纪年以汉为主，这是因为刘邦最终取得胜利，建立了汉朝。另外怀王、项羽也兼书“年”“月”，可以理解为突出二人的领导地位；而对于吴芮、黥布、章邯、臧荼、张耳、韩王信也兼书“年”“月”，则似无必要，有自破体例之嫌。

本表题为“秦楚之际”,这里的“秦”指秦王朝,“楚”指陈涉、楚怀王、项羽这三位楚王,他们都曾是可以对天下发号施令的人。司马迁特意这样把他们标举出来,表示本表所写为秦末至汉正式建立前之事,汉王刘邦的时代还未正式到来。

太史公读秦楚之际①,曰:初作难,发于陈涉②;虐戾灭秦,自项氏③;拨乱诛暴④,平定海内⑤,卒践帝祚,成于汉家。五年之间,号令三嬗⑥,自生民以来,未始有受命若斯之亟也⑦。

【注释】

①秦楚之际:指记载秦末陈涉起义至楚汉战争、刘邦最后建立汉朝这一段时期的历史资料。姚苎田曰:“题目‘秦楚之际’,试问二世既亡,汉国未建,此时号令所出非项羽而谁?又当山东蜂起,六国复立,武信初兴,沛公未兆,此时号令所出非陈胜而谁?故不可言‘秦’,不可言‘楚’,谓‘之际’者凡以陈、项两雄也。”

②初作难,发于陈涉:陈涉领导的大泽乡起义爆发于秦二世元年(前209)七月,过程详见《陈涉世家》。

③虐戾灭秦,自项氏:秦朝灭亡在前206年十月。在灭秦的过程中项氏一直是实际的诸侯盟主。尤其是项羽在河北消灭了章邯、王离等率领的秦国主力军队,而这又引发了秦国的宫廷政变,为刘邦入关破秦创造了极大的良机。虐戾,指用暴力手段。又指项羽在破秦过程中好屠戮,以及入关后杀子婴、烧咸阳等。项氏,此指项梁、项羽。叔侄二人在陈涉死后相继为诸侯实际领袖。

④拨乱诛暴:指刘邦率先入关灭秦,接受秦王子婴投降,推翻秦朝统治。拨乱,废除秦朝的暴政。诛暴,削除秦朝与项羽的残暴行为。

⑤平定海内:指刘邦打败各方诸侯,消灭项羽,统一全国。

⑥五年之间,号令三嬗(shàn):按,自陈涉起义至刘邦建汉一共是

八年。《太史公自序》亦云："秦既暴虐，楚人发难，项氏遂乱，汉乃扶义征伐；八年之间，天下三嬗。"此作"五年"，误。三嬗，指号令天下之权由秦二世转至陈涉，再由陈涉转至项羽，三由项羽转至刘邦。嬗，传递，转交。

⑦未始有受命若斯之亟（jí）也：受命，受天之命。古帝王自称受命于天。亟，急促，快速。姚苎田曰："此'受命'实兼说三家，所以《史记》于陈涉称'世家'，于羽称'本纪'。唯其五年之间而有三朝受命，所以为'亟'；俗解专指高祖，文理便碍。"

【译文】

太史公阅读秦楚之际的历史资料，说：首先发动反秦的是陈涉；用暴力灭亡秦朝的是项羽；废除乱政，推翻残暴统治，平定天下，最后登上帝位，建立了汉王朝的是汉高祖。在五年的时间里，发号施令的人就更换了三次，自有人类以来，帝王受命变更的速度从来没有像这么快的。

昔虞、夏之兴，积善累功数十年，德洽百姓[①]，摄行政事，考之于天，然后在位[②]。汤、武之王，乃由契、后稷修仁行义十余世[③]，不期而会孟津八百诸侯，犹以为未可[④]，其后乃放弑[⑤]。秦起襄公[⑥]，章于文、缪[⑦]，献、孝之后[⑧]，稍以蚕食六国，百有余载，至始皇乃能并冠带之伦[⑨]。以德若彼[⑩]，用力如此[⑪]，盖一统若斯之难也。

【注释】

①德洽百姓：舜、禹的德行得到百官群僚的普遍认可。洽，周遍，广博。百姓，百官。

②"摄行政事"几句：指舜、禹都是先被举荐，有大功于天下，再经过多年代行天子之职的历练，最后才被认定获得天命，继位为帝。

摄行，代理执行。

③汤、武之王，乃由契、后稷修仁行义十余世：汤的祖先是契，在舜、禹时代佐禹治水，又掌管教化，功业显于天下。后十三世至成汤。周的祖先是后稷，在舜、禹时代曾佐禹治水，又对农业的发展贡献巨大。后十五世至武王。

④不期而会孟津八百诸侯，犹以为未可：殷纣暴虐无道，武王继承文王灭商事业，曾至孟津举行军事演习，当时八百诸侯不期而会，都说纣可伐，但武王仍觉得时机未到。事见《周本纪》。不期，事先并未约定。孟津，也作"盟津"，古黄河渡口名。在今河南洛阳孟津东北。

⑤放弑：指商汤灭夏、周武王灭商。放，商汤伐夏，会战于鸣条（今河南新乡封丘东）之野。夏败，桀出奔南巢（今安徽合肥巢湖东南）而死，夏朝亦随之灭亡。弑，周武王在牧野之战中打败商军，纣王自杀而死，商朝灭亡。

⑥秦起襄公：秦襄公在周幽王被犬戎所杀、西周灭亡之际，因抗击犬戎，助周王室东迁有功，被封为诸侯，从此秦国日益强盛。襄公，前777—前766年在位，原为西陲大夫。事见《秦本纪》。

⑦章于文、缪：指秦文公、缪公时期，秦在诸侯中有了较大的影响力。章，显著。文，秦文公，前765—前716年在位。缪，秦缪公，也作秦穆公，春秋时期杰出的国君之一，前659—前621年在位。

⑧献：秦献公，战国前期的秦国国君，前384—前362年在位。孝：秦孝公，献公之子，前361—前338年在位，任用商鞅实行变法，秦国自此强大。

⑨并冠带之伦：指统一东方各诸侯国。冠带，戴帽子、束腰带，与披发椎结相对而言，引申为礼仪、教化。秦人一向被东方各国视为文化落后的野蛮之人。

⑩以德若彼：指舜、禹、汤、武凭借德行称帝。

⑪用力如此：指秦发展武备消灭六国称帝。

【译文】

过去虞舜、夏禹在兴起的时候，都是积累了几十年的善行功德，德行深得百官群僚信服，又代替天子处理政事，接受了上天的考验，这样做了以后才登上帝位。商汤和周武王能获得天下，是由于从契和后稷以来十几代的修仁行义，这样当武王伐纣时没有预先约定而同时到孟津会师的就有八百多个诸侯，但武王还认为不可以伐殷，过了好久以后商汤才把夏桀放逐，武王才把殷纣诛杀。秦的兴起是从襄公开始的，到了文公、缪公时期才在诸侯中间显露声威，献公、孝公以后，逐渐蚕食东方各国，再经过一百多年，到了秦始皇时期才统一天下。像舜、禹、汤、武那样实施德治，像秦国那样使用武力，可见统一天下是多么不容易啊！

秦既称帝，患兵革不休，以有诸侯也，于是无尺土之封①，堕坏名城②，销锋镝③，锄豪桀④，维万世之安。然王迹之兴⑤，起于闾巷，合从讨伐⑥，轶于三代⑦，乡秦之禁⑧，适足以资贤者为驱除难耳⑨。故愤发其所为天下雄⑩，安在无土不王⑪？此乃传之所谓大圣乎⑫？岂非天哉，岂非天哉！非大圣孰能当此受命而帝者乎⑬？

【注释】

①无尺土之封：意即不再分封任何诸侯，使尺寸之地皆为朝廷所有。

②堕坏名城：将原东方各国的都邑城郭都毁掉，以防有人据城叛乱。

③销锋镝：将收缴的兵器集中起来销毁，熔铸成钟虡铜人等等。锋镝，刀刃和箭镞。借指兵器。

④锄豪桀：除掉东方诸国有才能、有号召力的人士。锄，铲除。豪桀，指才能出众的人，引申为社会上有地位有势力的人。

⑤王迹之兴:帝王功业的兴起。此指刘邦推翻秦王朝。

⑥合从讨伐:指联合起来共同推翻秦王朝。合从,即“合纵”,联合作战。从,同“纵”。

⑦轶:超越。

⑧乡:通“向”,过去。秦之禁:秦朝所采取的那些防备措施。

⑨为驱除难:意即为刘邦、项羽等扫除障碍。

⑩愤发其所为天下雄:让刘邦得以振奋激发出他的雄才大志。

⑪安在无土不王:按,这里司马迁对“无土不王”的传统主流认识提出了反对意见。像刘邦这种由平民而靠武力推翻旧王朝建立新王朝登上帝位的,此前从未有过。这正是赵翼在《廿二史札记》中所说的“秦汉间为天地一大变局”。

⑫传:著作。赵翼《廿二史札记·各史例目异同》:“古书凡记事、立论及解经者皆谓之传。”大圣:汉代初期有许多著作把刘邦称作“真人”“圣人”。

⑬岂非天哉,非大圣孰能当此受命而帝者乎:这里前后几句话究竟是褒是讽,历来理解不一。如刘咸炘曰:“其两言‘圣’,皆止作疑词。本非‘圣’而不得不言‘圣’,以杜效尤,史公于此尽吞吐抑扬之妙。”这是认为司马迁是暗有贬意。而李景星曰:“表序慨叹世变,推尊本朝,纯以唱叹传神,而归原天命,尤为得体。”张大可曰:“表序的基调是惊奇感叹秦楚之际历史事势变化之强烈,肯定刘邦的统一之功,应该说这是不凡的见识。”则认为司马迁仍以褒奖为主。

【译文】

秦始皇称帝以后,忧虑天下之所以会战乱不休,是因为有诸侯割据,因此没有分封给宗室、大臣一尺土地,还毁掉了东方诸侯有名的城池,熔毁了兵器,除掉了豪强,想以此维持长治久安。但是帝王功业却从民间兴起了,造反的英雄豪杰联合起来讨伐暴秦,成功的速度超越了夏、商、周三代，而秦朝推行的禁令，反倒正好帮助贤能之人，为他们灭秦清除了困难障碍。所以汉高祖奋发图强成为天下的主宰，怎能说没有封地就不能称王呢？这大概就是古书所说的那种伟大的人物吧？这难道不是天意吗，这难道不是天意吗！如果不是伟大的人物又怎能在这种乱世中这么快就受命成为帝王呢？

前209

秦[①]	二世元年[①] 二世名胡亥,始皇帝的第十八子,该年是其元年。
楚[②]	
项[③]	
赵[④]	
齐[⑤]	
汉[⑥]	
燕[⑦]	
魏	
韩	

七月　二世元年七月。	**八月**　二世元年八月。
楚隐王陈涉起兵入秦[1]。楚隐王陈涉起兵攻入秦地。	**二**[1]　葛婴为涉徇九江[2]，立襄彊为楚王[3]。楚隐王陈涉第二个月。葛婴为陈涉招抚占领了九江，封襄彊为楚王。
	武臣始至邯郸[4]，自立为赵王，始。武臣初到邯郸，自立为赵王。他的纪月始于此。

秦	**九月** 楚兵至戏[1]。二世元年九月。楚军攻到戏。
楚	**三** 周文兵至戏,败[2]。而葛婴闻涉王,即杀彊。楚隐王陈涉第三个月。周文的军队攻到戏,被打败。葛婴听说陈涉称王,就杀死了襄彊。
项	项梁号武信君[3]。项梁号称武信君。
赵	**二** 赵王武臣第二个月。
齐	齐王田儋始[4]。儋,狄人[5]。诸田宗强。从弟荣,荣弟横。齐王田儋纪月始于此。田儋是狄县人。田氏宗族势力强大。他的堂弟叫田荣,田荣的弟弟叫田横。
汉	沛公初起[6]。沛公刘邦开始起义。
燕	韩广为赵略地至蓟[7],自立为燕王始[8]。韩广为赵王武臣攻城略地,到了蓟县,自立为燕王,他的纪月始于此。
魏	魏王咎始。咎在陈,不得归国[9]。魏王咎纪月始于此。魏咎追随陈涉,魏人拥立魏咎为魏王,陈涉阻挠不让其赴魏即位。
韩	

前208

二年十月[①] 二世二年十月。
四 诛葛婴[②]。楚隐王陈涉第四个月。诛杀葛婴。
二 武信君项梁第二个月。
三 赵王武臣第三个月。
二 儋之起,杀狄令自王[③]。齐王田儋第二个月。田儋起事时,杀死狄县县令,自立为王。
二 击胡陵、方与[④],破秦监军[⑤]。沛公刘邦第二个月。刘邦军队进攻胡陵、方与,打败秦朝泗水郡监的军队。
二 燕王韩广第二个月。
二 魏王咎第二个月。

秦	**十一月** 二世二年十一月。
楚	**五** 周文死[1]。楚隐王陈涉第五个月。周文死去。
项	**三** 武信君项梁第三个月。
赵	**四** 李良杀武臣[2],张耳、陈馀走[3]。赵王武臣第四个月。李良杀死武臣,张耳、陈馀逃走。
齐	**三** 齐王田儋第三个月。
汉	**三** 杀泗水守,拔薛西[4]。周市东略地丰、沛间[5]。沛公刘邦第三个月。杀死泗水郡郡守,攻下薛县西部地区。周市向东夺取土地,打到了丰县、沛县一带。
燕	**三** 燕王韩广第三个月。
魏	**三** 齐、赵共立周市,市不肯,曰"必立魏咎"云[6]。魏王咎第三个月。齐人、赵人共立周市为魏王,周市不同意,说了"必须立魏咎"之类的话。
韩	

十二月　二世二年十二月。
六　陈涉死[①]。楚隐王陈涉第六个月。陈涉死去。
四　武信君项梁第四个月。
四　齐王田儋第四个月。
四　雍齿叛沛公[②]，以丰降魏。沛公还攻丰，不能下。沛公刘邦第四个月。雍齿叛变刘邦，率丰邑投降魏王周市。刘邦回来进攻丰邑，没有攻下。
四　燕王韩广第四个月。
四　咎自陈归，立[③]。魏王咎第四个月。魏咎从陈涉那里归魏，立为魏王。

【注释】

①秦：此表在秦亡之前将其列为第一，根据前表之例，表明司马迁承认秦是当时国家正统。

②楚：在秦亡之前，楚王先为陈涉，后为项梁所立的楚怀王。

③项：项氏集团。

④赵：陈涉部将武臣自立为赵王，后为六国时赵国后裔赵歇。

⑤齐：其王与魏、韩之王皆六国时三国后裔。

⑥汉：此指刘邦。

⑦燕：其王为武臣的部将韩广。

二世元年（前209）

①二世：秦二世胡亥，秦始皇的第十八子。

七月

①楚隐王陈涉起兵入秦：陈涉在大泽乡发动起义，攻下陈郡，自立为王，号张楚。隐，是陈涉谥号。《史记正义·谥法解》："不显尸国曰隐。"原注："以间主国。"意即在一段时期内主持国政。按，此月陈涉起兵，尚未攻入秦地。

八月

①二：陈涉起事为王的第二个月。按，这个位置上的数字表示此人参加反秦的月数。

②葛婴为涉徇九江：据《陈涉世家》，陈涉攻下蕲后即派葛婴"将兵徇蕲以东。攻铚、酂、苦、柘、谯皆下之"，在陈郡、砀郡；最后到了东城，东城属于九江郡；攻下陈后"令汝阴人邓宗徇九江郡"。葛婴，陈涉部将。徇，攻掠，招抚。九江，九江郡，治寿春（今安徽淮南寿县）。

③立襄彊为楚王：襄彊生平经历不详，疑为六国时楚王后裔。

④武臣：陈涉部将。陈涉命其攻掠赵地。邯郸：六国时赵国国都，即今河北邯郸。

九月

①楚兵至戏：陈涉的部队攻到了戏。戏，古亭名。在今陕西西安临潼东北戏水西岸。

②周文兵至戏，败：此即攻到戏的楚军。周文，陈涉部将，又名周章。《秦始皇本纪》《高祖本纪》都记周文至戏败还在二世二年，梁玉绳据此认为此事在二世二年十月，即下个月。

③项梁号武信君：项梁于此月在会稽起兵，二世二年六月立楚怀王，始自号武信君。

④齐王田儋：田儋是六国时齐王族人。他在此月杀狄县令起兵，驱逐陈涉部将周市，自称齐王。

⑤狄：秦县名。治今山东淄博高青东南。

⑥沛公初起：刘邦于此月起兵攻下沛县，被拥立为沛公。沛公，沛县县令。楚国县尹或称县公，略称公。胡三省曰："春秋之时，楚僭王号，其大夫多封县公，如申公、叶公、鲁阳公之类是也。今立季为沛公，用楚制也。"

⑦韩广为赵略地至蓟：韩广是赵王武臣的部将，奉命向北攻掠燕地。蓟，秦县名。治今北京城区西南部（一说在北京房山东南琉璃河镇）。本为燕国国都。

⑧自立为燕王：韩广在燕地贵族豪杰劝导下脱离赵王，自立为王。

⑨"魏"格：魏咎是六时魏国贵族，封宁陵君。陈涉起兵后，魏咎前往追随。魏人周市到魏地后，欲立魏咎为魏王，而魏咎当时在陈涉处，陈涉不放他去魏地就位。

二世二年(前208)

十月

①二年十月:秦朝历法,十月为岁首,即每年从十月开始。

②诛葛婴:葛婴在东城立襄彊为王,听说陈涉称王,乃杀襄彊,至陈回报。而陈涉仍杀了他。

③儋之起,杀狄令自王:事在上月,表记于此,误。

④胡陵:秦县名。治今山东济宁鱼台东南。方与:秦县名。治今山东济宁鱼台西。

⑤破秦监军:据《高祖本纪》,刘邦打败的是秦泗水郡监平所率军队。监,指郡监,监御史的简称。秦朝各郡行政长官为郡守、郡尉、郡监,郡监隶属于中央之御史大夫,职掌一郡之监察,实际是代表皇帝监察地方官吏。此外还可监军,特殊情况下,可统领军队。

十一月

①周文死:周文在咸阳附近的戏亭被章邯打败后,退出函谷关,又败于曹阳,终在渑池战败自杀。

②李良杀武臣:李良为赵王武臣部将,有功,受秦所诱,又受辱于武臣之姐,于是引军袭邯郸,杀武臣。

③张耳、陈馀走:张耳为赵王武臣的右丞相,陈馀为大将军。李良杀武臣,张耳、陈馀闻讯逃脱。

④杀泗水守,拔薛西:刘邦败杀泗水郡监后,又在薛县败泗水郡守壮,终在戚县俘获郡守壮,将他杀死。薛,秦县名。治今山东枣庄滕州南。薛西,指戚县。治今山东济宁微山县,在薛县西。

⑤周市东略地丰、沛间:陈涉派周市开拓地盘,到了丰县、沛县一带。周市,魏人,陈涉部将。丰,秦邑名。属沛县,在今江苏徐州丰县。刘邦是沛县丰邑人,汉朝建立后,将丰升为县。

⑥"魏"格:周市被齐人打败,到达六国时魏国地域,即欲立魏咎为

魏王；周市平定魏地，魏人欲立周市为魏王，周市坚持请立魏咎为王，数次派使者往陈涉处请命。此表云“齐、赵共立周市”，与《陈涉世家》不符。

十二月

①陈涉死：章邯在渑池破杀周文后，又向东击败伍徐，继续东进，败陈涉于其都城陈郡城西，陈涉向东南转战汝阴、下城父，被其车夫庄贾所杀。

②雍齿叛沛公：雍齿为刘邦部将，本为沛县富豪。刘邦攻薛，命他守丰，他受周市挑唆，背叛刘邦，据丰地而投靠魏。

③咎自陈归，立：周市多次派使者向陈涉请立魏咎为魏王，陈涉不得已同意，遣其就国。

秦	端月[①] 二世二年正月。
楚	楚王景驹始，秦嘉立之[②]。楚王景驹的纪月始于此，秦嘉立景驹为楚王。
项	**五** 涉将召平矫拜项梁为楚柱国，急西击秦[③]。武信君项梁第五个月。陈涉的将领召平假传王命，任命项梁为楚柱国，紧急向西前进攻打秦军。
赵	赵王歇始，张耳、陈馀立之[④]。赵王赵歇纪月始于此。张耳、陈馀立他为赵王。
齐	**五** 让景驹以擅自王，不请我[⑤]。齐王田儋第五个月。田儋责备秦嘉擅自立景驹为王，不向齐国请示。
汉	**五** 沛公闻景驹王在留，往从[⑥]，与击秦军砀西[⑦]。沛公刘邦第五个月。刘邦听说景驹在留县称王，前往跟随，与景驹在砀县西部攻打秦军。
燕	**五** 燕王韩广第五个月。
魏	**五** 章邯已破涉，围咎临济[⑧]。魏王咎第五个月。章邯已打败陈涉，在临济包围了魏咎。
韩	

二月 二世二年二月。
二 嘉为上将军。楚王景驹第二个月。景驹任秦嘉为上将军。
六 梁渡江，陈婴、黥布皆属[①]。武信君项梁第六个月。项梁渡过长江，陈婴、黥布都听命于他。
二 赵王赵歇第二个月。
六 景驹使公孙庆让齐，齐诛庆[②]。齐王田儋第六个月。景驹派公孙庆责问齐人，齐人怒杀公孙庆。
六 攻下砀，收得兵六千，与故凡九千人。沛公刘邦第六个月。刘邦攻下砀县，新征得六千兵卒，加上原有的一共有九千人。
六 燕王韩广第六个月。
六 魏王咎第六个月。

秦	**三月** 二世二年三月。
楚	**三** 楚王景驹第三个月。
项	**七** 武信君项梁第七个月。
赵	**三** 赵王赵歇第三个月。
齐	**七** 齐王田儋第七个月。
汉	**七** 攻拔下邑，遂击丰，丰不拔。闻项梁兵众，往请击丰[①]。 沛公刘邦第七个月。刘邦进攻拿下下邑后，就去攻打丰邑，没有攻下丰邑。听说项梁军队人数众多，就到他那里请他派兵攻打丰邑。
燕	**七** 燕王韩广第七个月。
魏	**七** 魏王咎第七个月。
韩	

四月　二世二年四月。
四　楚王景驹第四个月。
八　梁击杀景驹、秦嘉，遂入薛，兵十余万众[①]。武信君项梁第八个月。项梁出兵攻打、杀死了景驹、秦嘉，就进入薛邑，他领导的军队有十余万之多。
四　赵王赵歇第四个月。
八　齐王田儋第八个月。
八　沛公如薛见项梁，梁益沛公卒五千，击丰，拔之。雍齿奔魏[②]。沛公刘邦第八个月。刘邦往薛邑拜见项梁，项梁给刘邦增添了五千人，他率军进攻丰邑，攻下了它。雍齿逃到魏咎那里。
八　燕王韩广第八个月。
八　临济急，周市如齐、楚请救。魏王咎第八个月。临济形势危急，周市往齐、楚请求救援。

【注释】

端月

①端月:正月。《索隐》:“二世二年正月也。秦讳‘正’,故云端月也。”

②楚王景驹始,秦嘉立之:秦嘉听说陈涉兵败出逃,遂立六国时楚王后裔景驹为楚王。秦嘉,秦末起义军首领。陈涉起兵后,他也在东海郡郯地起兵反秦。陈涉欲收编他的军队,他不受命,自立为大司马。

③涉将召平矫拜项梁为楚柱国,急西击秦:召平听说陈涉败走,秦兵将至,就渡江到江东假托陈涉命令,拜项梁为楚王上柱国,命他渡江西击秦。当时项梁、项羽在江东,并未确知陈涉是否已死,故召平能假传陈涉之命。

④赵王歇始,张耳、陈馀立之:李良杀武臣后,张耳和陈馀在门客的劝说下找来六国时赵王后裔赵歇,立其为赵王,打败李良。

⑤让景驹以擅自王,不请我:秦嘉立景驹为王,派公孙庆出使齐国,约齐共击秦。齐王田儋责备秦嘉擅自立王而不向齐请示。

⑥沛公闻景驹王在留,往从:雍齿以丰投魏,刘邦攻之不胜,在沛县无所依,故往投景驹。留,古邑名。在今江苏徐州沛县东南。

⑦砀:秦县名。治今河南商丘夏邑东南。在留邑东南。

⑧临济:古邑名。在今河南新乡长垣西南。章邯败杀陈涉后转向东北,攻击魏国。

二月

①梁渡江,陈婴、黥布皆属:项梁率八千人渡江西进,陈婴以兵属之。渡过淮河,黥布等亦率军归属,有众六七万人。陈婴,秦末任东阳县狱史。二世元年(前209),东阳百姓响应陈胜,杀县令起义,被强推为首领。他不敢自立为王,乃以军归属项梁,任将军。

②景驹使公孙庆让齐，齐诛庆：公孙庆到齐国后，齐人责备景驹之立未请示齐国，公孙庆回答说："齐不请楚而立王，楚何故请齐而立王！且楚首事，当令于天下。"于是田儋怒而杀之。按，此与上月齐责秦嘉立景驹为楚王是同时发生的事，不应分记在两个月。又，底本"诛庆"上无"齐"字，梁玉绳曰："'诛庆'上当脱一'齐'字。"今据补。

三月

①"汉"格：刘邦始终想收回丰邑。从景驹攻下砀与下邑，兵力增强，复回军攻丰，仍不克，于是投奔项梁，请兵攻丰。下邑，秦县名。治今安徽宿州砀山县东。

四月

①"项"格：项梁不愿奉景驹为楚王，更不愿居秦嘉下，遂以陈涉生死未知，秦嘉擅立景驹为王大逆无道为由，先在彭城（今江苏徐州）击败秦嘉，又追至胡陵（今山东济宁鱼台东南），杀死秦嘉，景驹逃至梁地，亦被杀。项梁又派部将向西与章邯战于栗（今河南商丘夏邑），战败逃回胡陵，项梁遂东至薛县。薛，秦县名。东临胡陵。

②"汉"格：项梁助刘邦攻克丰邑，雍齿投奔魏国。雍齿的背叛使刘邦愤恨不已，以致后来他的部下都知道他最恨雍齿。

秦	**五月**　二世二年五月。
楚	
项	**九**　武信君项梁第九个月。
赵	**五**　赵王赵歇第五个月。
齐	**九**　齐王田儋第九个月。
汉	**九**　沛公刘邦第九个月。
燕	**九**　燕王韩广第九个月。
魏	**九**　魏王咎第九个月。
韩	

六月 二世二年六月。
楚怀王始[1],都盱台[2],故怀王孙,梁立之[3]。楚怀王的纪月始于此,他以盱台为都,是原先楚怀王的孙子,项梁立他为楚王。
十 梁求楚怀王孙,得之民间,立为楚王[4]。武信君项梁第十个月。项梁寻找楚怀王的孙子,在民间找到了他,立他为楚王。
六 赵王赵歇第六个月。
十 儋救临济,章邯杀田儋[5]。荣走东阿[6]。齐王田儋第十个月。田儋救援临济,章邯杀死田儋。田荣逃到东阿。
十 沛公如薛,共立楚怀王。沛公刘邦第十个月。刘邦到薛邑,与项梁共立楚怀王。
十 燕王韩广第十个月。
十 咎自杀[7],临济降秦。魏王咎第十个月。魏咎自杀,临济投降秦人。
韩王成始[8]。韩王成的纪月始于此。

秦	**七月**　二世二年七月。
楚	**二**　陈婴为柱国[①]。楚怀王第二个月。陈婴担任柱国。
项	**十一**　天大雨，三月不见星。武信君项梁第十一个月。天下大雨，一连三个月不见星星。
赵	**七**　赵王赵歇第七个月。
齐	齐立田假为王[②]，秦急围荣东阿。齐人立田假为齐王，秦人紧急出兵把田荣包围在东阿。
汉	**十一**　沛公与项羽北救东阿[③]，破秦军濮阳，东屠城阳[④]。沛公刘邦第十一个月。沛公与项羽率兵向北救援东阿，在濮阳打败秦军，向东屠灭了城阳。
燕	**十一**　燕王韩广第十一个月。
魏	咎弟豹走东阿[⑤]。魏咎的弟弟魏豹逃到东阿。
韩	**二**　韩王成第二个月。

八月　二世二年八月。
三　楚怀王第三个月。
十二　救东阿，破秦军[①]，乘胜至定陶，项梁有骄色[②]。武信君项梁第十二个月。援救东阿的田荣，击败秦军，乘胜追击秦军至定陶，项梁流露出骄傲的神情。
八　赵王赵歇第八个月。
楚救荣，得解归，逐田假，立儋子市为齐王[③]，始。楚军援救田荣，田荣围困得解，返回齐地，驱逐田假，立田儋的儿子田市为齐王，田市的纪月由此开始。
十二　沛公与项羽西略地，斩三川守李由于雍丘[④]。沛公刘邦第十二个月。刘邦与项羽领军向西夺取土地，在雍丘斩杀三川郡的郡守李由。
十二　燕王韩广第十二个月。
三　韩王成第三个月。

秦	**九月**　二世二年九月。
楚	**四**　徙都彭城[①]。楚怀王第四个月。楚怀王从盱眙移都彭城。
项	**十三**　章邯破杀项梁于定陶[②],项羽恐,还军彭城[③]。武信君项梁第十三个月。章邯在定陶打败、杀死项梁,项羽害怕,回师彭城。
赵	**九**　赵王赵歇第九个月。
齐	**二**　田假走楚,楚趋齐救赵。田荣以假故,不肯,谓"楚杀假乃出兵"[④]。项羽怒田荣。齐王田市第二个月。田假逃到项羽那里,项羽催促田荣出兵救赵。田荣因为项羽收留田假,没有答应,要挟说"楚军杀了田假才会出兵"。项羽由此恼恨田荣。
汉	**十三**　沛公闻项梁死,还军,从怀王,军于砀[⑤]。沛公刘邦第十三个月。刘邦听说项梁已死,回师跟从楚怀王,驻扎在砀郡。
燕	**十三**　燕王韩广第十三个月。
魏	魏豹自立为魏王,都平阳[⑥],始。魏豹自立为魏王,以平阳为都城,他的纪月始于此。
韩	**四**　韩王成第四个月。

后**九**月[1] 二世二年后九月。
五 拜宋义为上将军[2]。楚怀王第五个月。楚怀王任命宋义为上将军。
怀王封项羽于鲁,为次将,属宋义,北救赵[3]。楚怀王封项羽为鲁公,让他担任次将,隶属于宋义,随宋义北上救赵。
十 秦军围歇钜鹿,陈馀出收兵[4]。赵王赵歇第十个月。赵王歇被秦军包围,在钜鹿城内,陈馀北上收常山兵。
三 齐王田市第三个月。
十四 怀王封沛公为武安侯,将砀郡兵西,约先至咸阳王之[5]。沛公刘邦第十四个月。楚怀王任命刘邦为武安侯,命他率领砀郡的军队西进,并约定先入关到咸阳破秦者为关中王。
十四 燕王韩广第十四个月。
二 魏王魏豹第二个月。
五 韩王成第五个月。

前207

秦	**三年十月**[①] 二世三年十月。
楚	**六** 楚怀王第六个月。
项	**二** 鲁公项羽第二个月。
赵	**十一** 章邯破邯郸,徙其民于河内[②]。赵王赵歇第十一个月。章邯攻克邯郸,把邯郸的民众迁到河内。
齐	**四** 齐将田都叛荣,往助项羽救赵[③]。齐王田市第四个月。齐将田都背叛田荣,前去帮助项羽援救赵军。
汉	**十五** 攻破东郡尉及王离军于成武南[④]。沛公刘邦第十五个月。刘邦在成武南面攻克了东郡尉与王离的军队。
燕	**十五** 使将臧荼救赵。燕王韩广第十五个月。韩广派将领臧荼救援赵军。
魏	**三** 魏王魏豹第三个月。
韩	**六** 韩王成第六个月。

十一月 二世三年十一月。
七 拜籍上将军[①]。楚怀王第七个月。楚怀王任命项羽为上将军。
三 羽矫杀宋义[②],将其兵渡河救钜鹿。鲁公项羽第三个月。项羽假传王命杀死宋义,率领楚军渡过黄河援救被围困在钜鹿的赵王歇。
十二 赵王赵歇第十二个月。
五 齐王田市第五个月。
十六 沛公刘邦第十六个月。
十六 燕王韩广第十六个月。
四 魏王魏豹第四个月。
七 韩王成第七个月。

【注释】

六月

①楚怀王：名心，是六国时楚怀王之孙，当时流落民间为人牧羊。

②盱台（xū yí）：秦县名。一作盱眙。故治今江苏盱眙东北盱眙山侧。

③梁立之：项梁立他为楚王。梁，指项梁。

④“项”格：范增建议立楚王后裔而辅佐之，可以收揽人心，项梁听从，遂立楚怀王心。求，寻访，寻找。

⑤儋救临济，章邯杀田儋：据《魏豹彭越列传》，齐王田儋曾派将军田巴救魏，被章邯破杀，则田儋是在这之后亲自救魏，兵败被杀。田儋为齐王共十个月。

⑥荣走东阿：田荣收揽齐国败兵向东退到东阿。东阿，秦县名。治今山东聊城阳谷东北阿城镇。

⑦咎自杀：魏咎为保百姓不受屠戮，先与章邯约降，之后自焚而死。魏咎为魏王共十个月。

⑧韩王成始：韩成原为韩国公子，号横阳君。由张良求得，荐于项梁，乃立为韩王。

七月

①陈婴为柱国：陈婴初归项梁，此时楚怀王封其为柱国，封五县，与怀王在盱眙，有拉拢之意。陈婴遂脱离项氏。柱国，又称上柱国，战国楚国官职名。原为保卫国都之官，后演变为最高武官，其地位仅次于令尹。

②田假：战国时末代齐王田建之弟。

③沛公与项羽北救东阿：按，这是刘邦和项羽少有的共同作战。

④破秦军濮阳，东屠城阳：据《项羽本纪》，项梁率军在东阿打败秦军之后，派项羽和刘邦攻屠城阳，又西进在濮阳打败秦军。濮阳，秦县名。治今河南濮阳西南。城阳，秦县名。治今山东菏泽东北。

⑤咎弟豹走东阿:《魏豹彭越列传》作“魏豹亡走楚”,应是往东阿投奔项梁。按,事在上月。

八月

①救东阿,破秦军:田荣退至东阿,章邯追至,围东阿。项梁率军来救,在东阿大破秦军。按,此事当在上月。

②乘胜至定陶,项梁有骄色:在项梁到定陶之前,刘邦和项羽曾攻打定陶,未能攻下,转而攻雍丘,大破秦军,斩李由。故项梁一方面自己两次打败秦军,又听说刘、项之胜,遂有轻视秦军之意。定陶,秦县名。治今山东菏泽定陶西北。

③逐田假,立儋子市为齐王:田荣脱东阿之围,回兵驱逐了田假,立田儋之子田市为齐王,自己为相,其弟田横为将军。

④三川守李由:李由是秦相李斯之子,时任三川郡守。雍丘:秦县名。治今河南开封杞县。

九月

①徙都彭城:楚怀王听到项梁定陶战败被杀,遂将都城由盱眙向西北迁移至彭城(今江苏徐州),并收编了项羽与吕臣的军队自己统领。按,彭城在定陶与盱眙中间,楚怀王向战场方向迁都,可以更方便地接收项氏军队,总揽兵权。可见怀王不想做项氏傀儡,而是想真正领导楚军与秦争天下。

②章邯破杀项梁于定陶:由于项梁轻敌,章邯在定陶将其击败,项梁战死。

③项羽恐,还军彭城:项羽并未参加定陶之战,当时正与刘邦攻打陈留(今河南开封东南陈留镇)。但项梁兵败之事也引起了所部军队恐慌,于是向东撤退至彭城,驻扎在彭城西。

④“齐”格:田假被齐相田荣驱逐后,逃到项梁处。项梁想与田荣合

力攻秦，多次派人催促田荣发兵。田荣要求项梁杀死田假才出兵，项梁不同意，田荣最终也未出兵，项梁遂败死定陶。项羽因此痛恨田荣。按，表言“楚趋齐救赵”，此言不确。项梁是欲联合田荣击秦。秦是在定陶破杀项梁后才北上攻赵，诸侯才有救赵一说。

⑤“汉”格：刘邦与项羽一同从陈留东撤，刘邦驻扎在砀，怀王收编项羽与吕臣军队，而封刘邦为武安侯，为砀郡长，将砀郡兵。砀，秦县名。治今河南商丘夏邑东南，徐州以西。按，怀王对项羽、吕臣、刘邦三人态度差别很大。他不仅没收编刘邦军队，反而让他将砀郡兵，有扶植他为自己所用的意思。吕臣虽被收缴了军权，但任其为司徒，任其父为令尹，也进入了决策中心。只有项羽没有了军队，也被排斥。

⑥平阳：秦县名。治今山西临汾西南。

后九月

①后九月：即闰九月。当时的历法，闰月都放在一年的最后，称后九月。

②拜宋义为上将军：宋义曾在定陶之战前预言项梁此战必败，楚怀王因召他计事，很赏识他，遂拜为上将军。上将军，为当时将军之最高者。常为某一部军之最高统帅。

③北救赵：章邯打败项梁后，北上击赵，将赵王歇君臣围困在钜鹿城（今河北邢台平乡），怀王派兵救赵。

④陈馀出收兵：陈馀未被包围，北上收常山兵，驻扎在钜鹿城北。但因兵力太少，无法解围。底本“收”作“救”，梁玉绳曰：“‘救’乃‘收’字之误。”今据改。

⑤将砀郡兵西，约先至咸阳王之：宋义、项羽等北上救赵时，楚怀王同时派兵西进攻秦。因刘邦给人以“宽大长者”的印象，而项羽残暴，不可以安抚秦中百姓，遂派刘邦西攻秦，并与诸将约定先至

咸阳者为王。

二世三年（前207）

十月

①“秦”格：据《秦始皇本纪》，二世三年“冬，赵高为丞相，竟案李斯杀之”。

②章邯破邯郸，徙其民于河内：河内，秦郡名。治怀县（今河南焦作武陟西南）。据《张耳陈馀列传》，章邯破邯郸，迁徙其民，夷平城郭，赵王歇与张耳逃入钜鹿，秦军围钜鹿。此表将“围钜鹿”记在“破邯郸”之前，似误。

③齐将田都叛荣，往助项羽救赵：田荣与项梁、项羽反目，而其部将田都却跟随项羽共同北上救赵。

④攻破东郡尉及王离军于成武南：东郡尉，东郡的最高军事长官。东郡，秦郡名。治濮阳（今河南濮阳西南）。成武，秦县名。治今山东成武。按，据《项羽本纪》，王离此时正围赵王歇于钜鹿（今河北平乡），《高祖本纪》亦并未记此战。郭嵩焘曰：“王离方围赵，亦无由与沛公战成武南，此必有误。”

十一月

①拜籍上将军：项羽杀宋义，楚怀王不得已拜项羽为上将军。

②羽矫杀宋义：宋义奉命北上救赵，至安阳却停留不进，欲使秦、赵相争，楚渔其利，致使军困兵乏，还派其子使齐。项羽被夺去兵权，屈居宋义之下，又不同意宋义的意见，遂杀死了宋义。矫杀，假托怀王之命处死。

秦	**十二**月　二世三年十二月。
楚	**八**　楚怀王第八个月。
项	**四**　大破秦军钜鹿下,诸侯将皆属项羽[①]。鲁公项羽第四个月。项羽在钜鹿大败秦军,各路诸侯将领都隶属于他。
赵	**十三**　楚救至,秦围解。赵王赵歇第十三个月。楚军援兵来到钜鹿,解了秦军之围。
齐	**六**　故齐王建孙田安下济北[②],从项羽救赵。齐王田市第六个月。原齐王建的孙子田安攻下济北,跟随项羽援救赵军。
汉	**十七**　至栗[③],得皇䜣、武蒲军[④]。与秦军战,破之[⑤]。沛公刘邦第十七个月。刘邦到栗县,收编了皇䜣、武蒲两人的军队。他们与刘邦共同作战,打败了秦军。
燕	**十七**　燕王韩广第十七个月。
魏	**五**　豹救赵。魏王魏豹第五个月。魏豹亲自率兵救赵。
韩	**八**　韩王成第八个月。

端月　二世四年正月。
九　楚怀王第九个月。
五　虏秦将王离[1]。鲁公项羽第五个月。擒获秦将王离。
十四　张耳怒陈馀，馀弃将印去[2]。赵王赵歇第十四个月。张耳恼怒于陈馀当初不救钜鹿，且怀疑陈馀杀了出城求救者，陈馀丢弃将印离去。
七　齐王田市第七个月。
十八　沛公刘邦第十八个月。
十八　燕王韩广第十八个月。
六　魏王魏豹第六个月。
九　韩王成第九个月。

秦	**二月** 二世四年二月。
楚	**十** 楚怀王第十个月。
项	**六** 攻破章邯，章邯军却[1]。鲁公项羽第六个月。项羽进攻、打败章邯，章邯军退却。
赵	**十五** 赵王赵歇第十五个月。
齐	**八** 齐王田市第八个月。
汉	**十九** 得彭越军昌邑[2]。袭陈留，用郦食其策，军得积粟[3]。沛公刘邦第十九个月。刘邦在昌邑收编了彭越的军队。袭击陈留，听取郦食其的计策，军队获得了秦军的存粮。
燕	**十九** 燕王韩广第十九个月。
魏	**七** 魏王魏豹第七个月。
韩	**十** 韩王成第十个月。

三月　二世四年三月。	
十一　楚怀王第十一个月。	
七　鲁公项羽第七个月。	
十六　赵王赵歇第十六个月。	
九　齐王田市第九个月。	
二十　攻开封[1]，破秦将杨熊，熊走荥阳，秦斩熊以徇[2]。沛公刘邦第二十个月。刘邦攻下开封，打败秦将杨熊，杨熊逃到荥阳，二世派使者杀死杨熊巡行示众。	
二十　燕王韩广第二十个月。	
八　魏王魏豹第八个月。	
十一　韩王成第十一个月。	

秦	**四月** 二世四年四月。
楚	**十二** 楚怀王第十二个月。
项	**八** 楚急攻章邯,章邯恐,使长史欣归秦请兵,赵高让之[①]。鲁公项羽第八个月。楚军急攻章邯,章邯害怕,派长史司马欣回都城请求援兵,赵高责备他。
赵	**十七** 赵王赵歇第十七个月。
齐	**十** 齐王田市第十个月。
汉	**二十一** 攻颍阳[②],略韩地[③],北绝河津[④]。沛公刘邦第二十一个月。刘邦攻打颍阳县,进攻韩地,断绝黄河上的渡口,不使河北的义军南下与之争功。
燕	**二十一** 燕王韩广第二十一个月。
魏	**九** 魏王魏豹第九个月。
韩	**十二** 韩王成第十二个月。

五月 二世四年五月。
二年一月[1] 楚怀王二年第一个月。
九 赵高欲诛欣，欣恐，亡走告章邯，谋叛秦。鲁公项羽的第九个月。赵高想杀司马欣，司马欣害怕，逃回报告章邯，图谋背叛秦朝。
十八 赵王赵歇第十八个月。
十一 齐王田市第十一个月。
二十二 沛公刘邦第二十二个月。
二十二 燕王韩广第二十二个月。
十 魏王魏豹第十个月。
十三 韩王成第十三个月。

【注释】

十二月

①大破秦军钜鹿下,诸侯将皆属项羽:钜鹿之战,楚军一以当十,大破秦军,震慑诸侯,是推翻秦统治的关键一战,也奠定了项羽诸侯盟主的地位。

②齐王建:战国时齐国最后一任国君。济北:秦郡名。治博阳(今山东泰安东南)。

③至栗:刘邦在昌邑与彭越攻秦不利,还军栗县,在此遇到刚武侯,收编了他的军队约四千人。栗,秦县名。在今河南商丘夏邑。

④皇䜣:魏将。武蒲:魏申徒,相当于魏国丞相。

⑤与秦军战,破之:据《高祖本纪》,刘邦与皇䜣、武蒲并攻昌邑,但并未攻下。

端月

①虏秦将王离:王离即围钜鹿者。钜鹿之战取胜已系于上月,故梁玉绳曰:"虏王离当移前一月,误在此月也。"

②张耳怒陈馀,馀弃将印去:张耳因为陈馀不救钜鹿而责备他,且怀疑他杀了出城求救的二位将军,而实际上陈馀曾派人随二将攻击围城秦军,皆战死。故陈馀大怒,解将军印给张耳,离开了赵王歇。按,底本"弃"上无"馀"字,主语不明。依前例"景驹使公孙庆让齐,(齐)诛庆"句之补"齐"字,此句亦补"馀"字。

二月

①攻破章邯,章邯军却:据《项羽本纪》,钜鹿之战,项羽打败王离,章邯驻扎在棘原,与项羽相持未战,"秦军数却"。

②得彭越军昌邑:按,据《高祖本纪》,事在得皇䜣、武蒲军前。昌邑,秦县名。治今山东菏泽巨野南。

③"袭陈留"几句:郦食其向刘邦献计,攻下陈留。陈留,秦县名。治今河南开封东南陈留镇。

三月

①攻开封:刘邦攻下陈留后,让郦商统领陈留军队一同攻开封,但未能攻下。

②"破秦将杨熊"几句:刘邦离开开封,向西挺进,与秦将杨熊先战于白马,又战于曲遇,大败杨熊。杨熊逃入荥阳,秦二世派人杀了杨熊。

四月

①"项"格:据《项羽本纪》,章邯在与项羽对峙未战时即派长史欣归见二世,请求说明情况;赵高连日不见。长史欣,司马欣。原为秦栎阳狱掾,与项梁有交情。后任长史,时为章邯部下。长史,众史之长,为三公辅佐,职任颇重。

②颍阳:秦县名。故治在今河南许昌西南。

③略韩地:此时张良投奔刘邦,下韩十余城。

④北绝河津:据《高祖本纪》,当时赵将司马卬欲渡河入关,刘邦为阻拦其争功,遂北攻平阴,断绝了河津渡。河津,古津渡名。在今河南洛阳孟津东北,黄河重要渡口之一。

五月

①二年一月:楚怀王二年的第一个月。

秦	**六月** 二世四年六月。
楚	**二** 楚怀王二年第二个月。
项	**十** 章邯与楚约降[1]，未定，项羽许而击之[2]。鲁公项羽第十个月。章邯与项羽订约投降，条约尚未订成，项羽答应了，见章邯犹豫不决，便领兵攻打秦军。
赵	**十九** 赵王赵歇第十九个月。
齐	**十二** 齐王田市第十二个月。
汉	**二十三** 攻南阳守齮，破之阳城郭东[3]。沛公刘邦的第二十三个月。刘邦攻打南阳郡郡守齮，在阳城外城东面打败了他。
燕	**二十三** 燕王韩广第二十三个月。
魏	**十一** 魏王魏豹第十一个月。
韩	**十四** 韩王成第十四个月。

七月　二世四年七月。
三　楚怀王二年第三个月。
十一　项羽与章邯期殷虚[1]，章邯等已降，与盟，以邯为雍王。鲁公项羽第十一个月。项羽与章邯约好日期在殷墟会晤，章邯等人投降，完成了订盟礼仪，项羽任命章邯为雍王。
二十　赵王赵歇第二十个月。
十三　齐王田市第十三个月。
二十四　降下南阳，封其守齮。沛公刘邦第二十四个月。刘邦接受南阳郡郡守齮的投降，封他为殷侯。
二十四　燕王韩广第二十四个月。
十二　魏王魏豹第十二个月。
十五　申阳下河南，降楚[2]。韩王成第十五个月。申阳攻下黄河以南地区，投归项羽。

秦	八月　赵高杀二世[①]。二世四年八月。赵高杀死二世。
楚	四　楚怀王二年第四个月。
项	十二　以秦降都尉翳、长史欣为上将[②]，将秦降军。鲁公项羽第十二个月。项羽任命秦朝降将都尉董翳、长史司马欣为上将，指挥秦朝的降军。
赵	二十一　赵王歇留国。陈馀亡居南皮[③]。赵王赵歇第二十一个月。赵王歇留在赵国。陈馀逃亡住在南皮。
齐	十四　齐王田市第十四个月。
汉	二十五　攻武关，破之[④]。沛公刘邦第二十五个月。刘邦攻打武关，攻克了它。
燕	二十五燕王韩广第二十五个月。
魏	十三　魏王魏豹第十三个月。
韩	十六　韩王成第十六个月。

九月　子婴为王[1]。二世四年九月。子婴退帝号称秦王。
五　楚怀王二年第五个月。
十三　鲁公项羽第十三个月。
二十二　赵王赵歇第二十二个月。
十五　齐王田市第十五个月。
二十六　攻下峣关及蓝田[2]。以留侯策，不战皆降[3]。沛公刘邦第二十六个月。刘邦攻下峣关与蓝田县。因听取了张良的计策，不用作战便都降服了秦军。
二十六　燕王韩广第二十六个月。
十四　魏王魏豹第十四个月。
十七　韩王成第十七个月。

【注释】

六月

①章邯与楚约降：长史欣劝章邯投降，陈馀也送信给章邯劝降，章邯仍犹豫不决，私下派人与项羽联系约降。

②未定，项羽许而击之：章邯投降之事并未商定，项羽遂派蒲将军在漳水之南两次打败章邯，又亲率全军在汙水大败章邯。按，此时项羽并未答允章邯投降。

③攻南阳守齮，破之阳城郭东：据《高祖本纪》，刘邦破南阳守齮于犨（今河南平顶山鲁山县东南）东；而《曹相国世家》载曹参“与南阳守齮战阳城郭东”。阳城（今河南南阳方城东）与犨南北相邻，两种说法并无差别。

七月

①项羽与章邯期殷虚：项羽由于军队粮食不足，答应了章邯的约降。殷虚，即殷墟。在今河南安阳西北，以小屯村为中心，包括村北洹河两岸一带。

②申阳下河南，降楚：申阳原为张耳宠臣，瑕丘（今山东济宁兖州东北）人。项羽势壮，他攻下河南（今河南洛阳以西一带），迎接项羽。

八月

①赵高杀二世：赵高怕二世责备他镇压起义军不力，令女婿阎乐领兵到望夷宫逼迫二世自杀。

②都尉翳：董翳。原章邯部下。都尉，高级将领之下的中级武官。

③陈馀亡居南皮：此年正月钜鹿之战后，陈馀即弃将印离开，这里只是交待其行踪而已。南皮，秦县名。治今河北沧州南皮东北。《张耳陈馀列传》云陈馀离开后，“与麾下所善数百人之河上泽中渔猎”，当时黄河在今河北沧州黄骅入海，南皮正在其东侧。

④攻武关，破之：刘邦采用张良的计策，派人利诱武关守将，偷袭攻破武关。武关，古关名。秦始置。在今陕西商南东南丹江北岸。此关为沿汉水进入关中的重要门户。

九月

①子婴为王：赵高杀二世后本欲自立，但不能服众，故立子婴。子婴不再称"帝"，退而称"秦王"。子婴，秦二世兄之子。一说为始皇弟，或说始皇弟之子。

②攻下峣关及蓝田：据《留侯世家》，刘邦采用张良之计，先用重金收买峣关守将，当其叛秦与刘邦议和时攻击他，秦军大败。刘邦率军追至兰田，两战皆胜，彻底打败了秦军。峣关，古关名。故址在今陕西商洛西北，关临峣山，故名。在武关之西，为关中平原通往南阳盆地之要隘。按，底本无"关"字，《史诠》曰："缺'关'字。"今据补。蓝田，秦县名。治今陕西西安蓝田西灞河西岸。因县东南有蓝田山，故名。

③不战皆降：按，据上注，刘邦是连续几战打败秦军，并非"不战皆降"。

前206

秦	**十月**[①] 秦王子婴元年十月。
楚	**六** 楚怀王二年第六个月。
项	**十四** 项羽将诸侯兵四十余万,行略地,西至于河南。鲁公项羽第十四个月。项羽率领四十多万各路诸侯军队,一路夺取土地,向西打到了黄河以南。
赵	**二十三** 张耳从楚西入秦[②]。赵王赵歇第二十三个月。张耳跟随项羽向西进入秦地。
齐	**十六** 齐王田市第十六个月。
汉	**二十七** 汉元年[③],秦王子婴降。沛公入破咸阳,平秦,还军霸上[④],待诸侯约。沛公刘邦第二十七个月。该年是刘邦被封为汉王的第一年,汉高祖纪年也从此年开始。秦王子婴投降。刘邦攻入咸阳,平定秦地,回师霸上,等候各路诸侯来制定大家共同遵守的约定。
燕	**二十七** 燕王韩广第二十七个月。
魏	**十五** 从项羽略地,遂入关[⑤]。魏王魏豹第十五个月。魏豹跟随项羽征战掠夺土地,于是也就跟着进入关中。
韩	**十八** 韩王成第十八个月。

十一月　秦王子婴元年十一月。
七　楚怀王二年第七个月。
十五　羽诈坑杀秦降卒二十万人于新安[①]。鲁公项羽第十五个月。项羽以欺骗手段把秦朝投降的二十万士卒坑杀于新安。
二十四　赵王赵歇第二十四个月。
十七　齐王田市第十七个月。
二十八　沛公出令三章[②]，秦民大悦。沛公刘邦第二十八个月。刘邦出示了约法三章，秦朝民众非常高兴。
二十八　燕王韩广第二十八个月。
十六　魏王魏豹第十六个月。
十九　韩王成第十九个月。

秦	**十二月** 秦王子婴元年十二月。
楚	**八** 分楚为四[1]。楚怀王二年第八个月。项羽将楚地分成四块。
项	**十六** 至关中，诛秦王子婴，屠烧咸阳。分天下，立诸侯。鲁天下，立各路诸侯为王。
赵	**二十五** 分赵为代国[2]。赵王歇第二十五个月。将赵地分成赵、
齐	**十八** 项羽怨荣，分齐为三国[3]。齐王田市第十八个月。项羽
汉	**二十九** 与项羽有郄，见之戏下，讲解[4]。羽倍约，分关中为门拜见项羽，双方讲和。项羽背约，把关中分成雍、塞、翟、汉四国。
燕	**二十九** 臧荼从入[6]，分燕为二国[7]。燕王韩广第二十九个月。
魏	**十七** 分魏为殷国[8]。魏王魏豹第十七个月。项羽将魏地分成
韩	**二十** 分韩为河南国[9]。韩王成第二十个月。将韩地分成韩、

公项羽第十六个月。项羽进入关中，杀死秦王子婴，烧毁咸阳城。分封
代两国。
怨恨田荣，将齐国分为临淄、济北、胶东三国。
四国[5]。沛公刘邦第二十九个月。刘邦与项羽有矛盾，在戏水边上的鸿
臧荼跟从项羽进入关中。项羽把燕地分成燕与辽东两国。
西魏与殷两国。
河南两国。

【注释】

十月

①十月：秦王子婴元年十月。按，梁玉绳曰："此汉元年十月也。时秦已亡矣，为谁之十月乎？此与下'十一月、十二月'皆当衍之。"若以汉为主则可；此表以当时实际公认最高统治者为主，不必拘泥。

②张耳从楚西入秦：钜鹿之战后，张耳离开赵王歇，跟随项羽入秦。

③汉元年：此年正月项羽封刘邦为汉王，故从此年岁首的十月即纪为元年。

④霸上：一作"灞上"。在今陕西西安东白鹿原北首。因地处霸水之滨，故名。为古代咸阳、长安附近军事要地。

⑤从项羽略地，遂入关：魏豹参与钜鹿救赵，战后跟随项羽入关。

十一月

①羽诈坑杀秦降卒二十万人于新安：章邯所率领的秦卒投降后受到虐待心中不满，又担心攻秦不胜家人受秦屠戮，私下议论埋怨，项羽怕秦军入关后有变，在新安将之全部坑杀。

②沛公出令三章：刘邦废除秦朝苛法，与百姓约法三章："杀人者死，伤人及盗抵罪。"

十二月

①分楚为四：梁玉绳引《续古今考》曰："当书'分楚为五'，盖义帝之长沙郴亦楚地也。"即西楚、衡山、临江、九江和义帝的楚国。

②分赵为代国：将原赵国控制地区北部分出为代国，其余地区改称常山国。

③分齐为三国：将齐国控制地区分为胶东、临淄、济北三国。

④"与项羽有郄"几句：此即"鸿门宴"事。郄，通"隙"。嫌隙，矛

盾。戏下,即鸿门,在今陕西西安临潼东北戏水西岸。

⑤羽倍约,分关中为四国:指项羽违背楚怀王当初先入关中者为王的约定,将关中分为雍、塞、翟、汉四国。

⑥臧荼从入:按,"从入"关中之事,赵、魏皆系于此年十月,即燕之二十七月,梁玉绳曰:"此应书于燕二十七月,误在是月也。"

⑦分燕为二国:将燕国控制地区分为燕与辽东两国。

⑧分魏为殷国:将魏国控制地区分为西魏与殷两国。

⑨分韩为河南国:将韩国控制地区分为韩与河南两国。河南国领地大致相当于秦三川郡。

楚	**九** 义帝**元**年 诸侯尊怀王为义帝[①]。楚怀王二年第九个月。楚怀王被诸侯尊称为义帝，该年是其元年。
项	**十七** 项籍自立为西楚霸王[②]。鲁公项羽第十七个月。项籍把自己立为西楚霸王。
	分为衡山。项羽分故楚地建立衡山国。
	分为临江。项羽分故楚地建立临江国。
	分为九江。项羽分故楚地建立九江国。
赵	**二十六** 更名为常山。赵王赵歇第二十六个月。项羽将赵国的南部地区改称常山国。
	分为代。项羽分赵国的北部地区建立代国。
齐	**十九** 更名为临菑。齐王田市第十九个月。项羽将齐国改名为临淄国。
	分为济北。项羽分齐国的西北部地区建立济北国。
	分为胶东。项羽分齐国的东部地区建立胶东国。
汉	**正**月 分关中为汉。正月，项羽分关中秦岭以南地区为汉国。
	分关中为雍。项羽分关中的西部地区为雍国。
	分关中为塞。项羽分关中的东部地区为塞国。
	分关中为翟[③]。项羽分关中的北部地区为翟国。
燕	**三十** 燕 燕王韩广第三十个月。项羽在燕地建立燕国。
	分为辽东。项羽分燕地的辽东地区另建辽东国。
魏	**十八** 更为西魏。魏王豹第十八个月。项羽将魏国改称西魏国。
	分为殷。项羽分魏地之上党与旧殷之都城一带建立殷国。
韩	**二十一** 韩 韩王成第二十一个月。项羽在韩地建立韩国。
	分为河南。项羽分韩地三川郡建立河南国。

二　徙都江南郴[①]。义帝元年二月。项羽将义帝的都城迁到江南郴县。
西楚伯王项籍始[②]，为天下主命[③]，立十八王。由西楚霸王项羽开始担任诸侯盟主，为天下主持分封诸侯，立了十八个诸侯王。
王吴芮始，故番君[④]。衡山王吴芮的纪月始于此，他原是秦朝的番县县令。
王共敖始，故楚柱国[⑤]。临江王共敖的纪月始于此，他原是楚怀王柱国。
王英布始，故楚将。九江王英布的纪月始于此，他原是项羽的部将。
王张耳始，故楚将[⑥]。常山王张耳的纪月始于此，他原是项羽的部将。
二十七　王赵歇始，故赵王。赵王赵歇第二十七个月。赵歇从此月起改为代王，他原是赵王。
王田都始，故齐将。临淄王田都的纪月始于此，他原是齐王田市的部将。
王田安始，故齐将。济北王田安的纪月始于此，他原是齐王田市的部将。
二十　王田市始，故齐王[⑦]。齐王田市第二十个月。田市从此月起改为胶东王，他是原齐王。
二月　汉王始，故沛公。汉王刘邦元年二月，刘邦从此月起成为汉王，他称王前被称作沛公。
王章邯始，故秦将。雍王章邯的纪月始于此，他原是秦朝的将领。
王司马欣始，故秦将。塞王司马欣的纪月始于此，他原是秦朝的将领。
王董翳始，故秦将。翟王董翳的纪月始于此，他原是秦朝的将领。
王臧荼始，故燕将。燕王臧荼的纪月始于此，他原是燕王韩广的将领。
三十一　王韩广始，故燕王。辽东王韩广第三十一个月。他原是燕王。
十九　王魏豹始，故魏王。魏王魏豹第十九个月。魏豹从此月起改为西魏王，他原是魏王。
王司马印始，故赵将。殷王司马印的纪月始于此，他原是赵王赵歇的部将。
二十二　王韩成始，故韩将[⑧]。韩王成第二十二个月。韩成原来就是韩王。
王申阳始，故楚将[⑨]。河南王申阳的纪月始于此，他原是项羽的部将。

【注释】

汉元年（前206）

正月

①“楚”格：此月楚怀王被诸侯尊为义帝。此年纪年为义帝元年。义帝名义上是诸侯共主，所以排在最前面。九，楚怀王二年的第九个月。但其既已称“帝”，不当再计其为王月数。梁玉绳曰：“盖楚之为帝一月，即为王之九月，‘九’字是羡文。”王叔岷曰：“既书元年，不得复续前计月表，当后人妄增。”

②项籍自立为西楚霸王：梁玉绳曰：“建立诸王是一时事，《表》于汉正月书分更国名，于二月书诸王姓名，于三月书所都地名，以一月中之事离而为三，殊不可晓。”按，项羽分封诸侯之事，此表从本年十二月开始记述，则分封大约是在十二月至三月的四个月中完成，故司马迁有此安排。西楚，《集解》引孟康曰：“旧名江陵为南楚，吴为东楚，彭城为西楚。”约当今山东南部、江苏和浙江全境、安徽淮河以北及其东南部、河南东南部地区。霸王，即霸主，诸侯之长。

③“汉”格：项羽为扼制刘邦，强说巴、蜀地区也属于关中，将巴、蜀、汉中等秦岭以南地区封给刘邦为汉王。并置雍、塞、翟三国堵住刘邦东出之路。雍，关中西部地区，辖有秦内史西部及陇西、北地两郡。塞，关中东部地区。辖有秦内史东部，相当于今河南三门峡灵宝以西、陕西丹江上游及西安以东渭河下游地区。翟，关中北部地区，辖有上郡之地，相当于今陕西北部地区。正月，此表虽置义帝之楚于最前，但纪月则以汉为主，表明尊汉为正统之意。

二月

①徙都江南郴：迫使义帝从彭城迁都到江南的郴县。郴，秦县名。治今湖南郴州。按，《项羽本纪》与《高祖本纪》皆书项羽迁义帝

于四月，梁玉绳据此认为此处有误。

②项籍始：项羽为西楚霸王始于此月。

③为天下主命：意即号令天下。主命，主掌号令。

④故番君：原来是秦朝鄱阳令。番，番县，秦县名（一说秦也称番阳县）。治今江西鄱阳。

⑤楚柱国：楚国的上柱国。

⑥王张耳始，故楚将：张耳原为赵王歇之相，后随项羽入关，故称其楚将。

⑦王田市始，故齐王：田市是田儋之子，因他是田荣所立的齐王，又不随项羽入关，被东迁为胶东王。

⑧王韩成始，故韩将：韩成原来就是韩王。此处说他是韩将，有误。

⑨王申阳始，故楚将：申阳原是张耳的宠臣，故也将其归为楚将。

楚	三 义帝元年三月。
西楚	二 都彭城[①]。西楚霸王项羽第二个月。以彭城为都。
衡山	二 都邾[②]。衡山王吴芮第二个月。以邾为都。
临江	二 都江陵[③]。临江王共敖第二个月。以江陵为都。
九江	二 都六[④]。九江王英布第二个月。以六为都。
常山	二 都襄国[⑤]。常山王张耳第二个月。以襄国为都。
代	二十八 都代[⑥]。代王赵歇第二十八个月。以代为都。
临菑	二 都临菑[⑦]。临淄王田都第二个月。以临淄为都。
济北	二 都博阳[⑧]。济北王田安第二个月。以博阳为都。
胶东	二十一 都即墨[⑨]。胶东王田市第二十一个月。以即墨为都。
汉	三月 都南郑[⑩]。汉王刘邦元年三月。以南郑为都。
雍	二 都废丘[⑪]。雍王章邯第二个月。以废丘为都。
塞	二 都栎阳[⑫]。塞王司马欣第二个月。以栎阳为都。
翟	二 都高奴[⑬]。翟王董翳第二个月。以高奴为都。
燕	二 都蓟[⑭]。燕王臧荼第二个月。以蓟为都。
辽东	三十二 都无终[⑮]。辽东王韩广第三十二个月。以无终为都。
西魏	二十 都平阳[⑯]。西魏王魏豹第二十个月。以平阳为都。
殷	二 都朝歌[⑰]。殷王司马卬第二个月。以朝歌为都。
韩	二十三 都阳翟[⑱]。韩王成第二十三个月。以阳翟为都。
河南	二 都洛阳[⑲]。河南王申阳第二个月。以洛阳为都。

四 义帝元年四月。	
三 诸侯罢戏下兵，皆之国。西楚霸王项羽第三个月。诸侯解散戏下军队，各自前往封国。	
三 衡山王吴芮第三个月。	
三 临江王共敖第三个月。	
三 九江王英布第三个月。	
三 常山王张耳第三个月。	
二十九 代王赵歇第二十九个月。	
三 临淄王田都第三个月。	
三 济北王田安第三个月。	
二十二 胶东王田市第二十二个月。	
四月 汉王刘邦元年四月。	
三 雍王章邯第三个月。	
三 塞王司马欣第三个月。	
三 翟王董翳第三个月。	
三 燕王臧荼第三个月。	
三十三 辽东王韩广第三十三个月。	
二十一 西魏王魏豹第二十一个月。	
三 殷王司马印第三个月。	
二十四 韩王成第二十四个月。	
三 河南王申阳第三个月。	

楚	五　义帝元年五月。
西楚	四　西楚霸王项羽第四个月。
衡山	四　衡山王吴芮第四个月。
临江	四　临江王共敖第四个月。
九江	四　九江王英布第四个月。
常山	四　常山王张耳第四个月。
代	三十　代王赵歇第三十个月。
临菑	四　田荣击都,都降楚[1]。临淄王田都第四个月。田都到临淄上任,田荣将其击回,田都往投项羽。
济北	四　济北王田安第四个月。
胶东	二十三　胶东王田市第二十三个月。
汉	五月[2]　汉王刘邦元年五月。
雍	四　雍王章邯第四个月。
塞	四　塞王司马欣第四个月。
翟	四　翟王董翳第四个月。
燕	四　燕王臧荼第四个月。
辽东	三十四　辽东王韩广第三十四个月。
西魏	二十二　西魏王魏豹第二十二个月。
殷	四　殷王司马卬第四个月。
韩	二十五　韩王成第二十五个月。
河南	四　河南王申阳第四个月。

六 义帝元年六月。
五 西楚霸王项羽第五个月。
五 衡山王吴芮第五个月。
五 临江王共敖第五个月。
五 九江王英布第五个月。
五 常山王张耳第五个月。
三十一 代王赵歇第三十一个月。
齐王田荣始[1],故齐相。齐王田荣自立为齐王,他的纪月始于此,是原齐相。
五 济北王田安第五个月。
二十四 田荣击杀市[2]。胶东王田市第二十四个月。田荣追击杀死田市。
六月 汉王刘邦元年六月。
五 雍王章邯第五个月。
五 塞王司马欣第五个月。
五 翟王董翳第五个月。
五 燕王臧荼第五个月。
三十五 辽东王韩广第三十五个月。
二十三 西魏王魏豹第二十三个月。
五 殷王司马卬第五个月。
二十六 韩王成第二十六个月。
五 河南王申阳第五个月。

楚	**七** 义帝元年七月。
西楚	**六** 西楚霸王项羽第六个月。
衡山	**六** 衡山王吴芮第六个月。
临江	**六** 临江王共敖第六个月。
九江	**六** 九江王英布第六个月。
常山	**六** 常山王张耳第六个月。
代	**三十二** 代王赵歇第三十二个月。
齐	**二** 齐王田荣第二个月。
济北	**六** 田荣击杀安[1]。济北王田安第六个月。田荣追击杀死田安。
胶东	属齐。胶东国地属齐国。
汉	**七月** 汉王刘邦元年七月。
雍	**六** 雍王章邯第六个月。
塞	**六** 塞王司马欣第六个月。
翟	**六** 翟王董翳第六个月。
燕	**六** 燕王臧荼第六个月。
辽东	**三十六** 辽东王韩广第三十六个月。
西魏	**二十四** 西魏王魏豹第二十四个月。
殷	**六** 殷王司马卬第六个月。
韩	**二十七** 项羽诛成[2]。韩王成第二十七个月。项羽诛杀韩王成。
河南	**六** 河南王申阳第六个月。

八 义帝元年八月。
七 西楚霸王项羽第七个月。
七 衡山王吴芮第七个月。
七 临江王共敖第七个月。
七 九江王英布第七个月。
七 常山王张耳第七个月。
三十三 代王赵歇第三十三个月。
三 齐王田荣第三个月。
属齐。济北国地属齐国。
八月[1] 汉王刘邦元年八月。
七 邯守废丘，汉围之。雍王章邯第七个月。章邯坚守废丘，刘邦率军包围了废丘。
七 欣降汉，国除。塞王司马欣第七个月。司马欣投降刘邦，翟国灭亡。
七 翳降汉，国除。翟王董翳第七个月。董翳投降刘邦，翟国灭亡。
七 燕王臧荼第七个月。
三十七 臧荼击广无终，灭之[2]。辽东王韩广第三十七个月。臧荼在无终攻打韩广，杀了他。
二十五 西魏王魏豹第二十五个月。
七 殷王司马印第七个月。
韩王郑昌始，项羽立之[3]。韩王郑昌的纪月始于此，项羽封他为韩王。
七 河南王申阳第七个月。

【注释】

三月

①彭城:今江苏徐州。

②邾:在今湖北黄冈西北。

③江陵:在今湖北荆州江陵。

④六:在今安徽六安东北。

⑤襄国:在今河北邢台。

⑥代:在今河北张家口蔚县东北。

⑦临菑:亦作“临淄”“临甾”。在今山东淄博临淄北。

⑧博阳:在今山东泰安东南。

⑨即墨:在今山东青岛平度东南。

⑩南郑:在今陕西汉中东。

⑪废丘:在今陕西咸阳兴平东南。

⑫栎阳:在今陕西西安临潼东北。

⑬高奴:在今陕西延安东北延河北岸。

⑭蓟:在今北京城区西南部(一说在北京房山东南琉璃河镇)。

⑮无终:在今天津蓟州。

⑯平阳:在今山西临汾西南。

⑰朝歌:在今河南鹤壁淇县东北。

⑱阳翟:在今河南许昌禹州。

⑲洛阳:一作“雒阳”。在今河南洛阳东北。

五月

①田荣击都,都降楚:项羽封田都为齐王,后改称临淄王,封给他原齐国的中心地区。田荣不许他进入并将其击败,田都逃回项羽处。

②“汉”格:按,刘邦在此月拜韩信为大将。

六月

①齐王田荣始：田荣击走田都，又追杀偷赴胶东上任的原齐王田市，自立为齐王。

②田荣击杀市：田市为田荣所立之齐王，被项羽改封为胶东王。他本与田荣一起在临淄，因惧怕项羽偷去胶东赴任，被田荣追杀于即墨。

七月

①田荣击杀安：田安被项羽封为济北王，田荣杀掉田市，又杀了田安，统一齐地。

②项羽诛成：项羽封韩成为韩王，但因他曾为刘邦守阳翟，其部下张良跟随刘邦为其出谋划策，遂不让韩成到封地去，将他带回彭城，先降为侯，又杀了他。按，梁玉绳认为韩成因项羽怨刘邦而见杀，当在听闻刘邦东伐的八月，也就是下个月。

八月

①“汉”格：此月刘邦采用韩信之计，从汉中迅速杀回关中，灭掉塞、翟两国，将雍王章邯围困在废丘。

②臧荼击广无终，灭之：项羽将燕地分为辽东与燕两国，改封原燕王韩广为辽东王，封其部将臧荼为燕王，臧荼到蓟后要韩广去辽东，韩广不愿，臧荼遂将其逐出，一路追至无终将其杀死，据有整个燕地。

③韩王郑昌始，项羽立之：项羽杀韩王成后，立原吴县县令郑昌为韩王以抵御刘邦。

楚	**九** 义帝元年九月。
西楚	**八** 西楚霸王项羽第八个月。
衡山	**八** 衡山王吴芮第八个月。
临江	**八** 临江王共敖第八个月。
九江	**八** 九江王英布第八个月。
常山	**八** 常山王张耳第八个月。
代	**三十四** 代王赵歇第三十四个月。
齐	**四** 齐王田荣第四个月。
济北	
胶东	
汉	**九**月 汉王刘邦元年九月。
雍	**八** 雍王章邯第八个月。
塞	属汉，为渭南、河上郡[1]。塞国地归汉所有，成为渭南郡、河上郡。
翟	属汉，为上郡[2]。翟国地归汉所有，成为上郡。
燕	**八** 燕王臧荼第八个月。
辽东	属燕。辽东国归属燕国。
西魏	**二十六** 西魏王魏豹第二十六个月。
殷	**八** 殷王司马卬第八个月。
韩	**二** 韩王郑昌第二个月。
河南	**八** 河南王申阳第八个月。

前205

十	项羽灭义帝[①]。义帝二年十月。项羽杀了义帝。
九	西楚霸王项羽第九个月。
九	衡山王吴芮第九个月。
九	临江王共敖第九个月。
九	九江王英布第九个月。
九	耳降汉[②]。常山王张耳第九个月。张耳投降刘邦。
三十五	歇复王赵[③]。赵王赵歇第三十五个月。赵歇重新成为赵王。
五	齐王田荣第五个月。
十月	王至陕[④]。汉王刘邦二年十月。刘邦引兵东征到陕县。
九	雍王章邯第九个月。
九	燕王臧荼第九个月。
二十七	西魏王魏豹第二十七个月。
九	殷王司马卬第九个月。
三[⑤]	韩王郑昌第三个月。
九[⑥]	河南王申阳第九个月。

楚	
西楚	十　西楚霸王项羽第十个月。
衡山	十　衡山王吴芮第十个月。
临江	十　临江王共敖第十个月。
九江	十　九江王英布第十个月。
代	
赵	三十六　赵王赵歇第三十六个月。
齐	六　齐王田荣第六个月。
济北	
胶东	
汉	十一月　汉王刘邦二年十一月。
雍	十　汉拔我陇西①。雍王章邯第十个月。刘邦攻下我国的陇西郡。
塞	
翟	
燕	十　燕王臧荼第十个月。
辽东	
西魏	二十八　西魏王魏豹第二十八个月。
殷	十　殷王司马卬第十个月。
韩	韩王信始，汉立之②。韩王信的纪月始于此，汉王刘邦立他为韩王。
河南	属汉，为河南郡③。河南国地归汉所有，成为河南郡。

十一 西楚霸王项羽第十一个月。
十一 衡山王吴芮第十一个月。
十一 临江王共敖第十一个月。
十一 九江王英布第十一个月。
歇以陈馀为代王[①],故成安君[②]。赵歇任命陈馀为代王,陈馀原为成安君。
三十七 赵王赵歇第三十七个月。
七 齐王田荣第七个月。
十二月 汉王刘邦二年十二月。
十一 雍王章邯第十一个月。
十一 燕王臧荼第十一个月。
二十九 西魏王魏豹第二十九个月。
十一 殷王司马卬第十一个月。
二 韩王信第二个月。

楚	
西楚	十二　西楚霸王项羽第十二个月。
衡山	十二　衡山王吴芮第十二个月。
临江	十二　临江王共敖第十二个月。
九江	十二　九江王英布第十二个月。
代	二　代王陈馀第二个月。
赵	三十八　赵王赵歇第三十八个月。
齐	八　项籍击荣[①]，走平原[②]，平原民杀之。齐王田荣第八个月。项羽攻打田荣，田荣逃到平原县，平原县的人杀死了他。
济北	
胶东	
汉	正月　汉王刘邦二年正月。
雍	十二　汉拔我北地[③]。雍王章邯第十二个月。刘邦攻克我国的北地郡（拔雍北地郡在去年八月）。
塞	
翟	
燕	十二　燕王臧荼第十二个月。
辽东	
西魏	三十　西魏王魏豹第三十个月。
殷	十二　殷王司马卬第十二个月。
韩	三　韩王信第三个月。
河南	

二年一月 西楚霸王项羽第二年第一个月。
二年一月 衡山王吴芮第二年第一个月。
十三 临江王共敖第十三个月。
二年一月 九江王英布第二年第一个月。
三 代王陈馀第三个月。
三十九 赵王赵歇第三十九个月。
项籍立故齐王田假为齐王[①]。项羽封原齐王田假为齐王。
二月 汉王刘邦二年二月。
二年一月 雍王章邯第二年第一个月。
二年一月 燕王臧荼第二年第一个月。
三十一 西魏王魏豹第三十一个月。
十三 殷王司马卬第十三个月。
四 韩王信第四个月。

【注释】

九月

①渭南:汉郡名。以秦内史部分地置。在今陕西西安东北。武帝时改为京兆尹。河上:汉郡名。以秦内史部分地置。在今西安北。武帝时改为左冯翊。

②上郡:汉郡名。治肤施(今陕西榆林东南)。

汉二年(前205)

十月

①项羽灭义帝:项羽安排黥布等在义帝迁往郴县途中将其杀害于江中。

②耳降汉:张耳被封为常山王,陈馀怒而向田荣借兵将其击败。张耳初欲投项羽,在部下劝说下投奔了刘邦。

③歇复王赵:陈馀打败张耳后,收复赵地,从代地迎回原赵王歇,复为赵王。

④王至陕:刘邦大体平定关中后,东出到达陕县,即今河南三门峡陕州一带。

⑤“韩”格:据《高祖本纪》,郑昌不降汉,刘邦派韩信将其击败。表下月记刘邦立韩王信,当于此格记郑昌败亡之事,故梁玉绳曰:“是月当有‘汉击昌破之’五字,史缺也。”

⑥“河南”格:据《高祖本纪》,河南王申阳与塞王司马欣、翟王董翳皆降。表下月记国为河南郡,则此格当记申阳降汉之事,故梁玉绳曰:“此当有‘申阳降汉’四字,史缺。”

十一月

①汉拔我陇西:刘邦攻下雍国的陇西郡。陇西郡郡治狄道(今甘肃定西临洮),在今甘肃东南部。

②韩王信始，汉立之：当时的韩太尉韩信曾随刘邦破秦，又击败俘获了郑昌，遂被刘邦立为韩王。
③河南郡：故秦三川郡。郡治洛阳。

十二月

①歇以陈馀为代王：陈馀帮助赵王歇复位后，赵王歇立其为代王，但陈馀没有去封地，而是留在赵歇身边辅佐他，让相国夏说守代。按，梁玉绳认为陈馀为代王与赵歇复为赵王同时，皆在此年十月，此书于十二月，是误书。
②故成安君：陈馀在赵国为大将军时曾被封成安君。

正月

①项籍击荣：田荣与项氏一直不和，又不满项羽的分封，遂统一齐地反抗项羽，又借兵给陈馀帮赵王歇复位，项羽大怒，北伐齐国。
②平原：秦汉县名。在今山东德州平原县西南。
③汉拔我北地：刘邦攻取雍国的北地郡。北地郡，时治义渠（今甘肃庆阳西南），汉移治马岭（今甘肃庆阳西北马岭镇）。按，据《高祖本纪》，刘邦东伐关中，在汉元年八月即已派人攻打平定北地等郡，至汉二年置北地郡。

二月

①故齐王田假：即田儋死后齐人所立者。被田荣打败后逃归项羽，田荣死后，项羽又立其为齐王。

楚	
西楚	**二** 西楚霸王项羽第二年第二个月。
衡山	**二** 衡山王吴芮第二年第二个月。
临江	**十四** 临江王共敖第十四个月。
九江	**二** 九江王英布第二年第二个月。
代	**四** 代王陈馀第四个月。
赵	**四十** 赵王赵歇第四十个月。
齐	**二** 田荣弟横反城阳①,击假,走楚,楚杀假。齐王田假第二个月。田荣的弟弟田横在城阳造反,攻打田假,田假逃到楚地,楚人杀死了田假。
济北	
胶东	
汉	三月 王击殷②。汉王刘邦二年三月。刘邦攻打殷王司马卬。
雍	**二** 雍王章邯第二年第二个月。
塞	
翟	
燕	**二** 燕王臧荼第二年第二个月。
辽东	
西魏	**三十二** 降汉③。西魏王豹第三十二个月。魏豹投降刘邦。
殷	**十四** 降汉,卬废④。殷王司马卬第十四个月。司马卬投降刘邦,其王位被废除。
韩	**五** 韩王信第五个月。
河南	

三　项羽以兵三万破汉兵五十六万[①]。西楚霸王项羽第二年第三个月。项羽率领三万骑兵大败刘邦五十六万诸侯联军。
三　衡山王吴芮第二年第三个月。
十五　临江王共敖第十五个月。
三　九江王英布第二年第三个月。
五　代王陈馀第五个月。
四十一　赵王赵歇第四十一个月。
齐王田广始[②]。广，荣子，横立之。齐王田广的纪月始于此。田广是田荣的儿子，田横立他为齐王。
四月　王伐楚至彭城，坏走[③]。汉王刘邦二年四月。刘邦征伐项羽攻入彭城，刘邦溃败而逃。
三　雍王章邯第二年第三个月。
三　燕王臧荼第二年第三个月。
三十三　从汉伐楚。西魏王豹第三十三个月。魏豹跟随刘邦攻打项羽。
为河内郡，属汉[④]。殷地被设立为河内郡，归汉所有。
六　从汉伐楚。韩王信第六个月。韩王信跟随刘邦攻打项羽。

楚	
西楚	**四** 西楚霸王项羽第二年第四个月。
衡山	**四** 衡山王吴芮第二年第四个月。
临江	**十六** 临江王共敖第十六个月。
九江	**四** 九江王英布第二年第四个月。
代	**六** 代王陈馀第六个月。
赵	**四十二** 赵王赵歇第四十二个月。
齐	**二** 齐王田广第二个月。
济北	
胶东	
汉	**五月** 王走荥阳①。汉王刘邦二年五月。汉王刘邦逃到荥阳。
雍	**四** 雍王章邯第二年第四个月。
塞	
翟	
燕	**四** 燕王臧荼第二年第四个月。
辽东	
西魏	**三十四** 豹归，叛汉②。西魏王魏豹第三十四个月。魏豹返回魏国，叛离刘邦。
殷	
韩	**七** 韩王信第七个月。
河南	

五 西楚霸王项羽第二年第五个月。
五 衡山王吴芮第二年第五个月。
十七 临江王共敖第十七个月。
五 九江王英布第二年第五个月。
七 代王陈馀第七个月。
四十三 赵王赵歇第四十三个月。
三 齐王田广第三个月。
六月 王入关,立太子[1]。复如荥阳[2]。汉王刘邦二年六月。汉王刘邦进入关中,立刘盈为太子。而后又重返荥阳。
五 汉杀邯废丘[3]。雍王章邯第二年第五个月。汉军在废丘杀死章邯。
五 燕王臧荼第二年第五个月。
三十五 西魏王魏豹第三十五个月。
八 韩王信第八个月。

楚	
西楚	**六** 西楚霸王项羽第二年第六个月。
衡山	**六** 衡山王吴芮第二年第六个月。
临江	**十八** 临江王共敖第十八个月。
九江	**六** 九江王英布第二年第六个月。
代	**八** 代王陈馀第八个月。
赵	**四十四** 赵王赵歇第四十四个月。
齐	**四** 齐王田广第四个月。
济北	
胶东	
汉	**七月** 汉王刘邦二年七月。
雍	属汉,为陇西、北地、中地郡①。雍国归汉所有,在其地设置陇西郡、北地郡、中地郡。
塞	
翟	
燕	**六** 燕王臧荼第二年第六个月。
辽东	
西魏	**三十六** 西魏王魏豹第三十六个月。
殷	
韩	**九** 韩王信第九个月。
河南	

七　西楚霸王项羽第二年第七个月。
七　衡山王吴芮第二年第七个月。
十九　临江王共敖第十九个月。
七　九江王英布第二年第七个月。
九　代王陈馀第九个月。
四十五　赵王赵歇第四十五个月。
五　齐王田广第五个月。
八月　汉王刘邦二年八月。
七　燕王臧荼第二年第七个月。
三十七　西魏王魏豹第三十七个月。
十　韩王信第十个月。

楚	
西楚	**八** 西楚霸王项羽第二年第八个月。
衡山	**八** 衡山王吴芮第二年第八个月。
临江	**二十** 临江王共敖第二十个月。
九江	**八** 九江王英布第二年第八个月。
代	**十** 代王陈馀第十个月。
赵	**四十六** 赵王赵歇第四十六个月。
齐	**六** 齐王田广第六个月。
济北	
胶东	
汉	**九**月 汉王刘邦二年九月。
雍	
塞	
翟	
燕	**八** 燕王臧荼第二年第八个月。
辽东	
西魏	三十八 汉将韩信虏豹[1]。西魏王魏豹第三十八个月。汉王刘邦的将领韩信俘获魏豹。
殷	
韩	**十一** 韩王信第十一个月。
河南	

九　西楚霸王项羽第二年第九个月。
九　衡山王吴芮第二年第九个月。
二十一　临江王共敖第二十一个月。
九　九江王英布第二年第九个月。
十一[1]　代王陈馀第十一个月。
四十七　赵王赵歇第四十七个月。
七　齐王田广第七个月。
后**九**月　汉王刘邦二年闰九月。
九　燕王臧荼第二年第九个月。
属汉，为河东、上党郡[2]。西魏国归汉所有，在其地设置河东郡、上党郡。
十二　韩王信第十二个月。

【注释】

三月

①田荣弟横反城阳：田荣被杀后，项羽在齐地大肆屠杀掳掠，齐人相聚造反。田荣之弟田横收聚齐国被打散的军队，得到几万人，在城阳反击项羽。城阳，秦汉县名。治在今山东菏泽鄄城东南。

②王击殷：刘邦从临晋渡过黄河，俘虏了殷王司马卬，灭殷。

③降汉：刘邦率军渡河后进入魏地，西魏王魏豹不战而降。

④降汉，卬废：司马卬被俘后投降被废。

四月

①项羽以兵三万破汉兵五十六万：项羽听说刘邦攻入彭城，率三万骑兵驰回突袭打败刘邦军五十六万。

②齐王田广始：田横驱逐田假后，立田荣之子田广为齐王。

③王伐楚至彭城，坏走：刘邦趁项羽北伐齐国田荣，率诸侯军五十六万攻入彭城。项羽杀回，刘邦的诸侯军溃败逃散。

④为河内郡，属汉：汉将殷地设为河内郡。河内郡，郡治怀县（今河南焦作武陟西南）。

五月

①王走荥阳：刘邦在彭城大败，西逃至荥阳。荥阳，秦汉县名。治今河南郑州荥阳东北。

②豹归，叛汉：魏豹跟随刘邦攻入彭城，刘邦失败后，他借口探视亲病回国，阻断河津渡口背叛了刘邦。

六月

①王入关，立太子：刘邦彭城败逃中遇到儿子和女儿，将他们送入关中，立儿子刘盈为太子，守栎阳（今陕西西安临潼东北）。

②复如荥阳：刘邦回到荥阳，在此构筑了防线，形成了楚汉对峙的局面。

③汉杀邯废丘：汉军将章邯围困在废丘十一个月，最后通过引水灌城，废丘投降，章邯自杀。

七月

①属汉，为陇西、北地、中地郡：至此时雍国已全部归汉，被设为三个郡。中地郡，武帝时改称右扶风。

九月

①汉将韩信虏豹：韩信袭魏，俘虏魏王豹，魏国灭亡。

后九月

①“代”格：韩信攻代国，擒代相夏说，代国灭亡。

②属汉，为河东、上党郡：汉灭魏后，将魏地设为河东、上党二郡。河东郡治安邑（今山西运城夏县西北），上党郡治长子（今山西长治长子县西南）。

前204

楚	
西楚	十　西楚霸王项羽第二年第十个月。
衡山	十　衡山王吴芮第二年第十个月。
临江	二十二　临江王共敖第二十二个月。
九江	十　九江王英布第二年第十个月。
代	十二　汉将韩信斩陈馀[①]。代王陈馀第十二个月。汉王刘邦的将领韩信斩杀陈馀。
赵	四十八　汉灭歇[②]。赵王赵歇第四十八个月。汉军俘获赵王歇。
齐	八　齐王田广第八个月。
济北	
胶东	
汉	三年十月　汉王刘邦三年十月。
雍	
塞	
翟	
燕	十　燕王臧荼第二年第十个月。
辽东	
西魏	
殷	
韩	二年一月　韩王信第二年第一个月。
河南	

十一　西楚霸王项羽第二年第十一个月。
十一　衡山王吴芮第二年第十一个月。
二十三　临江王共敖第二十三个月。
十一　九江王英布第二年第十一个月。
属汉，为太原郡①。代国归汉国所有，成为太原郡。
属汉，为郡②。赵国归汉所有，成为汉的郡。
九　齐王田广第九个月。
十一月　汉王刘邦三年十一月。
十一　燕王臧荼第二年第十一个月。
二　韩王信第二年第二个月。

楚	
西楚	十二　西楚霸王项羽第二年第十二个月。
衡山	十二　衡山王吴芮第二年第十二个月。
临江	二十四　临江王共敖第二十四个月。
九江	十二　布身降汉，地属项籍[①]。九江王英布第二年第十二个月。九江王英布单身投降刘邦，他的封地归项羽所有。
赵	
代	
齐	十　齐王田广第十个月。
济北	
胶东	
汉	十二月　汉王刘邦三年十二月。
雍	
塞	
翟	
燕	十二　燕王臧荼第二年第十二个月。
辽东	
西魏	
殷	
韩	三　韩王信第二年第三个月。
河南	

三年一月 西楚霸王项羽第三年第一个月。	**二** 西楚霸王项羽第三年第二个月。
三年一月 衡山王吴芮第三年第一个月。	**二** 衡山王吴芮第三年第二个月。
二十五 临江王共敖第二十五个月。	**二十六** 临江王共敖第二十六个月。
十一 齐王田广第十一个月。	**十二** 齐王田广第十二个月。
正月 汉王刘邦三年正月。	**二月** 汉王刘邦三年二月。
三年一月 燕王臧荼第三年第一个月。	**二** 燕王臧荼第三年第二个月。
四 韩王信第二年第四个月。	**五** 韩王信第二年第五个月。

楚		
西楚	三　西楚霸王项羽第三年第三个月。	四　西楚霸王项羽第三年第四个月。
衡山	三　衡山王吴芮第三年第三个月。	四　衡山王吴芮第三年第四个月。第
临江	二十七　临江王共敖第二十七个月。	二十八　临江王共敖第二十八个月。
九江		
赵		
代		
齐	十三　齐王田广第十三个月。	十四　齐王田广第十四个月。
济北		
胶东		
汉	三月　汉王刘邦三年三月。	四月　楚围王荥阳。汉王刘邦三年四月。项羽包围刘邦于荥阳。
雍		
塞		
翟		
燕	三　燕王臧荼第三年第三个月。	四　燕王臧荼第三年第四个月。
辽东		
西魏		
殷		
韩	六　韩王信第二年第六个月。	七　韩王信第二年第七个月。
河南		

五　西楚霸王项羽第三年第五个月。	六　西楚霸王项羽第三年第六个月。
五　衡山王吴芮第三年第五个月。	六　衡山王吴芮第三年第六个月。
二十九　临江王共敖第二十九个月。	三十　临江王共敖第三十个月。
十五　齐王田广第十五个月。	十六　齐王田广第十六个月。
五月　汉王刘邦三年五月。	六月　汉王刘邦三年六月。
五　燕王臧荼第三年第五个月。	六　燕王臧荼第三年第六个月。
八　韩王信第二年第八个月。	九　韩王信第二年第九个月。

楚	
西楚	七　西楚霸王项羽第三年第七个月。
衡山	七　衡山王吴芮第三年第七个月。
临江	三十一　王敖薨。临江王共敖第三十一个月。临江王共敖去世。
九江	
赵	
代	
齐	十七　齐王田广第十七个月。
济北	
胶东	
汉	七月　王出荥阳①。汉王刘邦三年七月。汉王刘邦逃出荥阳。
雍	
塞	
翟	
燕	七　燕王臧荼第三年第七个月。
辽东	
西魏	
殷	
韩	十　韩王信第二年第十个月。
河南	

八　西楚霸王项羽第三年第八个月。
八　衡山王吴芮第三年第八个月。
临江王驩始，敖子[1]。临江王共驩（应为共尉）的纪月始于此，他是共敖的儿子。
十八　齐王田广第十八个月。
八月　周苛、枞公杀魏豹[2]。汉王刘邦三年八月。周苛、枞公杀死魏豹。
八　燕王臧荼第三年第八个月。
十一　韩王信第二年第十一个月。

	前203	
楚		
西楚	**九** 西楚霸王项羽第三年第九个月。	**十** 西楚霸王项羽第三年第十个月。
衡山	**九** 衡山王吴芮第三年第九个月。	**十** 衡山王吴芮第三年第十个月。
临江	**二** 临江王共尉第二个月。	**三** 临江王共尉第三个月。
九江		
赵		
代		
齐	**十九** 齐王田广第十九个月。	**二十** 齐王田广第二十个月。
济北		
胶东		
汉	**九月** 汉王刘邦三年九月。	**四年十月** 汉王刘邦四年十月。
雍		
塞		
翟		
燕	**九** 燕王臧荼第三年第九个月。	**十** 燕王臧荼第三年第十个月。
辽东		
西魏		
殷		
韩	**十二** 韩王信第二年第十二个月。	**三年一月** 韩王信第三年第一个月。
河南		

十一 汉将韩信破杀龙且[1]。西楚霸王项羽第三年第十一个月。刘邦的将领韩信进攻杀死龙且。
十一 衡山王吴芮第三年第十一个月。
四 临江王共尉第四个月。
赵王张耳始，汉立之[2]。赵王张耳的纪月始于此，汉王刘邦封他为赵王。
二十一 汉将韩信击杀广[3]。齐王田广第二十一个月。刘邦的将领韩信进攻杀死田广。
十一月 汉王刘邦四年十一月。
十一 燕王臧荼第三年第十一个月。
二 韩王信第三年第二个月。

【注释】

汉三年（前204）

十月

①汉将韩信斩陈馀：在井陉之战中，韩信大败赵军，斩陈馀，虏赵王歇。虽然陈馀一直在赵国，但因陈馀为代王，故系其事于“代”格。

②汉灭歇：井陉之战，赵王歇被韩信俘虏，赵国灭亡。

十一月

①属汉，为太原郡：代国归入汉，其地设为太原郡，治晋阳（今山西太原西南）。

②属汉，为郡：据《汉书·高帝纪》，汉灭赵，设常山、代郡。常山郡治襄国（今河北邢台），代郡治代县（今河北张家口蔚县东北）。

十二月

①布身降汉，地属项籍：刘邦派随何说服九江王黥布反楚降汉，项羽派人击破黥布军，黥布单身跟随何投刘邦，而九江之地仍在项羽控制中。

七月

①王出荥阳：刘邦用陈平之计，让纪信假扮刘邦出东门降楚，而刘邦等从西门逃出。

八月

①临江王驩始，敖子：共敖之子共尉袭位为临江王。驩，共驩。《史记》共敖之子多作共尉。崔适《史记探源》认为“驩当读为懽（欢），尉当读为慰，懽（欢）与慰盖一名一字也”。

②周苛、枞公杀魏豹：刘邦留魏豹与周苛等共同守荥阳，周苛等认为

魏豹在楚汉之间反复无常，不可信，故杀之。梁玉绳曰："按《汉纪》，豹之见杀在五月，与项王杀纪信并时，此误书于八月也。"

汉四年（前203）

十一月

①汉将韩信破杀龙且：刘邦派韩信取齐地，龙且奉项羽之命往救，与韩信军隔潍水而阵。龙且因轻视韩信，战败被杀。

②赵王张耳始，汉立之：张耳随韩信灭赵后，韩信请刘邦封张耳为赵王。

③汉将韩信击杀广：韩信在潍水破杀龙且，齐王田广逃走，韩信追至城阳，杀田广，齐亡。

楚		
西楚	**十二** 西楚霸王项羽第三年第十二个月。	**四年一月** 西楚霸王项羽第四年第一个月。
衡山	**十二** 衡山王吴芮第三年第十二个月。	**四年一月** 衡山王吴芮第四年第一个月。
临江	**五** 临江王共尉第五个月。	**六** 临江王共尉第六个月。
九江		
赵	**二** 赵王张耳第二个月。	**三** 赵王张耳第三个月。
代		
齐	属汉,为郡[①]。齐国归汉国所有,在其地设郡。	
济北		
胶东		
汉	**十二月** 汉王刘邦四年十二月。	**正月** 汉王刘邦四年正月。
雍		
塞		
翟		
燕	**十二** 燕王臧荼第三年第十二个月。	**四年一月** 燕王臧荼第四年第一个月。
辽东		
西魏		
殷		
韩	**三** 韩王信第三年第三个月。	**四** 韩王信第三年第四个月。
河南		

二　西楚霸王项羽第四年第二个月。
二　衡山王吴芮第四年第二个月。
七　临江王共尉第七个月。
四　赵王张耳第四个月。
齐王韩信始，汉立之[①]。齐王韩信的纪月始于此，汉王刘邦立他为齐王。
二月　立信王齐。汉王刘邦四年二月，刘邦封韩信为齐王。
二　燕王臧荼第四年第二个月。
五　韩王信第三年第五个月。

楚	
西楚	三　汉御史周苛入楚[1]。西楚霸王项羽第四年第三个月。汉王刘邦的御史大夫周苛逃到楚地(应为被楚所杀)。
衡山	三　衡山王吴芮第四年第三个月。
临江	八　临江王共尉第八个月。
九江	
赵	五　赵王张耳第五个月。
代	
齐	二　齐王韩信第二个月。
济北	
胶东	
汉	三月　周苛入楚。汉王刘邦四年三月。周苛逃到楚地(应为被楚所杀)。
雍	
塞	
翟	
燕	三　燕王臧荼第四年第三个月。
辽东	
西魏	
殷	
韩	六　韩王信第三年第六个月。
河南	

四　西楚霸王项羽第四年第四个月。
四　衡山王吴芮第四年第四个月。
九　临江王共尉第九个月。
六　赵王张耳第六个月。
三　齐王韩信第三个月。
四月　王出荥阳,豹死[1]。汉王刘邦四年四月。刘邦逃出荥阳。魏豹死去(事在三年五月,此六字衍文)。
四　燕王臧荼第四年第四个月。
七　韩王信第三年第七个月。

楚		
西楚	**五** 西楚霸王项羽第四年第五个月。	**六** 西楚霸王项羽第四年第六个月。
衡山	**五** 衡山王吴芮第四年第五个月。	**六** 衡山王吴芮第四年第六个月。
临江	**十** 临江王共尉第十个月。	**十一** 临江王共尉第十一个月。
淮南		
赵	**七** 赵王张耳第七个月。	**八** 赵王张耳第八个月。
代		
齐	**四** 齐王韩信第四个月。	**五** 齐王韩信第五个月。
济北		
胶东		
汉	**五**月 汉王刘邦四年五月。	**六**月 汉王刘邦四年六月。
雍		
塞		
翟		
燕	**五** 燕王臧荼第四年第五个月。	**六** 燕王臧荼第四年第六个月。
辽东		
西魏		
殷		
韩	**八** 韩王信第三年第八个月。	**九** 韩王信第三年第九个月。
河南		

七 西楚霸王项羽第四年第七个月。
七 衡山王吴芮第四年第七个月。
十二 临江王共尉第十二个月。
淮南王英布始，汉立之①。淮南王英布的纪月始于此，汉王刘邦封他为淮南王。
九 赵王张耳第九个月。
六 齐王韩信第六个月。
七月 立布为淮南王。汉王刘邦四年七月。刘邦封黥布为淮南王。
七 燕王臧荼第四年第七个月。
十 韩王信第三年第十个月。

楚	
西楚	八　西楚霸王项羽第四年第八个月。
衡山	八　衡山王吴芮第四年第八个月。
临江	十三　临江王共尉第十三个月。
淮南	二　淮南王英布第二个月。
赵	十　赵王张耳第十个月。
代	
齐	七　齐王韩信第七个月。
济北	
胶东	
汉	八月　汉王刘邦四年八月。
雍	
塞	
翟	
燕	八　燕王臧荼第四年第八个月。
辽东	
西魏	
殷	
韩	十一　韩王信第三年第十一个月。
河南	

九　西楚霸王项羽第四年第九个月。
九　衡山王吴芮第四年第九个月。
十四　临江王共尉第十四个月。
三　淮南王英布第三个月。
十一　赵王张耳第十一个月。
八　齐王韩信第八个月。
九月　太公、吕后归自楚[①]。汉王刘邦四年九月。刘邦的父亲太公与妻子吕后从项羽那里回归。
九　燕王臧荼第四年第九个月。
十二　韩王信第三年第十二个月。

前202

楚		
西楚	十　西楚霸王项羽第四年第十个月。	十一　西楚霸王项羽第四年第十一个月。
衡山	十　衡山王吴芮第四年第十个月。	十一　衡山王吴芮第四年第十一个月。
临江	十五　临江王共尉第十五个月。	十六　临江王共尉第十六个月。
淮南	四　淮南王英布第四个月。	五　淮南王英布第五个月。
赵	十二　赵王张耳第十二个月。	二年一月　赵王张耳第二年第一个月。
代		
齐	九　齐王韩信第九个月。	十　齐王韩信第十个月。
济北		
胶东		
汉	五年十月　汉王刘邦五年十月。	十一月　汉王刘邦五年十一月。
雍		
塞		
翟		
燕	十　燕王臧荼第四年第十个月。	十一　燕王臧荼第四年第十一个月。
辽东		
西魏		
殷		
韩	四年一月　韩王信第四年第一个月。	二　韩王信第四年第二个月。
河南		

十二 诛籍[1]。西楚霸王项羽第四年第十二个月。韩信等破项羽于垓下,项羽自刎于乌江。
十二 衡山王吴芮第四年第十二个月。
十七 汉虏骧[2]。临江王共尉第十七个月。汉军俘获临江王共尉。
六 淮南王英布第六个月。
二 赵王张耳第二年第二个月。
十一 齐王韩信第十一个月。
十二月 汉王刘邦五年十二月。
十二 燕王臧荼第四年第十二个月。
三 韩王信第四年第三个月。

【注释】

十二月

①属汉,为郡:按,梁玉绳曰:"田广死,田横自立为王;追韩信使灌婴击走田横,而韩信遂为齐王。非但横之为王表不应没,而横灭信立,齐实未尝为郡也。"或者刘邦在韩信灭齐未封王之前的短暂时间曾在齐地设郡,但史无明载。

二月

①齐王韩信始,汉立之:韩信灭齐先自立为齐王,后请刘邦封他为代理齐王,刘邦在张良、陈平的劝说下不得已立韩信为齐王。

三月

①汉御史周苛入楚:刘邦逃离后,周苛、枞公仍坚守荥阳。项羽攻下荥阳,俘获周苛等,想劝其投降,周苛不降,骂项羽,被项羽所杀。枞公同时遇害。汉御史周苛,周苛时为御史大夫。梁玉绳曰:"苛骂楚而死,汉忠义之臣也,乃表不书其死节,而曰'入楚',若降项氏者,然岂史笔哉?且何以不书偕死之枞公也?"

四月

①王出荥阳,豹死:按,刘邦逃出荥阳,魏豹被周苛、枞公所杀,表已系于汉三年七八月间,此处当为误洐。

七月

①淮南王英布始,汉立之:英布,即黥布,在汉三年十二月投奔刘邦后,此时被封为淮南王。

九月

①太公、吕后归自楚：项羽与刘邦订立鸿沟之约后，将扣押在楚营的刘邦之父与妻子吕后放回。二人在汉二年四月彭城败后被俘，至此已两年又五个月。

汉五年（前202）

十二月

①诛籍：项羽在垓下之战中失败，自刎于乌江。

②汉虏驩：刘邦称皇帝，共尉举兵反汉，被汉将卢绾、刘贾率军围困，时间长达数月，不得已降汉。按，刘邦称帝在两个月后的汉五年二月，共尉之叛与被围、被俘皆当在之后，表系于此月，误。

楚	
西楚	齐王韩信徙楚王[1]。齐王韩信被改封为楚王。
衡山	**十三** 徙王长沙[2]。衡山王吴芮第四年第十三个月。吴芮由衡山王改封为长沙王。
临江	属汉，为南郡[3]。临江国归汉所有，在其地设置南郡。
淮南	**七** 淮南国[4] 淮南王英布第七个月。其地此前被项羽所占，此时英布始实有封地。
赵	**三** 赵国[5] 赵王张耳第二年第三个月（“赵国”二字为衍文）。
代	
齐	**十二** 徙王楚，属汉，为四郡[6]。齐王韩信第十二个月。韩信由齐王改封为楚王，齐国归汉所有，在其地设置齐郡、千乘郡、东莱郡、平原郡四个郡。
济北	
胶东	
汉	**正**月 杀项籍[7]，天下平，诸侯臣属汉。汉王刘邦五年正月。诛杀项羽，天下被平定，各路诸侯都成为刘邦的臣下。
雍	
塞	
翟	
燕	**五**年**一**月 燕国[8] 燕王臧荼第五年第一个月。
辽东	
梁	复置梁国[9]。再次设置梁国。
殷	
韩	**四** 韩王信徙王代，都马邑[10]。韩王信第四年第四个月。韩王信改封代王，以马邑为都（应为韩王信的韩国封地北迁，改都马邑。事在明年）。
长沙	分临江为长沙国[11]。刘邦在原临江国所辖的国土中分出临湘一带设立长沙国。

二　楚王韩信第二个月。
属淮南国[①]。原先衡山国的地盘划归淮南王英布。
八　淮南王英布第八个月。
四　赵王张耳第二年第四个月。
二月　甲午[②]，王更号，即皇帝位于定陶[③]。汉王刘邦五年二月。甲午日，汉王刘邦改号，在定陶即皇帝位。
二　燕王臧荼第五年第二个月。
梁王彭越始[④]。梁王彭越的纪月始于此（应在前一月）。
五　韩王信第四年第五个月。
衡山王吴芮为长沙王。衡山王吴芮改封为长沙王。

楚		
西楚	三　楚王韩信第三个月。	四　楚王韩信第四个月。
衡山		
临江		
淮南	九　淮南王英布第九个月。	十　淮南王英布第十个月。
赵	五　赵王张耳第二年第五个月。	六　赵王张耳第二年第六个月。
代		
齐		
济北		
胶东		
汉	三月　汉高祖刘邦五年三月。	四月　汉高祖刘邦五年四月。
雍		
塞		
翟		
燕	三　燕王臧荼第五年第三个月。	四　燕王臧荼第五年第四个月。
辽东		
梁	二　梁王彭越第二个月。	三　梁王彭越第三个月。
殷		
韩	六　韩王信第四年第六个月。	七　韩王信第四年第七个月。
长沙	二　长沙王吴芮第二个月。	三　长沙王吴芮第三个月。

五　楚王韩信第五个月。	六　楚王韩信第六个月。
十一　淮南王英布第十一个月。	十二　淮南王英布第十二个月。
七　赵王张耳第二年第七个月。	八　赵王张耳第二年第八个月。
五月　汉高祖刘邦五年五月。	六月　帝入关[1]。汉高祖刘邦五年六月。皇帝刘邦进入关中。
五　燕王臧荼第五年第五个月。	六　燕王臧荼第五年第六个月。
四　梁王彭越第四个月。	五　梁王彭越第五个月。
八　韩王信第四年第八个月。	九　韩王信第四年第九个月。
四　长沙王吴芮第四个月。	五　长沙王吴芮第五个月。

楚	
西楚	**七** 楚王韩信第七个月。
衡山	
临江	
淮南	**二年一月** 淮南王英布第二年第一个月。
赵	**九** 耳薨，谥景王。赵王张耳第二年第九个月。张耳去世，谥号为景王。
代	
齐	
济北	
胶东	
汉	**七月** 汉高祖刘邦五年七月。
雍	
塞	
翟	
燕	**七**① 燕王臧荼第五年第七个月。
辽东	
梁	**六** 梁王彭越第六个月。
殷	
韩	**十** 韩王信第四年第十个月。
长沙	**六** 薨，谥文王。长沙王吴芮第六个月。长沙王吴芮去世，谥号为文王。

八　楚王韩信第八个月。
二　淮南王英布第二年第二个月。
赵王张敖始，耳子。赵王张敖纪月从此始，他是张耳的儿子。
八月　帝自将诛燕[1]。汉高祖刘邦五年八月。皇帝刘邦亲自率兵诛杀燕王臧荼。
八　燕王臧荼第五年第八个月。
七　梁王彭越第七个月。
十一　韩王信第四年第十一个月。
长沙成王臣始，芮子。长沙成王吴臣的纪月始于此，他是吴芮的儿子。

【注释】

正月

①齐王韩信徙楚王：垓下之战后，刘邦即解除了韩信的兵权，并借口韩信为楚人，让他“衣锦荣归”，将他从齐王改封为楚王。

②徙王长沙：衡山王吴芮改封为长沙王。按，此时共尉应尚未降，其国未灭，吴芮不能徙王长沙。此年二月“长沙”格又书“衡山王吴芮为长沙王”，此处似不当先书。

③属汉，为南郡：临江王共尉被俘后在洛阳被杀，临江国灭亡，其江陵等处设为南郡，郡治江陵（今湖北江陵一带）。按，此时共尉应尚未降，其国未灭，不可设为郡。

④淮南国：前封黥布为淮南王时，其地尚被项羽所占，此时始实际建立淮南国，黥布始实有封地。

⑤赵国：张耳在汉四年十一月已封赵王，至此已有两年又三个月；现在刘邦称帝，故对过去所封重新确认。王元启则以为“赵国”二字衍文。

⑥徙王楚，属汉，为四郡：韩信由齐王改封楚王，原齐国分为齐郡（治临淄，今山东淄博临淄）、千乘郡（治千乘，今山东高青东南高苑城北）、东莱郡（治掖县，今山东烟台莱州）、平原郡（治平原，今山东德州平原县西）。

⑦杀项籍：按，上月已书“诛籍”，此不当再书。

⑧燕国：臧荼在汉元年二月自立为燕王，至此已有五年又一个月；现在刘邦称帝，对其王位重新确认。王元启则以为“燕国”二字衍文。

⑨复置梁国：刘邦将秦时的砀郡设置为梁国，都城在定陶（今山东菏泽定陶西北）。辖境相当于今安徽宿州砀山县以西、亳州以北，河南开封以东，山东菏泽巨野以南地区。

⑩韩王信徙王代，都马邑：据《韩信卢绾列传》，汉五年韩王信定封

为韩王，都颍川（今河南许昌禹州）；次年将其北迁，把太原以北之地封给他，仍称韩国，徙都晋阳（今山西临汾），令防御匈奴。因晋阳离边塞远，韩王信自请迁都马邑（今山西朔州）。表此月即言其都马邑，误。

⑪分临江为长沙国：将原临江国的临湘等地分出设为长沙国。按，此时共尉应尚未降，其国未灭，尚不能分出长沙国。

二月

①属淮南国：原衡山王吴芮改封长沙王，衡山国地划归淮南国。

②二月甲午：二月初三。

③王更号，即皇帝位于定陶：从此刘邦由汉王改称皇帝。

④梁王彭越始：按，上月设梁国，彭越即已封王。

六月

①帝入关：刘邦初欲建都洛阳，后听从娄敬、张良等人建议，决定在关中建都。开始在栎阳，未央宫建成后迁入长安。

七月

①“燕”格：此月臧荼起兵叛乱。

八月

①帝自将诛燕：刘邦亲自率军讨伐臧荼。梁玉绳认为臧荼在七月反，刘邦出兵也在七月。

楚	
西楚	**九** 王得故项羽将锺离眛，斩之以闻[①]。楚王韩信第九个月。楚王韩信得到项羽的故将锺离眛，杀了他并报告朝廷。
衡山	
临江	
淮南	**三** 淮南王英布第二年第三个月。
赵	**二** 赵王张敖第二个月。
代	
齐	
济北	
胶东	
汉	**九月** 汉高祖刘邦五年九月。
雍	
塞	
翟	
燕	**九** 反汉，虏荼[②]。燕王臧荼第五年第九个月。两月前臧荼反叛，至此被擒获。
辽东	
梁	**八** 梁王彭越第八个月。
殷	
韩	**十二** 韩王信第四年第十二个月。
长沙	**二** 长沙王吴臣第二个月。

十　楚王韩信第十个月。
四　淮南王英布第二年第四个月。
三　赵王张敖第三个月。
后**九**月　汉高祖刘邦五年闰九月。
燕王卢绾始，汉太尉[1]。燕王卢绾的纪月始于此，他曾担任汉朝太尉。
九　梁王彭越第九个月。
五年**一**月　韩王信第五年第一个月。
三　长沙王吴臣第三个月。

【注释】

九月

①王得故项羽将锺离眛，斩之以闻：锺离眛在项羽灭亡后藏在韩信处，刘邦诏令韩信交出，韩信迟迟未交。直至汉六年冬，刘邦以巡狩为名到楚国时，锺离眛才自杀而死。韩信持其首见刘邦，旋被捕。此汉五年九月即书刘邦斩锺离眛，误。

②反汉，虏荼：臧荼在七月已反，此月被刘邦击败俘获。

后九月

①燕王卢绾始，汉太尉：卢绾是刘邦的同乡好友，深受刘邦器重，恩宠过于诸将。刘邦东伐项羽时，封卢绾为太尉、长安侯，而常欲封其为王，至讨灭臧荼，遂封其为燕王。

【集评】

张晏曰："时天下未定，参错变易，不可以年纪也，故列其月。"（《史记索隐》引）

陈仁锡曰："史表或以'世'，或以'年'，或以'月'。'世'者何？三代远矣，远则略，略故'世'也。'月'者何？秦楚之际近焉，近则详，详故'月'也。若十二诸侯、六国，远不及三代，近不及秦楚，故详其年而已。"又曰："《秦楚月表》首尾八年事，诸侯王自立者六国，项王所立者十四国，汉王所立者七国。故楚一也，若陈涉、若襄强、若景驹、若怀王、若项羽、若韩信，凡五易姓也。齐一也，若田儋、若韩信，凡二易姓也。赵一也，若武臣、若赵歇、若张耳，凡三易姓也。燕一也，若韩广、若臧荼、若卢绾，凡三易姓也。韩一也，若韩成、若郑昌，凡二易姓也。魏梁一也，若魏咎、若彭越，凡二易姓也。又有国亡而复封者，若张耳、若英布；国徙而更封者，若吴芮、若韩信。其兴废存亡岁月不啻旦暮者，有国者监之。"（《史记辑评》）

文靖曰："秦楚之际世更运促，陈涉起陈凡六月，武臣起赵凡四月，皆系以'月'而不'年'，是已。而其中有四十八月、三十八月者何以不'年'？其时统无所属，不得以'正''元'起数，则直曰'一月''二月'云耳。按《古公缄鼎铭》云'惟十有四月'，《戊命尊》云'十九月'，《管子》书云'二十四月''二十八月'，书法古有是例，不始龙门乎！"（《史记汉书诸表订补十种》）

汪越曰："表言'秦楚之际'，不言'秦汉之际'者，秦无道，天下共亡之。汉固灭秦，不得独言'秦汉之际'也。西楚虽主命分王诸侯，与汉争天下，而汉踣之，然汉得天下于秦及赵、齐、燕、韩、魏，非第得之于楚也。且楚与项固非一也，陈涉初起王楚，葛婴立襄强亦王楚，秦嘉立景驹亦王楚，至项梁求怀王孙于民间，亦立为怀王王楚，其后楚汉相争唯成皋、荥阳、垓下诸大战乃独项氏耳，故亦不得独言'楚汉之际'也。"（《读史记十表》）

姚苎田曰："题目'秦楚之际'，试问二世既亡，汉国未建，此时号令所出非项羽而谁？又当山东蜂起，六国复立，武信初兴，沛公未兆，此时号令所出非陈胜而谁？故不可言'秦'，不可言'楚'，谓之'际'者凡以陈、项两雄也。表为两雄而作，却以记本朝创业之由，故首以三家并起，而言下轩轾自明。次引古反击一段，然后收归本朝，作赞叹不尽之语以结之，布局之工示易测也。"（《史记菁华录》）

李景星曰："月表立法最精妙，乃史家别体，亦是创体。盖楚、汉等八国，嗣又分为二十国，事务极杂，时间复短，既不能以事纪，亦不能以年数，此处参差错综，安置最难。自太史公创为此表，按月排列，逐事附入，遂使当时形状一一分明。因其眼光过人，故胸中笔下具有经纬。表序慨叹世变，推尊本朝，纯以唱叹传神，而归原天命，尤为得体。"（《四史评议》）

董份曰："前言商、周以德，秦以力，皆历十余世，积数君而后一统，可谓甚难；汉独五年而成帝业乃复甚易，盖由秦无尺土之封，败坏既极，而

汉高大圣受天命而兴,故其难易顿殊耳。然不明言其故,使读者自得之,所以为妙。”(《史记评林》引)

茅坤曰:“读《秦楚月表》,而海内土崩鼎沸之始末甚矣,其可累嘘而太息也。而彼真人者翱翔其间,一切拨乱反之正若转环然,岂非神武而圣者乎?”(《史记评林》引)

锺惺曰:“虽是作本朝文字不无推尊,然有体有法,不似后人一味曲笔。”(《史记评林》引)

【评论】

如果说《六国年表》是司马迁用表格探讨、揭示了秦何以统一六国,《秦楚之际月表》就可以说是司马迁用表格探讨、揭示了刘邦何以能战胜项羽,最终建立汉朝。司马迁在表序中提出一个问题,即汉既没有虞、夏、商、周的累世功德,也没有秦历代先公持续发力,但为什么他所取得的成就却更辉煌,而时间、手段却又极其短暂、极其简便?他在表序中自问自答,说秦废除封建诸侯而用郡县制,毁掉城防,销毁兵器,铲除豪杰,以为可以维持社会安定,而这些正是“适足以资贤者为驱除难耳”,是为那些想要推翻它的人扫清了障碍。然而这并不能解释为什么成功者会是刘邦,而不是其他人,比如项羽。真正的答案还是要从表格里去寻找。

从这份表格中,我们可以看到刘邦如何从一个响应陈涉起义的小亭长,到成为拥有一支队伍的军事领袖,再到攻入关中,封为汉王,最后经过三年的楚汉战争,战胜了一时强大无比的楚霸王项羽,最终登上皇帝宝座的全过程。单从刘邦与项羽的较量来看,表格与《项羽本纪》《高祖本纪》相表里,一些事件用表格形式排列在一起,事实就更显客观、显豁。例如刘邦入关前后,秦二世三年七月,章邯向项羽投降,刘邦攻下南阳。八月,刘邦攻破武关。九月,刘邦攻下峣关及蓝田。汉元年十月,项羽将诸侯兵四十余万,西至河南;刘邦降秦王子婴,破咸阳,平秦,还军霸上。十一月,项羽坑杀秦降卒二十万于新安;刘邦与秦民约法三章,秦民大悦。可见，从南阳到蓝田，几场大战已经显示了刘邦的军威，入关后的举措又让秦民看到了他的仁义，秦民对刘邦自然是心服口服；而就在刘邦与秦民约法三章的同一个月，项羽则坑杀了二十万秦卒，这种对比实在太强烈了。所以项羽不定都关中，除了想衣锦还乡外，更大的可能是他自知在这里是立不住脚的。再如汉二年三月项羽在彭城大败刘邦后，到汉五年十二月的两年零九个月中，“西楚”栏中几乎没有什么记载，其他各栏也没有多少与之相关的记载，似乎项羽就是专心围困刘邦，只有“擒贼擒王”一着；而“汉”栏及其他栏中与汉相关的记载则相当丰富，可以看到刘邦虽然被困，但韩信不断打败降服其他诸侯，张耳、黥布降汉，刘邦以关中为根据地，巩固后方后从西北到东北、西南、东南几个方向形成了对项羽的包围，刘邦终于从崩溃的边缘走到了最后的成功。

刘邦的“汉”在表格前半部分排在第六位，后半部分则排在原楚国、齐国分出的几个小国之后，排在张耳、赵歇之后，是中间偏后的位置，这从汉代和汉代以后的正统史学的角度来看都有很大问题，但这种排放顺序，换个角度看，正可以显出刘邦在各种势力的夹缝中认清形势、抓住机会，从而脱颖而出的真实状态。司马迁在表序中所谓“王迹之兴，起于闾巷”，“愤发其所为天下雄，安在无土不王”，“非大圣孰能当此受命而帝者乎”这些说法，不也正从这种安排中显现出来吗？如果说在《项羽本纪》《高祖本纪》中司马迁在塑造刘邦和项羽两个人物时带着个人好恶，在这份月表中，则客观冷静得多。

但是司马迁在表序里还有一段话：“此乃传之所谓大圣乎？岂非天哉，岂非天哉，非大圣孰能当此受命而帝者乎？”似乎是在称颂刘邦是大圣人，是受天命，得天助，但细品之下，仿佛又有了宿命论、不可知的意味。他究竟是想说什么呢？后来班固所作《汉书·异姓诸侯王表序》几乎全部袭用了这篇《秦楚之际月表序》，只是在说明刘邦取天下为何如此之迅捷时加了两句话：“镌金石者难为功，摧枯朽者易为力。”到了清人王鸣盛则说：“沛公始终藉项之力以成事，而反噬项者也。……若使夫子评之，必曰‘谲而不正’。”（《十七史商榷》）这就说得很清楚了。司马迁就是这样在表序与表格正文之间造成了一种特殊的张力，让读者自己领会其中奥妙。

史记卷十七

汉兴以来诸侯王年表第五

【释名】

《汉兴以来诸侯王年表》是专门谱写汉朝封王历史状况的史表，是《史记》五篇汉代侯王表中的第一篇。本表谱列了高祖元年（前206）至武帝太初四年（前101）一百零五年间的汉朝诸侯王国的分封情况，反映了汉代分封诸侯王的历史演变态势。它的横向为年份，纵向共二十七行，第一行为汉朝纪年，其他各行均为诸侯王名，随年份变化，时多时少，时置时废，反映了中央朝廷与地方诸侯王的矛盾与斗争。高祖即位之初的前202年，封立了七个诸侯王，分别是楚王韩信、淮南王黥布、燕王卢绾、赵王张敖、梁王彭越、韩王韩信（表作代王）、长沙王吴芮，都是异姓王。随着刘邦清除异姓王，封立刘姓子弟为王，到了高祖十二年（前195）去世时，共有十个诸侯王，除长沙王吴芮，其他皆是刘姓王了。吕太后当政时，封了一批吕姓子侄为王，但随着吕氏集团被诛灭，这些人全部被杀。汉文帝后元七年（前157）去世，这一年长沙王吴著也去世了，因没有后嗣，封国被撤销，最后一个异姓王也没有了。诸侯王最多的时候为汉景帝中元六年至后元元年的两年（前144—前143），真实在位的共二十五位诸侯王。之后诸侯王逐渐减少，武帝时一面分封，一面以酎金不合格或“侵庙堧垣”等事撤销诸侯王，至本表结束的太初四年（前101），还剩下十七位诸侯王。

太史公曰：殷以前尚矣[①]。周封五等[②]：公、侯、伯、子、男。然封伯禽、康叔于鲁、卫[③]，地各四百里[④]，亲亲之义，褒有德也[⑤]；太公于齐，兼五侯地[⑥]，尊勤劳也。武王、成、康所封数百[⑦]，而同姓五十五[⑧]，地上不过百里，下三十里，以辅卫王室。管、蔡、康叔、曹、郑，或过或损[⑨]。厉、幽之后[⑩]，王室缺，侯伯强国兴焉[⑪]，天子微，弗能正。非德不纯，形势弱也[⑫]。

【注释】

①尚矣：年代很久远啦。尚，久远。

②周封五等：周朝按公、侯、伯、子、男五个等级分封诸侯。

③封伯禽、康叔于鲁、卫：周初，因周公辅佐武王灭殷建周功大，封其为鲁侯，但因其需要留在京师辅佐天子，所以派其子伯禽到鲁国就任，因此鲁国实际的首封之君便成了伯禽。鲁国的都城即今山东济宁曲阜。康叔名封，武王的小弟。周公平定武庚叛乱，将原来商都周围地区及殷民七族分封给他，建立卫国，都朝歌（今河南鹤壁淇县）。

④地各四百里：古代封国大小说法不一。《孟子·万章》云："天子之制地方千里，公侯皆方百里。"又《告子》云："周公之封于鲁为方百里。"《周礼·大司徒》："诸公之封疆方五百里，其食者半；诸侯之地方四百里，诸伯之地方三百里，其食者三之一；诸子之地方二百里，诸男之地方百里，其食者四之一。"

⑤亲亲之义，褒有德也：周公与康叔都是武王的兄弟，都具有高尚道德，所以特地封给他们"四百里"的领土。亲亲，亲近自己的亲属。褒有德，褒奖德行高尚的人。

⑥太公于齐，兼五侯地：姜太公被封于齐，其领地有五个侯爵的领地

那么大。太公,姓姜,名尚,字子牙。辅佐武王灭殷,以功封于齐,都营丘(今山东淄博临淄的西北侧),为齐之始祖,故有齐太公之称,俗称姜太公。按,《孟子·告子》云:"太公之封于齐,为方百里。"梁玉绳曰:"周封国里数,当依《孟子》《王制》百里为确,安得鲁、卫四百里,齐兼五侯地哉……且史公自言'地上不过百里',而乃曰'四百',曰'五侯',岂不自相矛盾乎?"

⑦武王、成、康所封数百:据《吕氏春秋·观世》,周朝建国后"封国四百余,服者八百余"。成,周成王,名诵,武王之子。康,周康王,名钊,成王之子。

⑧同姓五十五:《左传·昭公二十八年》有所谓"武王克商,光有天下,其兄弟之国十有五人,姬姓之国四十人",正合此"同姓五十五"之数。《荀子·儒效篇》也有周公"立七十一国,姬姓独居五十三人"之说,与此相近。

⑨管、蔡、康叔、曹、郑,或过或损:管叔鲜、蔡叔度、康叔封、曹叔振铎,都是武王之弟。郑桓公友,周宣王之弟。举他们为例,表示即便是周王的兄弟,封地也都有定制,只是有的稍大,有的稍小。损,不足。此指不足三十里。

⑩厉、幽之后:意即自西周衰败以来。厉,周厉王,名胡,前877—前841年在位。幽,周幽王,名宫湦,一说名"涅"(又作"湼")。前781—前771年在位,因腐败荒唐导致西周灭亡。

⑪侯伯强国:诸侯霸主一类的强大之国,如齐、晋、楚等。伯,方伯,一方的诸侯之长。又"伯"字也通"霸",即霸主。

⑫非德不纯,形势弱也:儒家强调"德"的决定作用,甚至认为有"德"者即能称"王",这里则强调客观形势的作用,可见史公作为史学家的理性客观。

【译文】

太史公说:殷代以前的年代太遥远了。周代的封爵分为五等:公、侯、伯、子、男。然而封伯禽于鲁，封康叔于卫，领地各为四百里，这是为了彰显亲人之间互相友爱的义理，同时也是为了表扬有德的人；封姜太公于齐，让他兼有五个侯爵的土地，这是为了尊崇他的劳苦功高。在武王、成王、康王时代封立的诸侯有几百个，而姬姓诸侯有五十五个，其中大国的封地也不过百里，小国的封地只有三十里，用它们来拱卫周王室。管叔、蔡叔、康叔、曹叔、郑桓公的封地，有的超过了定制，有的还不足定制。厉王、幽王以后，王室逐渐衰落，侯伯级别的强国兴盛起来，周天子势力单薄，已经没有力量加以纠正。这并不是周天子的德行不纯厚，而是形势变化使周天子越来越衰弱了。

汉兴，序二等①。高祖末年，非刘氏而王者，若无功上所不置而侯者，天下共诛之②。高祖子弟同姓为王者九国③，唯独长沙异姓，而功臣侯者百有余人④。自雁门、太原以东至辽阳⑤，为燕、代国⑥；常山以南⑦，大行左转⑧，度河、济⑨，阿、甄以东薄海⑩，为齐、赵国⑪；自陈以西⑫，南至九疑⑬，东带江、淮、穀、泗⑭，薄会稽⑮，为梁、楚、吴、淮南、长沙国⑯：皆外接于胡、越⑰。而内地北距山以东尽诸侯地⑱，大者或五六郡，连城数十，置百官宫观，僭于天子⑲。汉独有三河、东郡、颍川、南阳⑳，自江陵以西至蜀㉑，北自云中至陇西㉒，与内史凡十五郡㉓，而公主、列侯颇食邑其中㉔。何者？天下初定，骨肉同姓少，故广强庶孽㉕，以镇抚四海，用承卫天子也㉖。

【注释】

①汉兴，序二等：汉朝建国后分封功臣与子弟只有王、侯两个等级。王的封地大约相当于一个郡，侯的封地大约相当于一个县。

②“非刘氏而王者”几句：意即非刘氏不得封王，非有功者不得封侯，否则“天下共诛之”。若，或。按，刘邦在称帝前与刚刚称帝时，曾封过几个异姓功臣为王，如韩信、彭越、黥布以及稍晚的卢绾等。但除了偏远而又很弱的长沙王吴芮外，其他的很快就被多疑的刘邦相继消灭了，而刘邦却以此总结出异姓人不可靠，与功臣“刑白马盟曰：‘非刘氏而王，天下共诛之。’”（《吕太后本纪》）

③同姓为王者九国：楚王刘交，刘邦之弟；齐王刘肥，刘邦的庶长子；代王刘仲，刘邦之兄，后因在匈奴进攻下弃国逃回被罢黜，改封刘邦之子刘恒为代王；淮南王刘长、赵王刘如意、燕王刘建、梁王刘恢、淮阳王刘友，皆刘邦之子；吴王刘濞，刘邦之侄。

④功臣侯者百有余人：据《高祖功臣侯者年表》，刘邦在位期间封侯的功臣与外戚等其他少量各色人等共一百四十三人。

⑤雁门：汉郡名。治善无（今山西朔州右玉南）。太原：汉郡名。治晋阳（今山西太原西南）。辽阳：汉县名。县治在今辽宁辽中东南，当时为辽东郡的郡治。

⑥为燕、代国：燕、代是西汉早期最靠近北部边境的两个诸侯国。燕国的都城蓟县，在今北京市区的西南部；代国的都城通常多在今河北张家口蔚县东北的代王城，但刘恒为代王时，其国都称中都，在今山西晋中平遥古城。

⑦常山：本名恒山。为五岳中之北岳。汉避文帝刘恒名讳而改称常山。在今河北保定曲阳西北与山西接壤处。

⑧大行左转：意即太行山往东。太行山在山西高原与河北平原间。东北—西南走向。绵亘于今河北、山西、河南三省交界处。

⑨河、济：黄河、济水。当时的黄河自河南洛阳、荥阳流来，至浚县北折，东北流经山东德州，到河北沧州东北入海。济水，又称“泲水”，又作“溪水”“兖水”。古为“四渎”之一。在荥阳东北由黄河分出，流经原阳南、新乡封丘北，经山东菏泽定陶西，东北流入

巨野泽，又自泽北出经今济宁梁山县东，东北折经今济南平阴西，大致沿今之黄河河道入海。

⑩阿：汉县名。也称东阿。在今山东聊城阳谷东北。甄：汉县名。一作“鄄（juàn）”。在今山东菏泽鄄城北旧城镇。薄海：直到海边。薄，迫，挨近。

⑪齐：国都临淄，“王七十余城，民能齐言者皆属齐”，是诸侯国中疆域最大的。赵：国都邯郸，辖有邯郸、钜鹿、常山三郡。

⑫陈：汉县名。治今河南周口淮阳。

⑬九疑：山名。即九嶷山，又名苍梧山。在今湖南永州宁远南。

⑭东带江、淮、穀、泗：意即东有长江、淮河、穀水、泗水四条江河。

⑮会稽：此指会稽山，指绍兴东南和南部诸山。西汉会稽郡仍治吴县。《汉书·地理志》领县二十六。辖境扩大，东濒大海，约有今福建全省，浙江大部（除天目山、淳安以西部分外）及江苏长江以南、茅山以东地区。

⑯梁：诸侯国名。国都定陶（今山东菏泽定陶）。楚：诸侯国名。国都彭城（今江苏徐州）。淮南：诸侯国名。国都寿春（今安徽淮南寿县）。长沙：诸侯国名。国都临湘（今湖南长沙）。

⑰外接于胡、越：指这些诸侯国与南北方的少数民族相邻。

⑱北距山以东：与前“太行左转”相呼应，意即太行山以东以南，汉王朝直辖的三河以东地区。

⑲置百官宫观，僭（jiàn）于天子：按，汉初各诸侯王国的百官设置与名称都与中央朝廷一样，其各自的宫殿建筑也没有明确的差别规定。王国维《齐鲁封泥集存序》曰：“《汉书·诸侯王表》谓‘藩国宫室百官同制京师’，《百官公卿表》谓‘诸侯王群卿大夫都官如汉朝’，贾谊书亦谓天子之与诸侯，臣同、御同、宫墙门卫同，初以其为充类之说，非尽实录。此编所载齐国属官除丞相、御史大夫外，则郎中当汉之郎中令，大匠当汉之将作大匠，长秋当汉之大长

秋，下至九卿所属令丞如太祝、祠祀、园寝诸官为奉常之属……始知贾生《等齐》之篇，孟坚‘同制’之说信而有征。”僭，超越本分，冒用在上者的职权、名义行事。

⑳三河：指河东、河内、河南三郡。河东郡，治安邑（今山西运城夏县西北）。河内郡，治怀县（今河南武涉西南）。河南郡，治雒阳（今河南洛阳东北）。东郡：汉郡名。治濮阳（今河南濮阳）。颍川：汉郡名。治阳翟（今河南许昌禹州）。南阳：汉郡名。治宛县（今河南南阳）。

㉑江陵：汉县名。治今湖北江陵一带。是当时南郡治所。蜀：汉郡名。治即今成都。

㉒云中：汉郡名。治云中县（今内蒙古呼和浩特托克托东北）。陇西：汉郡名。治狄道（今甘肃定西临洮）。

㉓内史：汉京畿地方由内史治理，遂以官名名政区名，不称郡。凡十五郡：即上述的河东、河内、河南、东郡、颍川、南阳、南郡、汉中、巴郡、蜀郡、陇西、北地、上郡、云中、内史。汉初总共有六十二个郡，除以上十五个外，其余均被诸侯王占有。

㉔食邑：指古代君主赐予臣下作为世禄的封地。公主、列侯的食邑有的为一个县，有的为一个乡，各自上属所在的郡县管辖。

㉕广强庶孽：意即多封立刘姓子弟宗亲为诸侯，增强皇族势力。庶孽，非正妻所生的子孙。

㉖承卫：拱卫。

【译文】

汉朝建立以后，封爵分为王、侯两个等级。到了高祖晚年，规定如果不是刘姓而封王的，或者没有军功而封侯的，天下所有人都要共同讨伐他。当时高祖的子侄兄弟同姓封王的一共九个人，只有长沙王吴芮是异姓王，大臣们因军功而封侯的共有一百多人。西起雁门、太原，东到辽阳，是燕国、代国的封地；常山以南，太行山以东，以及黄河、济水、阿县、甄县，一直到海边，是齐国、赵国的封地；从陈县往西，南到九疑山，东到长江、淮水、縠水、泗水，一直到会稽，是梁国、楚国、吴国、淮南国和长沙国的封地：这些封地的疆界都与北方的匈奴和南方的越国相连接。内地北至太行山以东全是诸侯的封地，其中大的国家有的竟占据着五六个郡，有几十座城池，设置百官、建造宫殿，违规使用皇帝才能享有的制度。汉王朝直接控制的只有河东、河内、河南、东郡、颍川、南阳等郡，以及从江陵以西到蜀郡，北边从云中郡到陇西郡，连同京城郊区的内史一共才十五个郡，而且还有许多公主、列侯的领地也在这里面。为什么会弄成这个样子呢？这是因为当时天下刚刚平定，皇帝的兄弟子侄又少，所以只好又封了一些庶出旁系的子弟为王，靠他们镇守安抚四方，拱卫王室。

汉定百年之间[①]，亲属益疏[②]，诸侯或骄奢，忕邪臣计谋为淫乱[③]，大者叛逆，小者不轨于法，以危其命，殒身亡国[④]。天子观于上古[⑤]，然后加惠，使诸侯得推恩分子弟国邑[⑥]，故齐分为七[⑦]，赵分为六[⑧]，梁分为五[⑨]，淮南分三[⑩]，及天子支庶子为王，王子支庶为侯，百有余焉。吴楚时[⑪]，前后诸侯或以適削地[⑫]，是以燕、代无北边郡，吴、淮南、长沙无南边郡[⑬]，齐、赵、梁、楚支郡名山陂海咸纳于汉[⑭]。诸侯稍微，大国不过十余城，小侯不过数十里，上足以奉贡职[⑮]，下足以供养祭祀[⑯]，以蕃辅京师。而汉郡八九十[⑰]，形错诸侯间[⑱]，犬牙相临，秉其厄塞地利[⑲]，强本干[⑳]，弱枝叶之势[㉑]，尊卑明而万事各得其所矣。

【注释】

①汉定百年之间：按，由刘邦被封为汉王的高祖元年（前206）到《史记》终止的武帝太初四年（前101）共一百零七年。

②亲属益疏：刘邦所封的诸侯王都是他的兄弟、子侄，关系很近；可是武帝时期，那些受封者的子孙与武帝的关系越来越疏远。

③忕（shì）：习惯。

④殒身：丧生。殒，损毁，死亡。

⑤观于上古：吸取周初分封诸侯的经验，即减少其领地。

⑥推恩分子弟国邑：在武帝颁布推恩令以前，汉代诸侯王死后，其王位与封地一般是由其嫡长子承袭，其他儿子则无尺寸之封。至元朔二年（前127），武帝接受主父偃的建议，正式颁布推恩令，令各诸侯王可以自愿报请把封地分为几份，封自己的子弟为侯，"于是藩国始分，而子弟毕侯矣"（《汉书·武帝纪》）。这本质上就是贾谊曾向汉文帝建议的"众建诸侯而少其力"，将诸侯王国化整为零，无力造反，当诸侯犯罪或没有继承人时就撤销其封国，将国土收归朝廷。在文帝、景帝时期，主要是皇帝将大诸侯王国分割为小国封诸侯王之子为王，武帝时则主要是诸侯王自请分割封地封子弟为侯。

⑦齐分为七：文帝十六年（前164），趁齐文王刘则去世无后，文帝将齐国一分为七，立悼惠王刘肥的六个儿子和一个孙子为王：刘将闾为齐王，刘志为济北王，刘辟光为济南王，刘贤为淄川王，刘卬为胶西王，刘雄渠为胶东王，刘肥之孙、刘章之子为城阳王。

⑧赵分为六：赵国在文帝、景帝时期先后被分成河间、广川、中山、常山、清河五国，连同赵国为六国。

⑨梁分为五：景帝中元六年（前144），趁梁孝王刘武去世，景帝将梁国一分为五，立梁孝王子刘明为济川王、刘彭离为济东王、刘定为山阳王、刘不识为济阴王，连同旧有的孝王嫡子刘买的梁国共五国。

⑩淮南分三：文帝十六年（前164），将淮南厉王刘长时期的淮南国分为三份，封刘长的三个儿子刘安为淮南王、刘赐为庐江王、刘勃

为衡山王。

⑪吴楚时：指景帝三年（前154）的吴楚七国之乱。

⑫或以適削地：有的诸侯王因参与叛乱被削减封地。適，通“谪”，贬罚。

⑬燕、代无北边郡，吴、淮南、长沙无南边郡：鉴于汉兴以来诸侯王谋反往往与境外敌国如匈奴等相勾结，故平定七国之乱后，朝廷遂将沿边诸郡收回管辖，使诸侯国不再与境外民族相邻。

⑭支郡：诸侯国都城所在郡以外的其他郡。如齐国的都城临淄在齐郡，齐国所属的其他郡就是支郡。名山陂（bēi）海咸纳于汉：各山林湖海的资源开采权都归朝廷。陂，堤岸，这里即指湖泊。

⑮奉贡职：按时交纳贡赋。贡、职同义，都指应纳的赋税或贡物。

⑯供养：维持受封者家族的衣食等日常所需。祭祀：指受封者家族的祭祀与对朝廷宗庙的祭祀。

⑰汉郡八九十：武帝时全国共有一百零三个郡，归朝廷管辖的八十三个。

⑱形错诸侯间：各诸侯国都处于朝廷各郡的交错包围之中。

⑲秉：持，控制。厄塞：险要关塞。地利：地理优势，有利的地形。

⑳本干：以喻朝廷。

㉑枝叶：以喻各诸侯国。

【译文】

汉朝建立一百多年来，那些一开始关系还算亲近的亲属已变得越来越疏远了，而且有的诸侯还特别骄横奢侈，听信邪佞之臣的怂恿而干出了荒淫昏乱的事情，严重的发展到了造反，轻一点的也不遵纪守法，结果危及性命，丧身亡国。当今皇帝考察古代制度，然后施加恩惠，让诸侯们能够施恩于子弟，把国土分封给他们，因而齐国分成了七个诸侯国，赵国分成了六个诸侯国，梁国分成了五个诸侯国，淮南分成了三个诸侯国，再加上皇帝的庶子被封为王的，和诸王的庶子被封为侯的，总共就有一百多个了。吴楚作乱时，有的诸侯国先后因为犯罪而被割削了土地，因此燕国、代国失去了北方的边郡，吴国、淮南国、长沙国失去了南方的边郡，齐国、赵国、梁国、楚国之内的名山大湖全部收归朝廷管辖。诸侯们的势力渐渐地削弱，大国不超过十多个城邑，小国不过只有几十里的地盘，对上足以向朝廷进贡，对下足以维持自己的生活和祭祀，能尽到卫护京师的责任。这时朝廷直接控制的郡已有八九十个，诸侯封国交错散落在这些郡之间，如犬牙相对，控制了全国险要的军事重地，从而形成了一种朝廷强、诸侯弱的形势，于是国家上下尊卑等级鲜明，万事各得其所。

臣迁谨记高祖以来至太初诸侯，谱其下益损之时①，令后世得览。形势虽强，要之以仁义为本②。

【注释】

①益损之时：指所封诸侯王总体上或增或减、或多或少的变化。

②形势虽强，要之以仁义为本：吴汝纶曰："此文以末二语为主，此非真颂美也，探其削弱诸侯之意而为之耳。"

【译文】

臣司马迁恭谨地记载了从高祖以来到太初年间各个封国的情况，用表格的形式排出了各国兴衰增减的时间，供后人参考借鉴。当今朝廷的势力虽然已很强大，但更重要的还是应以仁义为根本。

前206

	高祖元年[1] 该年是刘邦被项羽封为汉王的第一年。
楚[2]	
齐[3]	
荆[4]	
淮南[5]	
燕[6]	
赵[7]	
梁[8]	
淮阳[9]	
代[10]	

前205

二 高祖二年。
都彭城①。建都于彭城。
都临菑②。建都于临淄。
都吴③。建都于吴（应为广陵）。
都寿春④。建都于寿春（应为六县）。
都蓟⑤。建都于蓟。
都邯郸⑥。建都于邯郸。
都淮阳⑦。建都于淮阳（应为定陶）。
都陈⑧。建都于陈。
十一月，初王韩信**元**年。都马邑⑨。十一月，韩（王）信始封代王。该年是其元年。建都于马邑（应为阳翟）。

前204

	三　高祖三年。
楚	
齐	
荆	
淮南	
燕	
赵	
梁	
代	二　韩王信二年。

前203

四 高祖四年。
初王信**元**年[①]。故相国[②]。韩信始封齐王，该年是其元年。他原先担任相国。
七月乙丑，初王武王英布**元**年[③]。七月乙丑，始将武王英布封为淮南王，该年是其元年。
初王张耳**元**年。薨[④]。张耳始封赵王，该年是其元年。当年张耳去世（事在下年）。
三 韩王信三年。

【注释】

高祖元年（前206）

①高祖元年：前206年。此年十月，刘邦攻入咸阳灭秦。正月，项羽封刘邦为汉王。按，此时仍沿用秦朝的历法，以每年十月为岁首，所以十月、十一月、十二月在正月前，是一年中最初的三个月。

②楚：此年的楚王是项羽，号称西楚霸王。

③齐：此年年初，齐王是田市，项羽因怨恨田荣，将齐国分为临淄、济北、胶东三国，田市为胶东王，田安为济北王，田都为临淄王。后田荣先后击败田市等三王，统一齐国，自称齐王。

④荆：此年荆国尚未分封。

⑤淮南：此年淮南国尚未分封。

⑥燕：此年年初燕王是韩广，项羽把燕地分为燕与辽东两国，封臧荼为燕王，韩广为辽东王，后臧荼攻灭韩广，统一燕地，为燕王。

⑦赵：此年年初赵王是赵歇，项羽把赵地分为常山与代两国，赵王歇为代王，张耳为常山王。

⑧梁：此年梁国尚未分封。

⑨淮阳：此年淮阳国尚未分封。

⑩代：此年赵歇被项羽改封为代王。

高祖二年（前205）

①都彭城：项羽的都城为彭城，今江苏徐州。

②都临菑：齐国的都城为临淄，今山东淄博临淄区。

③都吴：荆国的都城为吴县，今江苏苏州。然高祖六年始封刘贾为荆王，都广陵，即今江苏扬州，非苏州。

④都寿春：淮南国的都城为寿春，今安徽淮南寿县。然高祖四年封黥布为淮南王时，都六县，即今安徽六安。

⑤都蓟：燕国的都城为蓟县，今北京城区西南部（一说在北京房山

东南琉璃河镇)。

⑥都邯郸:此年赵歇打败张耳,统一赵地,复为赵王。都城邯郸,今河北邯郸。

⑦都淮阳:梁国的都城不在淮阳。高祖五年封彭越为梁王时,都定陶,即今山东菏泽定陶西北;后梁孝王刘武为梁王时,都睢阳,即今河南商丘南。

⑧都陈:淮阳国的都城为陈县,今河南周口淮阳。

⑨“代王”格:按,高祖二年的代王应是陈馀。陈馀帮赵王歇打跑张耳复为赵王,赵歇封他为代王。此表无“韩王”格,韩王信之事皆记于“代王”格。韩王信此年被刘邦封为韩王,但其此时都城为阳翟,今河南许昌禹州;高祖六年,刘邦为防匈奴,将韩国北移,韩王信才自请将都城北移至马邑。韩信,此指韩王信。马邑,今山西朔州。

高祖四年(前203)

①初王信元年:此年十一月,韩信打败杀死齐王田广,二月刘邦立韩信为齐王。

②故相国:韩信被封为齐王前,曾被刘邦拜为相国,但只是虚衔,并未实授。当时的相国是萧何。

③七月乙丑,初王武王英布元年:据《秦楚之际月表》及《黥布列传》,英布封淮南王皆书于七月,底本原为“十月”,今据改。七月乙丑,七月初一。武王英布,即黥布。其叛楚未归汉时自号“武王”,并非死后的谥号。

④初王张耳元年。薨:此年十一月,刘邦封张耳为赵王。但张耳之死,《秦楚之际月表》记于高祖五年七月,《张耳陈馀列传》记为“汉五年”,《汉书·异姓诸侯王表》记于汉五年十月,月份不同皆在“五年”,此表书于“四年”,误。

前202

	五 高祖五年。
楚	齐王信徙为楚王**元**年[①]。反，废[②]。齐王韩信被改封为楚王，
齐	**二** 徙楚。齐王韩信二年。改封为楚王。
淮南	**二** 淮南王英布二年。
燕	后九月壬子，初王卢绾**元**年[③]。闰九月壬子，卢绾始封燕王。
赵	王敖**元**年[④]。敖，耳子。赵王张敖元年（应为张耳二年）。张
梁	初王彭越**元**年。彭越始封梁王。该年是其元年。
代	**四** 降匈奴，国除为郡[⑤]。韩王信四年。韩信投降匈奴，封国
长沙[⑥]	二月乙未[⑦]，初王文王吴芮**元**年。薨[⑧]。二月乙未，始将文王

该年是其元年。谋反,王位被废(事实在下年)。
该年是其元年。
敖是张耳的儿子。
被废,改为郡(事实在高祖六年)。
吴芮封为长沙王,该年是其元年。当年吴芮去世。

前201

	六 高祖六年。
楚	正月丙午，初王交**元**年[①]。交，高祖弟。正月丙午，刘交始封
齐	正月甲子，初王悼惠王肥**元**年[②]。肥，高祖子。正月甲子（应 刘邦的儿子。
荆	正月丙午，初王刘贾**元**年[③]。正月丙午，刘贾始封荆王，该年是
淮南	**三** 淮南王英布三年。
燕	**二** 燕王卢绾二年。
赵	**二**[④] 赵王张敖二年（应为元年）。
梁	**二** 梁王彭越二年。
代[⑤]	
长沙	成王臣**元**年 长沙成王吴臣元年。他是吴芮的儿子。

楚王，该年是其元年。刘交是高祖刘邦的弟弟。
为壬子），刘肥始封齐王，“悼惠”为其谥号，该年是其元年。他是汉高祖
其元年。

前200

	七	高祖七年。
楚	二	楚王刘交二年。
齐	二	齐悼惠王刘肥二年。
荆	二	荆王刘贾二年。
淮南	四	淮南王英布四年。
燕	三	燕王卢绾三年。
赵	三	赵王张敖三年(应为二年)。
梁	三	梁王彭越三年。
代		
长沙	二	长沙成王吴臣二年。

前199

八	高祖八年。
三	楚王刘交三年。
三	齐悼惠王刘肥三年。
三	荆王刘贾三年。
五	淮南王英布五年。
四	燕王卢绾四年。
四	废[1]。赵王张敖四年（应为三年）。赵王张敖被废（事实在九年）。
四	梁王彭越四年。
三	长沙成王吴臣三年。

前198

	九 高祖九年。
楚	**四** 来朝[1]。楚王刘交四年。进京朝见皇帝。
齐	**四** 来朝。齐悼惠王刘肥四年。进京朝见皇帝。
荆	**四** 荆王刘贾四年。
淮南	**六** 来朝。淮南王英布六年。进京朝见皇帝。
燕	**五** 燕王卢绾五年。
赵	初王隐王如意**元**年[2]。如意,高祖子。刘如意始封赵王,“隐”
梁	**五** 来朝。梁王彭越五年。进京朝见皇帝。
代	
长沙	**四** 长沙成王吴臣四年。

为其谥号,该年是其元年。他是汉高祖刘邦的儿子。

【注释】

高祖五年（前202）

①齐王信徙为楚王元年：此年十二月，在韩信的指挥下，项羽兵败自杀。正月，韩信由齐王改封楚王，都下邳（治今江苏徐州东南睢宁之古邳镇），其兵权也被剥夺。

②反，废：韩信被诬谋反，刘邦等设计将其袭捕并废其楚王之位事，《高祖本纪》《淮阴侯列传》皆记于高祖六年，《汉书·高帝纪》亦记于高祖六年，此表记于五年，误。

③后九月壬子，初王卢绾元年：此年燕王臧荼造反被灭，刘邦封卢绾为燕王。后九月壬子，闰九月之二十五。此时闰月皆置于每年最后一个月即九月后，故称后九月。

④王敖元年：按，张耳此年去世，张敖元年实在下一年，即高祖六年。

⑤降匈奴，国除为郡：据《韩信卢绾列传》，韩王信在高祖六年徙都马邑，被匈奴包围而投降。此表书于高祖五年，误。

⑥长沙：此年刘邦设长沙国，改封项羽所封衡山王吴芮为长沙王，都临湘，今湖南长沙。

⑦二月乙未：二月初四。

⑧初王文王吴芮元年。薨：吴芮在高祖五年受封，当年即去世，谥“文”。

高祖六年（前201）

①正月丙午，初王交元年：此年十二月刘邦袭捕韩信，正月即封其弟刘交为楚王，都彭城（今江苏徐州）。正月丙午，正月二十一。

②正月甲子，初王悼惠王肥元年：去年韩信徙为楚王后，齐王位空缺，此年刘邦封儿子刘肥为齐王。悼惠，刘肥的谥号。正月甲子，高祖六年正月无“甲子”，《汉书》作“壬子”，正月壬子为正月二十七。

③正月丙午，初王刘贾元年：此年刘邦始设荆国，封叔伯兄弟刘贾为荆王，都广陵（今江苏扬州）。正月丙午，正月二十一。

④二：赵王张敖二年。按，张耳实去世于高祖五年，此年应是张敖元年。以下顺减。

⑤“代国”格：据底本校勘记，此格景祐本、凌本、殿本有“初王喜元年”五字，《汉书·诸侯王表》记高祖六年正月壬子立刘喜为代王，则此格当依表例作“正月壬子，初王喜元年”。梁玉绳指出，韩王信封地韩国相当于后来的太原郡，代王刘喜所封之代国相当于后来的云中、雁门、代三郡，其地不同，但因此表将韩国与代国事记于一栏，仿佛刘喜与韩王信前后相继，封于一地，当于此处补“初置代国”以救其误。

高祖八年（前199）

①废：赵相贯高谋杀刘邦未遂之事发生在高祖八年，但此事泄漏，张敖受牵连被废则在高祖九年。此表书张敖“废”于八年，误。

高祖九年（前198）

①来朝：指诸侯王进京朝见皇帝。一般也会同时朝见皇太后。汉初多在年初的十月，也称“朝十月”。

②初王隐王如意元年：高祖九年，贯高谋刺高祖之事泄，张敖受牵连被废，刘邦改立戚夫人所生子刘如意为赵王。“隐”是刘如意的谥号。梁玉绳指出，据《汉书·高帝纪》，高祖七年十二月，代王刘仲在匈奴来攻时弃国逃归，其王位被废，刘邦即于十二月辛卯立如意为代王。至九年正月赵王张敖被废，乃改封代王如意为赵王。而此表“代国”栏高祖七年未书代王刘仲逃归被废，也未书如意为代王，此年也未提如意实由代王徙为赵王，竟将刘仲王代一事全部抹去了。

	前197
	十　高祖十年。
楚	五　来朝。楚王刘交五年。进京朝见皇帝。
齐	五　来朝。齐悼惠王刘肥五年。进京朝见皇帝。
荆	五　来朝。荆王刘贾五年。进京朝见皇帝。
淮南	七　来朝。反，诛[1]。淮南王英布七年。进京朝见皇帝。谋
燕	六　来朝。燕王卢绾六年。进京朝见皇帝。
赵	二　赵隐王刘如意二年。
梁	六　来朝。反，诛[2]。梁王彭越六年。进京朝见皇帝。谋反，
代	复置代，都中都[3]。重新设置代国，建都于中都。
长沙	五　来朝。长沙成王吴臣五年。进京朝见皇帝。

反，被杀（事实在下一年）。
被杀（事实在下一年）。

	前196
	十一 高祖十一年。
楚	**六** 楚王刘交六年。
齐	**六** 齐悼惠王刘肥六年。
荆	**六** 为英布所杀,国除为郡[①]。荆王刘贾六年。荆王刘贾被英
淮南	七月庚午,厉王长**元**年[②]。长,高祖子。七月庚午,刘长被封
燕	**七** 燕王卢绾七年。
赵	**三** 赵隐王刘如意三年。
梁	二月丙午,初王恢**元**年[③]。恢,高祖子。二月丙午(应为三月
淮阳	三月丙寅,初王友**元**年[④]。友,高祖子。三月丙寅,刘友始封
代	正月丙子,初王**元**年[⑤]。正月丙子,汉高祖刘邦的儿子刘恒始
长沙	**六** 长沙成王吴臣第六年。

布所杀，荆国被灭，改为郡。

为淮南王，“厉”为其谥号，该年是其元年。他是汉高祖刘邦的儿子。

丙寅)，刘恢始封梁王，该年是其元年。他是汉高祖刘邦的儿子。

淮阳王，该年是其元年。他是汉高祖刘邦的儿子。

封代王，该年是其元年。

前195

	十二[1] 高祖十二年。
楚	**七** 楚王刘交七年。
齐	**七** 齐悼惠王刘肥七年。
吴	更为吴国[2]。十月辛丑[3],初王濞**元**年。濞,高祖兄仲子, 刘濞是汉高祖刘邦哥哥刘仲的儿子,原为沛侯。
淮南	**二** 淮南厉王刘长二年。
燕	二月甲午,初王灵王建**元**年[5]。建,高祖子。二月甲午,刘建
赵	**四** 死[6]。赵隐王刘如意四年。刘如意去世(事实在下年)。
梁	**二** 梁王刘恢二年。
淮阳	**二** 淮阳王刘友二年。
代	**二** 代王刘恒二年。
长沙	**七** 长沙成王吴臣七年。

故沛侯[4]。荆国改名为吴国。十月辛丑，刘濞始封吴王，该年是其元年。

始封燕王，"灵"为其谥号，该年是其元年。刘建，是汉高祖刘邦的儿子。

前194

	孝惠元年[①] 孝惠帝，该年是其元年。他名盈，是汉高祖刘邦的
楚	八 楚王刘交八年。
齐	八 齐悼惠王刘肥八年。
吴	二 吴王刘濞二年。
淮南	三 淮南厉王刘长三年。
燕	二 燕灵王刘建二年。
赵	淮阳王徙于赵[②]，名友，元年。是为幽王[③]。淮阳王改封为赵
梁	三 梁王刘恢三年。
淮阳	为郡[④]。淮阳国被废除，在此设郡。
代	三 代王刘恒三年。
长沙	八 长沙成王吴臣八年。

儿子。
王，他叫刘友，该年是其元年。他就是赵幽王，“幽”为其谥号。

【注释】

高祖十年(前197)

①“淮南国”格:黥布造反被诛之事在高祖十一年。此误。

②“梁国”格:彭越被诬谋反而被吕后杀害之事在高祖十一年。此误。

③复置代,都中都:刘如意徙为赵王后,代国撤销。其复置代国,据《高祖本纪》《孝文本纪》都在高祖十一年。此表记于高祖十年,不知何据。中都,汉县名。在今山西晋中平遥西南。

高祖十一年(前196)

①为英布所杀,国除为郡:此年正月,刘邦杀韩信;三月,杀彭越;英布害怕被杀,遂于七月起兵造反,向东攻杀荆王刘贾,灭荆国。荆国撤销,其地并入吴郡。

②七月庚午,厉王长元年:英布造反,刘邦封儿子刘长为淮南王,改都寿春(今安徽淮南寿县)。七月庚午,底本作“十二月庚午”,然此年十二月无“庚午”日。梁玉绳认为当依《史记·高祖本纪》《汉书·高帝纪》作“七月庚午”。七月庚午,七月十七。厉,刘长的谥号。

③二月丙午,初王恢元年:彭越被诬谋反被捕,刘邦封儿子刘恢为梁王。二月丙午,二月二十。《汉书·王子侯表》作“三月丙午”,但此年三月无“丙午”日。梁玉绳认为刘恢应与刘友同日受封,都是“三月丙寅”,可备一说。

④三月丙寅,初王友元年:此年初置淮阳国,刘邦封儿子刘友为淮阳王。三月丙寅,三月十一。

⑤正月丙子,初王元年:此年复置代国,刘邦封儿子刘恒为代王。按,其他人封王都直书其名,此处不书,当是因为刘恒后来继位为文帝,为其避讳。正月丙子,正月二十。

高祖十二年（前195）

①十二：高祖十二年。此年四月二十五，刘邦去世。

②更为吴国：高祖十一年底，刘邦打败英布，此年十月设置吴国，封侄子刘濞为吴王。

③十月辛丑：十月十九。

④濞，高祖兄仲子，故沛侯：刘濞是刘邦二哥刘仲的儿子。高祖十一年十二月封为沛侯。

⑤二月甲午，初王灵王建元年：高祖十二年十二月，燕王卢绾因私下与匈奴、陈豨联系，被刘邦怀疑谋反，卢绾害怕，逃入匈奴。刘邦遂封儿子刘建为燕王。灵，刘建谥号。

⑥死：赵王如意死于惠帝元年。表书于此年，误。

惠帝元年（前194）

①孝惠：惠帝刘盈，刘邦与吕后所生。高祖二年（前205）立为太子。

②淮阳王徙于赵：此年十二月，吕后毒死赵王如意，遂徙淮阳王刘友为赵王。

③是为幽王：刘友后被吕后幽禁饿死，故其谥号为“幽”。

④为郡：淮阳王刘友徙为赵王，淮阳国撤销，设为淮阳郡，治陈县（今河南周口淮阳）。

前193

	二	孝惠帝二年。
楚	九	来朝。楚王刘交九年。进京朝见皇帝。
齐	九	来朝。齐悼惠王刘肥九年。进京朝见皇帝。
吴	三	吴王刘濞三年。
淮南	四	淮南厉王刘长四年。
燕	三	燕灵王刘建三年。
赵	二	赵幽王刘友二年。
梁	四	梁王刘恢四年。
代	四	代王刘恒四年。
长沙	哀王回元年	长沙哀王吴回元年。他是长沙哀王吴臣的儿子。

前192

三	孝惠帝三年。
十	楚王刘交十年。
十	齐悼惠王刘肥十年。
四	吴王刘濞四年。
五	淮南厉王刘长五年。
四	燕灵王刘建四年。
三	赵幽王刘友三年。
五	梁王刘恢五年。
五	代王刘恒五年。
二	长沙哀王吴回二年。

前191

	四 孝惠帝四年。
楚	**十一** 来朝。楚王刘交十一年。进京朝见皇帝。
齐	**十一** 来朝。齐悼惠王刘肥十一年。进京朝见皇帝。
吴	**五** 吴王刘濞五年。
淮南	**六** 来朝。淮南厉王刘长六年。进京朝见皇帝。
燕	**五** 燕灵王刘建五年。
赵	**四** 来朝。赵幽王刘友四年。进京朝见皇帝。
梁	**六** 梁王刘恢六年。
代	**六** 代王刘恒六年。
长沙	**三** 长沙哀王吴回三年。

前190

五	孝惠帝刘盈五年。
十二	楚王刘交十二年。
十二	齐悼惠王刘肥十二年。
六	来朝。吴王刘濞六年。进京朝见皇帝。
七	淮南厉王刘长七年。
六	来朝。燕灵王刘建六年。进京朝见皇帝。
五	赵幽王刘友五年。
七	梁王刘恢七年。
七	代王刘恒七年。
四	长沙哀王吴回四年。

前189

	六　孝惠帝六年。
楚	十三　楚王刘交十三年。
鲁	
齐	十三　薨。齐悼惠王刘肥十三年。刘肥去世。
吴	七　吴王刘濞七年。
淮南	八　淮南厉王刘长八年。
燕	七　燕灵王刘建七年。
赵	六　赵幽王刘友六年。
常山	
梁	八　梁王刘恢八年。
吕	
淮阳	
代	八　代王刘恒八年。
长沙	五　长沙哀王吴回五年。

前188

七[1]　孝惠帝七年。
十四　来朝。楚王刘交十四年。进京朝见皇帝。
初置鲁国[2]。新设鲁国。
哀王襄**元**年　齐哀王刘襄元年。他是齐悼惠王刘肥的儿子。
八　来朝。吴王刘濞八年。进京朝见皇帝。
九　来朝。淮南厉王刘长九年。进京朝见皇帝。
八　来朝。燕灵王刘建八年。进京朝见皇帝。
七　来朝。赵幽王刘友七年。进京朝见皇帝。
初置常山国[3]。新设常山国。
九　来朝。梁王刘恢九年。进京朝见皇帝。
初置吕国[4]。新设吕国。
复置淮阳国[5]。重新设立淮阳国。
九　代王刘恒九年。
六　长沙哀王吴回六年。

前187

	高后**元**年[①] 高后元年。
楚	**十五** 楚王刘交十五年。
鲁	四月元王张偃**元**年[②]。偃,高后外孙,故赵王敖子[③]。四月,原赵王张敖的儿子。
齐	**二** 齐哀王刘襄二年。
吴	**九** 吴王刘濞九年。
淮南	**十** 淮南厉王刘长十年。
燕	**九** 燕灵王刘建九年。
赵	**八** 赵幽王刘友八年。
常山	四月辛卯,哀王不疑**元**年[④]。薨[⑤]。四月辛卯,刘不疑始封常不疑去世(实际死于下年)。
梁	**十** 梁王刘恢十年。
吕	四月辛卯,吕王台**元**年。薨[⑥]。四月辛卯,吕台始封吕王。他
淮阳	四月辛卯,初王怀王强**元**年[⑦]。强,惠帝子。四月辛卯,刘强始
代	**十** 代王刘恒十年。
长沙	**七** 长沙哀王吴回七年。

张偃始封鲁王，"元"为其谥号，该年是其元年。张偃是高后的外孙，是

山王，"哀"为其谥号，该年是其元年。他是汉惠帝刘盈的儿子。当年刘

是吕后长兄吕泽的儿子，该年是其元年。当年吕台去世（实际死于下年）。

封淮阳王，"怀"为其谥号，该年是其元年。刘强是汉惠帝刘盈的儿子。

前186

	二　高后二年。
楚	十六　楚王刘交十六年。
鲁	二　鲁元王张偃二年。
齐	三　齐哀王刘襄三年。
吴	十　吴王刘濞十年。
淮南	十一　淮南厉王刘长十一年。
燕	十　燕灵王刘建十年。
赵	九　赵幽王刘友九年。
常山	七月癸巳①，初王义元年②。哀王弟。义，孝惠子，故襄城 元年。刘义是哀王刘不疑的弟弟，汉惠帝刘盈的儿子，此前为襄
梁	十一　梁王刘恢十一年。
吕	十一月癸亥③，王吕嘉元年④。嘉，肃王子。十一月癸亥，吕
淮阳	二　淮阳怀王刘强二年。
代	十一　代王刘恒十一年。
长沙	恭王右元年　长沙恭王吴右元年。他是吴回的儿子。

侯，立为帝。七月癸巳（应为十月癸丑），刘义始封常山王，该年是其
城侯，后被立为皇帝。

嘉被封为吕王，该年是其元年。吕嘉是肃王吕台的儿子。

前185

	三　高后三年。
楚	十七　楚王刘交十七年。
鲁	三　鲁元王张偃三年。
齐	四　来朝。齐哀王刘襄四年。进京朝见皇帝。
吴	十一　吴王刘濞十一年。
淮南	十二　淮南厉王刘长十二年。
燕	十一　燕灵王刘建十一年。
赵	十　赵幽王刘友十年。
常山	二　常山王刘义二年。
梁	十二　梁王刘恢十二年。
吕	二　吕王吕嘉二年。
淮阳	三　淮阳怀王刘强三年。
代	十二　代王刘恒十二年。
长沙	二　来朝。长沙恭王吴右二年。进京朝见皇帝。

前184

四　高后四年。
十八　楚王刘交十八年。
四　鲁元王张偃四年。
五　齐哀王刘襄五年。
十二　吴王刘濞十二年。
十三　淮南厉王刘长十三年。
十二　燕灵王刘建十二年。
十一　赵幽王刘友十一年。
五月丙辰[1]，初王朝**元**年[2]。朝，惠帝子，故轵侯。五月丙辰，刘朝始封常山王，该年是其元年。刘朝是汉惠帝刘盈的儿子，原为轵侯。
十三　梁王刘恢十三年。
三　吕王吕嘉三年。
四　淮阳怀王刘强四年。
十三　代王刘恒十三年。
三　长沙恭王吴右三年。

前183

	五　高后五年。
楚	十九　楚王刘交十九年。
鲁	五　鲁元王张偃五年。
齐	六　齐哀王刘襄六年。
琅邪	
吴	十三　吴王刘濞十三年。
淮南	十四　来朝。淮南厉王刘长十四年。进京朝见皇帝。
燕	十三　燕灵王刘建十三年。
赵	十二　赵幽王刘友十二年。
常山	二　常山王刘朝二年。
梁	十四　梁王刘恢十四年。
吕	四　吕王吕嘉四年。
淮阳	五　无嗣[①]。淮阳怀王刘强五年。没有后嗣。
代	十四　代王刘恒十四年。
长沙	四　长沙恭王吴右四年。

前182

六 高后六年。
二十 楚王刘交二十年。
六 鲁元王张偃六年。
七 齐哀王刘襄七年。
初置琅邪国[①]。新设琅邪国。
十四 吴王刘濞十四年。
十五 淮南厉王刘长十五年。
十四 燕灵王刘建十四年。
十三 赵幽王刘友十三年。
三 常山王刘朝三年。
十五 梁王刘恢十五年。
嘉废[②]。七月丙辰，吕产**元**年[③]。产，肃王弟，故洨侯。吕嘉被废除王位。七月（应为十月）丙辰，吕产被封为吕王，该年是其元年。吕产是肃王吕台的弟弟，原为洨侯。
初王武**元**年[④]。武，孝惠帝子，故壶关侯。刘武始封淮阳王，该年是其元年。刘武是汉惠帝刘盈的儿子，原为壶关侯。
十五 代王刘恒十五年。
五 长沙恭王吴右五年。

【注释】

惠帝七年(前188)

①七:孝惠帝刘盈七年。此年八月,刘盈去世。

②初置鲁国:汉置鲁国,都鲁县,即今山东济宁曲阜。

③初置常山国:汉置常山国,都元氏县,在今河北石家庄元氏西北。

④初置吕国:汉置吕国,都东平陵,在今山东济南章丘西。此吕国是割齐国之济南郡而设置。

⑤复置淮阳国:恢复淮阳郡为淮阳国。

高后元年(前187)

①高后元年:惠帝去世后,吕后立惠帝之子为帝,史称“少帝”,而她自己称制执政,故这一时期以高后纪年。

②元王张偃:张偃的谥号是“元”。

③高后外孙,故赵王敖子:张偃是张敖与吕后之女鲁元公主之子。张敖受贯高谋刺刘邦牵连而被降为宣平侯,吕后当权,即设鲁国,封其为王。

④四月辛卯,哀王不疑元年:吕后为封诸吕为王,先封惠帝的几个儿子为王。四月辛卯,四月二十八。哀王不疑,刘不疑,惠帝之子,谥“哀”。

⑤薨:刘不疑死于高后二年。表记于此,误。

⑥吕王台元年。薨:吕台是吕后之兄吕泽之子,因其父之功而先封为郦侯,此年吕后暗示大臣,大臣遂请求封吕台为吕王。吕台死于高后二年十一月,谥“肃”。表记于此,误。

⑦初王怀王强:惠帝之子刘强始封淮阳王,谥“怀”。

高后二年(前186)

①七月癸巳:七月初七。按,据《汉书·异姓诸侯王表》,刘义始封

常山王在高后二年十月癸丑，与《吕太后本纪》相吻合，故此当作“十月癸丑”。

②初王义元年：常山哀王刘不疑此年去世，吕后将惠帝之子襄城侯刘山改封为常山王，改名刘义。

③十一月癸亥：十一月无癸亥，疑误记。

④王吕嘉元年：吕台死于此年十一月，其子吕嘉继位为王。

高后四年（前184）

①五月丙辰：五月十一。

②初王朝元年：此年吕后因少帝有长大后为母报仇之言，将其废掉并幽杀，改立常山王刘义为帝，改名刘弘，又改封惠帝的另一个儿子轵侯刘朝为常山王。

高后五年（前183）

①无嗣：淮阳王刘强此年八月去世，没有儿子继位。吕后即立其弟原壶关侯刘武为淮阳王，因当年未改元，故不书。

高后六年（前182）

①初置琅邪国：吕后割齐国的琅邪郡设立琅邪国，都东武，即今山东潍坊诸城。封刘泽为琅邪王。

②嘉废：吕后因吕王吕嘉行为不端将其废黜。

③七月丙辰，吕产元年：据《吕太后本纪》，吕嘉以十月废，吕产封吕王不可能在七月，应作“十月”，十月丙辰，即十月二十。吕产为吕台之弟，原为洨侯。

④初王武元年：刘武继位为淮阳王的第一年。

前181

	七　高后七年。
楚	二十一　楚王刘交二十一年。
鲁	七　鲁元王张偃七年。
齐	八　齐哀王刘襄八年。
琅邪	王泽元年[①]。故营陵侯。琅邪王刘泽元年。刘泽是刘邦的族
吴	十五　吴王刘濞十五年。
淮南	十六　淮南厉王刘长十六年。
燕	十五　绝[②]。燕灵王刘建十五年。刘建去世，吕后鸩杀其庶子，
赵	十四　幽死[③]。赵幽王刘友十四年。刘友被吕后幽禁而死。
常山	四　常山王刘朝四年。
梁	徙王赵，自杀[④]。王吕产元年[⑤]。将梁王刘恢改封为赵王，刘
吕	吕产徙王梁。二月丁巳，王太元年[⑥]。惠帝子。吕王吕产改刘盈的儿子。
淮阳	二　淮阳王刘武二年。
代	十六　代王刘恒十六年。
长沙	六　长沙恭王吴右七年。

人，原为营陵侯。

谎称刘建无子，绝嗣。

恢自杀。封吕产为梁王，该年是其元年。

封为梁王。二月丁巳，刘太被封为吕王，该年是其元年。刘太是汉惠帝

	前180
	八[①] 高后八年。
楚	二十二 楚王刘交二十二年。
鲁	八[②] 鲁元王张偃八年。
齐	九[③] 齐哀王刘襄九年。
琅邪	二[④] 琅邪王刘泽二年。
吴	十六 吴王刘濞十六年。
淮南	十七 淮南厉王刘长十七年。
燕	十月辛丑，初王吕通元年[⑤]。肃王子，故东平侯。九月诛[⑥]，子，原为东平侯。九月，吕通被杀，封国被废除。
赵	初王吕禄元年[⑦]。吕后兄子，胡陵侯。诛，国除[⑧]。吕禄始封胡陵侯。被杀，封国被废除。
常山	五 非子，诛[⑨]，国除为郡[⑩]。常山王刘朝五年。不是汉惠帝
梁	二 有罪，诛[⑪]，为郡[⑫]。梁王吕产二年。有罪被杀，梁国被废，
吕	二[⑬] 吕王刘太二年。
淮阳	三 武诛，国除[⑭]。淮阳王刘武三年。刘武被杀，封国被废除。
代	十七[⑮] 代王刘恒十七年。
长沙	七 长沙恭王吴右七年。

国除。十月辛丑，吕通始封燕王，该年是其元年。吕通是肃王吕台的儿

赵王（实际应在上一年），该年是其元年。吕禄是吕后哥哥的儿子，原为

刘盈的儿子，被杀，废除常山国，设立常山郡。

改为郡。

【注释】

高后七年（前181）

①王泽元年：刘泽是刘姓宗族，其妻为吕后之妹吕媭之女，原为营陵侯，大将军。吕后封诸吕为王，恐大臣不服，乃封刘泽为王。

②绝：燕王刘建去世，无嫡子，吕后毒杀其庶子，刘姓燕国绝嗣，封国撤销。这是为明年封吕通为燕王做准备。

③幽死：赵王刘友不爱其后吕氏，吕氏遂向吕后进谗言，吕后怒而将刘友召至京师幽禁于官邸，不与食物，刘友饿死。

④徙王赵，自杀：原赵王刘友死后，吕后将梁王刘恢改封为赵王。吕后将吕产之女嫁他为王后，刘恢遂被诸吕监视，其爱姬也被毒死。刘恢悲愤自杀。

⑤王吕产元年：刘恢死后，吕后改封吕王吕产为梁王，改梁国为吕国。

⑥二月丁巳，王太元年：吕产改封梁王后，吕后封惠帝之子原昌平侯刘太为吕王。改吕国为济川国。二月丁巳，二月二十八。

高后八年（前180）

①八：高后八年。吕后卒于此年七月辛巳。大臣诛诸吕，闰九月拥立代王刘恒为帝。

②“鲁”格：大臣诛诸吕，张偃因是吕氏一党，被废。

③“齐”格：此年吕后去世后，齐王刘襄首先发兵讨伐诸吕，朝中大臣遂乘势而起，消灭了吕氏集团。

④“琅邪”格：琅邪王刘泽原无意参与诛诸吕，其国被刘襄用计所并，他骗刘襄进京为其谋立，但入京后反对立刘襄为帝，与大臣迎立了文帝。

⑤十月辛丑，初王吕通元年：吕后将刘姓燕国撤销后，此年复置燕国，立吕台之子原东平侯吕通为燕王。十月辛丑，此年十月无“辛丑”日。

⑥九月诛：吕通在此年九月大臣诛诸吕时被杀。

⑦初王吕禄元年：刘友死后，吕后认为他为女人而自杀，废其嗣，立侄子原胡陵侯吕禄为赵王。事在高后七年，此表记在八年，误。

⑧诛，国除：吕禄在九月大臣诛诸吕时被杀，赵国被撤销。

⑨非子，诛：大臣诛诸吕时，诬蔑常山王等都不是惠帝的儿子，将他们全部杀死。

⑩国除为郡：常山国撤销，设置常山郡。

⑪有罪，诛：吕产为诸吕首领，主导了颠覆刘姓汉朝政权的叛乱。在此年九月大臣诛诸吕时被朱虚侯刘章所杀。

⑫为郡：梁国被撤销，设郡。

⑬"吕"格：吕王刘太的情况与常山王刘朝相同，故梁玉绳认为此格失书"非子，诛，国除为郡"。

⑭武诛，国除：淮阳王刘武也被诬非惠帝之子而被杀，封国撤销。

⑮"代"格：此年代王刘恒被大臣迎立为皇帝。梁玉绳认为此格当书"为皇帝"。

前179

	孝文前元年　孝文帝前元元年。他名恒，是汉高祖刘邦的儿子。
楚	二十三　楚王刘交二十三年。
鲁	九　废为侯①。鲁元王张偃九年。张偃王位被废，降为鲁侯。
齐	十　薨②。齐哀王刘襄十年。刘襄去世。
城阳	初置城阳国③。新设城阳郡。
济北	初置济北④。新设济北国。
琅邪	三　徙燕⑤。琅邪王刘泽三年。刘泽由琅邪王改封为燕王。
吴	十七　吴王刘濞十七年。
淮南	十八　淮南厉王刘长十八年。
燕	十月庚戌⑥，琅邪王泽徙燕元年。是为敬王。十月庚戌，琅
赵	十月庚戌，赵王遂元年⑦。幽王子。十月庚戌，刘遂被封为赵
河间	分为河间国⑧，都乐成⑨。割赵国的河间郡立为河间国，建都于
太原	初置太原⑩，都晋阳⑪。新设太原国，建都于晋阳。
梁	复置梁国⑫。重新设立梁国。
代	十八⑬　为文帝。代王刘恒十八年。代王刘恒当上皇帝，他就
长沙	八　长沙恭王吴右八年。

邪王刘泽改封为燕王，该年是其元年。这就是敬王。
王，该年是其元年。他是赵幽王刘友的儿子。
乐成。
是汉文帝。

前178

	二 孝文帝前元二年。
楚	夷王郢**元**年[①] 楚夷王刘郢元年，他是楚元王刘交的儿子。
齐	文王则**元**年 齐文王刘则元年，他是齐哀王刘襄的儿子。
城阳	二月乙卯[②]，景王章**元**年[③]。章，悼惠王子，故朱虚侯。二月 王刘肥的儿子，原为朱虚侯。
济北	二月乙卯，王兴居**元**年。兴居，悼惠王子，故东牟侯。二月 子，原为东牟侯。
琅邪	国除为郡[④]。琅邪国被废，设立琅邪郡。
吴	**十八** 吴王刘濞十八年。
淮南	**十九** 淮南厉王刘长十九年。
燕	**二** 薨。燕敬王刘泽二年。刘泽去世。
赵	**二** 赵王刘遂二年。
河间	二月乙卯，初王文王辟强**元**年。辟强，赵幽王子。二月乙卯， 的儿子。
太原	二月乙卯，初王参**元**年。参，文帝子。二月乙卯，刘参始封太
梁	二月乙卯，初王怀王胜**元**年[⑤]。胜，文帝子。二月乙卯，刘胜 揖）是孝文帝刘恒的儿子。
代	二月乙卯，初王武**元**年。武，文帝子。二月乙卯，刘武始封代
长沙	**九** 长沙恭王吴右九年。

乙卯，刘章始封城阳王，“景”为其谥号，该年是其元年。刘章是齐悼惠

乙卯，刘兴居始封济北王，该年是其元年。刘兴居是齐悼惠王刘肥的儿

刘辟强始封河间王，该年是其元年。“文”为其谥号。刘辟强是赵幽王

原王，该年是其元年。刘参是孝文帝刘恒的儿子。

（应为刘揖）始封梁王，“怀”为其谥号，该年是其元年。刘胜（应为刘

王，该年是其元年。刘武是孝文帝刘恒的儿子。

【注释】

文帝元年(前179)

①“鲁”格:张偃已于上一年大臣诛诸吕时被废,文帝继位后,封张偃为南宫侯。故此格中不当有“九”字,“废”字当移于上一年“鲁”格内。

②薨:齐王刘襄首先发难,才有诛灭诸吕之成功。但大臣们畏恶刘襄英武,不仅未立其为帝,也不予封赏,还割其封地,对其进行压制。刘襄因此郁愤而终。

③初置城阳国:大臣诛诸吕,因刘章有大功,曾许诺立其为赵王,后文帝与大臣听说他谋划立其兄刘襄为帝,遂仅割齐国之城阳郡设城阳国,封其为城阳王,都莒,即今山东日照莒县。城阳国,底本作“城阳郡”,张文虎云:“《志疑》云:‘《齐悼惠世家·正义》引《表》云“都莒”,今本脱。’案:表中‘郡’字盖即‘都’字之讹,而失‘莒’字。或疑‘郡’当为‘国’,然此表济北、河间、太原下皆省‘国’字,殆非也。”此说颇为纡曲,且《史记会注考证》所据金陵本正作“城阳国”,今据金陵本改。

④初置济北:大臣诛诸吕,因刘兴居有功,曾许诺立其为梁王,后亦因曾谋立其兄刘襄,文帝与大臣割齐国之济北郡设济北国,封其为济北王,都卢县,即今山东济南长清西南。据梁玉绳云,“济北”后当有“国”字。

⑤徙燕:原琅邪王刘泽因迎立文帝之功,改封为燕王。

⑥十月庚戌:十月初一。

⑦赵王遂元年:文帝复置赵国,立原赵幽王刘友之子刘遂为赵王。

⑧分为河间国:割赵国的河间郡设立河间国。河间国,底本无“国”字,梁玉绳引《史诠》:“河间国,缺‘国’字。……误。”今据补。

⑨乐成:汉县名。治今河北沧州献县东南。

⑩初置太原:改太原郡为太原国。据梁玉绳云,“太原”后当有

"国"字。

⑪晋阳:汉县名。治今山西太原西南。

⑫复置梁国:梁国在吕产时改称吕国,大臣诛诸吕时被撤销,文帝恢复其建制,并改回梁国国名。

⑬十八:二字衍。文帝在上一年已经继位,此年已改元,此处不应再有其为代王年数。

文帝二年(前178)

①夷王郢:楚元王刘交之子。《惠景间侯者年表》《汉书》皆云其名"郢客"。此与《孝文本纪》《楚元王世家》皆脱"客"字。

②二月乙卯:二月二十三。

③景王章:刘章。谥号为"景"。

④国除为郡:琅邪王刘泽改封燕王,琅邪国撤销,设琅邪郡,属齐国。

⑤初王怀王胜:据《孝文本纪》,此年封其子刘揖为梁王。梁玉绳曰:"怀王名揖,《史·文纪》及《汉》纪、表可据,此与《将相表》《孝王世家》及《汉·贾谊传》作'胜',误也。景帝子中山靖王名'胜',而怀王为景帝亲弟,岂有叔侄同名之理乎?"

前177

	三　孝文帝前元三年。
楚	二　楚夷王刘郢二年。
齐	二　齐文王刘则二年。
城阳	二　城阳景王刘章二年。
济北	为郡[①]。济北国被废除，设立为济北郡。
吴	十九　来朝。吴王刘濞十九年。进京朝见皇帝。
淮南	二十　来朝。淮南厉王刘长二十年。进京朝见皇帝。
燕	康王嘉元年　燕康王刘嘉元年。他是燕敬王刘泽的儿子。
赵	三　赵王刘遂三年。
河间	二　河间文王刘辟强二年。
太原	二　太原王刘参二年。
梁	二　梁怀王刘揖二年。
淮阳	复置淮阳国[②]。重新设置淮阳国。
代	二　徙淮阳[③]。代王刘武二年。刘武改封为淮阳王。
长沙	靖王著元年　长沙靖王吴著元年。吴著是长沙恭王吴右之子。

前176

四 孝文帝前元四年。
三 楚夷王刘郢三年。
三 齐文王刘则三年。
共王喜**元**年。城阳共王刘喜元年。他是城阳景王刘章的儿子。
二十 吴王刘濞二十年。
二十一 淮南厉王刘长二十一年。
二 燕康王刘嘉二年。
四 赵王刘遂四年。
三 河间文王刘辟强三年。
三 更为代王[1]。太原王刘参三年。刘参改封为代王。
三 梁怀王刘揖三年。
代王武徙淮阳**三**年[2]。代王刘武改封为淮阳王，他当王已有三年。
三 太原王参更号为代王三年，实居太原，是为孝王[3]。太原王刘参改封为代王，他当王已有三年，仍住在太原，他就是代孝王。
二 长沙靖王吴著二年。

前175

	五　孝文帝前元五年。
楚	四　薨。楚夷王刘郢四年。刘郢去世。
齐	四　齐文王刘则四年。
城阳	二　城阳共王刘喜二年。
吴	二十一　吴王刘濞二十一年。
淮南	二十二　淮南厉王刘长二十二年。
燕	三　燕康王刘嘉三年。
赵	五　赵王刘遂五年。
河间	四　河间文王刘辟强四年。
梁	四　梁怀王刘揖四年。
淮阳	四　淮阳王刘武四年。
代	四　代孝王刘参四年。
长沙	三　长沙靖王吴著三年。

前174

六　孝文帝前元六年。
王戊元年　楚王刘戊元年。刘戊是楚夷王刘郢的儿子。
五　齐文王刘则五年。
三　城阳共王刘喜三年。
二十二　吴王刘濞二十二年。
二十三　王无道，迁蜀，死雍[①]，为郡[②]。淮南厉王刘长二十三年。淮南厉王刘长谋反，被贬蜀地，途中自杀于雍，淮南国被废除，改设为郡。
四　燕康王刘嘉四年。
六　赵王刘遂六年。
五　河间文王刘辟强五年。
五　梁怀王刘揖五年。
五　淮阳王刘武五年。
五　代孝王刘参五年。
四　长沙靖王吴著四年。

前173

	七	孝文帝前元七年。
楚	二	楚王刘戊二年。
齐	六	齐文王刘则六年。
城阳	四	城阳共王刘喜四年。
吴	二十三	吴王刘濞二十三年。
燕	五	燕康王刘嘉五年。
赵	七	来朝。赵王刘遂七年。进京朝见皇帝。
河间	六	河间文王刘辟强六年。
梁	六	来朝。梁怀王刘揖六年。进京朝见皇帝。
淮阳	六	来朝。淮阳王刘武六年。进京朝见皇帝。
代	六	来朝。代孝王刘参六年。进京朝见皇帝。
长沙	五	长沙靖王吴著五年。

前172

八	孝文帝前元八年。
三	楚王刘戊三年。
七	来朝。齐文王刘则七年。进京朝见皇帝。
五	城阳共王刘喜五年。
二十四	吴王刘濞二十四年。
六	来朝。燕康王刘嘉六年。进京朝见皇帝。
八	赵王刘遂八年。
七	来朝。河间文王刘辟强七年。进京朝见皇帝。
七	梁怀王刘揖七年。
七	淮阳王刘武七年。
七	代孝王刘参七年。
六	长沙靖王吴著六年。

前171

	九	孝文帝前元九年。
楚	**四**	楚王刘戊四年。
齐	**八**	齐文王刘则八年。
城阳	**六**	来朝。城阳共王刘喜六年。进京朝见皇帝。
吴	**二十五**	吴王刘濞二十五年。
燕	**七**	燕康王刘嘉七年。
赵	**九**	赵王刘遂九年。
河间	**八**	河间文王刘辟强八年。
梁	**八**	梁怀王刘揖八年。
淮阳	**八**	来朝。淮阳王刘武八年。进京朝见皇帝。
代	**八**	代孝王刘参八年。
长沙	**七**	长沙靖王吴著七年。

前170

十	孝文帝前元十年。
五	楚王刘戊五年。
九	齐文王刘则九年。
七	城阳共王刘喜七年。
二十六	吴王刘濞二十六年。
八	燕康王刘嘉八年。
十	赵王刘遂十年。
九	河间文王刘辟强九年。
九	梁怀王刘揖九年。
九	淮阳王刘武九年。
九	代孝王刘参九年。
八	来朝。长沙靖王吴著八年。进京朝见皇帝。

前169

	十一　孝文帝前元十一年。
楚	六　楚王刘戊六年。
齐	十　齐文王刘则十年。
城阳	八　徙淮南[①]。为郡，属齐[②]。城阳共王刘喜八年。城阳共王
吴	二十七　吴王刘濞二十七年。
燕	九　燕康王刘嘉九年。
赵	十一　赵王刘遂十一年。
河间	十　河间文王刘辟强十年。
梁	十　来朝。薨，无后。梁怀王刘揖十年。进京朝见皇帝。刘
淮阳	十　来朝。徙梁。为郡[③]。淮阳王刘武十年。进京朝见皇帝。
代	十　来朝。代孝王刘参十年。进京朝见皇帝。
长沙	九　长沙靖王吴著九年。

刘喜改封为淮南王，原城阳国改立为郡，为齐国所有。
揖去世。没有后嗣。
刘武改封为梁王。淮阳国改为郡。

前168

	十二 孝文帝前元十二年。
楚	**七** 楚王刘戊七年。
齐	**十一** 来朝。齐文王刘则十一年。进京朝见皇帝。
吴	**二十八** 吴王刘濞二十八年。
淮南	城阳王喜徙淮南**元**年[1] 城阳王刘喜改封为淮南王，该年是其元年。
燕	**十** 燕康王刘嘉十年。
赵	**十二** 来朝。赵王刘遂十二年。进京朝见皇帝。
河间	**十一** 来朝。河间文王刘辟强十一年。进京朝见皇帝。
梁	**十一** 淮阳王武徙梁年，是为孝王[2]。淮阳王刘武改封为梁王，他当王已有十一年，他就是梁孝王。
代	**十一** 代王刘参十一年。
长沙	**十** 长沙靖王吴著十年。

二十九	吴王刘濞二十九年。
二	淮南王刘喜二年。
十一	燕康王刘嘉十一年。
十三	赵王刘遂十三年。
十二	河间文王刘辟强十二年。
十二	梁孝王刘武十二年。
十二	代王刘参十二年。
十一	长沙靖王吴著十一年。

校

淮南	[illegible]	[illegible]
燕	十二	[illegible]
赵	十四	赵王[illegible]
河间	十三	薨。河间文王刘辟强十三年。刘辟强去世。
庐江		
梁	十三	梁孝王刘武十三年。
代	十三	代王刘参十三年。
长沙	十二	长沙靖王吴著十二年。

前165

十五 孝文帝前元十五年。
十 楚王刘戊十年。
初置衡山[1]。新设衡山国。
十四 薨。无后。齐文王刘则十四年。刘则去世。没有后嗣。
复置城阳国[2]。重新设立城阳国。
复置济北国。重新设立济北国。
分为济南国。从齐国割出,设立济南国。
分为菑川,都剧[3]。从齐国割出,设立淄川国,建都于剧。
分为胶西,都宛[4]。从齐国割出,设立胶西国,建都于宛(应为高密)。
分为胶东,都即墨[5]。从齐国割出,设立胶东国,建都于即墨。
三十一 吴王刘濞三十一年。
四 徙城阳。淮南王刘喜四年。刘喜改封为城阳王。
十三 来朝。燕康王刘嘉十三年。进京朝见皇帝。
十五 赵王刘遂十五年。
哀王福**元**年。薨,无后,国除为郡[6]。河间哀王刘福元年,他是河间文王刘辟强的儿子。当年刘福去世,没有后嗣,河间国被废除,改为郡。
初置庐江国。新设庐江国。
十四 来朝。梁孝王刘武十四年。进京朝见皇帝。
十四 代孝王刘参十四年。
十三 长沙靖王吴著十三年。

【注释】

文帝三年（前177）

①“济北”格：此年七月刘兴居乘匈奴入侵、文帝北上出击匈奴之机，发兵叛乱，八月兵败自杀。济北国撤销，设立济北郡。

②复置淮阳国：高后八年，大臣诛诸吕时，诬淮阳王刘武不是惠帝之子而将其杀死，淮阳国撤销。此年文帝恢复淮阳国建制，都陈县（今河南周口淮阳）。

③“代”格：文帝之子刘武在为代王的第二年改封为淮阳王。

文帝四年（前176）

①“太原”格：文帝之子太原王刘参改封为代王。太原国撤销。

②代王武徙淮阳三年：刘武由代王改封为淮阳王，其为王年数从其为代王时算起。

③“代”格：文帝将太原国与代国合并为代国，取消了“太原国”国号，刘参由太原王改称为代王，但都城仍为晋阳（今山西太原），其为王年数从其为太原王时算起。

文帝六年（前174）

①王无道，迁蜀，死雍：文帝之弟淮南王刘长，在封地不尊汉法，自定法令，拟于天子。此年与匈奴、闽越首领联络，图谋叛乱，事泄被废，谪徙蜀郡，途中绝食死于雍。雍，汉县名。在今陕西宝鸡凤翔西南。

②为郡：淮南国建制撤销，设为淮南郡，治寿春（今安徽淮南寿县）。

文帝十一年（前169）

①徙淮南：此年文帝恢复淮南国建制，改封城阳王刘喜为淮南王。

②为郡，属齐：城阳国建制撤销，设为城阳郡，归属齐国。

③徙梁，为郡：梁怀王刘揖去世，无后，文帝改封淮阳王刘武为梁王。淮阳国建制撤销，设为淮阳郡。

文帝十二年（前168）

①城阳王喜徙淮南元年：刘喜由城阳王改封为淮南王。因淮南国建制在文帝六年撤销，此年重置，故刘喜为淮南王的年数从一算起。

②“梁”格：刘武由淮阳王改封梁王。由于梁国一直存在，梁王年数也从刘武初封王时算起，此年是其为王的第十一年。

文帝十五年（前165）

①初置衡山：此年文帝将刘长时期的淮南国之地一分为三，设置衡山、庐江、淮南三国。据梁玉绳云，“衡山”后当有“国”字。衡山国，都邾，今湖北黄冈北。

②复置城阳国：此年齐王刘则去世无后，文帝将齐国一分为七，恢复了城阳、济北国建制，又新设济南、淄川、胶西、胶东四国，连同齐国一共七国。除城阳王刘喜外，其他六国国王都是齐悼惠王刘肥之子。

③剧：汉县名。治今山东潍坊昌乐西（或说在寿光东南）。

④宛：当作“高密”，汉县名。治今山东潍坊高密西南。

⑤即墨：汉县名。治今山东青岛平度东南。

⑥“河间”格：河间哀王刘福此年袭位为王，当年即去世，无后。河间国建制撤销，设为河间郡。

前164	
	十六 孝文帝前元十六年。
楚	**十一** 楚王刘戊十一年。
衡山	四月丙寅，王勃**元**年。淮南厉王子，故安阳侯[①]。四月丙寅，
齐	四月丙寅，孝王将闾**元**年。齐悼惠王子，故阳虚侯[②]。四月
城阳	淮南王喜徙城阳**十三**年[③]。淮南三刘喜改封为城阳王，他当王
济北	四月丙寅，初王志**元**年。齐悼惠王子，故安都侯。四月丙寅，
济南	四月丙寅，初王辟光**元**年。齐悼惠王子，故朸侯。四月丙寅，
菑川	四月丙寅，初王贤**元**年。齐悼惠王子，故武城侯。四月丙寅，
胶西	四月丙寅，初王印**元**年。齐悼惠王子，故平昌侯。四月丙寅，
胶东	四月丙寅，初王雄渠**元**年。齐悼惠王子，故白石侯。四月丙
吴	**三十二** 吴王刘濞三十二年。
淮南	四月丙寅，王安**元**年[④]。淮南厉王子，故阜陵侯。四月丙寅，
燕	**十四** 燕康王刘嘉十四年。
赵	**十六** 赵王刘遂十六年。
庐江	四月丙寅，王赐**元**年。淮南厉王子，故阳周侯。四月丙寅，
梁	**十五** 梁孝王刘武十五年。
代	**十五** 代孝王刘参十五年。
长沙	**十四** 长沙靖王吴著十四年。

刘勃始封衡山王。他是淮南厉王之子，原为安阳侯。
丙寅，刘将闾始封齐王，“孝”为其谥号。他是齐悼惠王之子，原为阳虚侯。
已有十三年。
刘志始封济北王。他是齐悼惠王之子。原为安都侯。
刘辟光始封济南王。他是齐悼惠王之子，原为朸侯。
刘贤始封淄川王。他是齐悼惠王之子，原为武城侯。
刘印始封胶西王。他是齐悼惠王之子，原为平昌侯。
寅，刘雄渠始封胶东王。他是齐悼惠王之子，原为白石侯。
刘安始封淮南王。他是淮南厉王之子，原为阜陵侯。
刘赐始封庐江王。他是淮南厉王之子，原为阳周侯。

前163

	后元年① 孝文帝后元元年。
楚	十二 楚王刘戊十二年。
衡山	二 衡山王刘勃二年。
齐	二 齐孝王刘将闾二年。
城阳	十四 城阳共王刘喜十四年。
济北	二 济北王刘志二年。
济南	二 济南王刘辟光二年。
菑川	二 淄川王刘贤二年。
胶西	二 胶西王刘印二年。
胶东	二 胶东王刘雄渠二年。
吴	三十三 吴王刘濞三十三年。
淮南	二 淮南王刘安二年。
燕	十五 燕康王刘嘉十五年。
赵	十七 赵王刘遂十七年。
庐江	二 庐江王刘赐二年。
梁	十六 梁孝王刘武十六年。
代	十六 代孝王刘参十六年。
长沙	十五 长沙靖王吴著十五年。

前162

二	孝文帝后元二年。
十三	楚王刘戊十三年。
三	衡山王刘勃三年。
三	齐孝王刘将闾三年。
十五	城阳共王刘喜十五年。
三	济北王刘志三年。
三	济南王刘辟光三年。
三	淄川王刘贤三年。
三	胶西王刘卬三年。
三	胶东王刘雄渠三年。
三十四	吴王刘濞三十四年。
三	淮南王刘安三年。
十六	燕康王刘嘉十六年。
十八	赵王刘遂十八年。
三	庐江王刘赐三年。
十七	梁孝王刘武十七年。
十七	薨。代孝王刘参十七年。刘参去世。
十六	长沙靖王吴著十六年。

前161

	三　孝文帝后元三年。
楚	十四　楚王刘戊十四年。
衡山	四　衡山王刘勃四年。
齐	四　来朝。齐孝王刘将闾四年。进京朝见皇帝。
城阳	十六　城阳共王刘喜十六年。
济北	四　来朝。济北王刘志四年。进京朝见皇帝。
济南	四　来朝。济南王刘辟光四年。进京朝见皇帝。
菑川	四　淄川王刘贤四年。
胶西	四　胶西王刘卬四年。
胶东	四　胶东王刘雄渠四年。
吴	三十五　吴王刘濞三十五年。
淮南	四　淮南王刘安四年。
燕	十七　燕康王刘嘉十七年。
赵	十九　赵王刘遂十九年。
庐江	四　庐江王刘赐四年。
梁	十八　来朝。梁孝王刘武十八年。进京朝见皇帝。
代	恭王登元年　代恭王刘登元年，他是代孝王刘参的儿子。
长沙	十七　长沙靖王吴著十七年。

前160

四　孝文帝后元四年。
十五　楚王刘戊十五年。
五　衡山王刘勃五年。
五　齐孝王刘将闾五年。
十七　城阳共王刘喜十七年。
五　来朝。济北王刘志五年。进京朝见皇帝。
五　济南王刘辟光五年。
五　淄川王刘贤五年。
五　胶西王刘卬五年。
五　胶东王刘雄渠五年。
三十六　吴王刘濞三十六年。
五　淮南王刘安五年。
十八　来朝。燕康王刘嘉十八年。进京朝见皇帝。
二十　来朝。赵王刘遂二十年。进京朝见皇帝。
五　庐江王刘赐五年。
十九　梁孝王刘武十九年。
二　代恭王刘登二年。
十八　长沙靖王吴著十八年。

前159

	五 孝文帝后元五年。
楚	**十六** 来朝。楚王刘戊十六年。进京朝见皇帝。
衡山	**六** 衡山王刘勃六年。
齐	**六** 齐孝王刘将闾六年。
城阳	**十八** 来朝。城阳共王刘喜十八年。进京朝见皇帝。
济北	**六** 济北王刘志六年。
济南	**六** 来朝。济南王刘辟光六年。进京朝见皇帝。
菑川	**六** 淄川王刘贤六年。
胶西	**六** 来朝。胶西王刘卬六年。进京朝见皇帝。
胶东	**六** 胶东王刘雄渠六年。
吴	**三十七** 吴王刘濞三十七年。
淮南	**六** 淮南王刘安六年。
燕	**十九** 燕康王刘嘉十九年。
赵	**二十一** 赵王刘遂二十一年。
庐江	**六** 庐江王刘赐六年。
梁	**二十** 梁孝王刘武二十年。
代	**三** 代恭王刘登三年。
长沙	**十九** 长沙靖王吴著十九年。

前158

六	孝文帝后元六年。
十七	楚王刘戊十七年。
七	衡山王刘勃七年。
七	齐孝王刘将闾七年。
十九	城阳共王刘喜十九年。
七	济北王刘志七年。
七	济南王刘辟光七年。
七	淄川王刘贤七年。
七	胶西王刘卬七年。
七	胶东王刘雄渠七年。
三十八	吴王刘濞三十八年。
七 来朝。	淮南王刘安七年。进京朝见皇帝。
二十	燕康王刘嘉二十年。
二十二	赵王刘遂二十二年。
七	庐江王刘赐七年。
二十一 来朝。	梁孝王刘武二十一年。进京朝见皇帝。
四	代恭王刘登四年。
二十 来朝。	长沙靖王吴著二十年。进京朝见皇帝。

前157

	七[1] 孝文帝后元七年。
楚	十八 楚王刘戊十八年。
衡山	八 衡山王刘勃八年。
齐	八 齐孝王刘将闾八年。
城阳	二十 城阳共王刘喜二十年。
济北	八 济北王刘志八年。
济南	八 济南王刘辟光八年。
菑川	八 淄川王刘贤八年。
胶西	八 胶西王刘卬八年。
胶东	八 胶东王刘雄渠八年。
吴	三十九 吴王刘濞三十九年。
淮南	八 淮南王刘安八年。
燕	二十一 燕康王刘嘉二十一年。
赵	二十三 赵王刘遂二十三年。
河间	
广川	
庐江	八 庐江王刘赐八年。
梁	二十二 梁孝王刘武二十二年。
临江	
汝南	
淮阳	
代	五 代恭王刘登五年。
长沙	二十一 来朝。薨,无后,国除[2]。长沙靖王吴著二十一年。进京朝见皇帝。吴著去世,没有后嗣,长沙国被废除。

前156

孝景前元年　孝景帝前元元年。他名启，是孝文帝刘恒的儿子。
十九　楚王刘戊十九年。
九　衡山王刘勃九年。
九　齐孝王刘将闾九年。
二十一　城阳共王刘喜二十一年。
九　济北王刘志九年。
九　济南王刘辟光九年。
九　淄川王刘贤九年。
九　胶西王刘卬九年。
九　胶东王刘雄渠九年。
四十　吴王刘濞四十年。
九　淮南王刘安九年。
二十二　燕康王刘嘉二十二年。
二十四　赵王刘遂二十四年。
复置河间国①。重新设置河间国。
初置广川，都信都②。新设广川国，建都于信都。
九　庐江王刘赐九年。
二十三　梁孝王刘武二十三年。
初置临江③，都江陵④。新设临江国，建都于江陵。
初置汝南国⑤。新设汝南国。
复置淮阳国⑥。重新设立淮阳国。
六　代恭王刘登六年。
复置长沙国⑦。重新设立长沙国。

前155

	二　孝景帝前元二年。
楚	二十　来朝。楚王刘戊二十年。进京朝见皇帝。
鲁	分楚复置鲁国[①]。从楚国割出,重新设立鲁国。
衡山	十　衡山王刘勃十年。
齐	十　齐孝王刘将闾十年。
城阳	二十二　城阳共王刘喜二十二年。
济北	十　来朝。济北王刘志十年。进京朝见皇帝。
济南	十　济南王刘辟光十年。
菑川	十　淄川王刘贤十年。
胶西	十　胶西王刘卬十年。
胶东	十　胶东王刘雄渠十年。
吴	四十一　吴王刘濞四十一年。
淮南	十　淮南王刘安十年。
燕	二十三　燕康王刘嘉二十三年。
赵	二十五　来朝。赵王刘遂二十五年。进京朝见皇帝。
河间	三月甲寅[②],初王献王德元年[③]。景帝子。三月甲寅,刘德始
广川	三月甲寅,王彭祖元年[④]。景帝子。三月甲寅,刘彭祖始封广
中山	初置中山[⑤],都卢奴[⑥]。新设中山国,建都于卢奴。
庐江	十　庐江王刘赐十年。
梁	二十四　来朝。梁孝王刘武二十四年。进京朝见皇帝。
临江	三月甲寅,初王阏于元年[⑦]。景帝子。三月甲寅,刘阏于始封
汝南	三月甲寅,初王非元年[⑧]。景帝子。三月甲寅,刘非始封汝南
淮阳	三月甲寅,初王馀元年[⑨]。景帝子。三月甲寅,刘馀始封淮阳
代	七　代恭王刘登七年。
长沙	三月甲寅,定王发元年[⑩]。景帝子。三月甲寅,刘发始封长沙

封河间王，"献"为其谥号，该年是其元年。他是汉景帝刘启的儿子。

川王，该年是其元年。他是汉景帝刘启的儿子。

临江王，该年是其元年。他是汉景帝刘启的儿子。

王，该年是其元年。他是汉景帝刘启的儿子。

王，该年是其元年。他是汉景帝刘启的儿子。

王，"定"为其谥号，该年是其元年。他是汉景帝刘启的儿子。

【注释】

文帝十六年（前164）

①“衡山”格：刘勃是淮南厉王刘长之子。文帝六年（前174），刘长谋反被贬自杀，八年（前172），文帝迫于“杀弟”的舆论压力，封其四个儿子为侯，刘勃封安阳侯。此年又封其中三人刘勃为衡山王、刘安为淮南王、刘赐为庐江王。四月丙寅，四月十七。

②“齐”格：刘将闾是齐悼惠王刘肥之子，去世的齐文王刘则的叔叔。文帝四年（前176）封阳虚侯。阳虚，《惠景间侯者年表》作“杨虚”。

③“城阳”格：此年文帝封刘长之子刘安为淮南王，原城阳王刘喜在做了四年淮南王之后又改回城阳王。连同他之前的为王年数，此年是他为王的第十三年。

④王安元年：刘安此年由阜陵侯升为淮南王。这是他为王的第一年。

文帝后元年（前163）

①后元年：此年得上刻“人主延寿”的玉杯，文帝改元。

文帝后七年（前157）

①七：文帝后元七年。文帝于此年六月初一去世。

②“长沙”格：长沙王吴著去世，无后，长沙国建制撤销。吴氏长沙国自吴芮高祖五年（前202）受封，传四侯，共四十五年。至此西汉再无异姓诸侯王。

景帝元年（前156）

①复置河间国：文帝十五年（前165）河间哀王刘福去世无后，河间国废为郡，此年恢复建制，仍都乐成（今河北沧州献县东南）。

②信都：汉县名。治今河北衡水冀州。

③初置临江：楚汉之际项羽曾设临江国，封共敖为临江王，辖南郡、长沙郡、黔中郡。高祖五年（前202）被刘邦所灭。景帝所设临江国，仅辖南郡一郡。

④江陵：汉县名。治今湖北江陵一带。

⑤初置汝南国：景帝以汝南郡设汝南国。都平舆（今河南驻马店平舆北）。

⑥复置淮阳国：文帝十一年（前169），淮阳王刘武改封梁王，淮南国建制撤销，此年景帝恢复淮阳国。都陈县（今河南周口淮阳）。

⑦复置长沙国：上一年长沙国建制撤销，此年恢复，准备封给刘姓诸侯王。

景帝二年（前155）

①分楚复置鲁国：文帝元年（前179），废鲁王张偃为南宫侯，鲁国建制撤销。此年恢复，准备封给刘姓诸侯王。仍都曲阜。

②三月甲寅：三月二十七。

③献王德：刘德，谥“献”。其母为栗姬。

④王彭祖元年：刘彭祖。其母为贾夫人。据表例，“王彭祖”前应补“初”字。

⑤初置中山：高祖析常山郡东部置中山郡，景帝设为中山国。

⑥卢奴：汉县名。一作“庐奴”。故治在今河北保定定州。

⑦王阏于：刘阏于。其母为栗姬。

⑧王非：刘非。其母为程姬。

⑨王馀：刘馀。其母为程姬。

⑩定王发：刘发，谥“定”。其母为唐姬。

前154

	三　孝景帝前元三年。
楚	二十一　反，诛[①]。楚王刘戊第二十一年。谋反，兵败而死。
鲁	六月乙亥[②]，淮阳王徙鲁元年。是为恭王。六月乙亥，淮阳
衡山	十一　衡山王刘勃十一年。
齐	十一　齐孝王刘将闾十一年。
城阳	二十三　城阳共王刘喜二十三年。
济北	十一　徙菑川。济北王刘志十一年。济北王刘志改封为淄川
济南	十一　反，诛。为郡[③]。济南王刘辟光十一年。济南王刘辟光
菑川	十一　反，诛。济北王志徙菑川十一年。是为懿王[④]。淄川当王已有十一年。他就是淄川懿王。
胶西	十一　反，诛。六月乙亥，于王端元年。景帝子[⑤]。胶西王年是其元年，“于”为其谥号。他是汉景帝刘启的儿子。
胶东	十一　反，诛[⑥]。胶东王刘雄渠十一年。胶东王刘雄渠谋反，
吴	四十二　反，诛[⑦]。吴王刘濞四十二年。吴王刘濞谋反，被杀。
淮南	十一　淮南王刘安十一年。
燕	二十四　燕康王刘嘉二十四年。
赵	二十六　反，诛。为郡[⑧]。赵王刘遂二十六年。赵王刘遂谋反，
河间	二　来朝。河间献王刘德二年。进京朝见皇帝。
广川	二　来朝。广川王刘彭祖二年。进京朝见皇帝。
中山	六月乙亥，靖王胜元年[⑨]。景帝子。六月乙亥，刘胜始封中山
庐江	十一　庐江王刘赐十一年。
梁	二十五　来朝。梁孝王刘武二十五年。进京朝见皇帝。
临江	二　临江王刘阏于二年。
汝南	二　汝南王刘非二年。
淮阳	二　徙鲁。为郡[⑩]。淮阳王刘馀二年，淮阳王刘馀改封为鲁王。
代	八　代恭王刘登八年。
长沙	二　长沙定王刘发二年。

王刘馀改封鲁王，该年是其元年。他就是鲁恭王。

王。

谋反，被杀。济南国改设为郡。

王刘贤十一年。淄川王刘贤谋反，被杀。济北王刘志改封为淄川王，他

刘卬十一年。胶西王刘卬谋反，被杀。六月乙亥，封刘端为胶西王，该

被杀。

被杀。赵国改设为郡。

王，该年是其元年，“靖”为其谥号。他是汉景帝刘启的儿子。

淮阳国改设为郡。

前153

	四 四月己巳[1],立太子[2]。 孝景帝前元四年。四月己巳,刘
楚	文王礼**元**年。元王子,故平陆侯。楚文王刘礼元年。他是楚
鲁	**二** 来朝。鲁恭王刘馀二年。进京朝见皇帝。
衡山	**十二** 徙济北。庐江王赐徙衡山**元**年[3]。衡山王刘勃十二年。
齐	懿王寿**元**年 齐懿王刘寿元年。他是齐孝王刘将闾的儿子。
城阳	**二十四** 城阳共王刘喜二十四年。
济北	衡山王勃徙济北**十二**年[4]。是为贞王。衡山王刘勃改封济
济南	
菑川	**十二** 淄川懿王刘志十二年。
胶西	**二** 胶西王刘端二年。
胶东	四月己巳,初王**元**年[5]。是为孝武帝。四月己巳,新封刘彻
江都	初置江都[6]。六月乙亥[7],汝南王非为江都王**元**年[8]。是为 他就是江都易王。
淮南	**十二** 淮南王刘安十二年。
燕	**二十五** 燕康王刘嘉二十五年。
赵	
河间	**三** 河间献王刘德三年。
广川	**三** 广川王刘彭祖三年。
中山	**二** 中山靖王刘胜二年。
庐江	**十二** 徙衡山,国除为郡[9]。庐江王刘赐十二年。庐江王刘赐
梁	**二十六** 梁孝王刘武二十六年。
临江	**三** 薨,无后,国除为郡[10]。临江王刘阏于三年。刘阏于去世,
汝南	**三** 徙江都。汝南王刘非改封为江都王。
代	**九** 代恭王刘登九年。
长沙	**三** 长沙定王刘发三年。

荣被立为太子。
元王刘交的儿子，原为平陆侯。
衡山王刘勃改封为济北王。庐江王刘赐改封为衡山王，该年是其元年。
北王，他当王已有十二年。他就是济北贞王。
为胶东王，该年是其元年。他就是后来的汉孝武帝。
易王。新设江都国。六月乙亥，汝南王刘非改封江都王，该年是其元年。
改封为衡山王，庐江国被废除，改设为郡。
没有后嗣，临江国被废除，改设为郡。

前152

	五 孝景帝前元五年。
楚	**二** 楚文王刘礼二年。
鲁	**三** 鲁恭王刘馀三年。
衡山	**二** 衡山王刘赐二年。
齐	**二** 来朝。齐懿王刘寿二年。进京朝见皇帝。
城阳	**二十五** 城阳共王刘喜二十五年。
济北	**十三** 薨。济北贞王刘勃十三年。刘勃去世。
菑川	**十三** 淄川懿王刘志十三年。
胶西	**三** 胶西王刘端三年。
胶东	**二** 胶东王刘彻二年。
江都	**二** 江都易王刘非二年。
淮南	**十三** 来朝。淮南王刘安十三年。进京朝见皇帝。
燕	**二十六** 薨。燕康王刘嘉二十六年。刘嘉去世。
赵	广川王彭祖徙赵**四**年。是为敬肃王[①]。广川王刘彭祖改封为赵王,他当王已有四年。他就是赵敬肃王。
河间	**四** 河间献王刘德四年。
广川	**四** 徙赵,国除为信都郡[②]。广川王刘彭祖四年。广川王刘彭祖改封为赵王,广川国被废除,改设为信都郡。
中山	**三** 中山靖王刘胜三年。
梁	**二十七** 梁孝王刘武二十七年。
临江	
代	**十** 代恭王刘登十年。
长沙	**四** 长沙定王刘发四年。

前151

六 孝景帝前元六年。
三 来朝。薨。楚文王刘礼三年。进京朝见皇帝。刘礼去世。
四 鲁恭王刘馀四年。
三 衡山王刘赐三年。
三 齐懿王刘寿三年。
二十六 城阳共王刘喜二十六年。
武王胡**元**年 济北武王刘胡元年。他是济北贞王刘勃的儿子。
十四 淄川懿王刘志十四年。
四 胶西王刘端四年。
三 胶东王刘彻三年。
三 江都易王刘非三年。
十四 淮南王刘安十四年。
王定国**元**年 燕王刘定国元年。他是燕康王刘嘉的儿子。
五 赵敬肃王刘彭祖五年。
五 河间献王刘德五年。
四 中山靖王刘胜四年。
二十八 梁孝王刘武二十八年。
复置临江国。重新设立临江国。
十一 代恭王刘登十一年。
五 来朝。长沙定王刘发五年。进京朝见皇帝。

前150

	七 十一月乙丑太子废[1]。 孝景帝前元七年。十一月乙丑,
楚	安王道**元**年 楚安王刘道元年,他是楚文王刘礼的儿子。
鲁	**五** 鲁恭王刘馀五年。
衡山	**四** 衡山王刘赐四年。
齐	**四** 齐懿王刘寿四年。
城阳	**二十七** 城阳共王刘喜二十七年。
济北	**二** 济北武王刘胡二年。
菑川	**十五** 淄川懿王刘志十五年。
胶西	**五** 胶西王刘端五年。
胶东	**四** 四月丁巳,为太子[2]。胶东王刘彻四年。四月丁巳,胶东
江都	**四** 江都易王刘非四年。
淮南	**十五** 淮南王刘安十五年。
燕	**二** 燕王刘定国二年。
赵	**六** 赵敬肃王刘彭祖六年。
河间	**六** 河间献王刘德六年。
中山	**五** 来朝。中山靖王刘胜五年。进京朝见皇帝。
梁	**二十九** 来朝。梁孝王刘武二十九年。进京朝见皇帝。
临江	十一月乙丑,初王闵王荣**元**年。景帝太子,废为王[3]。十一月被废为临江王。
代	**十二** 代恭王刘登十二年。
长沙	**六** 来朝。长沙定王刘发六年。进京朝见皇帝。

太子刘荣被废。
王刘彻被立为太子。
乙丑，新封刘荣为临江王，"闵"为其谥号。他原为汉景帝的太子，本年

【注释】

景帝三年（前154）

①“楚”格：楚王刘戊与吴王刘濞共同谋划发起了七国之乱。景帝派周亚夫率军平叛，刘戊兵败自杀。

②六月乙亥：六月二十五。

③“济南”格：济南王刘辟光参与七国之乱，兵败被杀。

④“菑川”格：淄川王刘贤参与七国之乱，兵败被杀。济北王刘志改封淄川王，其为王的年数从其封济北之年算起。

⑤“胶西”格：胶西王刘卬参与七国之乱，兵败被杀。景帝封自己的儿子刘端为胶西王。于，刘端的谥号。《谥法》：“能优其德曰于。”

⑥“胶东”格：胶东王刘雄渠参与七国之乱，兵败被杀。

⑦“吴”格：吴王刘濞是七国之乱的主要发起者与参与者。兵败后逃至东越，被越人所杀。

⑧“赵”格：赵王刘遂参与七国之乱，兵败自杀。赵国建制撤销，设郡。

⑨靖王胜：刘胜被封为中山王，谥“靖”。其母为贾夫人。

⑩“淮阳”格：淮阳王刘馀改封为鲁王。淮阳国建制撤销，设为郡。

景帝四年（前153）

①四月己巳：四月二十三。

②立太子：立栗姬之子刘荣为太子。

③“衡山”格：刘勃做衡山王的第十二年改封济北王，庐江王刘赐改封衡山王。此年是刘赐为衡山王的第一年，其为庐江王的年数不计。

④衡山王勃徙济北十二年：衡山王刘勃改封济北王。其为王的年数从其封衡山王之年算起。

⑤初王元年：刘彻封为胶东王。因刘彻是后来的武帝，此处避讳，不

书其名。

⑥初置江都：景帝首次设置江都国。都广陵（今江苏扬州西北蜀冈上）。

⑦六月乙亥：六月三十。

⑧汝南王非为江都王元年：汝南王刘非改封江都王。因江都为新设之国，刘非为江都王的纪年从一起。

⑨“庐江”格：庐江王刘勃改封济北王，庐江国建制撤销，改为庐江郡。

⑩“临江”格：临江王刘阏于去世，无后，临江国建制撤销，改为临江郡。

景帝五年（前152）

①“赵”格：景帝三年（前154）因赵王刘遂参加七国之乱，赵国除为郡，此年景帝恢复赵国建制，改封广川王刘彭祖为赵王。刘彭祖为赵王的纪年和计其为广川王的年数为四年。

②“广川”格：刘彭祖改封为赵王，广川国建制撤销，设为信都郡。

景帝七年（前150）

①十一月乙丑太子废：在景帝之姐大长公主刘嫖与刘彻之母王夫人的阴谋算计之下，太子刘荣被废。十一月乙丑，十一月初五。按，刘荣被废日期各处记载不一，此言十一月乙丑，《孝景本纪》言冬，《汉书·景帝纪》云在春正月，《表》云在十一月己酉。

②四月丁巳，为太子：胶东王刘彻被立为太子。四月丁巳，四月二十九。

③“临江”格：景帝四年（前153），临江王刘阏于去世无后，国除为郡；六年（前151）恢复为国；此年太子刘荣被废，贬为临江王。“闵”为其谥号。

前149

	中元年　孝景帝中元元年。
楚	二　来朝。楚安王刘道二年。进京朝见皇帝。
鲁	六　来朝。鲁恭王刘馀六年。进京朝见皇帝。
衡山	五　衡山王刘赐五年。
齐	五　齐懿王刘寿五年。
城阳	二十八　城阳共王刘喜二十八年。
济北	三　济北武王刘胡三年。
菑川	十六　来朝。淄川懿王刘志十六年。进京朝见皇帝。
胶西	六　来朝。胶西王刘端六年。进京朝见皇帝。
胶东	复置胶东国。重新设立胶东国。
江都	五　江都易王刘非五年。
淮南	十六　淮南王刘安十六年。
燕	三　燕王刘定国三年。
赵	七　赵敬肃王刘彭祖七年。
河间	七　河间献王刘德七年。
广川	复置广川国。重新设立广川国。
中山	六　中山靖王刘胜六年。
清河	
梁	三十　梁孝王刘武三十年。
临江	二　临江闵王刘荣二年。
代	十三　代恭王刘登十三年。
长沙	七　长沙定王刘发七年。

前148

二	孝景帝中元二年。
三	楚安王刘道三年。
七	鲁恭王刘馀七年。
六	衡山王刘赐六年。
六	齐懿王刘寿六年。
二十九	来朝。城阳共王刘喜二十九年。进京朝见皇帝。
四	济北武王刘胡四年。
十七	来朝。淄川懿王刘志十七年。进京朝见皇帝。
七	胶西王刘端七年。
四月乙巳[1]，初王康王寄元年[2]。景帝子。四月乙巳，新封刘寄为胶东王，“康”为其谥号，该年是其元年。他是汉景帝刘启的儿子。	
六	江都易王刘非六年。
十七	淮南王刘安十七年。
四	燕王刘定国四年。
八	来朝。赵敬肃王刘彭祖八年。进京朝见皇帝。
八	来朝。河间献王刘德八年。进京朝见皇帝。
四月乙巳，惠王越元年[3]。景帝子。四月乙巳，封刘越为广川王，“惠”为其谥号，该年是其元年。他是汉景帝刘启的儿子。	
七	中山靖王刘胜七年。
初置清河，都清阳[4]。新设清河国，建都于清阳。	
三十一	来朝。梁孝王刘武三十一年。进京朝见皇帝。
三	临江闵王刘荣三年。
十四	代恭王刘登十四年。
八	长沙定王刘发八年。

前147

	三　孝景帝中元三年。
楚	四　楚安王刘道四年。
鲁	八　鲁恭王刘馀八年。
衡山	七　来朝。衡山王刘赐七年。进京朝见皇帝。
齐	七　齐懿王刘寿七年。
城阳	三十　城阳共王刘喜三十年。
济北	五　济北武王刘胡五年。
菑川	十八　淄川懿王刘志十八年。
胶西	八　胶西王刘端八年。
胶东	二　胶东康王刘寄二年。
江都	七　江都易王刘非七年。
淮南	十八　淮南王刘安十八年。
燕	五　来朝。燕王刘定国五年。进京朝见皇帝。
赵	九　赵敬肃王刘彭祖九年。
河间	九　河间献王刘德九年。
广川	二　广川惠王刘越二年。
中山	八　中山靖王刘胜八年。
清河	三月丁巳[1]，哀王乘元年[2]。景帝子。三月丁巳，封刘乘为清河
梁	三十二　梁孝王刘武三十二年。
临江	四　坐侵庙壖垣为宫，自杀[3]。国除为南郡。临江闵王刘荣被废除，改设为南郡。
代	十五　来朝。代恭王刘登十五年。进京朝见皇帝。
长沙	九　长沙定王刘发九年。

王,"哀"为其谥号,该年是其元年。他是汉景帝刘启的儿子。

四年。因在刘邦庙大墙外小墙内的空地上盖房子,有罪自杀。临江国

前146

	四 孝景帝中元四年。
楚	**五** 楚安王刘道五年。
鲁	**九** 鲁恭王刘馀九年。
衡山	**八** 衡山王刘赐八年。
齐	**八** 齐懿王刘寿八年。
城阳	**三十一** 城阳共王刘喜三十一年。
济北	**六** 济北武王刘胡六年。
菑川	**十九** 淄川懿王刘志十九年。
胶西	**九** 胶西王刘端九年。
胶东	**三** 胶东康王刘寄三年。
江都	**八** 江都易王刘非八年。
淮南	**十九** 来朝。淮南王刘安十九年。进京朝见皇帝。
燕	**六** 燕王刘定国六年。
赵	**十** 赵敬肃王刘彭祖十年。
河间	**十** 河间献王刘德十年。
广川	**三** 广川惠王刘越三年。
中山	**九** 来朝。中山靖王刘胜九年。进京朝见皇帝。
清河	**二** 清河哀王刘乘二年。
常山	复置常山国。重新设立常山国。
梁	**三十三** 梁孝王刘武三十三年。
济川	
济东	
山阳	
济阴	
代	**十六** 代恭王刘登十六年。
长沙	**十** 来朝。长沙定王刘发十年。进京朝见皇帝。

前145

五 孝景帝中元五年。
六 来朝。楚安王刘道六年。进京朝见皇帝。
十 鲁恭王刘馀十年。
九 衡山王刘赐九年。
九 齐懿王刘寿九年。
三十二 城阳共王刘喜三十二年。
七 济北武王刘胡七年。
二十 淄川懿王刘志二十年。
十 胶西王刘端十年。
四 来朝。胶东康王刘寄四年。进京朝见皇帝。
九 江都易王刘非九年。
二十 淮南王刘安二十年。
七 燕王刘定国七年。
十一 赵敬肃王刘彭祖十一年。
十一 河间献王刘德十一年。
四 广川惠王刘越四年。
十 中山靖王刘胜十年。
三 清河哀王刘乘三年。
三月丁巳[①],初王宪王舜**元**年[②]。孝景子。三月丁巳,新封刘舜为常山王,"宪"为其谥号,该年是其元年。他是孝景帝刘启的儿子。
三十四 梁孝王刘武三十四年。
分为济川国。从梁国割出,设立济川国。
分为济东国。从梁国割出,设立济东国。
分为山阳国。从梁国割出,设立山阳国。
分为济阴国。从梁国割出,设立济阴国。
十七 代恭王刘登十七年。
十一 来朝。长沙定王刘发十一年。进京朝见皇帝。

前144

	六 孝景帝中元六年。
楚	**七** 楚安王刘道七年。
鲁	**十一** 鲁恭王刘馀十一年。
衡山	**十** 衡山王刘赐十年。
齐	**十** 齐懿王刘寿十年。
城阳	**三十三** 薨。城阳共王刘喜三十三年。刘喜去世。
济北	**八** 济北武王刘胡八年。
菑川	**二十一** 淄川懿王刘志二十一年。
胶西	**十一** 胶西王刘端十一年。
胶东	**五** 胶东康王刘寄五年。
江都	**十** 江都易王刘非十年。
淮南	**二十一** 淮南王刘安二十一年。
燕	**八** 燕王刘定国八年。
赵	**十二** 赵敬肃王刘彭祖十二年。
河间	**十二** 河间献王刘德十二年。
广川	**五** 广川惠王刘越五年。
中山	**十一** 中山靖王刘胜十一年。
清河	**四** 清河哀王刘乘四年。
常山	**二** 常山宪王刘舜二年。
梁	**三十五** 来朝。薨。梁孝王刘武三十五年。进京朝见皇帝。
济川	五月丙戌①,初王明**元**年②。梁孝王子。五月丙戌,新封刘明
济东	五月丙戌,初王彭离**元**年。梁孝王子。五月丙戌,新封刘彭
山阳	五月丙戌,初王定**元**年。梁孝王子。五月丙戌,新封刘定为
济阴	五月丙戌,初王不识**元**年。梁孝王子。五月丙戌,新封刘刘
代	**十八** 代恭王刘登十八年。
长沙	**十二** 长沙定王刘发十二年。

刘武去世。
为济川王，该年是其元年。他是梁孝王刘武的儿子。
离为济东王，该年是其元年。他是梁孝王刘武的儿子。
山阳王，该年是其元年。他是梁孝王刘武的儿子。
不识为济阴王，该年是其元年。他是梁孝王刘武的儿子。

前143

	后元年　孝景帝后元元年。
楚	八　楚安王刘道八年。
鲁	十二　鲁恭王刘馀十二年。
衡山	十一　衡山王刘赐十一年。
齐	十一　齐懿王刘寿十一年。
城阳	顷王延元年　城阳顷王刘延元年。他是城阳共王刘喜的儿子。
济北	九　济北武王刘胡九年。
菑川	二十二　来朝。淄川懿王刘志二十二年。进京朝见皇帝。
胶西	十二　胶西王刘端十二年。
胶东	六　胶东康王刘寄六年。
江都	十一　江都易王刘非十一年。
淮南	二十二　淮南王刘安二十二年。
燕	九　来朝。燕王刘定国九年。进京朝见皇帝。
赵	十三　来朝。赵敬肃王刘彭祖十三年。进京朝见皇帝。
河间	十三　来朝。河间献王刘德十三年。进京朝见皇帝。
广川	六　广川惠王刘越六年。
中山	十二　中山靖王刘胜十二年。
清河	五　清河哀王刘乘五年。
常山	三　常山宪王刘舜三年。
梁	恭王买元年。孝王子。梁恭王刘买元年。他是梁孝王刘武的
济川	二　济川王刘明二年。
济东	二　济东王刘彭离二年。
山阳	二　山阳王刘定二年。
济阴	二　薨，无后，国除[①]。济阴王刘不识二年。刘不识去世，没有
代	十九　代恭王刘登十九年。
长沙	十三　长沙定王刘发十三年。

儿子。
后嗣，封国被废除。

前142

	二　孝景帝后元二年。
楚	九　楚安王刘道九年。
鲁	十三　鲁恭王刘馀十三年。
衡山	十二　衡山王刘赐十二年。
齐	十二　来朝。齐懿王刘寿十二年。进京朝见皇帝。
城阳	二　城阳顷王刘延二年。
济北	十　来朝。济北武王刘胡十年。进京朝见皇帝。
菑川	二十三　淄川懿王刘志二十三年。
胶西	十三　胶西王刘端十三年。
胶东	七　胶东康王刘寄七年。
江都	十二　江都易王刘非十二年。
淮南	二十三　淮南王刘安二十三年。
燕	十　来朝。燕王刘定国十年。进京朝见皇帝。
赵	十四　赵敬肃王刘彭祖十四年。
河间	十四　河间献王刘德十四年。
广川	七　广川惠王刘越七年。
中山	十三　中山靖王刘胜十三年。
清河	六　清河哀王刘乘六年。
常山	四　常山宪王刘舜四年。
梁	二　梁恭王刘买二年。
济川	三　济川王刘明三年。
济东	三　济东王刘彭离三年。
山阳	三　山阳王刘定三年。
代	二十　代恭王刘登二十年。
长沙	十四　长沙定王刘发十四年。

前141

三	孝景帝后元三年。
十	楚安王刘道十年。
十四	鲁恭王刘馀十四年。
十三	衡山王刘赐十三年。
十三	齐懿王刘寿十三年。
三	城阳顷王刘延三年。
十一	济北武王刘胡十一年。
二十四	淄川懿王刘志二十四年。
十四	胶西王刘端十四年。
八	来朝。胶东康王刘寄八年。进京朝见皇帝。
十三	江都易王刘非十三年。
二十四	淮南王刘安二十四年。
十一	燕王刘定国十一年。
十五	赵敬肃王刘彭祖十五年。
十五	河间献王刘德十五年。
八	广川惠王刘越八年。
十四	中山靖王刘胜十四年。
七	清河哀王刘乘七年。
五	常山宪王刘舜五年。
三	梁恭王刘买三年。
四	济川王刘明四年。
四	济东王刘彭离四年。
四	山阳王刘定四年。
二十一	代恭王刘登二十一年。
十	五长沙定王刘发十五年。

前140

	孝武建元元年① 孝武帝建元元年。他名彻，是汉景帝刘启的儿子。
楚	十一 楚安王刘道十一年。
鲁	十五 鲁恭王刘馀十五年。
衡山	十四 衡山王刘赐十四年。
齐	十四 齐懿王刘寿十四年。
城阳	四 城阳顷王刘延四年。
济北	十二 济北武王刘胡十二年。
菑川	二十五 淄川懿王刘志二十五年。
胶西	十五 胶西王刘端十五年。
胶东	九 胶东康王刘寄九年。
江都	十四 江都易王刘非十四年。
淮南	二十五 淮南王刘安二十五年。
燕	十二 燕王刘定国十二年。
赵	十六 赵敬肃王刘彭祖十六年。
河间	十六 河间献王刘德十六年。
广川	九 广川惠王刘越九年。
中山	十五 中山靖王刘胜十五年。
清河	八 清河哀王刘乘八年。
常山	六 常山宪王刘舜六年。
梁	四 梁恭王刘买四年。
济川	五 济川王刘明五年。
济东	五 济东王刘彭离五年。
山阳	五 山阳王刘定五年。
代	二十二 代恭王刘登二十二年。
长沙	十六 长沙定王刘发十六年。

前139

二	孝武帝建元二年。
十二	来朝。楚安王刘道十二年。进京朝见皇帝。
十六	来朝。鲁恭王刘馀十六年。进京朝见皇帝。
十五	衡山王刘赐十五年。
十五	齐懿王刘寿十五年。
五	城阳顷王刘延五年。
十三	济北武王刘胡十三年。
二十六	淄川懿王刘志二十六年。
十六	胶西王刘端十六年。
十	胶东康王刘寄十年。
十五	江都易王刘非十五年。
二十六	来朝。淮南王刘安二十六年。进京朝见皇帝。
十三	燕王刘定国十三年。
十七	赵敬肃王刘彭祖十七年。
十七	河间献王刘德十七年。
十	广川惠王刘越十年。
十六	中山靖王刘胜十六年。
九	来朝。清河哀王刘乘九年。进京朝见皇帝。
七	常山宪王刘舜七年。
五	梁恭王刘买五年。
六	济川王刘明六年。
六	济东王刘彭离六年。
六	山阳王刘定六年。
二十三	代恭王刘登二十三年。
十七	长沙定王刘发十七年。

前138

	三　孝武帝建元三年。
楚	十三　楚安王刘道十三年。
鲁	十七　鲁恭王刘馀十七年。
衡山	十六　衡山王刘赐十六年。
齐	十六　齐懿王刘寿十六年。
城阳	六　城阳顷王刘延六年。
济北	十四　济北武王刘胡十四年。
菑川	二十七　淄川懿王刘志二十七年。
胶西	十七　胶西王刘端十七年。
胶东	十一　胶东康王刘寄十一年。
江都	十六　江都易王刘非十六年。
淮南	二十七　淮南王刘安二十七年。
燕	十四　燕王刘定国十四年。
赵	十八　赵敬肃王刘彭祖十八年。
河间	十八　河间献王刘德十八年。
广川	十一　广川惠王刘越十一年。
中山	十七　来朝。中山靖王刘胜十七年。进京朝见皇帝。
清河	十　清河哀王刘乘十年。
常山	八　常山宪王刘舜八年。
梁	六　梁恭王刘买六年。
济川	七　明杀中傅[①]。废迁房陵[②]。济川王刘明七年。刘明杀死朝廷委派给他的中傅（应为中尉）官。他的王位被废，贬到房陵。
济东	七　济东王刘彭离七年。
山阳	七　山阳王刘定七年。
代	二十四　来朝。代恭王刘登二十四年。进京朝见皇帝。
长沙	十八　来朝。长沙定王刘发十八年。进京朝见皇帝。

前137

四	孝武帝建元四年。
十四	楚安王刘道十四年。
十八	鲁恭王刘馀十八年。
十七	衡山王刘赐十七年。
十七	齐懿王刘寿十七年。
七	城阳顷王刘延七年。
十五	济北武王刘胡十五年。
二十八	淄川懿王刘志二十八年。
十八	胶西王刘端十八年。
十二	胶东康王刘寄十二年。
十七	来朝。江都易王刘非十七年。进京朝见皇帝。
二十八	淮南王刘安二十八年。
十五	燕王刘定国十五年。
十九	赵敬肃王刘彭祖十九年。
十九	河间献王刘德十九年。
十二	广川惠王刘越十二年。
十八	中山靖王刘胜十八年。
十一	清河哀王刘乘十一年。
九	来朝。常山宪王刘舜九年。进京朝见皇帝。
七	薨。梁恭王刘买七年。刘买去世。
为郡[①]。济川国改立为郡。	
八	济东王刘彭离八年。
八	山阳王刘定八年。
二十五	代恭王刘登二十五年。
十九	长沙定王刘发十九年。

【注释】

景帝中元二年（前148）

①四月乙巳：四月二十八。

②初王康王寄元年：景帝七年胶东王刘彻立为太子，胶东国撤销。中元元年，景帝为封自己的儿子为王予以恢复。此年封刘寄为胶东王。刘寄之母为王皇后之妹王兒姁（ní xū）。

③惠王越元年：景帝五年，广川王刘彭祖改封赵王，广川国除，为信都郡。中元元年，景帝为封自己的儿子为王予以恢复。此年封刘越为广川王。刘越之母也是王皇后之妹王兒姁。

④“清河”格：景帝以清河郡置清河国。国都清阳，在今河北邢台清河东南。

景帝中元三年（前147）

①三月丁巳：三月十七。

②哀王乘元年：景帝封儿子刘乘为清河王。刘乘之母也是王皇后之妹王兒姁。

③坐侵庙堧（ruán）垣为宫，自杀：临江王刘荣因“侵庙堧垣”建造宫室，被朝廷传讯，为中尉郅都所逼迫，畏罪自杀。侵庙堧垣，私自占据祖庙外小墙内的空地。庙，此指各郡国所立刘邦的庙。堧，隙地。

景帝中元五年（前145）

①三月丁巳：三月二十八。

②初王宪王舜元年：吕后八年，大臣诛诸吕，常山王刘朝被以不是惠帝之子的名义杀死，常山国除为郡。此年景帝予以恢复，封自己的儿子刘舜为常山王。刘舜之母也是王皇后之妹王兒姁。

景帝中元六年（前144）

①五月丙戌：五月初三。

②初王明元年:此年梁孝王刘武去世,景帝遂将梁国分割为梁、济川、济东、山阳、济阴五国,封梁孝王的五个儿子为王:刘买为梁王,刘明为济川王,刘彭离为济东王,刘定为山阳王,刘不识为济阴王。

景帝后元元年(前143)

①“济阴”格:济阴王刘不识去世,无后,济阴国建制撤销,设为济阴郡。梁玉绳引《史诠》曰:“缺‘为郡’二字。”

武帝建元元年(前140)

①建元元年:中国古代帝王用年号纪年从此年开始,但“建元”之名是武帝元鼎年间后起的。张大可说:“实际上当时但称一元、二元……至五元之三年,武帝始从有司之议,改一元为建元,二元为元光,三元为元朔,四元为元狩,五元尚未有名,至明年,宝鼎出,遂改为元鼎。”

建元三年(前138)

①明杀中傅:据《梁孝王世家》,刘明射杀的是中尉。诸侯王的中尉由朝廷选派,负责诸侯王国的武备。

②废迁房陵:刘明杀中尉后,本判死刑,武帝不忍,仅废其为庶人,迁房陵。房陵,汉县名。治今湖北十堰房县。秦王嬴政平嫪毐叛乱后,也曾将有关人员四千余家迁往房陵。

建元四年(前137)

①“济川”格:济川国除为郡是在上一年刘明被废之后。王叔岷认为应依殿本《考证》将“为郡”二字移入上一年“废迁房陵”下。

	前136
	五　孝武帝建元五年。
楚	十五　楚安王刘道十五年。
鲁	十九　鲁恭王刘馀十九年。
衡山	十八　衡山王刘赐十八年。
齐	十八　齐懿王刘寿十八年。
城阳	八　城阳顷王刘延八年。
济北	十六　济北武王刘胡十六年。
菑川	二十九　淄川懿王刘志二十九年。
胶西	十九　胶西王刘端十九年。
胶东	十三　胶东康王刘寄十三年。
江都	十八　江都易王刘非十八年。
淮南	二十九　淮南王刘安二十九年。
燕	十六　燕王刘定国十六年。
赵	二十　赵敬肃王刘彭祖二十年。
河间	二十　河间献王刘德二十年。
广川	缪王元年　广川缪王刘齐元年。他是广川惠王刘越的儿子。
中山	十九　中山靖王刘胜十九年。
清河	十二　薨，无后，国除为郡①。清河哀王刘乘十二年。刘乘去
常山	十　常山宪王刘舜十年。
梁	平王襄元年　梁平王刘襄元年。他是梁恭王刘买的儿子。
济东	九　济东王刘彭离九年。
山阳	九　薨，无后，国除为郡②。山阳王刘定九年。刘定去世，没
代	二十六　代恭王刘登二十六年。
长沙	二十　长沙定王刘发二十年。

世，没有后嗣，清河国被废除，改立为郡。

有后嗣，山阳国被废除，改立为郡。

前135

	六　孝武帝建元六年。
楚	十六　楚安王刘道十六年。
鲁	二十　鲁恭王刘馀二十年。
衡山	十九　衡山王刘赐十九年。
齐	十九　齐懿王刘寿十九年。
城阳	九　城阳顷王刘延九年。
济北	十七　济北武王刘胡十七年。
菑川	三十　淄川懿王刘志三十年。
胶西	二十　来朝。胶西王刘端二十年。进京朝见皇帝。
胶东	十四　胶东康王刘寄十四年。
江都	十九　江都易王刘非十九年。
淮南	三十　淮南王刘安三十年。
燕	十七　燕王刘定国十七年。
赵	二十一　来朝。赵敬肃王刘彭祖二十一年。进京朝见皇帝。
河间	二十一　河间献王刘德二十一年。
广川	二　广川缪王刘齐二年。
中山	二十　中山靖王刘胜二十年。
常山	十一　常山宪王刘舜十一年。
梁	二　梁平王刘襄二年。
济东	十　济东王刘彭离十年。
代	二十七　代恭王刘登二十七年。
长沙	二十一　长沙定王刘发二十一年。

前134

元光元年　孝武帝元光元年。
十七　楚安王刘道十七年。
二十一　鲁恭王刘馀二十一年。
二十　衡山王刘赐二十年。
二十　齐懿王刘寿二十年。
十　来朝。城阳顷王刘延十年。进京朝见皇帝。
十八　济北武王刘胡十八年。
三十一　淄川懿王刘志三十一年。
二十一　胶西王刘端二十一年。
十五　来朝。胶东康王刘寄十五年。进京朝见皇帝。
二十　江都易王刘非二十年。
三十一　淮南王刘安三十一年。
十八　来朝。燕王刘定国十八年。进京朝见皇帝。
二十二　赵敬肃王刘彭祖二十二年。
二十二　河间献王刘德二十二年。
三　广川缪王刘齐三年。
二十一　中山靖王刘胜二十一年。
十二　常山宪王刘舜十二年。
三　梁平王刘襄三年。
十一　济东王刘彭离十一年。
二十八　代恭王刘登二十八年。
二十二　长沙定王刘发二十二年。

前133

	二 孝武帝元光二年。
楚	**十八** 来朝。楚安王刘道十八年。进京朝见皇帝。
鲁	**二十二** 鲁恭王刘馀二十二年。
衡山	**二十一** 衡山王刘赐二十一年。
齐	**二十一** 齐懿王刘寿二十一年。
城阳	**十一** 城阳顷王刘延十一年。
济北	**十九** 济北武王刘胡十九年。
菑川	**三十二** 淄川懿王刘志三十二年。
胶西	**二十二** 胶西王刘端二十二年。
胶东	**十六** 胶东康王刘寄十六年。
江都	**二十一** 江都易王刘非二十一年。
淮南	**三十二** 淮南王刘安三十二年。
燕	**十九** 燕王刘定国十九年。
赵	**二十三** 赵敬肃王刘彭祖二十三年。
河间	**二十三** 河间献王刘德二十三年。
广川	**四** 广川缪王刘齐四年。
中山	**二十二** 来朝。中山靖王刘胜二十二年。进京朝见皇帝。
常山	**十三** 常山宪王刘舜十三年。
梁	**四** 梁平王刘襄四年。
济东	**十二** 济东王刘彭离十二年。
代	**二十九** 代恭王刘登二十九年。
长沙	**二十三** 来朝。长沙定王刘发二十三年。进京朝见皇帝。

前132

三　孝武帝元光三年。
十九　来朝。楚安王刘道十九年。进京朝见皇帝。
二十三　鲁恭王刘馀二十三年。
二十二　衡山王刘赐二十二年。
二十二　卒。齐懿王刘寿二十二年。刘寿去世。
十二　城阳顷王刘延十二年。
二十　济北武王刘胡二十年。
三十三　淄川懿王刘志三十三年。
二十三　胶西王刘端二十三年。
十七　胶东康王刘寄十七年。
二十二　江都易王刘非二十二年。
三十三　淮南王刘安三十三年。
二十　燕王刘定国二十年。
二十四　赵敬肃王刘彭祖二十四年。
二十四　河间献王刘德二十四年。
五　广川缪王刘齐五年。
二十三　来朝。中山靖王刘胜二十三年。进京朝见皇帝。
十四　常山宪王刘舜十四年。
五　梁平王刘襄五年。
十三　济东王刘彭离十三年。
王义元年　代王刘义元年。他是代恭王刘登的儿子。
二十四　来朝。长沙定王刘发二十四年。进京朝见皇帝。

前131

	四 孝武帝元光四年。
楚	**二十** 楚安王刘道二十年。
鲁	**二十四** 鲁恭王刘馀二十四年。
衡山	**二十三** 衡山王刘赐二十三年。
齐	厉王次昌**元**年 齐厉王刘次昌元年。他是齐懿王刘寿的儿子。
城阳	**十三** 城阳顷王刘延十三年。
济北	**二十一** 济北武王刘胡二十一年。
菑川	**三十四** 淄川懿王刘志三十四年。
胶西	**二十四** 胶西王刘端二十四年。
胶东	**十八** 胶东康王刘寄十八年。
江都	**二十三** 江都易王刘非二十三年。
淮南	**三十四** 淮南王刘安三十四年。
燕	**二十一** 燕王刘定国二十一年。
赵	**二十五** 赵敬肃王刘彭祖二十五年。
河间	**二十五** 河间献王刘德二十五年。
广川	**六** 广川缪王刘齐六年。
中山	**二十四** 中山靖王刘胜二十四年。
常山	**十五** 常山宪王刘舜十五年。
梁	**六** 梁平王刘襄六年。
济东	**十四** 来朝。济东王刘彭离十四年。进京朝见皇帝。
代	**二** 代王刘义二年。
长沙	**二十五** 长沙定王刘发二十五年。

前130

五	孝武帝元光五年。
二十一	楚安王刘道二十一年。
二十五	鲁恭王刘馀二十五年。
二十四	衡山王刘赐二十四年。
二	齐厉王刘次昌二年。
十四	来朝。城阳顷王刘延十四年。进京朝见皇帝。
二十二	济北武王刘胡二十二年。
三十五	薨。淄川懿王刘志三十五年。刘志去世。
二十五	胶西王刘端二十五年。
十九	胶东康王刘寄十九年。
二十四	江都易王刘非二十四年。
三十五	淮南王刘安三十五年。
二十二	燕王刘定国二十二年。
二十六	赵敬肃王刘彭祖二十六年。
二十六	来朝。河间献王刘德二十六年。进京朝见皇帝。
七	广川缪王刘齐七年。
二十五	中山靖王刘胜二十五年。
十六	常山宪王刘舜十六年。
七	梁平王刘襄七年。
十五	济东王刘彭离十五年。
三	代王刘义四年。
二十六	长沙定王刘发二十六年。

前129

	六 孝武帝元光六年。
楚	**二十二** 薨。楚安王刘道二十二年。刘道去世。
鲁	**二十六** 薨。鲁恭王刘馀二十六年。刘馀去世。
衡山	**二十五** 衡山王刘赐二十五年。
齐	**三** 齐厉王刘次昌三年。
城阳	**十五** 城阳顷王刘延十五年。
济北	**二十三** 济北武王刘胡二十三年。
菑川	靖王建**元**年 淄川靖王刘建元年。他是淄川懿王刘志的儿子。
胶西	**二十六** 胶西王刘端二十六年。
胶东	**二十** 胶东康王刘寄二十年。
江都	**二十五** 江都易王刘非二十五年。
淮南	**三十六** 淮南王刘安三十六年。
燕	**二十三** 燕王刘定国二十三年。
赵	**二十七** 来朝。赵敬肃王刘彭祖二十七年。进京朝见皇帝。
河间	恭王不害**元**年 河间恭王刘不害元年。他是河间献王刘德的儿子。
广川	**八** 广川缪王刘齐八年。
中山	**二十六** 中山靖王刘胜二十六年。
常山	**十七** 常山宪王刘舜十七年。
梁	**八** 梁平王刘襄八年。
济东	**十六** 济东王刘彭离十六年。
代	**四** 代王刘义四年。
长沙	**二十七** 长沙定王刘发二十七年。

前128

元朔元年　孝武帝元朔元年。
襄王注元年　楚襄王刘注元年。他是楚安王刘道的儿子。
安王光元年　鲁安王刘光元年。他是鲁恭王刘馀的儿子。
二十六　衡山王刘赐二十六年。
四　齐厉王刘次昌四年。
十六　城阳顷王刘延十六年。
二十四　来朝。济北武王刘胡二十四年。进京朝见皇帝。
二　淄川靖王刘建二年。
二十七　胶西王刘端二十七年。
二十一　胶东康王刘寄二十一年。
二十六　江都易王刘非二十六年。
三十七　淮南王刘安三十七年。
二十四　坐禽兽行自杀[1]。国除为郡[2]。燕王刘定国二十四年。刘定国与父姬及子女奸，犯有禽兽行罪，自杀。燕国被废除，改立为郡。
二十八　赵敬肃王刘彭祖二十八年。
二　河间恭王刘不害二年。
九　广川缪王刘齐九年。
二十七　中山靖王刘胜二十七年。
十八　常山宪王刘舜十八年。
九　梁平王刘襄九年。
十七　济东王刘彭离十七年。
五　代王刘义五年。
康王庸元年　长沙康王刘庸元年。他是长沙定王刘发的儿子。

前127

	二 孝武帝元朔二年。
楚	**二** 楚襄王刘注二年。
鲁	**二** 鲁安王刘光二年。
衡山	**二十七** 衡山王刘赐二十七年。
齐	**五** 薨,无后,国除为郡[1]。齐厉王刘次昌五年。刘次昌去世,没有后嗣,齐国被废除,改设为郡。
城阳	**十七** 城阳顷王刘延十七年。
济北	**二十五** 济北武王刘胡二十五年。
菑川	**三** 淄川靖王刘建三年。
胶西	**二十八** 来朝。胶西王刘端二十八年。进京朝见皇帝。
胶东	**二十二** 胶东康王刘寄二十二年。
江都	王建**元**年 江都王刘建元年。他是江都易王刘非的儿子。
淮南	**三十八** 淮南王刘安三十八年。
赵	**二十九** 赵敬肃王刘彭祖二十九年。
河间	**三** 河间恭王刘不害三年。
广川	**十** 广川缪王刘齐十年。
中山	**二十八** 中山靖王刘胜二十八年。
常山	**十九** 常山宪王刘舜十九年。
梁	**十** 来朝。梁平王刘襄十年。进京朝见皇帝。
济东	**十八** 济东王刘彭离十八年。
代	**六** 代王刘义六年。
长沙	**二** 长沙康王刘庸二年。

前126

三	孝武帝元朔三年。
三	楚襄王刘注三年。
三	鲁安王刘光三年。
二十八	衡山王刘赐二十八年。
十八	城阳顷王刘延十八年。
二十六	济北武王刘胡二十六年。
四	淄川靖王刘建四年。
二十九	胶西王刘端二十九年。
二十三	胶东康王刘寄二十三年。
二	江都王刘建二年。
三十九	淮南王刘安三十九年。
三十	赵敬肃王刘彭祖三十年。
四	薨。河间恭王刘不害四年。刘不害去世。
十一	广川缪王刘齐十一年。
二十九	来朝。中山靖王刘胜二十九年。进京朝见皇帝。
二十	常山宪王刘舜二十年。
十一	梁平王刘襄十一年。
十九	济东王刘彭离十九年。
七	代王刘义七年。
三	长沙康王刘庸三年。

前125

	四　孝武帝元朔四年。
楚	**四**　来朝。楚襄王刘注四年。进京朝见皇帝。
鲁	**四**　鲁安王刘光四年。
衡山	**二十九**　衡山王刘赐二十九年。
城阳	**十九**　城阳顷王刘延十九年。
济北	**二十七**　济北武王刘胡二十七年。
菑川	**五**　淄川靖王刘建五年。
胶西	**三十**　胶西王刘端三十年。
胶东	**二十四**　胶东康王刘寄二十四年。
江都	**三**　江都王刘建三年。
淮南	**四十**　淮南王刘安四十年。
赵	**三十一**　赵敬肃王刘彭祖三十一年。
河间	刚王堪**元**年　河间刚王刘堪(《五宗世家》作基)元年。他是河间恭王刘不害的儿子。
广川	**十二**　广川缪王刘齐十二年。
中山	**三十**　中山靖王刘胜三十年。
常山	**二十一**　常山宪王刘舜二十一年。
梁	**十二**　梁平王刘襄十二年。
济东	**二十**　来朝。济东王刘彭离二十年。进京朝见皇帝。
代	**八**　代王刘义八年。
长沙	**四**　长沙康王刘庸四年。

前124

五 孝武帝元朔五年。
五 楚襄王刘注五年。
五 鲁安王刘光五年。
三十 衡山王刘赐三十年。
二十 城阳顷王刘延二十年。
二十八 济北武王刘胡二十八年。
六 淄川靖王刘建六年。
三十一 胶西王刘端三十一年。
二十五 来朝。胶东康王刘寄二十五年。进京朝见皇帝。
四 江都王刘建四年。
四十一 安有罪,削国二县[①]。淮南王刘安四十一年。刘安犯罪,淮南国被削去两个县。
三十二 赵敬肃王刘彭祖三十二年。
二 河间刚王刘堪二年。
十三 广川缪王刘齐十三年。
三十一 中山靖王刘胜三十一年。
二十二 来朝。常山宪王刘舜二十二年。进京朝见皇帝。
十三 梁平王刘襄十三年。
二十一 济东王刘彭离二十一年。
九 代王刘义九年。
五 长沙康王刘庸五年。

前123

	六 孝武帝元朔六年。
楚	**六** 楚襄王刘注六年。
鲁	**六** 鲁安王刘光六年。
衡山	**三十一** 衡山王刘赐三十一年。
城阳	**二十一** 来朝。城阳顷王刘延二十一年。进京朝见皇帝。
济北	**二十九** 济北武王刘胡二十九年。
菑川	**七** 淄川靖王刘建七年。
胶西	**三十二** 胶西王刘端三十二年。
胶东	**二十六** 胶东康王刘寄二十六年。
江都	**五** 江都王刘建五年。
淮南	**四十二** 淮南王刘安四十二年。
赵	**三十三** 赵敬肃王刘彭祖三十三年。
河间	**三** 河间刚王刘堪三年。
广川	**十四** 来朝。广川缪王刘齐十四年。进京朝见皇帝。
中山	**三十二** 中山靖王刘胜三十二年。
常山	**二十三** 常山宪王刘舜二十三年。
梁	**十四** 梁平王刘襄十四年。
济东	**二十二** 济东王刘彭离二十二年。
代	**十** 代王刘义十年。
长沙	**六** 长沙康王刘庸六年。

前122

元狩元年　孝武帝元狩元年。
七　楚襄王刘注七年。
七　鲁安王刘光七年。
三十二　反，自杀，国除[①]。衡山王刘赐三十二年。刘赐谋反，自杀，衡山国被废除。
二十二　城阳顷王刘延二十二年。
三十　济北武王刘胡三十年。
八　淄川靖王刘建八年。
三十三　胶西王刘端三十三年。
二十七　胶东康王刘寄二十七年。
六　江都王刘建六年。
四十三　反，自杀[②]。淮南王刘安四十三年。刘安谋反，自杀。
三十四　来朝。赵敬肃王刘彭祖三十四年。进京朝见皇帝。
四　河间刚王刘堪四年。
十五　广川缪王刘齐十五年。
三十三　中山靖王刘胜三十三年。
二十四　常山宪王刘舜二十四年。
十五　梁平王刘襄十五年。
二十三　济东王刘彭离二十三年。
十一　代王刘义十一年。
七　长沙康王刘庸七年。

	前121
	二 孝武帝元狩二年。
楚	八 楚襄王刘注八年。
鲁	八 来朝。鲁安王刘光八年。进京朝见皇帝。
衡山	
城阳	二十三 城阳顷王刘延二十三年。
济北	三十一 济北武王刘胡三十一年。
菑川	九 淄川靖王刘建九年。
胶西	三十四 胶西王刘端三十四年。
胶东	二十八 胶东康王刘寄二十八年。
江都	七 反，自杀，国除为广陵郡①。江都王刘建七年。刘建谋
六安	置六安国②，以故陈为都③。七月丙子④，初王恭王庆**元**年。子，新封刘庆为六安王，"恭"为其谥号，该年是其元年。他是胶
赵	三十五 赵敬肃王刘彭祖三十五年。
河间	五 河间刚王刘堪五年。
广川	十六 广川缪王刘齐十六年。
中山	三十四 中山靖王刘胜三十四年。
常山	二十五 常山宪王刘舜二十五年。
梁	十六 梁平王刘襄十六年。
济东	二十四 济东王刘彭离二十四年。
代	十二 来朝。代王刘义十二年。进京朝见皇帝。
长沙	八 来朝。长沙康王刘庸八年。进京朝见皇帝。

反，自杀，江都国被废除，改设广陵郡。

胶东王子[5]。设立六安国，在原陈地建都（应为在六县建都）。七月丙

东康王刘寄的儿子。

【注释】

建元五年（前136）

①“清河”格：清河王刘乘去世无后，清河国建制撤销，设为清河郡。

②“山阳”格：山阳王刘定去世无后，山阳国建制撤销，设为山阳郡。

元朔元年（前128）

①坐禽兽行自杀：燕王刘定国与父姬及子女三人通奸等乱伦罪被告发，自杀。

②国除为郡：燕国建制撤销，设为郡，郡名未详。此时燕国仅有广阳一郡，疑即为广阳郡，治今北京房山良乡东北。

元朔二年（前127）

①“齐”格：刘次昌去世无后，齐国建制撤销，设为齐郡（治今山东淄博临淄）。

元朔五年（前124）

①“淮南”格：刘安的太子刘迁有罪，朝廷诏淮南遣送刘迁入京，刘安不遣，被罚削二县。

元狩元年（前122）

①“衡山”格：衡山王刘赐与淮南王刘安互相勾结谋反，事发后自杀。据《淮南衡山列传》，衡山国建制撤销，设为衡山郡。按，“国除”后当有“为郡”二字。

②“淮南”格：淮南王刘安谋反事发，刘安自杀。据《淮南衡山列传》，淮南国建制撤销，设为九江郡。

元狩二年（前121）

①“江都”格：江都王刘建与父姬及姊妹通奸，又使巫祝祷祠妄言；淮南王、衡山王谋反时，曾建天子旗出行，此即其所谓“反”。事发后刘建自杀。江都国建制撤销，设为广陵郡。

②置六安国：梁玉绳认为“六安即衡山故地，则置六安事应在衡山国除之后，不应在淮南格中”，而周振鹤《西汉诸侯王封域变迁考》则认为“六安国为九江郡所分置，其地故属刘安之淮南国”。

③以故陈为都：此句有误。陈，指陈县，今河南周口淮阳，是当时淮阳郡郡治，不可能再为六安国国都。六安国的国都是六县，即今安徽六安。

④七月丙子：七月初八。

⑤胶东王子：刘恭是时任胶东王刘寄的儿子。

前120

	三　孝武帝元狩三年。
楚	九　楚襄王刘注九年。
鲁	九　鲁安王刘光九年。
城阳	二十四　城阳顷王刘延二十四年。
济北	三十二　来朝。济北武王刘胡三十二年。进京朝见皇帝。
菑川	十　淄川靖王刘建十年。
胶西	三十五　胶西王刘端三十五年。
胶东	哀王贤元年　胶东哀王刘贤元年。他是胶东康王刘寄的儿子。
六安	二　六安恭王刘庆二年。
赵	三十六　赵敬肃王刘彭祖三十六年。
河间	六　河间刚王刘堪六年。
广川	十七　广川缪王刘齐十七年。
中山	三十五　来朝。中山靖王刘胜三十五年。进京朝见皇帝。
常山	二十六　常山宪王刘舜二十六年。
梁	十七　梁平王刘襄十七年。
济东	二十五　济东王刘彭离二十五年。
代	十三　代王刘义十三年。
长沙	九　长沙康王刘庸九年。

前119

四	孝武帝元狩四年。
十	来朝。楚襄王刘注十年。进京朝见皇帝。
十	鲁安王刘光十年。
二十五	城阳顷王刘延二十五年。
三十三	济北武王刘胡三十三年。
十一	淄川靖王刘建十一年。
三十六	胶西王刘端三十六年。
二	胶东哀王刘贤二年。
三	六安恭王刘庆三年。
三十七	赵敬肃王刘彭祖三十七年。
七	河间刚王刘堪七年。
十八	广川缪王刘齐十八年。
三十六	中山靖王刘胜三十六年。
二十七	常山宪王刘舜二十七年。
十八	梁平王刘襄十八年。
二十六	来朝。济东王刘彭离二十六年。进京朝见皇帝。
十四	代王刘义十四年。
十	长沙康王刘庸十年。

前118

	五 孝武帝元狩五年。
楚	**十一** 楚襄王刘注十一年。
鲁	**十一** 鲁安王刘光十一年。
齐	复置齐国。重新设立齐国。
城阳	**二十六** 来朝。薨。城阳顷王刘延二十六年。进京朝见皇帝。刘延去世。
济北	**三十四** 济北武王刘胡三十四年。
菑川	**十二** 来朝。淄川靖王刘建十二年。进京朝见皇帝。
胶西	**三十七** 胶西王刘端三十七年。
胶东	**三** 胶东哀王刘贤三年。
广陵	更为广陵国。改设广陵国。
六安	**四** 六安恭王刘庆四年。
燕	复置燕国。重新设立燕国。
赵	**三十八** 赵敬肃王刘彭祖三十八年。
河间	**八** 河间刚王刘堪八年。
广川	**十九** 广川缪王刘齐十九年。
中山	**三十七** 中山靖王刘胜三十七年。
常山	**二十八** 常山宪王刘舜二十八年。
梁	**十九** 梁平王刘襄十九年。
济东	**二十七** 济东王刘彭离二十七年。
代	**十五** 代王刘义十五年。
长沙	**十一** 长沙康王刘庸十一年。

前117

六　孝武帝元狩六年。
十二　楚襄王刘注十二年。
十二　鲁安王刘光十二年。
四月乙巳，初王怀王闳**元**年。武帝子[1]。四月乙巳，新封刘闳为齐王，“怀”为其谥号，该年是其元年。他是汉武帝刘彻的儿子。
敬王义**元**年　该年是城阳敬王刘义即位的一年，他是城阳顷王刘延的儿子。
三十五　济北武王刘胡三十五年。
十三　淄川靖王刘建十三年。
三十八　胶西王刘端三十八年。
四　胶东哀王刘贤四年。
四月乙巳，初王胥**元**年。武帝子[2]。四月乙巳，新封刘胥为广陵王，该年是其元年。他是汉武帝刘彻的儿子。
五　六安恭王刘庆五年。
四月乙巳，初王剌王旦**元**年。武帝子[3]。四月乙巳，新封刘旦为燕王，“剌”为其谥号，该年是其元年。他是汉武帝刘彻的儿子。
三十九　赵敬肃王刘彭祖三十九年。
九　来朝。河间刚王刘堪九年。进京朝见皇帝。
二十　广川缪王刘齐二十年。
三十八　中山靖王刘胜三十八年。
二十九　来朝。常山宪王刘舜二十九年。进京朝见皇帝。
二十　梁平王刘襄二十年。
二十八　济东王刘彭离二十八年。
十六　代王刘义十六年。
十二　长沙康王刘庸十二年。

前116

	元鼎元年　孝武帝元鼎元年。
楚	十三　楚襄王刘注十三年。
鲁	十三　鲁安王刘光十三年。
齐	二　齐怀王刘闳二年。
城阳	二　城阳敬王刘义二年。
济北	三十六　济北武王刘胡三十六年。
菑川	十四　淄川靖王刘建十四年。
胶西	三十九　胶西王刘端三十九年。
胶东	五　胶东哀王刘贤五年。
广陵	二　广陵王刘胥二年。
六安	六　六安恭王刘庆六年。
燕	二　燕刺王刘旦二年。
赵	四十　赵敬肃王刘彭祖四十年。
河间	十　河间刚王刘堪十年。
广川	二十一　来朝。广川缪王刘齐二十一年。进京朝见皇帝。
中山	三十九　中山靖王刘胜三十九年。
常山	三十　常山宪王刘舜三十年。
梁	二十一　梁平王刘襄二十一年。
济东	二十九　剽攻杀人，迁上庸，国为大河郡[①]。济东王刘彭离二十九年。刘彭离肆意杀人，被发配上庸，济东国被废除，改立为大河郡。
代	十七　代王刘义十七年。
长沙	十三　长沙康王刘庸十三年。

前115

二　孝武帝元鼎二年。
十四　薨。楚襄王刘注十四年。刘注去世。
十四　来朝。鲁安王刘光十四年。进京朝见皇帝。
三　齐怀王刘闳三年。
三　城阳敬王刘义三年。
三十七　济北武王刘胡三十七年。
十五　淄川靖王刘建十五年。
四十　胶西王刘端四十年。
六　胶东哀王刘贤六年。
三　广陵王刘胥三年。
七　六安恭王刘庆七年。
三　燕刺王刘旦三年。
四十一　赵敬肃王刘彭祖四十一年。
十一　河间刚王刘堪十一年。
二十二　广川缪王刘齐二十二年。
四十　中山靖王刘胜四十年。
三十一　常山宪王刘舜三十一年。
二十二　梁平王刘襄二十二年。
十八　来朝。代王刘义十八年。进京朝见皇帝。
十四　长沙康王刘庸十四年。

	前114
	三　孝武帝元鼎三年。
楚	节王纯元年　楚节王刘纯元年。他是楚襄王刘注的儿子。
鲁	十五　鲁安王刘光十五年。
泗水	初置泗水，都郯。新设泗水国，建都于郯（应作凌）。
齐	四　齐怀王刘闳四年。
城阳	四　城阳敬王刘义四年。
济北	三十八　济北武王刘胡三十八年。
菑川	十六　淄川靖王刘建十六年。
胶西	四十一　胶西王刘端四十一年。
胶东	七　胶东哀王刘贤七年。
广陵	四　广陵王刘胥四年。
六安	八　六安恭王刘庆八年。
燕	四　燕刺王刘旦四年。
赵	四十二　赵敬肃王刘彭祖四十二年。
河间	十二　薨。河间刚王刘堪十二年。刘堪去世。
广川	二十三　广川缪王刘齐二十三年。
中山	四十一　来朝。中山靖王刘胜四十一年。进京朝见皇帝。
清河	复置清河国。重新设立清河国。
常山	三十二　薨，子为王[①]。常山宪王刘舜三十二年。刘舜去世，
梁	二十三　梁平王刘襄二十三年。
代	十九　徙清河。为太原郡。代王刘义十九年。代王刘义改封
长沙	十五　来朝。长沙康王刘庸十五年。进京朝见皇帝。

他的儿子刘勃承袭为常山王。
为清河王。代国废除，改立为太原郡。

前113

	四 孝武帝元鼎四年。
楚	**二** 楚节王刘纯二年。
鲁	**十六** 鲁安王刘光十六年。
泗水	思王商**元**年。商，常山宪王子[①]。泗水思王刘商元年。他是
齐	**五** 齐怀王刘闳五年。
城阳	**五** 城阳敬王刘义五年。
济北	**三十九** 济北武王刘胡三十九年。
菑川	**十七** 淄川靖王刘建十七年。
胶西	**四十二** 胶西王刘端四十二年。
胶东	**八** 胶东哀王刘贤八年。
广陵	**五** 广陵王刘胥五年。
六安	**九** 六安恭王刘庆九年。
燕	**五** 燕剌王刘旦五年。
赵	**四十三** 赵敬肃王刘彭祖四十三年。
河间	顷王授**元**年 河间顷王刘授元年。他是河间刚王刘堪的儿子。
广川	**二十四** 广川缪王刘齐二十四年。
中山	**四十二** 薨。中山靖王刘胜四十二年。刘胜去世。
清河	**二十** 代王义徙清河年。是为刚王[②]。代王刘义二十年。代
真定	更为真定国。顷王平**元**年。常山宪王子[③]。常山国被废，改
梁	**二十四** 梁平王刘襄二十四年。
长沙	**十六** 长沙康王刘庸十六年。

常山宪王刘舜的儿子。
王刘义改封为清河王。他就是清河刚王。
立真定国。真定顷王刘平元年。他是常山宪王刘舜的儿子。

前112

	五 孝武帝元鼎五年。
楚	三 楚节王刘纯三年。
鲁	**十七** 鲁安王刘光十七年。
泗水	**二** 泗水思王刘商二年。
齐	**六** 齐怀王刘闳六年。
城阳	**六** 城阳敬王刘义六年。
济北	**四十** 济北武王刘胡四十年。
菑川	**十八** 淄川靖王刘建十八年。
胶西	**四十三** 胶西王刘端四十三年。
胶东	**九** 胶东哀王刘贤九年。
广陵	**六** 广陵王刘胥六年。
六安	**十** 六安恭王刘庆十年。
燕	**六** 燕剌王刘旦六年。
赵	**四十四** 赵敬肃王刘彭祖四十四年。
河间	**二** 河间顷王刘授二年。
广川	**二十五** 来朝。广川缪王刘齐二十五年。进京朝见皇帝。
中山	哀王昌**元**年。即年薨。中山哀王刘昌元年。他是中山靖王刘胜的儿子。当年刘昌去世。
清河	**二十一** 清河刚王刘义二十一年。
真定	**二** 真定顷王刘平二年。
梁	**二十五** 梁平王刘襄二十五年。
长沙	**十七** 长沙康王刘庸十七年。

前111

六 孝武帝元鼎六年。
四 楚节王刘纯四年。
十八 鲁安王刘光十八年。
三 泗水思王刘商三年。
七 齐怀王刘闳七年。
七 城阳敬王刘义七年。
四十一 来朝。济北武王刘胡四十一年。进京朝见皇帝。
十九 淄川靖王刘建十九年。
四十四 胶西王刘端四十四年。
十 胶东哀王刘贤十年。
七 广陵王刘胥七年。
十一 来朝。六安恭王刘庆十一年。进京朝见皇帝。
七 燕剌王刘旦七年。
四十五 赵敬肃王刘彭祖四十五年。
三 河间顷王刘授三年。
二十六 广川缪王刘齐二十六年。
康王昆侈**元**年 中山康王刘昆侈元年。他是中山哀王刘昌的儿子。
二十二 清河刚王刘义二十二年。
三 真定顷王刘平三年。
二十六 梁平王刘襄二十六年。
十八 长沙康王刘庸十八年。

前110

	元封元年　孝武帝元封元年。
楚	五　楚节王刘纯五年。
鲁	十九　鲁安王刘光十九年。
泗水	四　泗水思王刘商四年。
齐	八　薨，无后，国除为郡[①]。齐怀王刘闳八年。刘闳去世，没有后嗣，齐国被废除，改立为郡。
城阳	八　来朝。城阳敬王刘义八年。进京朝见皇帝。
济北	四十二　济北武王刘胡四十二年。
菑川	二十　淄川靖王刘建二十年。
胶西	四十五　胶西王刘端四十五年。
胶东	十一　胶东哀王刘贤十一年。
广陵	八　广陵王刘胥八年。
六安	十二　六安恭王刘庆十二年。
燕	八　燕剌王刘旦八年。
赵	四十六　赵敬肃王刘彭祖四十六年。
河间	四　河间顷王刘授四年。
广川	二十七　广川缪王刘齐二十七年。
中山	二　中山康王刘昆侈二年。
清河	二十三　清河刚王刘义二十三年。
真定	四　来朝。真定顷王刘平四年。进京朝见皇帝。
梁	二十七　梁平王刘襄二十七年。
长沙	十九　长沙康王刘庸十九年。

前109

二　孝武帝元封二年。
六　楚节王刘纯六年。
二十　鲁安王刘光二十年。
五　泗水思王刘商五年。
九　薨。城阳敬王刘义九年。刘义去世。
四十三　济北武王刘胡四十三年。
顷王遗元年　淄川顷王刘遗元年。他是淄川靖王刘建的儿子。
四十六　胶西王刘端四十六年。
十二　胶东哀王刘贤十二年。
九　广陵王刘胥九年。
十三　六安恭王刘庆十三年。
九　燕刺王刘旦九年。
四十七　赵敬肃王刘彭祖四十七年。
五　河间顷王刘授五年。
二十八　广川缪王刘齐二十八年。
三　中山康王刘昆侈三年。
二十四　清河刚王刘义二十四年。
五　真定顷王刘平五年。
二十八　梁平王刘襄二十八年。
二十　长沙康王刘庸二十年。

	前108
	三　孝武帝元封三年。
楚	七　楚节王刘纯七年。
鲁	二十一　来朝。鲁安王刘光二十一年。进京朝见皇帝。
泗水	六　泗水思王刘商六年。
城阳	慧王武元年　城阳慧王刘武元年。他是城阳敬王刘义的儿子。
济北	四十四　济北武王刘胡四十四年。
菑川	二　淄川顷王刘遗二年。
胶西	四十七　薨,无后,国除[1]。胶西王刘端四十七年。刘端去世,没有后嗣,胶西国被废除。
胶东	十三　胶东哀王刘贤十三年。
广陵	十　广陵王刘胥十年。
六安	十四　六安恭王刘庆十四年。
燕	十　燕刺王刘旦十年。
赵	四十八　赵敬肃王刘彭祖四十八年。
河间	六　河间顷王刘授六年。
广川	二十九　广川缪王刘齐二十九年。
中山	四　中山康王刘昆侈四年。
清河	二十五　来朝。清河刚王刘义二十五年。进京朝见皇帝。
真定	六　真定顷王刘平六年。
梁	二十九　梁平王刘襄二十九年。
长沙	二十一　长沙康王刘庸二十一年。

前107

四 孝武帝元封四年。
八 楚节王刘纯八年。
二十二 鲁安王刘光二十二年。
七 泗水思王刘商七年。
二 城阳慧王刘武二年。
四十五 济北武王刘胡四十五年。
三 淄川顷王刘遗三年。
十四 胶东哀王刘贤十四年。
十一 广陵王刘胥十一年。
十五 六安恭王刘庆十五年。
十一 燕剌王刘旦十一年。
四十九 赵敬肃王刘彭祖四十九年。
七 河间顷王刘授七年。
三十 广川缪王刘齐三十年。
五 中山康王刘昆侈五年。
二十六 清河刚王刘义二十六年。
七 真定顷王刘平七年。
三十 梁平王刘襄三十年。
二十二 长沙康王刘庸二十二年。

前106

	五 孝武帝元封五年。
楚	**九** 楚节王刘纯九年。
鲁	**二十三** 朝泰山[①]。鲁安王刘光二十三年。刘光到泰山参加封禅并朝见武帝。
泗水	**八** 泗水思王刘商八年。
城阳	**三** 城阳慧王刘武三年。
济北	**四十六** 朝泰山。济北武王刘胡四十六年。刘胡到泰山参加封禅并朝见武帝。
菑川	**四** 淄川顷王刘遗四年。
胶东	**戴王通平元年** 胶东戴王刘通平元年。他是胶东哀王刘贤的儿子。
广陵	**十二** 广陵王刘胥十二年。
六安	**十六** 六安恭王刘庆十六年。
燕	**十二** 燕剌王刘旦十二年。
赵	**五十** 赵敬肃王刘彭祖五十年。
河间	**八** 河间顷王刘授八年。
广川	**三十一** 广川缪王刘齐三十一年。
中山	**六** 中山康王刘昆侈六年。
清河	**二十七** 清河刚王刘义二十七年。
真定	**八** 真定顷王刘平八年。
梁	**三十一** 梁平王刘襄三十一年。
长沙	**二十三** 长沙康王刘庸二十三年。

前105

六	孝武帝元封六年。
十	楚节王刘纯十年。
二十四	鲁安王刘光二十四年。
九	泗水思王刘商九年。
四	城阳慧王刘武四年。
四十七	济北武王刘胡四十七年。
五	淄川顷王刘遗五年。
二	胶东戴王刘通平二年。
十三	广陵王刘胥十三年。
十七	六安恭王刘庆十七年。
十三	燕剌王刘旦十三年。
五十一	赵敬肃王刘彭祖五十一年。
九	河间顷王刘授九年。
三十二	广川缪王刘齐三十二年。
七	中山康王刘昆侈七年。
二十八	清河刚王刘义二十八年。
九	来朝。真定顷王刘平九年。进京朝见皇帝。
三十二	梁平王刘襄三十二年。
二十四	长沙康王刘庸二十四年。

【注释】

元狩六年（前117）

①“齐”格：元朔二年齐国除为齐郡，此年武帝恢复齐国建制，立自己的儿子刘闳为王。四月乙巳，四月二十九。怀王闳，刘闳，是武帝王夫人所生，谥“怀”。

②“广陵”格：元狩二年，江都国除为广陵郡，此年武帝改郡为广陵国，立自己的儿子刘胥为王。

③“燕”格：元朔元年燕国除为郡，此年武帝恢复燕国建制，立自己的儿子刘旦为王。剌（là）王旦，刘旦，谥“剌”。《逸周书·谥法》：“不思忘爱曰剌，愎佷遂过曰剌。”刘旦在昭帝元凤元年谋反，故以此为谥。

元鼎元年（前116）

①“济东”格：济东王刘彭离在国专横跋扈，常以纠集家奴及亡命少年夜间杀人抢劫为乐，国中人不敢夜行。受害者家属纷纷上告朝廷，朝官议以死罪，武帝不忍，废为庶人，发配上庸（今湖北十堰竹山县西南），济东国建制撤销。设为大河郡，治无盐（今山东泰安东平东）。

元鼎三年（前114）

①“常山”格：此年常山宪王刘舜去世，其长子刘勃袭位为王。仅数月，即因淫乱荒唐被废，徙房陵。

元鼎四年（前113）

①“泗水”格：此年武帝怜常山宪王刘舜去世，其太子无道被废国绝，设置泗水国，封刘舜他子刘商为泗水王。国都凌（今江苏宿迁泗阳西北）。按，上一年“泗水”格中“都郯”有误，当作“都

凌”。思王商，刘商，常山王刘舜之子。《五宗世家》中刘舜为常山宪王，此格记为常山惠王，恐误。

②“清河”格：建元五年清河国除为郡，此年恢复清河国建制，改封代王刘义为清河王。刘义为王年数从其为代王时算起，已有二十年，故此格标为“二十”。

③“真定”格：刘勃被废后，武帝封刘舜他子刘平为王以承嗣，改常山国名为真定国。

元封元年（前110）

①“齐”格：齐王刘闳去世无后，齐国建制撤销，设为齐郡。

元封三年（前108）

①“胶西”格：胶西王刘端去世无后，胶西国建制撤销，设为胶西郡，治高密（今山东潍坊高密西南）。

元封五年（前106）

①朝泰山：此年武帝到泰山封禅，这是汉代大事。鲁王刘光、济北王刘胡到泰山朝见武帝。

前104

	太初元年　孝武帝太初元年。
楚	**十一**　楚节王刘纯十一年。
鲁	**二十五**　鲁安王刘光二十五年。
泗水	**十**　薨。泗水思王刘商十年。刘商去世(《五宗世家》卒于十一年)。
城阳	**五**　城阳慧王刘武五年。
济北	**四十八**　济北武王刘胡四十八年。
菑川	**六**　淄川顷王刘遗六年。
胶东	**三**　胶东戴王刘通平三年。
广陵	**十四**　广陵王刘胥十四年。
六安	**十八**　来朝。六安恭王刘庆十八年。进京朝见皇帝。
燕	**十四**　燕刺王刘旦十四年。
赵	**五十二**　赵敬肃王刘彭祖五十二年。
河间	**十**　河间顷王刘授十年。
广川	**三十三**　广川缪王刘齐三十三年。
中山	**八**　中山康王刘昆侈八年。
清河	**二十九**　清河刚王刘义二十九年。
真定	**十**　真定顷王刘平十年。
梁	**三十三**　梁平王刘襄三十三年。
长沙	**二十五**　长沙康王刘庸二十五年。

前103

二　孝武帝太初二年。
十二　楚节王刘纯十二年。
二十六　鲁安王刘光二十六年。
哀王安世元年。即戴王贺元年。安世子[1]。泗水哀王刘安世元年。他是泗水思王刘商的儿子。当年刘安世去世。该年也是泗水戴王刘贺元年（刘贺元年应在下年）。刘贺是刘安世的儿子（应为弟弟）。
六　城阳慧王刘武六年。
四十九　济北武王刘胡四十九年。
七　淄川顷王刘遗七年。
四　胶东戴王刘通平四年。
十五　广陵王刘胥十五年。
十九　六安恭王刘庆十九年。
十五　燕剌王刘旦十五年。
五十三　赵敬肃王刘彭祖五十三年。
十一　河间顷王刘授十一年。
三十四　广川缪王刘齐三十四年。
九　来朝。中山康王刘昆侈九年。进京朝见皇帝。
三十　清河刚王刘义三十年。
十一　真定顷王刘平十一年。
三十四　梁平王刘襄三十四年。
二十六　长沙康王刘庸二十六年。

前102

	三　孝武帝太初三年。
楚	十三　楚节王刘纯十三年。
鲁	二十七　鲁安王刘光二十七年。
泗水	二　泗水戴王刘贺二年(应为元年)。
城阳	七[①]　城阳慧王刘武七年。
济北	五十　济北武王刘胡五十年。
菑川	八　淄川顷王刘遗八年。
胶东	五　胶东戴王刘通平五年。
广陵	十六　广陵王刘胥十六年。
六安	二十　六安恭王刘庆二十年。
燕	十六　燕刺王刘旦十六年。
赵	五十四　赵敬肃王刘彭祖五十四年。
河间	十二　河间顷王刘授十二年。
广川	三十五　广川缪王刘齐三十五年。
中山	十　中山康王刘昆侈十年。
清河	三十一　清河刚王刘义三十一年。
真定	十二　真定顷王刘平十二年。
梁	三十五　梁平王刘襄三十五年。
长沙	二十七　长沙康王刘庸二十七年。

前101

四 孝武帝太初四年。
十四 楚节王刘纯十四年。
二十八 鲁安王刘光二十八年。
三 泗水戴王刘贺三年（应为第二年）。
五十一 济北武王刘胡五十一年。
九 淄川顷王刘遗九年。
六 胶东戴王刘通平六年。
十七 广陵王刘胥十七年。
二十一 六安恭王刘庆二十一年。
十七 燕剌王刘旦十七年。
五十五 赵敬肃王刘彭祖五十五年。
十三 河间顷王刘授十三年。
三十六 广川缪王刘齐三十六年。
十一 中山康王刘昆侈十一年。
三十二 清河刚王刘义三十二年。
十三 真定顷王刘平十三年。
三十六 **来朝。**梁平王刘襄三十五年。进京朝见皇帝。
二十八 **来朝。**长沙康王刘庸二十八年。进京朝见皇帝。

【注释】

太初二年（前103）

①“泗水”格：哀王刘安世是思王刘商之子。去年（太初元年）刘商去世，刘安世袭位为王，今年即去世，其弟戴王刘贺袭位，下一年（即太初三年）刘贺才能改元称元年。又，据《五宗世家》及《汉书·景十三王传》，皆云刘贺为刘商之弟，并非其子。

太初四年（前101）

①“城阳”格：《汉书·诸侯王表》城阳惠王刘武在位十一年，此格依表例当书“八”字。

【集评】

汪越曰：“秦罢侯置守，分天下为三十六郡，盖惩周末诸侯遂废封建；汉复惩秦孤立而封建同姓，错处郡县间，诸侯反者数起何哉？无制故也。陈仁子曰：‘国大则赋多，赋多则兵强，其为乱也易；国小则赋微，赋微则兵寡，其为乱也难。古制公侯百里，伯七十里，子男五十里，不能五十里者附于诸侯曰附庸。如此则国小变迟，犹未至吴、楚之乱近在眉睫也。’按以势论，此言近之矣。然汉高猜忌功臣，诛锄异姓，而七国之祸乃在宗亲。故曰‘形势虽强，要以仁义为本’。”又曰：“夫秦灭古法，内无骨肉根本之辅，外无尺土藩翼之卫；汉矫枉过正，藩国大者跨州兼郡，宫室百官同制京师，始尝患宗室之过强，至于其后又患在宗室之过弱。读此表者必通《王子侯（者）年表》考之，而汉一代封建之制，利害乃尽矣。”（《读史记十表》）

徐克范曰：“表特详国都废置，封爵迁除，不纪时事，以《将相表》有大事纪也。来朝悉书者，亲亲之情，尊君之义所当然也。凡言‘反，诛’‘反，自杀’者，虽其自取，亦上过也。如孝文固解宽仁，而济北兴居之反亦非无由。初大臣诛诸吕时，朱虚侯章功尤大，许尽以赵地王朱虚，尽以梁地王东牟。及文帝入立，闻朱虚、东牟初欲立齐王，故黜其功。及二年王诸子，仅割齐二郡以王章、兴居，章、兴居自以失职夺功，章死，而兴居遂乘匈奴之变反于济北。此由帝一念之私所召致也。”又曰：“高帝四年立太子不书，文帝元年立太子不书，独景帝四年书立太子，七年书太子废，讥之也。太子荣不闻失德，徒以嗛栗姬故，听长公主之谮，轻易国本，故是表于反诛外凡以罪废者不详其罪名，独书‘临江王坐侵庙堧垣为宫，自杀’。夫堧垣，庙境外之虚边也，罪亦细矣，何遽使中尉簿责蹙令自杀耶？方太子之被征也，祖江陵北门，江陵父老俱流涕，是必有以感人者。帝奈何立之而废之而杀之，史称帝苛薄，信哉！”（《读史记十表补》）

【评论】

《汉兴以来诸侯王年表》所反映的最突出的问题就是中央朝廷与地方诸侯王的矛盾，中央朝廷处心积虑削弱诸侯王、巩固中央王权。

在汉高祖时期，矛盾集中体现为刘姓的汉王朝与异姓诸侯王之间。当时的诸侯王国地连数郡，权势很大，而且像楚王韩信、淮南王黥布、梁王彭越、韩王韩信（表作代王）都是才能出众、威名赫赫的大功臣，刘邦总感到他们对中央王朝构成威胁。所以他在位时，就与吕后以及亲信功臣联手清理异姓王，并与大臣们盟誓“非刘氏不得王”，到了高祖十二年（前195）去世时，除长沙王吴芮，其他皆是刘姓王，解决了这一矛盾。吕太后当政时，封了一批吕姓子侄为王，但随着吕氏集团被诛灭，这些人全部被杀，同姓诸侯王的问题还未显现。到了文帝时期，这些领土多达几个郡、手里有着兵权、政权、财权的刘姓诸侯王渐成尾大不掉之势，贾谊就看到了这种局势的危险，将之视为“可痛哭”之事，建议文帝“众建诸侯而少其力”，也就是把这些强大的诸侯国化整为零。文帝接受了，于是文帝十六年（前164），文帝封齐悼惠王刘肥其余的儿子（即齐哀王刘襄之诸弟）七人皆为王，将齐国故地一分为七；封故淮南王刘长的三个儿子刘赐为庐江王，刘勃为衡山王，刘安为淮南王，将淮南国故地一分为三。但这个问题并没有解决,反而越加严重了。景帝时晁错想通过“削藩”,削减几个过于强大的诸侯王的地盘,压制他们的势力,结果景帝三年(前154)引发了吴、楚七国之乱,造成了汉王朝建立以来最大的王权危机。在这一年,表中连续出现的“反、诛”字样显得触目惊心。七国之乱平息后,景帝把赵国分为邯郸、清河两郡(次年仅把邯郸郡恢复为赵国),许多旧有的叔、伯、兄弟被诛灭。景帝中元六年(前144)梁孝王去世,景帝封梁孝王的五个儿子为王,将梁国一分为五。到这时,诸侯王们不仅领土大大缩小,而且兵权、政权、财权也通通被朝廷派去的命官所掌握。至武帝时,诸侯王主动造反的局势早已经不存在了,但武帝仍不放心,他接受主父偃的建议实行“推恩法”,让各诸侯王分割自己的领土以分封自己的各个儿子为侯,诸侯王的领地和势力进一步缩减,并且与直属朝廷的郡县犬牙交错,于是国内同姓诸侯王割据的问题彻底解决。

汉朝中央朝廷与地方诸侯王矛盾的产生,归根到底还是分封制与郡县制的问题。秦始皇见到春秋、战国诸侯割据,周天子无法控制的惨相,于是彻底地废除了分封制,实行郡县制,不再分封功臣、子弟为王侯。刘邦在打天下时最初也没想过分封诸将为王侯的事,但时势的发展,尤其是追随他的诸将的愿望,迫使他只好采取了郡县制与分封制并用的形式。以他当时的实际情况,刘姓族人少,清除了异姓王之后,还没有办法做到朝廷与地方诸侯王权力制衡,这样就留下了祸根。司马迁看到了汉朝两种制度并存的困境,尤其是分封制给中央王朝带来的困扰,但他并没有鲜明地反对分封制,而是相对认可武帝采用推恩法后所呈现的“大国不过十余城,小侯不过数十里,上足以奉贡职,下足以供养祭祀,以蕃辅京师。而汉郡八九十,形错诸侯间,犬牙相临,秉其厄塞地利,强本干,弱枝叶之势,尊卑明而万事各得其所矣”的状态,认为这是找到了两种制度的平衡。只不过达到这种平衡的过程与手段太过冷酷血腥,司马迁在表序中隐晦地表达了他对汉代诸帝所作所为的厌恶,以及对被迫害诸侯王的同情。

司马迁在本表的表序中，概括介绍了西汉王、侯两级的分封制是由周代的公、侯、伯、子、男五等诸侯简化而来，概括叙述了高祖到武帝时中央朝廷与诸侯国的较量，表达了他所希望的中央朝廷与诸侯王的相处之道，这就是他在表序最后说的“形势虽强，要之以仁义为本”。这与表序开头所说“非德不纯，形势弱也”相呼应，也就是希望强势的一方要以仁义之心对待弱势的一方，朝廷与诸侯王相互扶持，互为依靠，也即西周分封制所要达到的理想目标。但是理想是理想，现实是现实，周代的诸侯强大时没有善待周天子，汉代朝廷也不会任由诸侯坐大威胁自己。司马迁这样说，我们可以理解为一种“政治正确”，而他真实的意图应该是批判汉代诸帝对诸侯王的防范、打压、迫害，批判他们并无仁义之心，是抑扬其辞的语中含讽，当我们结合《高祖功臣侯者年表》《惠景间侯者年表》《建元已来王子侯者年表》等篇阅读时，就可以更清晰地认识到这一点了。

史记卷十八

高祖功臣侯者年表第六

【释名】

《高祖功臣侯者年表》谱列的是汉高祖刘邦所封的143个侯国从高祖到武帝太初年间共100年的历史，反映了这些侯国受封、承袭、徙封、撤销等情形。由于这些侯国的始封者绝大多数是帮助刘邦打天下的功臣，所以称“高祖功臣侯者”；至于称“年表”，应该是指此表以封侯时间先后逐年逐月记录诸侯受封，以及各位列侯的为侯年数。

《高祖功臣侯者年表》的横向每一列是一个侯国，纵向是时间轴。纵向第一行是侯国名，第二行是“侯功”（该侯功劳），最后一行是“侯第”（功劳排名），中间六行依次是高祖、惠帝、吕太后、文帝、景帝、武帝，每位帝后后面标明其在位年数，如“高祖十二”指高祖在位十二年；只有武帝分了两段，分别是“建元至元封六年三十六”（即建元元年至元封六年，共三十六年）和“太初元年尽后元二年十八”（即太初元年至后元二年，共十八年）。表内中间六行每个格中的数字，表示该侯在这一时段的为侯年数，有些格中会出现两代或两代以上的侯，每位侯前的数字都是他的为侯年数。如新阳侯“孝文二十三”格中：第一行的“六”，指吕臣在文帝朝为侯六年；第二行的“二”，指吕臣的儿子吕义在文帝朝为侯两年；第三行的“十五”，指吕义的儿子吕它在文帝朝为侯十五年。

太史公曰：古者人臣功有五品[①]，以德立宗庙、定社稷曰勋[②]，以言曰劳[③]，用力曰功[④]，明其等曰伐，积日曰阅[⑤]。封爵之誓曰：“使河如带，泰山若厉，国以永宁，爰及苗裔[⑥]。”始未尝不欲固其根本，而枝叶稍陵夷衰微也[⑦]。

【注释】

①五品：五等。即下文所说勋、劳、功、伐、阅。品，等级，等第。

②以德立宗庙、定社稷：如周公等。宗庙，古代帝王、诸侯祭祀祖宗的庙宇，代称朝廷和国家政权。社稷，古代帝王、诸侯所祭的土神和谷神，旧时亦用为国家的代称。社，土神。稷，谷神。按，宗庙通常修筑于皇宫的左侧。祭祀社稷所修土坛后俗称“社稷坛”，其上黄色土居中，东、南、西、北四方分别用青、红、白、黑四色土砌成。社稷坛通常修筑于皇宫的右侧。

③以言曰劳：如张良、陆贾等。言，指出谋划策或言辩辞令。

④用力曰功：如樊哙、周勃等。力，指战场上的武力拼杀。

⑤明其等曰伐，积日曰阅：如《张丞相列传》文末仅记姓名的陶青、刘舍、许昌、薛泽、赵周等平庸宰相。明其等，指按例逐级升官。一说指为国家建立秩序。积日，积累资历。指仅靠长期效力而获提升。伐，功绩。阅，资历。《汉书·车千秋传》颜师古注曰：“伐，积功也；阅，经历也。”

⑥“使河如带”几句：《困学纪闻》引陆贾《楚汉春秋》云：“高帝初封侯者，皆赐丹书铁券，曰：‘使黄河如带，太山如砺，汉有宗庙，尔无绝世。’”誓词后两句迥然不同，梁玉绳认为陆贾与高祖同时，必为亲见，《史记》所载是被吕后改了。使，即使。厉，同“砺”，磨刀石。以，通“亦”。爰，助词，无义。用在句首或句中，起调节语气的作用。苗裔，后代子孙。

⑦枝叶：以喻后代。陵夷：由盛到衰。衰颓，衰落。

【译文】

太史公说：古时候把臣子的功劳分为五等，凭德行高尚建立宗庙、安定国家的称作“勋”，凭高明计策或言辞解决问题的称作“劳”，凭武力取得胜利的称作“功”，靠长年累月积攒功绩和资历，按照等级升官的称作“伐”或“阅”。高祖封爵时的誓词说：“即使黄河只剩衣带那样窄，即使泰山只剩磨刀石那样小，诸侯封国也将永远安宁，子孙代代相传。”当初分封时何尝不想让这些诸侯国根基稳固，可他们的后代子孙却逐渐衰败了。

余读高祖侯功臣①，察其首封所以失之者，曰：异哉所闻②！《书》曰“协和万国”③，迁于夏商，或数千岁④。盖周封八百，幽厉之后见于《春秋》⑤。《尚书》有唐虞之侯伯，历三代千有余载，自全以蕃卫天子⑥，岂非笃于仁义，奉上法哉⑦？汉兴，功臣受封者百有余人⑧。天下初定，故大城名都散亡，户口可得而数者十二三，是以大侯不过万家⑨，小者五六百户。后数世⑩，民咸归乡里，户益息⑪，萧、曹、绛、灌之属或至四万，小侯自倍，富厚如之⑫。子孙骄溢⑬，忘其先，淫嬖⑭。至太初百年之间⑮，见侯五⑯，余皆坐法殒命亡国⑰，秏矣⑱。罔亦少密焉⑲，然皆身无兢兢于当世之禁云⑳。

【注释】

①读高祖侯功臣：阅读高祖当年分封功臣的有关资料。

②异哉所闻：吴汝纶曰：“此言异于《春秋》《尚书》千载之封也。”所闻，指自己所听说的远古帝王传国久远的情景。

③《书》：《尚书》。协和万国：语出《尚书·尧典》。原作“协和万

邦”，汉代为避刘邦名讳而改。孔颖达疏：“能使九族敦睦，百姓显明，万邦和睦。”意即尧能使众多邦国团结起来，和睦相处。协和，和睦，融洽。

④迁于夏商，或数千岁：此指有些唐尧时期的邦国，经历了唐尧到夏朝、商朝的变迁，一直没有断绝，已经传了几千年。迁，迁移，变更。

⑤盖周封八百，幽厉之后见于《春秋》：此指周初所封的诸侯国，在周厉王、周幽王两次动乱后，有些直至春秋时期还存在，见于孔子编写的《春秋》，传国至四五百年。周封八百，《周本纪》记载周武王观兵孟津时，“不期而会”者八百诸侯；灭商后究竟封了多少国家，《周本纪》未载，但不会少于孟津时的“八百”。八百在此处当是就孟津时国数而言，实极言周初的封国之多。

⑥“《尚书》有唐虞之侯伯”几句：意即《尚书》中所记的唐尧、虞舜所封的诸侯，经历了夏、商、周三代一千多年，到春秋时还存在。如舜之后，禹封于虞，商封于遂，周封于陈，至春秋末尚存；皋陶之后，封于英、六，直到春秋时才被灭亡。侯伯，封国的等级爵号名。当时的封国分公、侯、伯、子、男五等。历三代千有余载，据《夏商周年表》，夏朝约始于前2070年，商朝约始于前1600年，西周为前1046—前771年。尧舜时代还有夏朝之前，即便从夏朝算起，到春秋时代也已有一千三百多年了。自全，保全自己的封国。蕃卫天子，为天子作藩篱屏障，即捍卫天子。蕃，通“藩”，藩屏，捍卫。

⑦奉上法：奉行天子法制。泷川曰：“与‘子孙骄溢，忘其先，淫辟，身无兢兢于当世之禁’者异。”

⑧百有余人：据下文，本表列功臣一百三十七人，若加上外戚二人及王子四子，共一百四十三人。

⑨大侯不过万家：梁玉绳认为：“表载曹参封一万六百户，刘泽封一

万二千户，萧何封一万五千户，则‘不过万家’之说未可信。”泷川则认为：表中所记“万五千”“万六千”等是据户籍而言之，表序此处所言“不过万家”是据实而言。

⑩数世：几代。父子相承为一世。一说古称三十年为“一世”，数世即几十年。

⑪息：滋息，增长。

⑫富厚如之：财富总量也和人口的增长大体成比例。

⑬骄溢：骄傲自满。

⑭淫嬖：放纵邪恶。嬖，邪。

⑮至太初百年之间：自高祖六年（前201）开始分封功臣为侯，到武帝太初四年（前101），正好一百年。司马迁写《史记》的时间下限是武帝太初年间，故统计截止于此时。太初，武帝年号，前104—前101年。

⑯见侯五：高祖时所封的列侯现存的只剩了五个。《正义》曰：“谓平阳侯曹宗、曲周侯郦终根、阳阿侯齐仁，戴侯祕蒙、谷陵侯冯偃也。”梁玉绳认为除《正义》所列外还有江邹侯靳石，故实有六侯。钱大昕则认为：“江邹侯靳石以改封，不与五人之列。然曲周侯终根其时已改封缪，阳河侯仁其时亦改封埤山矣。是太初之世，不止见侯五也。”见，同“现”，现存。

⑰亡国：封土与爵号被取消，也即表中经常出现的“国除”。汉代王国与列侯封地都可称“国”。

⑱秏（hào）：同“耗”，零落。

⑲罔亦少密焉：按，这是对皇帝蓄意强加罪名消灭诸王列侯的含蓄指责。如元鼎五年（前112）的借酎金不合格而撤销了大批诸侯国就是最明显的一例。罔，法网。少，稍微。

⑳然皆身无兢兢于当世之禁云：按，这是上句指责之后又为避嫌疑而回护一句。身无兢兢于当世之禁，也就是上文所说的“骄

溢”“淫嬖”。兢兢，小心谨慎的样子。禁，制度，法规。

【译文】

我阅读高祖分封功臣时的资料，考察他们当初能够受封以及后来失去封国的原因，认为：和我听说的过去的情况完全不同啊！《尚书·尧典》说“所有的国家都和睦相处”，这些国家延续到夏朝、商朝，有的甚至存在了几千年。周初分封了八百个诸侯，到周厉王、周幽王以后，在《春秋》中还可以见到。《尚书》记载的唐尧、虞舜时分封的侯、伯，有的经历了夏、商、周三代一千多年，仍保有爵位，继续藩卫着天子，这难道不是由于他们能坚守仁义、谨遵天子的法度吗？汉朝建立后，受封的功臣有一百多人。当时天下刚刚安定，原先的大城名都人口散失死亡，登记在册的可以计数的户口只有十分之二三，因此当时大侯的封地不超过一万家，小侯的封地只有五六百户。几代以后，逃散的百姓渐渐都回到了故乡，户口日益增加，像萧何、曹参、周勃、灌婴等人的封地有的已达到了四万户，小侯封地的户数也增加了一倍，他们的财富也随之增加。可他们的后代子孙却日益骄奢，忘记了祖先的艰难勤谨，而是放纵做恶。到了太初年间，才一百多年，当年所封的侯爵现在只剩了五个，其余的都因为犯法而丧身亡国，全消亡了。现在的法律比过去是稍严了些，但这些诸侯们却实在是都没有小心谨慎地遵守国家的法令。

居今之世，志古之道①，所以自镜也，未必尽同。帝王者各殊礼而异务，要以成功为统纪，岂可绲乎②？观所以得尊宠及所以废辱，亦当世得失之林也③，何必旧闻？于是谨其终始，表见其文④，颇有所不尽本末⑤，著其明，疑者阙之。后有君子，欲推而列之⑥，得以览焉。

【注释】

①志古之道：指学习古代那些传国长久的诸侯们的经验。志，记，

汲取。

②“帝王者各殊礼而异务”几句:徐孚远曰:“此数语……盖不敢斥言汉家少恩,故为隐语也。”殊礼而异务,《刘敬叔孙通列传》有所谓“三王不同礼”,《太史公自序》有所谓“三代之礼,所损益各殊务”,《商君列传》有所谓“三代不同礼而王,五伯不同法而霸”。统纪,纲领,原则。绲(gǔn),捆,束。此指拘泥、教条。

③亦当世得失之林也:指给当代人提供许多成功的经验与失败的教训。按,此语也有很大程度的言不由衷。《史记》记载了很多汉代诸帝失信寡恩的事,即以本表所载,许多诸侯就被以“莫须有”的罪名夺爵治罪。所以又有什么得失经验可以学习呢?

④表见其文:用表格的形式呈现出来。表,表格。这里用作状语。见,同“现”,显现,呈现。

⑤颇:少数。不尽本末:始末不太清楚。

⑥推:进一步。列:补充谱列。

【译文】

处在当今时代,学习古代的行为原则,是要作为自己的借鉴,不是要和古代的做法一模一样。不同时代的帝王各有其不同的礼法和不同的追求,但他们都是以获得成功为目的,哪能墨守陈规呢?考察汉初所封诸侯当初获尊受宠,后来遭黜受辱的原因,当代人可以从中汲取极其丰富的经验教训,何必只探求过去的旧事呢?于是我很慎重地记录了他们的兴衰始末,用表格的方式呈现出来,其中有一些还不够完整,其原则是只记录确定无误的,不清楚的就空缺。后代君子如果想要补充发挥而列举记述,可以用这个表作为参考。

国名[①]	平阳[①]
侯功[②]	以中涓从起沛[②],至霸上[③],侯。以将军入汉[④],以左 身份跟从刘邦在沛县起兵,入关到达霸上,封侯。后担任 平阳侯,享有食邑一万六百户。
高祖十二[③]	**七**[⑥] 六年十二月甲申[⑦],懿侯曹参元年。曹参在高祖 谥号,该年为其元年。
孝惠七[④]	**五**[⑧] 其二年为相国[⑨]。曹参在惠帝朝为侯共五年。惠 **二**[⑩] 六年十月,靖侯窋元年[⑪]。曹窋在惠帝朝为侯共 元年。
高后八[⑤]	**八**[⑫] 曹窋在吕后年间继续为侯,共八年。
孝文二十三[⑥]	**十九**[⑬] 曹窋在文帝朝为侯共十九年。 **四**[⑭] 后四年,简侯奇元年[⑮]。曹奇在文帝朝为侯共四
孝景十六[⑦]	**三**[⑯] 曹奇在景帝朝为侯共三年。 **十三**[⑰] 四年,夷侯时元年[⑱]。曹时在景帝朝为侯共十
建元至元封六年三十六[⑧],太初元年尽后元二年十八[⑨]	**十**[⑲] 曹时在武帝朝为侯共十年。 **十六**[⑳] 元光五年,恭侯襄元年[㉑]。曹襄在武帝朝为 年为其元年。 元鼎三年,今侯宗元年[㉒]。元鼎三年,现在的平阳侯,
侯第[⑩]	**二**[㉓] 曹参的功劳在诸功臣中名列第二位。

丞相出征齐、魏[5]，以右丞相为平阳侯，万六百户。曹参以中涓官的将军进入汉国，又任左丞相领兵攻打齐、魏，后以右丞相的身份被封为

朝为侯共七年。曹参在高祖六年十二月甲申被封为平阳侯，"懿"为其

帝二年，曹参继萧何之后担任相国。
两年。惠帝六年十月，曹参的儿子曹窋袭侯，"靖"为其谥号，该年为其

年。文帝后元四年，曹参的儿子曹奇袭侯，"简"为其谥号，该年为其元年。

三年。景帝四年，曹奇的儿子曹时袭侯，"夷"为其谥号，该年为其元年。

侯共十六年。武帝元光五年，曹时的儿子曹襄袭侯，"恭"为其谥号，该

曹襄之子曹宗袭侯，该年为其元年。

国名	信武[①]
侯功	以中涓从起宛朐[②]，入汉，以骑都尉定三秦[③]，击项羽，别定江陵[④]，侯，五千三百户。以车骑将军攻黥布、陈豨[⑤]。靳歙以中涓官的身份跟从刘邦在宛朐起兵，进入汉国，不久担任骑都尉参与了消灭章邯、董翳、司马欣的战争，后又攻打项羽，还曾单独率兵消灭了临江王共敖，因功封侯，享有食邑五千三百户。后来又担任车骑将军攻打黥布、陈豨。
高祖十二	**七** 六年十二月甲申，肃侯靳歙元年。靳歙在高祖时期为侯共七年。靳歙在高祖六年十二月甲申被封为信武侯，“肃”为其谥号，该年为其元年。
孝惠七	**七** 靳歙在惠帝朝继续为侯，共七年。
高后八	**五**[⑥] 靳歙在吕后执政期间为侯共五年。 **三**[⑦] 六年，夷侯亭元年。靳亭在吕后执政期间为侯共三年。吕后六年，靳歙的儿子靳亭袭侯，“夷”为其谥号，该年为其元年。
孝文二十三	**十八**[⑧] 后三年，侯亭坐事国人过律[⑨]，夺侯，国除[⑩]。靳亭在文帝朝为侯共十八年。文帝后元三年，靳亭因奴役领地上的人力过度，被剥夺侯爵，封地被取消。
孝景十六	
建元至元封六年三十六，太初元年尽后元二年十八	
侯第	**十一** 靳歙的功劳在诸功臣中名列第十一位。

清阳[1]
以中涓从起丰，至霸上，为骑郎将[2]，入汉，以将军击项羽，功侯，三千一百户。王吸以中涓官的身份跟从刘邦在丰邑起兵反秦，入关到达霸上，担任骑郎将，进入汉国，担任将军攻打项羽，因功封侯，享有食邑三千一百户。
七　六年十二月甲申，定侯王吸元年。王吸在高祖六年十二月甲申被封为清阳侯，"定"为其谥号，该年为其元年。
七　王吸在惠帝朝继续为侯，共七年。
八　王吸在吕后执政期间继续为侯，共八年。
七　元年，哀侯彊元年。王彊在文帝朝为侯共七年。文帝元年，王吸的儿子王彊袭侯，"哀"为其谥号，该年为其元年。 **十六**　八年，孝侯伉元年。王伉在文帝朝为侯共十六年。文帝八年，王彊的儿子王伉袭侯，"孝"为其谥号，该年为其元年。
四　王伉在景帝朝为侯共四年。 **十二**　五年，哀侯不害元年。王不害在景帝朝为侯共十二年。景帝五年，王伉的儿子王不害袭侯，"哀"为其谥号，该年为其元年。
七　元光二年，侯不害薨，无后，国除[3]。王不害在武帝朝为侯共七年。武帝元光二年，王不害去世。没有后嗣，封地被取消。
十四　王吸的功劳在诸功臣中名列第十四位。

国名	汝阴[1]
侯功	以令史从降沛，为太仆，常奉车，为滕公，竟定天下，吏的身份跟从刘邦攻下沛县，从此任太仆，一直为刘邦驾起并保全了孝惠帝与鲁元公主，封侯，享有食邑六千九百
高祖十二	**七** 六年十二月甲申，文侯夏侯婴元年。夏侯婴在“文”为其谥号，该年是其元年。
孝惠七	**七** 夏侯婴在惠帝朝继续为侯，共七年。
高后八	**八** 夏侯婴在吕后执政期间继续为侯，共八年。
孝文二十三	**八** 夏侯婴在文帝朝为侯共八年。 **七** 九年，夷侯灶元年。夏侯灶在文帝朝为侯共七年。 **八** 十六年，恭侯赐元年。夏侯赐在文帝朝为侯共八其谥号。
孝景十六	**十六** 夏侯赐在景帝朝继续为侯，共十六年。
建元至元封六年三十六，太初元年尽后元二年十八	**七** 元光二年，侯颇元年。夏侯赐在武帝朝为侯共七 **十九** 元鼎二年，侯颇坐尚公主，与父御婢奸罪自犯娶公主为妻，却与其父生前宠幸过的婢女通奸，畏罪
侯第	**八** 夏侯婴的功劳在诸功臣中名列第八位。

入汉中，全孝惠、鲁元[2]，侯，六千九百户。常为太仆。夏侯婴以县小车，曾任滕县县令，终于平定天下，进入汉国，后来在彭城溃逃的途中救户。在惠帝、吕后乃至文帝初，一直担任太仆。
高祖朝为侯共七年。夏侯婴在高祖六年十二月甲申被封为汝阴侯，
年。文帝九年，夏侯婴的儿子夏侯灶袭侯，“夷”为其谥号，该年为其元 年。文帝该年为其元年。十六年，夏侯灶的儿子夏侯赐袭侯，“恭”为
年。武帝元光二年，夏侯赐的儿子夏侯颇袭侯，该年为其元年。 杀[3]，国除。夏侯颇在武帝朝为侯共十九年。武帝元鼎二年，夏侯颇罪自杀，封地被取消。

【注释】

①国名:诸侯封地名称。汉时诸侯的封地一般为一个县,以该县名为侯国名,称某某国,不再称县。

②侯功:该侯的主要功业。

③高祖十二:汉高祖刘邦在位共十二年(前206—前195)。这是从刘邦被封为汉王那一年(前206)算起的。

④孝惠七:孝惠帝刘盈在位共七年(前194—前188)。

⑤高后八:高祖的皇后吕雉执政共八年(前187—前180)。

⑥孝文二十三:孝文帝刘恒在位共二十三年(前179—前157)。

⑦孝景十六:孝景帝刘启在位共十六年(前156—前141)。

⑧建元至元封六年三十六:汉武帝刘彻自建元元年(前140)继位,至元封六年(105),这一阶段共在位三十六年。

⑨太初元年尽后元二年十八:汉武帝自太初元年(前104)至后元二年(前87)驾崩,这一阶段共在位十八年。按,汉武帝太初年间改换历法,有更始之意,司马迁写《史记》的时间下限也是武帝太初年间,故以太初元年为界将武帝在位时间划分为两个阶段。

⑩侯第:功劳在诸功臣中的排名。

平阳

①平阳:侯国名。在平阳(今山西临汾南)。高祖六年(前201)始封曹参,传五侯,至太初年间封国仍在。

②中涓:古代君主亲近的侍从官。为帝王主管内务,如清洁洒扫等。

③至霸上:入关破秦,到达霸上。

④入汉:随刘邦赴南郑就汉王任。

⑤左丞相:及下文"右丞相"都仅是虚衔,如后世之"加官"。出征齐、魏:韩信灭魏在汉王二年(前205),灭齐在汉王四年(前203)。

⑥七:在高祖时代共为侯七年。此处数字指该侯在刘邦在位期间为侯年数。

⑦六年:这是从刘邦称汉王开始算起的第六年,是其称帝的第二年,前201年。十二月甲申:十二月初五。

⑧五:在惠帝时期为侯五年。此处数字指该侯在惠帝在位期间为侯年数。

⑨其二年为相国:曹参于惠帝二年(前193)继萧何为相国。

⑩二:曹窋在惠帝时期为侯两年。此处数字指该侯在惠帝在位期间为侯年数。

⑪靖侯窋元年:曹参之子曹窋袭其父位为侯,此年为其元年。靖,曹窋谥号。

⑫八:曹窋在吕后执政期间一直为侯,共八年。此处数字指该侯在吕后执政期间为侯年数。

⑬十九:在文帝时期曹窋又继续为侯十九年。此处数字指该侯在文帝在位期间为侯年数。

⑭四:曹奇在文帝时期为侯四年。此处数字指该侯在文帝在位期间为侯年数。

⑮简侯奇:曹窋之子曹奇,谥“简”。

⑯三:曹奇在景帝时期又为侯三年。此处数字指该侯在景帝在位期间为侯年数。

⑰十三:曹时在景帝时期为侯十三年。此处数字指该侯在景帝在位期间为侯年数。

⑱夷侯时:曹奇之子曹时,即娶阳信公主为妻者。谥“夷”。按,梁玉绳曰:“此表及世家皆作‘时(時)’,而《汉书·卫青传》作‘寿’,《索隐》本作‘畤’、作‘畤’,俱非也。盖文字残缺,俱以偏旁形似而差。”

⑲十:曹时在武帝时期又为侯十年。此处数字指该侯在武帝在位期

间为侯年数。

⑳十六：曹襄在武帝时期为侯十六年。此处数字指该侯在武帝在位期间为侯年数。

㉑恭侯襄：曹时之子曹襄，谥“恭”。

㉒今侯宗：曹襄之子曹宗。今侯，今天尚在之侯。司马迁写《史记》止于太初，凡在世者称“今王”“今侯”。

㉓二：曹参的功劳在诸功臣中名列第二位。《汉书音义》曰：“曹参功第二，而表在首；萧何功第一，而表在十三者，以封有先后故也。”《索隐》曰：“封参在六年十二月，封何在六年正月，高祖十月因秦历改元，故十二月在正前也。”

信武

①信武：侯国名。在信武，其地未详。梁玉绳认为是封号，不是封地。高祖六年（前201）始封靳歙，传一侯，文帝后元三年（前161），侯靳亭有罪，封国撤销。

②宛朐：汉县名。治今山东菏泽西南。

③骑都尉：官名。位次于将军的高级军官，属皇帝的亲卫武官。定三秦：指消灭雍王章邯、翟王董翳、塞王司马欣的战争。此三人都为秦降将，项羽将他们封在关中以堵住刘邦东进的道路。

④定江陵：指灭临江王共尉，事在汉五年（前202）十二月。

⑤以车骑将军攻黥布、陈豨：淮南王黥布反汉在高祖十一年（前196）秋，陈豨反汉在高祖十年（前197）九月。车骑将军，高级武官名。

⑥五：靳歙在吕后执政期间为侯五年。按，本表该侯去世之年算在为侯年数里。

⑦三：靳亭在吕后执政时期为侯三年。

⑧十八：靳亭在文帝时期又继续为侯十八年。按，本表该侯有罪国

除，最后一年不算在为侯年数里。

⑨事国人过律：奴役领地上的人力过度。

⑩国除：侯国建制被撤销。

清阳

①清阳：侯国名。在清阳（今河北邢台清河东南）。高祖六年（前201）始封王吸，传三侯。武帝元光二年（前133），侯王不害去世，无后，封国撤销。

②骑郎将：武官名。充任皇帝车驾骑卫之骑郎。

③无后，国除：王不害没有后嗣，侯国建制被撤销，恢复为清阳县。

汝阴

①汝阴：侯国名。在汝阴（今安徽阜阳）。高祖六年（前201）始封夏侯婴，传三侯。武帝元鼎二年（前115），侯夏侯颇有罪，封国撤销。

②全孝惠、鲁元：指在彭城之役刘邦败逃途中，几次下车将被刘邦踢下车的儿女抱上车，从而将他们保全的事。

③父御婢：父亲生前宠幸过的婢女。

国名	阳陵[1]
侯功	以舍人从起横阳[2]，至霸上，为骑将[3]，入汉，定三秦。属淮阴，定齐，为齐丞相，侯，二千六百户。傅宽以舍人的身份在横阳跟从刘邦起兵反秦，入关到达霸上，担任骑将，进入汉国，又参与了消灭章邯、董翳、司马欣的战争。还曾担任韩信的部将，平定了齐国，后被任为齐国丞相，封侯，享有食邑二千六百户。
高祖十二	**七**　六年十二月甲申，景侯傅宽元年。傅宽在高祖朝为侯共七年。傅宽在高祖六年十二月甲申被封为阳陵侯，"景"为其谥号，该年为其元年。
孝惠七	**五**　傅宽在惠帝朝为侯共五年。 **二**　六年，顷侯靖元年。傅靖在惠帝朝为侯共两年。惠帝六年，傅宽的儿子傅靖袭侯，"顷"为其谥号，该年为其元年。
高后八	**八**　傅靖在吕后执政期间继续为侯，共八年。
孝文二十三	**十四**　傅靖在文帝朝为侯共十四年。 **九**　十五年，恭侯则元年。傅则在文帝朝为侯共九年。文帝十五年，傅靖的儿子傅则袭侯，"恭"为其谥号，该年为其元年。
孝景十六	**三**　傅则在景帝朝为侯共三年。 **十三**　前四年[4]，侯偃元年。傅偃在景帝朝为侯共十三年。景帝前元四年，傅则的儿子傅偃袭侯，该年为其元年。
建元至元封六年三十六，太初元年尽后元二年十八	**十八**　元狩元年，侯偃坐与淮南王谋反[5]，国除。傅偃在武帝朝为侯共十八年。武帝元狩元年，傅偃罪犯勾结淮南王刘安谋反而被杀，封地被取消。
侯第	**十**　傅宽的功劳在诸功臣中名列第十位。

广严①
以中涓从起沛，至霸上，为连敖②，入汉，以骑将定燕、赵，得将军，侯，二千二百户。召欧以中涓官的身份跟随刘邦从沛县起兵反秦，入关到达霸上，担任连敖，进入汉国，又担任骑将平定燕国、赵国，俘获敌方将领，封侯，享有食邑二千二百户。
七 六年十二月甲申，壮侯召欧元年。召欧在高祖朝为侯共七年。召欧在高祖六年十二月甲申被封为广严侯，"壮"为其谥号，该年为其元年。
七 召欧在惠帝朝继续为侯，共七年。
八 召欧在吕后执政期间继续为侯，共八年。
一 召欧在文帝朝为侯共一年。 **九** 二年，戴侯胜元年。召胜在文帝朝为侯共九年。文帝二年，召欧的儿子召胜袭侯，"戴"为其谥号，该年为其元年。 **十三** 十一年，恭侯嘉元年。至后七年嘉薨，无后，国除。召嘉在文帝朝为侯共十三年。文帝十一年，召胜的儿子召嘉袭侯，"恭"为其谥号，该年为其元年。到后元七年召嘉去世，没有后嗣，封地被取消。
二十八 召欧的功劳在诸功臣中名列第二十八位。

国名	广平[1]
侯功	以舍人从起丰，至霸上，为郎中[2]，入汉，以将军击项 起兵反秦，入关到达霸上，担任郎中，进入汉国，后担任将
高祖十二	**七**　六年十二月甲申，敬侯薛欧元年。薛欧在高祖 谥号，该年为其元年。
孝惠七	**七**　薛欧在惠帝朝继续为侯，共七年。
高后八	**八**　元年，靖侯山元年。薛山在吕后执政期间为侯共 年。
孝文二十三	**十八**　薛山在文帝朝为侯共十八年。 **五**　后三年[4]，侯泽元年。薛泽在文帝朝为侯共五年。
孝景十六	**八**　中二年，有罪，绝。薛泽在景帝朝为侯共八年。景 平棘[5]　**五**　中五年，复封节侯泽元年[6]。薛泽在景帝 元年。
建元至元封六年三十六，太初元年尽后元二年十八	**十五**　其十年[7]，为丞相。薛泽在武帝朝为侯共十五 **三**　元朔四年，侯穰元年。元狩元年，穰受淮南王 武帝元朔四年，薛泽的儿子薛穰袭侯，该年为其元年。元 讯他时不如实认罪，封地被取消。
侯第	**十五**　薛欧的功劳在诸功臣中名列第十五位。

羽、锺离眛[③],功侯,四千五百户。薛欧以舍人的身份在丰邑跟随刘邦
军率兵打败了项羽及其将领锺离眛,因功封侯,享有食邑四千五百户。

朝为侯共七年。薛欧在高祖六年十二月甲申被封为广平侯,"敬"为其

八年。吕后元年,薛欧的儿子薛山袭侯,"靖"为其谥号,该年为其元

文帝后元三年,薛山的儿子薛泽袭侯,该年为其元年。

帝中元二年,薛泽有罪,侯位被废,封地被取消。
朝为平棘侯五年。景帝中元五年,薛泽又被改封为平棘侯,该年为其

年。在武帝朝的第十年即元光四年,薛泽担任丞相。
财物,称臣,在赦前,诏问谩罪[⑧],国除。薛穰在武帝朝为侯共三年。
狩元年,薛穰接受了淮南王刘安的馈赠,对刘安称臣,事在大赦前,审

【注释】

阳陵

①阳陵:侯国名。《楚汉春秋》作“阴陵”,治今安徽定远西北。按,《史记》始终称傅氏为阳陵侯。汉阳陵县为景帝修阳陵时改弋阳县置,县治在今陕西咸阳东北。则此阳陵为另一地,其地未详。高祖六年(前201)始封傅宽,传三侯。武帝元狩元年(前122)傅偃谋反,封国撤销。

②舍人:王公贵人左右亲近人之称。亦名门下、食客。横阳:在今河南商丘西南。

③骑将:泛指骑兵将领。秦汉之际争雄各方多有设置。亦称骑郎将、郎中骑将。

④前四年:孝景帝前元四年,前153年。前,景帝曾三次改元,记为前元、中元、后元。

⑤与淮南王谋反:傅偃勾结淮南王谋反。淮南王,名安,刘长之子,刘邦之孙。元狩元年因谋反事泄,自杀。

广严

①广严:侯国名。《史记索隐》据《晋书·地道记》,认为此侯国当作“广”,“严”为召欧谥号,下云“壮侯”有误。广,汉县名。治今山东潍坊青州南。高祖六年(前201)始封召欧,传二侯。文帝十一年(前169),召嘉去世,无后,封国撤销。

②连敖:官名。春秋战国时楚国所置,秦末起义军沿置。职主仓廒的低级军吏。一说职主迎送礼客,系连尹、莫敖两官合二为一演化而成,位如司马的中级军官。敖,同“廒”。

广平

①广平:侯国名。在广平(今河北邯郸鸡泽东南)。高祖六年(前

201）始封薛欧，传三侯。武帝元狩元年（前122），侯薛穰有罪，封国撤销。

②郎中：帝王侍卫近臣。

③锺离眜：此指项羽的将军锺离眜。

④后三年：文帝后元三年，前161年。后，汉文帝曾两次改元，记为前元、后元。

⑤平棘：薛泽复封为平棘侯。治今河北石家庄赵县南。

⑥复封节侯泽：薛泽恢复侯爵，改封为平棘侯，谥“节”。

⑦其十年：武帝即位的第十年，即元光四年。

⑧谩（mán）：欺骗，抵赖，不如实认罪。

国名	博阳[①]
侯功	以舍人从起砀[②]，以刺客将，入汉，以都尉击项羽荥阳[③]，绝甬道[④]，击杀追卒，功侯。陈濞以舍人的身份在砀县跟随刘邦起兵，因为当过刺客被任为将，进入汉国，后担任都尉率兵在荥阳攻打项羽，断绝了项羽的两侧筑有防御工事的通道，攻击杀死追兵，因功封侯。
高祖十二	**七** 六年十二月甲申，壮侯陈濞元年。陈濞在高祖朝为侯共七年。陈濞在高祖六年十二月甲申被封为博阳侯，“壮”为其谥号，该年为其元年。
孝惠七	**七** 陈濞在惠帝朝继续为侯，共七年。
高后八	**八** 陈濞在吕后执政期间继续为侯，共八年。
孝文二十三	**十八** 陈濞在文帝朝为侯共十八年。 **五** 后三年，侯始元年。陈始在文帝朝为侯共五年。文帝后元三年，陈濞的儿子陈始袭侯，该年为其元年。
孝景十六	**四** 前五年，侯始有罪，国除。陈始在景帝朝为侯共四年。景帝前元五年，陈始有罪，封地被取消。 塞[⑤] **二** 中五年，复封始。后元年，始有罪，国除。陈始在景帝朝为塞侯共两年。景帝中元五年，陈始被改封为塞侯。后元元年，陈始有罪，封地被取消。
建元至元封六年三十六，太初元年尽后元二年十八	
侯第	**十九** 陈濞的功劳在诸功臣中名列第十九位。

曲逆[1]
以故楚都尉，汉王二年初从脩武[2]，为都尉，迁为护军中尉[3]；出六奇计[4]，定天下，侯，五千户。陈平原为项羽的都尉，汉王二年在脩武县跟随刘邦，初为都尉，后升护军中尉；他给刘邦出了六条奇策，帮助刘邦平定了天下，封侯，享有食邑五千户。
七 六年十二月甲申，献侯陈平元年。陈平在高祖朝为侯共七年。陈平在高祖六年十二月甲申被封为曲逆侯，“献”为其谥号，该年为其元年。
七 其五年，为左丞相[5]。陈平在惠帝朝继续为侯，共七年。在惠帝五年时，担任左丞相。
八 其元年，徙为右丞相[6]，后专为丞相，相孝文二年。陈平在吕后执政期间继续为侯，共八年。在吕后元年代王陵为右丞相，后又独自为相，又在文帝在位时担任丞相两年。
二 陈平在文帝朝为侯共两年。 **二** 三年，恭侯买元年。陈买在文帝朝为两年。文帝三年，陈平的儿子陈买袭侯，“恭”为其谥号，该年为其元年。 **十九** 五年，简侯悝元年[7]。陈悝在文帝朝为侯共十九年。文帝五年，陈买的儿子陈悝袭侯，“简”为其谥号，该年为其元年。
四 陈悝在景帝朝为侯共四年。 **十二** 五年，侯何元年。陈何在景帝朝为侯共十二年。景帝五年，陈悝的儿子陈何袭侯，该年为其元年。
十 元光五年，侯何坐略人妻[8]，弃市，国除。陈何在武帝朝为侯共十年。武帝元光五年，陈何因罪犯抢掠别人的妻子，当众处死，封地被取消。
四十七 陈平的功劳在诸功臣中名列第四十七位。

国名	堂邑[①]
侯功	以自定东阳[②]，为将，属项梁，为楚柱国[③]。四岁，项羽死，属汉，定豫章、浙江，都浙自立为王壮息，侯，千八百户。复相楚元王十一年[④]。陈婴凭借自己的力量平定了东阳县，成为反秦将领，后归属项梁，担任楚怀王的上柱国。四年后，项羽死，投归刘邦，为刘邦平定了豫章、浙江一带地区，消灭了在浙称王的壮息集团，封侯，享有食邑一千八百户。又担任楚元王的国相十一年。
高祖十二	**七**　六年十二月甲申，安侯陈婴元年。陈婴在高祖朝为侯共七年。陈婴在高祖六年十二月甲申被封为堂邑侯，“安”为其谥号，该年为其元年。
孝惠七	**七**　陈婴在惠帝朝继续为侯，共七年。
高后八	**四**　陈婴在吕后执政期间为侯共四年。 **四**　五年，恭侯禄元年。陈禄在吕后执政期间为侯共四年。吕后五年，陈婴的儿子陈禄袭侯，“恭”为其谥号，该年为其元年。
孝文二十三	**二**　陈禄在文帝朝为侯共两年。 **二十一**　三年，夷侯午元年。陈午在文帝朝为侯共二十一年。文帝三年，陈禄的儿子陈午袭侯，该年为其元年。
孝景十六	**十六**　陈午在景帝朝继续为侯，共十六年。
建元至元封六年三十六，太初元年尽后元二年十八	**十一**　陈午在武帝朝为侯共十一年。 **十三**　元光六年，季须元年。元鼎元年，侯须坐母长公主卒[⑤]，未除服奸，兄弟争财，当死[⑥]，自杀。国除。陈季须在武帝朝为侯共十三年。武帝元光六年，陈午的儿子陈季须袭侯，该年为其元年。元鼎元年，在为母亲长公主守丧期间奸淫妇女，与兄弟争夺财物，被判死罪，自杀，封地被取消。
侯第	**八十六**　陈婴的功劳在诸功臣中名列第八十六位。

周吕[1]
以吕后兄初起以客从，入汉，为侯。还定三秦，将兵先入砀[2]。汉王之解彭城[3]，往从之，复发兵佐高祖定天下，功侯。吕泽为吕后的哥哥，刚开始以门客的身份跟随刘邦起兵反秦，进入汉国，封侯。参与消灭章邯、董翳、司马欣的战争，后领兵率先攻入砀县。刘邦在彭城被项羽打败，溃逃时吕泽前往跟随；又发兵辅佐刘邦平定天下，有功，封周吕侯。
三　六年正月丙戌[4]，令武侯吕泽元年[5]。吕泽在高祖朝为侯共三年。高祖六年正月初一，封吕泽为周吕侯，"令武"为其谥号，该年为其元年。 **四**　九年，子台封郦侯元年[6]。吕台在高祖朝为侯共四年。高祖九年，吕泽的儿子吕台被封为郦侯，该年为其元年。
七[7]　吕台在惠帝朝继续为侯，共七年。

【注释】

博阳

①博阳：侯国名。在博阳（今河南周口商水县东北）。高祖六年（前201）始封陈濞，传一侯，改封塞侯。景帝后元元年（前143），侯陈始有罪，封国撤销。

②砀：秦县名。治今河南商丘夏邑东南。

③荥阳：秦县名。在今河南郑州荥阳东北，当时楚汉战争的主战场。

④甬道：两侧筑有防御工事的通道。

⑤塞：陈始复封为塞侯。其地未详。《索隐》说“在桃林塞（今陕西渭南潼关东北）”；梁玉绳疑即常山国平棘县（今河北石家庄赵县东南）之塞；《史记地名考》说或在伊阙（今河南洛阳南）龙门之塞。

曲逆

①曲逆：侯国名。在曲逆（今河北保定顺平东南）。高祖六年（前201）始封陈平，传三侯。景帝五年（前152），侯陈何有罪，封国撤销。

②脩武：秦县名。治今河南新乡获嘉。

③护军中尉：亦简称“护军”。秦汉时，为军中之维护纪律及警备非常者。

④出六奇计：具体所指不详。可参《陈丞相世家》。

⑤五年，为左丞相：梁玉绳曰：“平为左丞相在惠帝六年，此言五年误。”五年，前190年。

⑥其元年，徙为右丞相：高后元年陈平代王陵为右丞相。高后元年，前187年。

⑦简侯悝：陈买之子陈悝，谥“简”。按，《陈丞相世家》中作“陈恢”。

⑧略：夺取，掳掠。

堂邑

①堂邑：侯国名。在堂邑（今江苏南京六合北）。高祖六年（前201）始封陈婴，传三侯，武帝元鼎元年（前116），侯陈季须有罪，封国撤销。

②东阳：秦县名。治今山东德州武城东北。

③柱国：上柱国的简称。为楚国最高武官，其地位仅次于令尹。

④“定豫章、浙江”几句：陈婴归汉后，为刘邦消灭了在浙江称王的壮息集团，平定了豫章、浙江一带地区。按，此役《史记》仅记于此。

⑤母长公主：陈季须的母亲即陈午之妻，是汉文帝的女儿，在武帝朝应称“大长公主”。

⑥当（dāng）死：被判死刑。当，判处。

周吕

①周吕：侯国名。周吕是封号，意谓吕泽佐汉定天下犹周有吕尚。其食邑当在彭城吕县，治今江苏徐州铜山区东南旧黄河北岸吕梁集。高祖六年（前201）始封吕泽，传一侯。高祖九年（前198）吕台改封郦侯，封国撤销。

②将兵先入砀：汉二年（前205）四月刘邦东攻彭城，吕泽先领兵进驻砀。

③解彭城：指刘邦在彭城被项羽打得惨败溃逃事。

④正月丙戌：正月初一。按，当时用秦历，以十月为岁首，故正月在十二月之后。

⑤令武：吕泽谥号。

⑥郦：治今河南南阳西北。

⑦据《吕太后本纪》等，吕后元年（前187）吕台徙封为吕王，当年卒。

国名	建成[1]
侯功	以吕后兄初起以客从，击三秦。汉王入汉，而释之 释之为吕后的哥哥，刚开始以宾客的身份跟随刘邦起兵 之回到丰县、沛县，侍奉护卫吕后的父亲与刘邦的父亲。
高祖十二	**七**　六年正月丙戌，康侯释之元年。吕释之在高祖 谥号，该年为其元年。
孝惠七	**二**　吕释之在惠帝朝为侯共两年。 **五**　三年，侯则元年。有罪。吕则在惠帝朝为侯共五 取消。
高后八	胡陵[3]　**七**　元年五月丙寅，封则弟大中大夫吕禄 的弟弟太中大夫吕禄为胡陵侯。 七年[5]，禄为赵王，国除。追尊康侯为昭王。禄以赵 陵侯”被取消。追封康侯吕释之为昭王。吕禄以赵王身
孝文二十三	
孝景十六	
建元至元封六年三十六，太初元年尽后元二年十八	
侯第	

还丰沛，奉卫吕宣王、太上皇[2]。天下已平，封释之为建成侯。吕 反秦，参与消灭章邯、董翳、司马欣的战争；汉王刘邦进入汉中，而吕释 天下平定后，封吕释之为建成侯。
朝为侯共七年。高祖六年正月丙戌，吕释之被封为建成侯，"康"为其
年。惠帝三年，吕释之的儿子吕则袭侯，该年为其元年。因犯罪封地被
元年[4]。吕禄在吕后执政间为侯共七年。吕后元年五月丙寅，封吕则 王谋为不善，大臣诛禄，遂灭吕[6]。吕后七年，吕禄被封为赵王，"胡 份密谋不轨，被周勃等大臣杀死，于是族灭吕氏。

国名	留[①]
侯功	以厩将从起下邳[②]，以韩申徒下韩国[③]，言上张旗志，秦王恐，降[④]。解上与项羽之郄[⑤]，为汉王请汉中地[⑥]，常计谋平天下[⑦]，侯，万户。张良以厩将身份在下邳跟随刘邦起兵反秦，以韩国司徒的身份攻下韩地，攻取峣关时建议刘邦多立旗帜，秦将害怕，投降。鸿门宴上帮助刘邦解决了与项羽的矛盾，又通过项伯在项羽分封诸侯时为刘邦要得汉中，常出良策辅佐刘邦平定了天下，封侯，享有食邑万户。
高祖十二	**七**　六年正月丙午[⑧]，文成侯张良元年。张良在高祖朝为侯共七年。张良在高祖六年正月丙午被封为留侯，“文成”为其谥号，该年为其元年。
孝惠七	**七**　张良在惠帝朝继续为侯，共七年。
高后八	**二**　张良在吕后执政期间为侯共两年。 **六**　三年，不疑元年。张不疑在吕后执政期间为侯共六年。吕后三年，张良的儿子张不疑袭侯，该年为其元年。
孝文二十三	**四**　五年，侯不疑坐与门大夫谋杀故楚内史[⑨]，当死，赎为城旦[⑩]，国除。张不疑在文帝朝为侯共四年。文帝五年，张不疑与门大夫合谋杀死原楚元王内史，被判死刑，花钱赎罪成了苦役犯，封地被取消。
孝景十六	
建元至元封六年三十六，太初元年尽后元二年十八	
侯第	**六十二**　张良的功劳在诸功臣中名列第六十二位。

射阳[①]
兵初起，与诸侯共击秦，为楚左令尹[②]，汉王与项羽有郄于鸿门，项伯缠解难[③]，以破羽缠尝有功[④]，封射阳侯。在反秦义兵开始兴起的时候，项缠与各路诸侯共同抗击秦军，担任楚军的左令尹。汉王刘邦与项羽在鸿门有矛盾，项伯缠帮助刘邦解除了危难，因为在灭亡项羽的过程中曾立功，封他为射阳侯。
七　六年正月丙午，侯项缠元年。赐姓刘氏。项缠在高祖朝为侯共七年。项缠在高祖六年正月丙午被封为射阳侯，该年为其元年。刘邦出于感谢给他赐姓刘。
二　三年，侯缠卒。嗣子睢有罪[⑤]，国除。刘缠在惠帝朝为侯共两年。惠帝三年，射阳侯缠去世，他的儿子刘睢犯罪，封地被取消。

【注释】

建成

①建成：侯国名。在建成（今河南商丘永城东南）。高祖六年（前201）始封吕释之，传一侯，惠帝三年（前192）吕则有罪被废；高后元年（前187）改封吕则之弟吕禄为胡陵侯，七年（前181）封赵王，胡陵封国被撤销。

②吕宣王：吕后之父。太上皇：刘邦之父。

③胡陵：改封吕禄为胡陵侯。治今山东济宁鱼台东南。

④大中大夫：即太中大夫，职掌论议及顾问应对，无常事，唯诏令所使。秩比千石。居官中办事，是皇帝的高级参谋。

⑤高后七年：前181年。此年吕禄被封为赵王，“胡陵侯”取消。底本作“八年”。按，《吕太后本纪》记在七年，据改。

⑥“禄以赵王谋为不善”几句：事在吕后八年（前180），大臣诛诸吕，吕禄被杀。

留

①留：侯国名。在留（今江苏徐州沛县东南）。高祖六年（前201）始封张良，传一侯。文帝五年（前175），侯张不疑有罪，封国撤销。

②厩将：管马的官。下邳：古县名。故治在今江苏徐州睢宁西北古邳镇东。

③申徒：官名。即司徒，职同丞相。

④“言上张旗志”几句：此即张良献计佐刘邦取峣关事。旗志，同“旗帜”。秦王，应作“秦将”。

⑤解上与项羽之郄（xì）：此即鸿门宴前后，张良周旋于刘邦与项羽之间，使刘邦脱身之事。郄，同“郤”，通“隙”，嫌隙。

⑥为汉王请汉中地：最初项羽只封给刘邦巴、蜀之地，张良通过项伯要到了汉中。

⑦常计谋平天下:刘邦曾赞张良“运筹策帷帐之中,决胜于千里之外”。

⑧正月丙午:正月二十一。

⑨门大夫:太子门大夫简称。太子太傅、少傅之属官。主掌文书。秩六百石。此人名吉。楚内史:楚国掌管民政的长官。当时楚王是楚元王。

⑩赎为城旦:用钱物赎罪改为城旦。古代有赎刑,允许用钱物赎罪。城旦,古代刑罚名。一种筑城四年的劳役,早晨太阳一出就要起身筑城。或说白天侦察警戒,晚上筑城。

射阳

①射阳:侯国名。在射阳(今江苏扬州宝应东北的射阳镇,射水北岸)。高祖六年(前201)始封项伯,传一侯。惠帝三年(前192),侯项睢有罪,封国撤销。

②左令尹:相当于左丞相。令尹,楚国执政官名。同丞相。

③汉王与项羽有郄于鸿门,项伯缠解难:此即鸿门宴前项伯给刘邦通风报信,为他在项羽面前说好话,宴会上又保护刘邦安全等事。项伯缠,项伯,名缠,后被刘邦赐姓刘氏。

④破羽缠尝有功:项伯在楚汉战争中除在鸿门宴救护刘邦外,还帮刘邦请求得到了汉中封地,汉中后来成为刘邦反攻的大本营;又保护了被项羽扣押的太公与吕后。

⑤嗣子睢:项伯之子项睢。因犯罪被废,不能袭封,故不称“侯”。

国名	酂[1]
侯功	以客初起从，入汉，为丞相，备守蜀及关中，给军食，刘邦反秦起事时便追随他，进入汉中，担任丞相，镇抚蜀宗庙，封侯，享有食邑八千户。
高祖十二	七　六年正月丙午，文终侯萧何元年。元年，为丞丙午被封为酂侯，"文终"为其谥号，该年为其元年。萧相国。
孝惠七	二　萧何在惠帝朝为侯共两年。 五　三年，哀侯禄元年。萧禄在惠帝朝为侯共五年。
高后八	一　萧禄在吕后执政期间为侯共一年。 七　二年，懿侯同元年[5]。同，禄弟。同在吕后执政期是萧禄的弟弟（同实为萧禄之母，萧何之妻）。
孝文二十三	筑阳[6]　十九　元年，同有罪，封何小子延元年[7]。的小儿子萧延为筑阳侯，该年是萧延为侯的第一年。 一　后四年，炀侯遗元年。萧遗在文帝朝为侯共一年。 三　后五年，侯则元年[8]。萧则在文帝朝为侯共三年。
孝景十六	一　有罪。萧则在景帝朝为侯共一年。景帝元年，萧武阳[9]　七　前二年，封炀侯弟幽侯嘉元年。萧嘉在侯，"幽"为其谥号，该年为其元年。 八　中二年，侯胜元年[10]。萧胜在景帝朝为侯共八年。
建元至元封六年三十六，太初元年尽后元二年十八	十三　元朔二年，侯胜坐不敬，绝。萧胜在武帝朝为酂[11]　三　元狩三年，封何曾孙恭侯庆元年。萧庆在为其谥号，该年为其元年。 十　元狩六年，侯寿成元年。元封四年，寿成为太年，萧庆的儿子萧寿成袭侯，该年为其元年。元封四年，
侯第	一　萧何的功劳在诸功臣中名列第一位。

佐上定诸侯，为法令[2]，立宗庙，侯，八千户[3]。萧何以宾客的身份在 地与关中，为军队供给粮食，辅佐刘邦平定了各地诸侯，制定法令，建立
相；九年，为相国[4]。萧何在高祖朝为侯共七年。萧何在高祖六年正月 何自刘邦为汉王起便担任丞相；后又从高祖九年（应为十一年）担任
惠帝三年，萧何的儿子萧禄袭侯，“哀”为其谥号，该年为其元年。
间为侯共七年。吕后二年，同袭侯，“懿”为其谥号，该年为其元年。同
萧延在文帝朝为筑阳侯共十九年。文帝元年，同犯罪，侯位被废，封萧何 文帝后元四年，萧延的儿子萧遗袭侯，“炀”为其谥号，该年为其元年。 文帝后元五年，萧遗的儿子萧则袭侯，该年为其元年。
则有罪侯位被废。 景帝朝为武阳侯共七年。景帝前元二年，改封萧遗的弟弟萧嘉为武阳 景帝中元二年，萧嘉的儿子萧胜袭侯，该年是萧胜为侯的第一年。
侯共十三年。武帝元朔二年，萧胜犯不敬罪被废。 武帝朝为酂侯共三年。武帝元狩三年，封萧何的曾孙萧庆为酂侯，“恭” 常[12]，牺牲不如令[13]，国除。萧寿成在武帝朝为侯共十年。武帝元狩六 萧寿成担任太常，因使用牺牲不合规定，封地被取消。

国名	曲周[①]
侯功	以将军从起岐[②]，攻长社以南[③]，别定汉中及蜀[④]，定 兵反秦，攻入长社县以南地区，单独率军平定汉中与蜀地， 食邑四千八百户。
高祖十二	**七** 六年正月丙午，景侯郦商元年[⑤]。郦商在高祖朝 该年为其元年。
孝惠七	**七** 郦商在惠帝朝继续为侯，共七年。
高后八	**八** 郦商在吕后执政期间继续为侯，共八年。
孝文二十三	**二十三** 元年，侯寄元年[⑥]。郦寄在文帝朝为侯共二十
孝景十六	**九** 有罪绝[⑦]。郦寄在景帝朝为侯共九年。景帝九年， 缪[⑧] **七** 中三年，封商他子靖侯坚元年。郦坚在景 侯，"靖"为其谥号，该年为其元年。
建元至元封六年三十六，太初元年尽后元二年十八	**九** 郦坚在武帝朝为侯共九年。 **五** 元光四年，康侯遂元年[⑨]。郦遂（应为郦遂成）在 其谥号，该年为其元年。 **十一** 元朔三年，侯宗元年。郦宗（应为郦世宗）在 为其元年。 **二十八** 元鼎二年，侯终根元年。后元二年，侯终 年，郦世宗的儿子郦终根袭侯，该年为其元年。后元二
侯第	**六** 郦商的功劳在诸功臣中名列第六位。

三秦，击项羽，侯，四千八百户。郦商以将军身份在岐地跟随刘邦起后参与消灭章邯、董翳、司马欣的战争，又率兵攻打项羽，立功封侯，享有

为侯共七年。郦商在高祖六年正月丙午被封为曲周侯，“景”为其谥号，

三年。文帝元年，郦商的儿子郦寄袭侯，该年为其元年。

即中元二年，郦寄犯罪被废。
帝朝为缪侯共七年。景帝中元三年，改封郦商的另一个儿子郦坚为缪

武帝朝为侯共五年。武帝元光四年，郦坚的儿子郦遂成袭侯，“康”为

武帝朝为侯共十一年。武帝元朔三年，郦遂成的儿子郦世宗袭侯，该年

根坐咒诅诛，国除[10]。郦终根在武帝朝为侯共二十八年。武帝元鼎二年，郦终根因犯下诅咒皇帝罪被杀，封地被取消。

【注释】

酂

①酂:侯国名。高祖封萧何在沛郡之鄌(cuó,一作酂)县,在今河南商丘永城西酂城镇。高祖六年(前201)始封萧何,中间后代先后因罪被废,又改封筑阳侯、武阳侯,后改封酂侯(治今湖北老河口),传九侯。武帝元封四年(前107),侯萧寿有罪,封国撤销。

②"为丞相"几句:刘邦曾称赞萧何:"镇国家,抚百姓,给馈饷,不绝粮道,吾不如萧何。"为法令,《汉书·刑法志》:"相国萧何攈摭秦法,取其宜于时者,作律九章。"即所谓"萧何律"。立宗庙,指汉二年二月,除秦社稷,更立汉社稷事。

③侯,八千户:梁玉绳曰:"按世家,封八千户之后,两次益封共七千户,并初封为万七千户,乃《史》《汉》两表皆言八千,盖只就初封说也。"又说萧何功居第一,不当少于曹参、刘泽等,认为此处恐有误。

④"元年"几句:萧何自刘邦为汉王起任丞相,后改称相国,直至惠帝时去世。元年,前206年。九年,为相国,梁玉绳曰:"高帝十一年始更名'丞相'曰'相国'。此与《公卿表》及《百官表》皆误作九年。"九年,前198年。

⑤懿侯同:萧何之妻,萧禄之母,名同,谥"懿"。下句"同,禄弟"误。

⑥筑阳:改封萧延为筑阳侯,治今湖北襄阳谷城北。地处筑水之阳,故名。

⑦同有罪,封何小子延:梁玉绳曰:"按《汉书》表、传,高后二年封何夫人同为酂侯,何少子延为筑阳侯。文帝元年罢同,更封延为酂侯。此表不书延封筑阳与何夫人并时,而书筑阳于孝文格内,反失书更封之酂,又不言延谥,盖脱误也。同以妻嗣夫爵,有乖礼制,故文帝即以元年罢之。其卒谥'懿',则不得云'有罪'矣。"

⑧侯则:萧遗之子萧则。有罪被废,无谥号。

⑨武阳：改封萧嘉为武阳侯，在今山东临沂郯城境。

⑩侯胜：萧嘉之子萧胜。有罪被废，无谥号。

⑪酂（zàn）：复封萧庆为酂侯，治今湖北襄阳老河口西北。

⑫太常：官名。掌宗庙礼仪。秩中二千石。一般选用列侯忠孝敬慎者任此职。

⑬牺牲不如令：使用牺牲不合规定。

曲周

①曲周：侯国名。在曲周（今河北邯郸曲周东北）。高祖六年（前201）始封郦商，传五侯，中改封缪侯，武帝后元二年（前87），侯郦终根有罪，封国撤销。

②岐：方位不详。《正义》以为应离陈留、高阳不远。

③长社：秦县名。在今河南许昌长葛东北。

④别：指单独率军，独当一面。

⑤六年正月丙午，景侯郦商元年：据郦商本传，此年他被封为涿侯，改封曲周侯是在高祖十二年（前195）。故梁玉绳认为，“国名”格应书“涿”，“曲周”当书于此格。

⑥侯寄：郦商之子郦寄。有罪被废，无谥号。

⑦有罪：景帝中元二年（前148），郦寄想娶景帝的岳母为妻，被景帝废黜。

⑧缪（mù）：改封郦坚为缪侯。其地未详。

⑨康侯遂：郦坚之子郦遂成，谥“康”。遂，当作遂成。

⑩“后元二年”几句：郦终根于后元二年（前87）因诅咒皇帝被杀。按，此数语非史公所能见，乃后人所补。

国名	绛①
侯功	以中涓从起沛，至霸上，为侯。定三秦，食邑，为将 百户。周勃以中涓官的身份在沛县跟随刘邦起兵反秦， 担任将军。进入汉国，平定陇西郡，攻打项羽，守卫峣关，
高祖十二	七　六年正月丙午，武侯周勃元年。周勃在高祖朝 该年为其元年。
孝惠七	七　周勃在惠帝朝继续为侯，共七年。
高后八	八　其四年为太尉⑤。周勃在吕后执政期间继续为侯，
孝文二十三	十一　元年，为右丞相，三年，免。复为丞相⑥。周勃 三年（应为二年）被免，后又任丞相。 六　十二年，侯胜之元年⑦。周胜之在文帝朝为侯共 条⑧　六　后二年，封勃子亚夫元年。周亚夫在文帝 其元年。
孝景十六	十三⑨　其三年，为太尉⑩；七，为丞相。有罪，国除⑪。 任太尉，景帝七年担任丞相。景帝中五年有罪下狱自杀， 平曲⑫　三　后元年，封勃子恭侯坚元年。周坚在 侯，"恭"为其谥号，该年为其元年。
建元至元封六年三十六，太初元年尽后元二年十八	十六　周坚在武帝朝为侯共十六年。 十二　元朔五年，侯建德元年。元鼎五年，侯建德 的儿子周建德袭侯，该年为其元年。元鼎五年，周建德
侯第	四　周勃的功劳在诸功臣中名列第四位。

军。入汉，定陇西[2]，击项羽，守峣关[3]，定泗水、东海[4]。八千一

入关到达霸上，封侯。参与消灭章邯、董翳、司马欣的战争，享有食邑，平定泗水郡、东海郡。享有食邑八千一百户。

为侯共七年。周勃在高祖六年正月丙午被封为绛侯，"武"为其谥号，

共八年。吕后四年，他担任太尉。

在文帝朝为侯共十一年。文帝元年，周勃因拥立之功升任右丞相，文帝

六年。文帝十二年，周勃的儿子周胜之袭侯，该年为其元年。

朝为条侯共六年。文帝后元二年，封周勃的儿子周亚夫为条侯，该年为

周亚夫在景帝朝为侯共十三（应为十二）年。周亚夫在景帝三年担

封地被取消。

景帝朝为平曲侯共三年。景帝后元元年，改封周勃的儿子周坚为平曲

坐酎金[13]，国除。周建德在武帝朝为侯共十二年。武帝元朔五年，周坚

因献给朝廷供祭祀之用的贡金不合格，有罪被废，封地被取消。

国名	舞阳[①]
侯功	以舍人起沛,从至霸上,为侯。入汉,定三秦,为将 的身份在沛县跟随刘邦起兵反秦,入关到达霸上,封侯。 打项羽,因功而增加封邑。跟随刘邦消灭燕王臧荼,拘捕
高祖十二	**七**　六年正月丙午,武侯樊哙元年。其七年[④],为将 午被封为舞阳侯,"武"为其谥号,该年为其元年。在高
孝惠七	**六**　樊哙在惠帝朝为侯共六年。 **一**　七年,侯伉元年。吕须子[⑥]。樊伉在惠帝朝为侯共 樊哙生的儿子。
高后八	**八**　坐吕氏诛[⑦],族。樊伉在吕后执政期间为侯共八年。
孝文二十三	**二十三**　元年,封樊哙子荒侯市人元年[⑧]。樊市人在 "荒"为其谥号,该年为其元年。
孝景十六	**六**　樊市人在景帝朝为侯共六年。 **六**　七年,侯它广元年[⑨]。中六年,侯它广非市人 樊它广袭侯,该年为其元年。景帝中元六年,他被告发
建元至元封六年三十六,太初元年尽后元二年十八	
侯第	**五**　樊哙的功劳在诸功臣中名列第五位。

军，击项籍，再益封。从破燕[2]，执韩信[3]，侯，五千户。樊哙以舍人进入汉国，参与消灭章邯、董翳、司马欣的战争，享有食邑，担任将军，攻韩王信，封侯，享有食邑五千户。
军、相国三月[5]。樊哙在高祖朝为侯共七年。樊哙在高祖六年正月丙祖七年，樊哙担任将军、相国有三个月。
一年。惠帝七年，樊哙的儿子樊伉袭侯，该年为其元年。樊伉是吕须与
吕后死，大臣发动政变诛杀吕氏，吕须、樊伉受牵连被杀。
文帝朝为侯共二十三年。文帝元年，樊哙的儿子樊市人被封为舞阳侯，
子[10]，国除。樊它广在景帝朝为侯共六年。景帝七年，樊市人的儿子不是樊市人的儿子，因而被废，封地被取消。

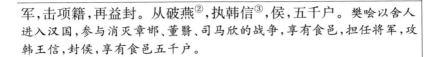

【注释】

绛

①绛:侯国名。在绛(今山西临汾侯马东)。高祖六年(前201)始封周勃,传四侯,中先后改条侯、平曲侯,武帝元鼎五年(前112),侯周建德有罪,封国撤销。

②陇西:秦郡名。治狄道(今甘肃定西临洮)。

③峣关:故址在今陕西商洛西北。关临峣山,故名。为关中平原通往南阳盆地之要隘。

④泗水:秦郡名。治相县(今安徽淮北濉溪西北)。东海:秦郡名。治郯县(今山东临沂郯城北)。

⑤其四年为太尉:按,周勃为太尉在惠帝六年(前189),非高后四年(前184)。

⑥三年,免,复为丞相:文帝元年,周勃因拥立之功被升任右相,不久请免;二年,陈平死,又任丞相,不久又被免。梁玉绳曰:"'三'当作'二'。勃以文帝二年十一月乙亥复为丞相也。"三年,前177年。

⑦侯胜之:周勃之子周胜之,因杀人被废,无谥号。

⑧条:改封周亚夫为条侯,治今河北衡水景县。

⑨十三:当作十二。周亚夫死于景帝中元五年(前145),在景帝朝为侯十二年。

⑩其三年,为太尉:周亚夫于景帝三年(前154)为太尉,平七国之乱。

⑪有罪,国除:周亚夫被诬谋反,中元五年(前145)下狱,绝食自尽。

⑫平曲:改封周坚为平曲侯。一说在今河北廊坊霸州东。梁玉绳认为在东海郡平曲侯国,其地未详。

⑬酎(zhòu)金:汉代诸侯献给朝廷供祭祀之用的贡金。武帝常以酎金"成色不好"或"分量不足"的罪名打击、废掉诸王、诸侯,以加强中央集权。元鼎五年这一次,是以此罪名废掉诸侯、诸王最多

的一次。

舞阳

①舞阳：侯国名。在舞阳（今河南漯河舞阳西北）。高祖六年（前201）始封樊哙，传三侯。景帝中元六年（前144），侯樊它广被废，封国撤销。

②破燕：汉五年（前202）灭燕王臧荼。

③执韩信：此指前196年，所部士卒斩韩王信。此韩信是韩王，勾结匈奴反汉，不是淮阴侯韩信。

④其七年：高祖七年，前200年。

⑤为将军：指樊哙率军讨伐韩王信。相国：此为虚衔，非实任。

⑥吕须：吕后之妹。

⑦坐吕氏诛：吕后去世后，大臣诛诸吕，吕须、樊伉皆牵连被杀。

⑧荒侯市人：樊哙庶子，非吕须所生。文帝即位后，因樊哙有功而无过，重封其为侯。谥“荒”。

⑨它广：樊哙本传作“他广”。

⑩侯它广非市人子：后有人告发樊市人无生育能力，它广不可能是市人所生，于是被废。

国名	颍阴①
侯功	以中涓从起砀，至霸上，为昌文君②。入汉，定三秦，食邑。以车骑将军属淮阴③，定齐、淮南及下邑④，杀项籍，侯，五千户。灌婴以中涓官的身份在砀县跟随刘邦起兵，入关到达霸上，被封为昌文君。进入汉国，参与消灭章邯、董翳、司马欣的战争，享有食邑。担任车骑将军，归淮阴侯韩信领导，参与了平定齐、淮南及下邑的战争，消灭了项羽，封侯，享有食邑五千户。
高祖十二	**七**　六年正月丙午，懿侯灌婴元年。灌婴在高祖朝为侯共七年。灌婴在高祖六年正月丙午被封为颍阴侯，“懿”为其谥号，该年为其元年。
孝惠七	**七**　灌婴在惠帝朝继续为侯，共七年。
高后八	**八**　灌婴在吕后执政期间继续为侯，共八年。
孝文二十三	**四**　其一，为太尉⑤；三，为丞相⑥。灌婴在文帝朝为侯共四年。第一年以拥立之功升为太尉，第三年为丞相。 **十九**　五年，平侯何元年。灌何在文帝朝为侯共十九年。文帝五年，灌婴的儿子灌何袭侯，“平”为其谥号，该年为其元年。
孝景十六	**九**　灌何在景帝朝为侯共九年。 **七**　中三年，侯彊元年。灌彊在景帝朝为侯共七年。景帝中元三年，灌何的儿子灌彊袭侯，该年为其元年。
建元至元封六年三十六，太初元年尽后元二年十八	**六**⑦　有罪，绝。灌彊在武帝朝为侯共六年。他因犯罪，爵位被废。 **九**　元光二年，封婴孙贤为临汝侯⑧，侯贤元年。元朔五年，侯贤行赇罪⑨，国除。灌贤在武帝朝为侯共九年。武帝元光二年，改封灌婴的孙子灌贤为临汝侯，该年为其元年。元朔五年，临汝侯灌贤因犯行贿罪，封地被取消。
侯第	**九**　灌婴的功劳在诸功臣中名列第九位。

汾阴[1]
初起以职志击破秦[2]，入汉，出关，以内史坚守敖仓[3]，以御史大夫定诸侯[4]，比清阳侯，二千八百户。周昌开始是以掌旗官的身份跟随刘邦灭亡秦朝，进入汉国，后又出关，担任内史坚守敖仓，还曾担任御史大夫平定各地诸侯，与清阳侯王吸的功劳不相上下，享有食邑二千八百户。
七 六年正月丙午，悼侯周昌元年。周昌在高祖朝为侯共七年。周昌在高祖六年正月丙午被封为汾阴侯，“悼”为其谥号，该年为其元年。
三 周昌在惠帝朝为侯共三年。 建平[5] **四** 四年，哀侯开方元年。周开方在惠帝朝为建平侯共四年。惠帝四年，周昌的儿子周开方被改封为建平侯，“哀”为其谥号。
八 周开方在吕后执政期间继续为侯，共八年。
四 前五年，侯意元年。周开方在文帝朝为侯共四年。文帝前元五年，周开方的儿子周意袭侯，该年为其元年。 **十三** 有罪，绝。周意在文帝朝为侯共十三年。周意犯罪，侯位被废，封地被取消。
安阳[6] **八** 中二年，封昌孙左车。周左车在景帝朝为安阳侯共八年。景帝中元二年，改封周昌的孙子周左车为安阳侯。
建元元年，有罪，国除。武帝建元元年，周左车因罪被废，封地被取消。
十六 周昌的功劳在诸功臣中名列第十六位。

国名	梁邹[①]
侯功	兵初起，以谒者从击破秦[②]，入汉，以将军击定诸侯，功比博阳侯[③]，二千八百户。反秦义兵开始兴起的时候，武儒以谒者的身份追随刘邦攻灭秦朝，进入汉国，其后担任将军攻击、平定各地诸侯。他的功劳与博阳侯陈濞不相上下，享有食邑二千八百户。
高祖十二	**七**　六年正月丙午，孝侯武儒元年。武儒在高祖朝为侯共七年。武儒在高祖六年正月丙午被封为梁邹侯，“孝”为其谥号，该年为其元年。
孝惠七	**四**　武儒在惠帝朝为侯共四年。 **三**　五年，侯最元年。武最在惠帝朝为侯共三年。惠帝五年，武儒的儿子武最袭侯，该年为其元年。
高后八	**八**　武最在吕后执政期间继续为侯，共八年。
孝文二十三	**二十三**　武最在文帝朝继续为侯，共二十三年。
孝景十六	**十六**　武最在景帝朝继续为侯，共十六年。
建元至元封六年三十六，太初元年尽后元二年十八	**六**[④]　武最在武帝朝为侯共六年。 **三**　元光元年，顷侯婴齐元年。武婴齐在武帝朝为侯共三年。武帝元光元年，武最的儿子武婴齐袭侯，“顷”为其谥号，该年为其元年。 **二十**　元光四年，侯山柎元年。元鼎五年，侯山柎坐酎金，国除。武山柎在武帝朝为侯共二十年。武帝元光四年，武婴齐的儿子武山柎袭侯，该年为其元年。元鼎五年，武山柎因献给朝廷供祭祀之用的贡金不合格，侯位被废，封地被取消。
侯第	**二十**　武儒的功劳在诸功臣中名列第二十位。

成[1]
兵初起，以舍人从击秦，为都尉[2]；入汉，定三秦。出关，以将军定诸侯，功比厌次侯[3]，二千八百户。反秦义兵开始兴起的时候，董渫以舍人的身份追随刘邦攻打秦朝，被任为都尉；进入汉国，他参与了消灭章邯、董翳、司马欣的战争。出关后担任将军率兵平定诸侯，他的功劳与厌次侯元顷不相上下，享有食邑二千八百户。
七 六年正月丙午，敬侯董渫元年。董渫在高祖朝为侯共七年。董渫在高祖六年正月丙午被封为成侯，"敬"为其谥号，该年为其元年。
七 元年，康侯赤元年[4]。董赤在惠帝朝为侯共七年。惠帝元年，董渫的儿子董赤袭侯，该年为其元年。
八 董赤在吕后执政期间继续为侯，共八年。
二十三 董赤在文帝朝继续为侯，共二十三年。
六 有罪，绝。董赤在景帝朝为侯共六年。景帝六年，董赤犯罪被废。 节氏[5] **五** 中五年，复封康侯赤元年。董赤在景帝朝为节氏侯五年。景帝中元五年，又改封董赤为节氏侯，"康"为其谥号，该年为其元年。
三[6] 董赤在武帝朝为侯共三年。 **五** 建元四年，恭侯罢军元年。董罢军在武帝朝为侯共五年。武帝建元四年，董赤的儿子董罢军袭侯，"恭"为其谥号，该年为其元年。 **十二** 元光三年，侯朝元年。元狩三年，侯朝为济南太守，与成阳王女通[7]，不敬，国除。董朝在武帝朝为侯共十二年。武帝元光三年，董罢军的儿子董朝袭侯，该年为其元年。元狩三年，董朝担任济南太守，与成阳王的女儿通奸，犯了不敬罪，封地被取消。
二十五 董渫的功劳在诸功臣中名列第二十五位。

【注释】

颍阴

①颍阴:侯国名。在颍阴(今河南许昌)。高祖六年(前201)始封灌婴,传三侯,武帝元朔五年(前124),侯灌贤有罪,封国撤销。

②昌文君:封号名。无封地。

③车骑将军:时灌婴为“骑将”,非“车骑将军”。

④下邑:国都以外的城邑。

⑤其一,为太尉:文帝元年(前179),灌婴以拥立之功,升任太尉。

⑥三,为丞相:文帝三年(前177)接替周勃为丞相。

⑦六:灌彊在武帝朝为侯六年。其有罪被废之年为元光元年,前134年。

⑧封婴孙贤为临汝侯:灌贤是灌婴之孙,改封为临汝侯。临汝,其地说法不一。一说在今河南驻马店上蔡西南;一说治今江西抚州西。

⑨行赇(qiú):即行贿。

汾阴

①汾阴:侯国名。在汾阴(今山西运城万荣西南)。高祖六年(前201)始封周昌,传三侯,先后改封建平侯、安阳侯。武帝建元元年(前140),侯周左车有罪,封国撤销。

②职志:掌旗帜之官。

③内史:掌治京师。景帝前分左、右。武帝太初元年(前104)更右内史名京兆尹,左内史名左冯翊。敖仓:秦朝的粮仓。在今河南郑州西北邙山上。山上有城,秦于其中置谷仓,故曰“敖仓”。

④御史大夫:国家的三公之一,掌副丞相职。主管图籍秘书、四方文书、监察执法,有时亦奉命出征。

⑤建平:周开方改封建平侯,治今河南商丘永城西南。

⑥安阳：周左车改封为安阳侯，治今河南驻马店正阳南。

梁邹

①梁邹：侯国名。在梁邹（今山东滨州邹平）。高祖六年（前201）始封武儒，传三侯。武帝元鼎五年（前112），侯武山柎因酎金不合格，封国撤销。

②谒者：官名。掌宾赞受事及给事近署，执戟宿卫与奉诏外使。

③博阳侯：此指始封侯陈濞。

④六：武最在武帝朝为侯六年，卒于武帝建元六年（前135），为侯前后共五十六年。

成

①成：侯国名。在成，其地未详。《索隐》曰："属涿郡。"梁玉绳以为在泰山郡。高祖六年（前201）始封董渫，传三侯，中改封节氏侯。武帝元狩三年（前120），侯董朝有罪，封国撤销。

②都尉：为高级将领之下的中级武官，地位略低于校尉。

③厌次侯：此指始封侯元顷。

④康侯赤：董渫子董赤，谥"康"。赤，梁玉绳认为应作"赫"，误脱其半也。

⑤节氏：改封董赤为节氏侯。其地未详。

⑥三：董赤在武帝朝为侯三年，卒于建元三年（前138），为侯前后共五十二年。

⑦成阳王：此时的成阳王是刘章之孙刘延。成阳，也写作"城阳"，都莒县（今山东日照莒县）。

国名	蓼[①]
侯功	以执盾前元年从起砀[②]，以左司马入汉[③]，为将军，三以都尉击项羽，属韩信[④]，功侯。孔藂以执盾的身份在砀县追随刘邦反秦，以左司马的身份进入汉国，后担任将军，多次担任都尉攻打项羽，归韩信调遣，立功封侯。
高祖十二	**七** 六年正月丙午，侯孔藂元年[⑤]。孔藂在高祖朝为侯共七年。孔藂在高祖六年正月丙午被封为蓼侯，该年为其元年。
孝惠七	**七** 孔藂在惠帝朝继续为侯，共七年。
高后八	**八** 孔藂在吕后执政期间继续为侯，共八年。
孝文二十三	**八** 孔藂在文帝朝为侯共八年。 **十五** 九年，侯臧元年。孔臧在文帝朝为侯共十五年。文帝九年，孔藂的儿子孔臧袭侯，该年为其元年。
孝景十六	**十六** 孔臧在景帝朝继续为侯，共十六年。
建元至元封六年三十六，太初元年尽后元二年十八	**十四** 元朔三年，侯臧坐为太常，南陵桥坏[⑥]，衣冠车不得度[⑦]，国除。孔臧在武帝朝为侯共十四年。武帝元朔三年，孔臧罪犯主管宗庙祭祀，南陵桥塌坏，祭祀高祖用的衣冠车不合规定，封地被取消。
侯第	**三十** 孔藂的功劳在诸功臣中名列第三十位。

费[1]
以舍人前元年从起砀，以左司马入汉，用都尉属韩信[2]，击项羽有功，为将军，定会稽、浙江、湖阳[3]，侯。刘邦开始起兵的时候，陈贺以舍人的身份在砀县跟从刘邦反秦，又担任左司马进入汉国，他以都尉身份在韩信领导下攻打项羽有功，升为将军；率军平定了会稽、浙江、湖阳，封侯。
七　六年正月丙午，圉侯陈贺元年[4]。陈贺在高祖朝为侯共七年。陈贺在高祖六年正月丙午被封为费侯，“圉”为其谥号，该年为其元年。
七　陈贺在惠帝朝继续为侯，共七年。
八　陈贺在吕后执政期间继续为侯，共八年。
二十三　元年，共侯常元年。陈常在文帝朝为侯共二十三年。文帝元年，陈贺的儿子陈常袭侯，“共”为其谥号，该年为其元年。
一　陈常在景帝朝为侯共一年。 **八**　二年，侯偃元年。中二年，有罪，绝。陈偃在景帝朝为侯共八年。景帝二年，陈常的儿子陈偃袭侯，该年为其元年。景帝中元二年，陈偃犯罪被废。 巢[5]　**四**　中六年，封贺子侯最元年。后三年，最薨，无后，国除。陈最在景帝朝为巢侯共四年。景帝中元六年，改封陈贺的儿子陈最为巢侯，该年为其元年。景帝后元三年，陈最去世，没有后嗣，封地被取消。

国名	阳夏①
侯功	以特将将卒五百人②，前元年从起宛朐，至霸上，为侯，以游击将军别定代③，已破臧荼④，封豨为阳夏侯⑤。刘邦开始起兵的时候，陈豨以特将的身份率领士卒五百人，在宛朐追随刘邦反秦，入关到了霸上，封侯；他以游击将军的身份单独率军讨伐韩王信；又率军打败了臧荼，因此封陈豨为阳夏侯。
高祖十二	**五**　六年正月丙午，侯陈豨元年。十年八月，豨以赵相国将兵守代⑥。汉使召豨，豨反⑦，以其兵与王黄等略代⑧，自立为王。汉杀豨灵丘⑨。陈豨在高祖朝为侯共五年。陈豨在高祖六年正月丙午被封为阳夏侯，该年为其元年。高祖十年八月，陈豨以相国（应为代相国）的身份领兵驻守代地。刘邦派使者征召他，他谋反，带领他的军队与王黄等占领代地，自封为王。汉军在灵丘杀死陈豨。
孝惠七	
高后八	
孝文二十三	
孝景十六	
建元至元封六年三十六，太初元年尽后元二年十八	
侯第	

隆虑[①]
以卒从起砀，以连敖入汉[②]，以长铍都尉击项羽[③]，有功，侯。周灶以士卒的身份跟从刘邦在砀县起兵，后担任连敖进入汉国，又以长铍都尉的身份攻打项羽，立功，被封侯。
七 六年正月丁未[④]，哀侯周灶元年。周灶在高祖朝为侯共七年。周灶在高祖六年正月丁未被封为隆虑侯，“哀”为其谥号，该年为其元年。
七 周灶在惠帝朝继续为侯，共七年。
八 周灶在吕后执政期间继续为侯，共八年。
十七 周灶在文帝朝为侯共十七年。 **六** 后二年，侯通元年。周通在文帝朝为侯共六年。文帝后元二年，周灶的儿子周通袭侯，该年为其元年。
七 中元年，侯通有罪，国除。周通在景帝朝为侯共七年。景帝中元元年，周通犯罪，封地被取消。
三十四 周灶的功劳在诸功臣中名列第三十四位。

【注释】

蓼

①蓼:侯国名。在蓼(今河南信阳固始东北)。高祖六年(前201)始封孔蘩,传一侯。武帝元朔三年(前126),侯孔臧有罪,封国撤销。

②前元年:指刘邦起事始称沛公之年,前209年。称"前"是与入关为汉王后的纪年相区分。

③左司马:军中执法的官。

④属韩信:即垓下之战所谓"孔将军居左、费将军居右"者。

⑤孔蘩:也写作"孔聚""孔最"。字子产,谥"夷"。

⑥南陵:薄太后陵墓,在今陕西西安东南。后景帝时置为南陵县。

⑦衣冠车:每月载着从长陵寝庙请出的刘邦衣冠到渭北原庙巡游的车子。

费

①费:侯国名。在费县(今山东临沂)。高祖六年(前201)始封陈贺,传三侯,改封巢侯。景帝后元三年(前141),侯陈最去世,无后,封国撤销。

②属韩信:即垓下之战所谓"孔将军居左、费将军居右"者。

③湖阳:王国维以为应作"湖陵",在今浙江杭州西兴。

④圉:陈贺谥号,也作"幽"。

⑤巢:陈最改封为巢侯。其地未详。一说在今安徽合肥巢湖;一说为陈留襄邑县(今河南商丘睢县西)南巢亭;一说为南阳郡棘阳县(今河南南阳新野境)鄛乡。

阳夏

①阳夏:侯国名。在阳夏县(今河南周口太康)。高祖六年(前201)始封陈豨。高祖十年(前197)谋反被杀,封国撤销。

②特将:率军作战,独当一面之将领。其地位略低于将军。

③游击将军:官名。两汉临时设置的杂号将军。位比列卿。统兵专征,事罢而废。别定代:指讨伐韩王信。

④臧荼:项羽所封的燕王,后降汉,仍为燕王。高祖五年(前202)反汉,战败被擒。

⑤封豨为阳夏侯:按,此处所记与《韩信卢绾列传》中陈豨本传所记差异较大,可对看。

⑥赵相国:应为代相国。

⑦豨反:陈豨因赵相周昌向刘邦进谗而反。

⑧王黄:韩王信的部将,胡人。韩王信败后被俘。

⑨杀豨灵丘:杀陈豨者,或说是樊哙,或说是周勃。灵丘,汉县名。治今山西大同灵丘东固城。

隆虑

①隆虑:侯国名。在隆虑县(今河南安阳林州)。高祖六年(前201)始封周灶,传一侯。景帝中元元年(前149),侯周通有罪,封国撤销。

②连敖:主管粮秣的小官。一说职主迎送礼客,系连尹、莫敖两官合二为一演化而成,位如司马的中级军官。

③长铍都尉:西汉特设的位次于将军的高级军官,职掌长铍部队,故称。秩二千石或比二千石,位比列卿。长铍,两面有刃的长剑。

④六年正月丁未:高祖六年正月二十二。

国名	阳都[①]
侯功	以赵将从起邺[②],至霸上,为楼烦将[③],入汉,定三秦,为将军,忠臣[⑧],侯,七千八百户。丁复以赵国将领的参与了消灭章邯、董翳、司马欣的战争,单独率兵攻打翟马;在叶地打败项羽的军队,被任命为将军,是朝中的亲
高祖十二	**七** 六年正月戊申[⑨],敬侯丁复元年。丁复在高祖朝号,该年为其元年。
孝惠七	**七** 丁复在惠帝朝继续为侯,共七年。
高后八	**五** 丁复在吕后执政期间为侯共五年。 **三** 六年,趮侯宁元年。丁宁在吕后执政期间为侯共
孝文二十三	**九** 丁宁在文帝朝为侯共九年。 **十四** 十年,侯安成元年。丁安成在文帝朝为侯共十
孝景十六	**一** 二年,侯安成有罪,国除。丁安成在景帝朝为侯
建元至元封六年三十六,太初元年尽后元二年十八	
侯第	**十七** 丁复的功劳在诸功臣中名列第十七位。

别降翟王[4]，属悼武王[5]，杀龙且彭城[6]，为大司马；破羽军叶[7]，拜 身份在郉县追随刘邦反秦，入关到达霸上，担任楼烦将；进入汉国，其后 王董翳迫使其投降；后归属悼武王吕泽领导，在彭城杀死龙且，担任大司 幸之臣，封侯，享有食邑七千八百户。
为侯共七年。丁复在高祖六年正月戊申被封为阳都侯，“敬”为其谥
三年。吕后六年，丁复的儿子丁宁袭侯，“趮”为其谥号，该年为其元年。
四年。文帝十年，丁宁的儿子丁安成袭侯，该年为其元年。
共一年。景帝二年，丁安成犯罪，封地被取消。

国名	新阳①
侯功	以汉五年用左令尹初从②，功比堂邑侯③，千户。吕清侯，享有食邑一千户。
高祖十二	**七** 六年正月壬子④，胡侯吕清元年。吕清在高祖朝号，该年为其元年。
孝惠七	**三** 吕清在惠帝朝为侯共三年。 **四** 四年，顷侯臣元年。吕臣在惠帝朝为侯共四年。
高后八	**八** 吕臣在吕后执政期间继续为侯，共八年。
孝文二十三	**六** 吕臣在文帝朝为侯共六年。 **二** 七年，怀侯义元年。吕义在文帝朝为侯共两年。 **十五** 九年，惠侯它元年。吕它在文帝朝为侯共十五
孝景十六	**四** 吕它在景帝朝为侯共四年。 **五** 五年，恭侯善元年。吕善在景帝朝为侯共五年。 **七** 中三年，侯谭元年。吕谭在景帝朝为侯共七年。
建元至元封六年三十六，太初元年尽后元二年十八	**二十八** 元鼎五年，侯谭坐酎金，国除。吕谭在武帝金不合格，封地被取消。
侯第	**八十一** 吕清的功劳在诸功臣中名列第八十一位。

在汉王五年以左令尹的身份跟从刘邦，功劳与堂邑侯陈婴不相上下，封
为侯共七年。吕清在高祖六年正月壬子被封为新阳侯，“胡”为其谥
惠帝四年，吕清的儿子吕臣袭侯，“顷”为其谥号，该年为其元年。
文帝七年，吕臣的儿子吕义袭侯，“怀”为其谥号，该年为其元年。 年。文帝九年，吕义的儿子吕它袭侯，“惠”为其谥号，该年为其元年。
景帝五年，吕它的儿子吕善袭侯，“恭”为其谥号，该年为其元年。 景帝中元三年，吕善的儿子吕谭袭侯，该年为其元年。
朝为侯共二十八年。武帝元鼎五年，吕谭因献给朝廷供祭祀之用的贡

国名	东武[①]
侯功	以户卫起薛[②]，属悼武王，破秦军杠里[③]，杨熊军曲遇[④]，入汉，为越将军[⑤]，定三秦，以都尉坚守敖仓，为将军，破籍军，功侯，二千户。郭蒙以护卫的身份在薛地起事反秦，归属悼武王吕泽领导，在杠里打败秦军，在曲遇打败秦将杨熊的军队，进入汉国，他担任越将军，参与了消灭章邯、董翳、司马欣的战争，后担任都尉在敖仓坚守，又担任将军，打败了项羽，立功封侯，享有食邑二千户。
高祖十二	**七**　六年正月戊午[⑥]，贞侯郭蒙元年。郭蒙在高祖朝为侯共七年。郭蒙在高祖六年正月戊午被封为东武侯，“贞”为其谥号，该年为其元年。
孝惠七	**七**　郭蒙在惠帝朝继续为侯，共七年。
高后八	**五**　郭蒙在吕后执政期间为侯共五年。 **三**　六年，侯它元年。郭它在吕后执政期间为侯共三年。吕后六年，郭蒙的儿子郭它袭侯，该年为其元年。
孝文二十三	**二十三**　郭它在文帝朝继续为侯，共二十三年。
孝景十六	**五**　六年，侯它弃市，国除。郭它在景帝朝为侯共五年。景帝六年，郭它因犯罪当众处死，封地被取消。
建元至元封六年三十六，太初元年尽后元二年十八	
侯第	**四十一**[⑦]　郭蒙的功劳在诸功臣中名列第四十一位。

汁方[①]
以赵将前三年从定诸侯[②]，侯，二千五百户，功比平定侯[③]。齿故沛豪，有力，与上有郄[④]，故晚从。雍齿以赵将（应为魏将）的身份在刘邦起兵三年后跟随刘邦平定诸侯，封侯，享有食邑二千五百户，他的功劳与平定侯齐受不相上下。雍齿原为沛县豪杰，孔武有力，与皇上刘邦有矛盾，所以他较晚才跟从刘邦。
七　六年三月戊子[⑤]，肃侯雍齿元年。雍齿在高祖朝为侯共七年。雍齿在高祖六年三月戊子被封为汁方侯，“肃”为其谥号，该年为其元年。
二　雍齿在惠帝朝为侯共两年。 **五**　三年，荒侯巨元年。雍巨在惠帝朝为侯共五年。惠帝三年，雍齿的儿子雍巨袭侯，“荒”为其谥号，该年为其元年。
八　雍巨在吕后执政期间继续为侯，共八年。
二十三　雍巨在文帝朝继续为侯，共二十三年。
二　雍巨在景帝朝为侯共两年。 **十**　三年，侯野元年。雍野在景帝朝为侯共十年。景帝三年，雍巨的儿子雍野袭侯，该年为其元年。 **四**　中六年，终侯桓元年[⑥]。雍桓在景帝朝为侯共四年。景帝中元六年，雍野的儿子雍桓袭侯，“终”为其谥号，该年为其元年。
二十八　元鼎五年，终侯桓坐酎金，国除。雍桓在武帝朝为侯共二十八年。武帝元鼎五年，雍桓因献给朝廷供祭祀之用的贡金不合格，被废，封地被取消。
五十七　雍齿的功劳在诸功臣中名列第五十七位。

【注释】

阳都

①阳都:侯国名。在阳都县(今山东临沂沂南南)。高祖六年(前201)始封丁复,传二侯。景帝二年(前155),侯丁安成有罪,封国撤销。

②邺:秦县名。治今河北邯郸临漳西南邺镇东。

③楼烦将:统率精于骑射之士的将领。

④翟王:董翳,项羽所封,都高奴(今陕西延安东北延河北岸)。

⑤悼武王:指吕后之兄吕泽。

⑥杀龙且彭城:《汉书》作"破龙且彭城"。按,此汉二年事,杀龙且在汉四年,当依《汉书》。龙且,项羽的部将。

⑦叶:秦县名。治今河南平顶山叶县西南。

⑧忠臣:亲幸之臣。忠,通"中"。

⑨六年正月戊申:高祖六年正月二十三。

新阳

①新阳:侯国名。在新阳县(今安徽阜阳界首北)。高祖六年(前201)始封吕臣,传四侯。武帝元鼎五年(前112),侯吕谭因酎金不合格,封国撤销。

②汉五年:前202年。左令尹:相当于左丞相。

③堂邑侯:此指始封侯陈婴。

④六年正月壬子:高祖六年正月二十七。

东武

①东武:侯国名。在东武县(今山东潍坊诸城)。高祖六年(前201)始封郭蒙,传一侯。景帝六年(前151),侯郭它有罪,封国撤销。

②户卫：一名“从卫”，侍从卫士之意。薛：秦县名。治今山东枣庄薛城。

③杠里：古邑名。在今山东菏泽东北。

④杨熊：秦将。前207年败于刘邦，被秦二世所杀。曲遇：在今河南郑州中牟城东。

⑤越将军：《汉书·高惠高后文功臣表》表作“城将”。颜师古曰：“将筑城之兵也。”

⑥六年正月戊午：此年正月无“戊午”，梁玉绳以为应与后一人同作“三月戊子”，即三月初四。

⑦四十一：高苑侯丙倩侯第亦为四十一，故梁玉绳认为此处应是“二十一”。

汁方

①汁方：侯国名。也作“什方”。治什方县（今四川德阳什邡南）。高祖六年（前201）始封雍齿，传三侯。武帝元鼎五年（前112），侯雍桓因酎金不合格，封国撤销。

②赵将：据《高祖本纪》，应作“魏将”。前三年：前207年。

③平定侯：此指齐昌。

④与上有郄（xì）：刘邦在沛起义，命他守丰邑（今江苏徐州丰县）。后受挑唆，背叛刘邦，据丰地而投靠魏。郄，嫌隙。

⑤六年三月戊子：高祖六年三月初四。

⑥终侯桓：雍野之子雍桓，谥“终”。梁玉绳认为，雍桓坐酎金失国，不应有谥，“而《史》《汉》表并称‘终侯’，《史诠》谓后人误加，是也”。

国名	棘蒲[①]
侯功	以将军前元年率将二千五百人起薛[②],别救东阿[③],至霸上,二岁十月[④]。入汉,击齐历下军田既[⑤],功侯。陈武以将军的身份在刘邦起兵反秦的第一年于薛地起兵,曾单独率军援救被章邯围困的田荣,后入关抵达霸上,这是两年后的十月。刘邦被封为汉王打回关中后,陈武在历下攻打齐国田既(应是田解)的军队,立功封侯。
高祖十二	**七** 六年三月丙申[⑥],刚侯陈武元年。陈武在高祖朝为侯共七年。陈武在高祖六年三月丙申被封为棘蒲侯,"刚"为其谥号,该年为其元年。
孝惠七	**七** 陈武在惠帝朝继续为侯,共七年。
高后八	**八** 陈武在吕后执政期间继续为侯,共八年。
孝文二十三	**十六** 后元年,侯武薨。嗣子奇反[⑦],不得置后,国除。陈武在文帝朝为侯共十六年。文帝后元元年,陈武去世。陈武的嗣子陈奇勾结淮南王谋反被杀,不得再立继承人,封地被取消。
孝景十六	
建元至元封六年三十六,太初元年尽后元二年十八	
侯第	**十三** 陈武的功劳在诸功臣中名列第十三位。

都昌[1]
以舍人前元年从起沛，以骑队率先降翟王[2]，虏章邯[3]，功侯。朱轸以舍人的身份在刘邦起兵的第一年在沛县跟随刘邦反秦，担任骑队头领率先攻打翟王董翳，迫使他投降，还俘获了章邯，立功封侯。
七　六年三月庚子[4]，庄侯朱轸元年。朱轸在高祖朝为侯共七年。朱轸在高祖六年三月庚子被封为都昌侯，"庄"为其谥号，该年为其元年。
七　朱轸在惠帝朝继续为侯，共七年。
八　元年，刚侯率元年。朱率在吕后执政期间为侯共八年。吕后元年，朱轸的儿子朱率袭侯，"刚"为其谥号，该年为其元年。
七　朱率在文帝朝为侯共七年。 十六　八年，夷侯诎元年。朱诎在文帝朝为侯共十六年。文帝八年，朱率的儿子朱诎袭侯，"夷"为其谥号，该年为其元年。
二　元年，恭侯偃元年。朱偃在景帝朝为侯共两年。景帝元年，朱诎的儿子朱偃袭侯，"恭"为其谥号，该年为其元年。 五　三年，侯辟彊元年。中元年，辟彊薨，无后，国除。朱辟彊在景帝朝为侯共五年。景帝三年，朱偃的儿子朱辟彊袭侯，该年为其元年。景帝中元元年，朱辟彊去世，没有后嗣，封地被取消。
二十三　朱轸的功劳在诸功臣中名列第二十三位。

国名	武强[1]
侯功	以舍人从至霸上，以骑将入汉。还击项羽，属丞相宁[2]，功侯，用将军击黥布，侯[3]。庄不识以舍人身份跟随刘邦入关抵达霸上，以骑将的身份进入汉国。后出兵反击项羽，归丞相宁的领导，立功封侯；又担任将军攻打黥布，封侯。
高祖十二	**七**　六年三月庚子，庄侯庄不识元年。庄不识在高祖朝为侯共七年。庄不识在高祖六年三月庚子被封为武强侯，"庄"为其谥号，该年为其元年。
孝惠七	**七**　庄不识在惠帝朝继续为侯，共七年。
高后八	**六**　庄不识在吕后执政期间为侯共六年。 **二**　七年，简侯婴元年。庄婴在吕后执政期间为侯共两年。吕后七年，庄不识的儿子庄婴袭侯，"简"为其谥号，该年为其元年。
孝文二十三	**十七**　庄婴在文帝朝为侯共十七年。 **六**　后二年，侯青翟元年。庄青翟在文帝朝为侯共六年。文帝后元二年，庄婴的儿子庄青翟袭侯，该年为其元年。
孝景十六	**十六**　庄青翟在景帝朝继续为侯，共十六年。
建元至元封六年三十六，太初元年尽后元二年十八	**二十五**　元鼎二年，侯青翟坐为丞相与长史朱买臣等逮御史大夫汤不直[4]，国除。庄青翟在武帝朝为侯共二十五年。武帝元鼎二年，庄青翟担任丞相，与长史朱买臣等诬害御史大夫张汤，有罪自杀，封地被取消。
侯第	**三十三**　庄不识的功劳在诸功臣中名列第三十三位。

贯[①]
以越户将从破秦[②]，入汉，定三秦，以都尉击项羽，千六百户[③]，功比台侯[④]。吕博国以越户将的身份跟随刘邦破秦，进入汉国，后参与了消灭章邯、董翳、司马欣的战争，担任都尉攻打项羽，封侯，享有食邑一千六百户，功劳与台侯戴野不相上下。
二　六年三月庚子，齐侯吕元年[⑤]。吕博国在高祖朝为侯共两年。吕博国在高祖六年三月庚子被封为贯侯，“齐”为其谥号，该年为其元年。 五　八年，恭侯方山元年。吕方山在高祖朝为侯共五年。高祖八年，吕博国的儿子吕方山袭侯，“恭”为其谥号，该年为其元年。
七　吕方山在惠帝朝继续为侯，共七年。
八　吕方山在吕后执政期间继续为侯，共八年。
十一　元年，炀侯赤元年。吕赤在文帝朝为侯共十一年。文帝元年，吕方山的儿子吕赤袭侯，“炀”为其谥号，该年为其元年。 十二　十二年，康侯遗元年。吕遗在文帝朝为侯共十二年。文帝十二年，吕赤的儿子吕遗袭侯，“康”为其谥号，该年为其元年。
十六　吕遗在景帝朝继续为侯，共十六年。
十六　吕遗在武帝朝为侯共十六年。 八　元朔五年，侯倩元年。元鼎元年，侯倩坐杀人弃市，国除。吕倩在武帝朝为侯共八年。武帝元朔五年，吕遗的儿子吕倩袭侯，该年为其元年。武帝元鼎元年，吕倩因犯了杀人罪当众处死，封地被取消。
三十六　吕博国的功劳在诸功臣中名列第三十六位。

【注释】

棘蒲

①棘蒲：侯国名。在棘蒲县（今河北邯郸魏县南）。高祖六年（前201）始封陈武，文帝后元元年（前163），陈武去世，封国撤销。

②前元年：前209年。率将：《汉书》作“将卒”，应据改。

③别救东阿：田荣被章邯围困于东阿，刘邦、项羽出兵相救，据此可知刘邦方面领兵的是陈武。东阿，今山东聊城阳谷东北阿城镇。

④二岁：两年后，在前206年。

⑤击齐历下军田既：指随韩信灭齐。按，驻守历下的是田解，田既是齐胶东将军。历下，今山东济南。

⑥六年三月丙申：高祖六年三月十二。

⑦嗣子奇反：陈武之子陈奇于文帝六年（前174）勾结淮南王刘长谋反被杀。

都昌

①都昌：侯国名。在都昌县（今山东潍坊昌邑西）。高祖六年（前201）始封朱轸，传四侯。景帝中元元年（前149），侯朱辟彊去世，无后，封国撤销。

②骑队率：骑兵将领。

③章邯：原为秦将，投降后被项羽封为雍王，都废丘（治今陕西咸阳兴平东南）。

④六年三月庚子：高祖六年三月十六。

武强

①武强：侯国名。在武强县，梁玉绳以为即今河南新乡原阳东南之古武强。高祖六年（前201）始封庄不识，传二侯。武帝元鼎二年（前115），侯庄青翟有罪，封国撤销。

②丞相宁:其人未详。陈直认为"宁"是"陵"字之误,指王陵,王陵后为右丞相。

③用将军击黥布,侯:前句已曰"功侯",此又曰"侯",梁玉绳认为是衍字。

④为丞相与长史朱买臣等逮御史大夫汤不直:庄青翟在处理盗挖文帝陵中陪葬钱币一事中与御史大夫张汤产生矛盾,张汤欲借此除掉庄青翟。庄青翟遂与丞相府朱买臣等三长史合谋构陷张汤,张汤自杀。长史,汉代丞相之属官,佐助丞相处理诸曹之事,为众史之长,相府之总管,有时亦出席朝廷会议,或会同御史中丞率军平乱。秩千石。朱买臣,字翁子。吴(今江苏苏州)人。早年家贫,后经人推荐,为武帝所重,官拜中大夫。后因在破东越过程中有功,征为主爵都尉,列于九卿。后为丞相长史,与御史大夫张汤有隙,乃告发张汤隐私,汤自杀,他亦被诛。御史大夫汤,张汤。武帝时期酷吏的代表。元狩二年(前121)任御史大夫。曾建议铸造白金及五铢钱,统一货币;支持盐铁官营政策;制定"算缗、告缗令",深受武帝亲幸,大权在握。后为丞相庄青翟及丞相长史朱买臣等陷害,自杀。

贳

①贳:侯国名。在贳县(今河北石家庄辛集西南)。高祖六年(前201)始封吕博国,传四侯。武帝元鼎元年(前112),侯吕倩有罪,封国撤销。

②越户将:官名。西汉时南越国之户将,掌宫殿门户宿卫。

③千六百户:据文例,"千"上应有"侯"字。

④台侯:此指初封侯戴野。

⑤吕:《索隐》曰:"齐侯吕博国。"

国名	海阳[1]
侯功	以越队将从破秦[2],入汉,定三秦,以都尉击项羽,侯,千八百户。摇毋馀以越队将的身份跟随刘邦破秦,进入汉国,后参与了消灭章邯、董翳、司马欣的战争,又担任都尉攻打项羽,封侯,享有食邑一千八百户。
高祖十二	**七** 六年三月庚子,齐信侯摇毋馀元年[3]。摇毋馀在高祖朝为侯共七年。摇毋馀在高祖六年三月庚子被封为海阳侯,"齐信"为其谥号,该年为其元年。
孝惠七	**二** 摇毋馀在惠帝朝为侯共两年。 **五** 三年,哀侯招攘元年。摇招攘在惠帝朝为侯共五年。惠帝三年,摇毋馀的儿子摇招攘袭侯,"哀"为其谥号,该年为其元年。
高后八	**四** 摇招攘在吕后执政期间为侯共四年。 **四** 五年,康侯建元年。摇建在吕后执政期间为侯共四年。吕后五年,摇招攘的儿子摇建袭侯,"康"为其谥号,该年为其元年。
孝文二十三	**二十三** 摇建在文帝朝继续为侯,共二十三年。
孝景十六	**三** 摇建在景帝朝为侯共三年。 **十** 四年,哀侯省元年。中六年,侯省薨,无后,国除。摇省在景帝朝为侯共十年。景帝四年,摇建的儿子摇省袭侯,"哀"为其谥号,该年为其元年。景帝中元六年,摇省去世,没有后嗣,封地被取消。
建元至元封六年三十六,太初元年尽后元二年十八	
侯第	**三十七** 摇毋馀的功劳在诸功臣中名列第三十七位。

南安[1]
以河南将军汉王三年降晋阳[2]，以亚将破臧荼[3]，侯，九百户。宣虎以河南将军的身份在汉王三年使晋阳归降，又以亚将身份打败臧荼，封侯，享有食邑九百户。
七 六年三月庚子，庄侯宣虎元年。宣虎在高祖朝为侯共七年。宣虎在高祖六年三月庚子被封为南安侯，“庄”为其谥号，该年为其元年。
七 宣虎在惠帝朝继续为侯，共七年。
八 宣虎在吕后执政期间继续为侯，共八年。
八 宣虎在文帝朝为侯共八年。 **十一** 九年，共侯戎元年。宣戎在文帝朝为侯共十一年。文帝九年，宣虎的儿子宣戎袭侯，“共”为其谥号，该年为其元年。 **四** 后四年，侯千秋元年。宣千秋在文帝朝为侯共四年。文帝后元四年，宣戎的儿子宣千秋袭侯，该年为其元年。
七 中元年，千秋坐伤人免。宣千秋在景帝朝为侯共七年。景帝中元元年，宣千秋因犯了伤人罪被废，封地被取消。
六十三 宣虎的功劳在诸功臣中名列第六十三位。

国名	肥如①
侯功	以魏太仆三年初从②,以车骑都尉破龙且及彭城,侯,千户。蔡寅以魏太仆的身份在汉王三年开始跟随刘邦,担任车骑都尉杀死龙且,又率军抵达彭城攻打项羽,封侯,享有食邑一千户。
高祖十二	**七** 六年三月庚子,敬侯蔡寅元年。蔡寅在高祖朝为侯共七年。蔡寅在高祖六年三月庚子被封为肥如侯,“敬”为其谥号,该年为其元年。
孝惠七	**七** 蔡寅在惠帝朝继续为侯,共七年。
高后八	**八** 蔡寅在吕后执政期间继续为侯,共八年。
孝文二十三	**二** 蔡寅在文帝朝为侯共两年。 **十四** 三年,庄侯成元年。蔡成在文帝朝为侯共十四年。文帝三年,蔡寅的儿子蔡成袭侯,“庄”为其谥号,该年为其元年。 **七** 后元年,侯奴元年。蔡奴在文帝朝为侯共七年。文帝后元元年,蔡成的儿子蔡奴袭侯,该年为其元年。
孝景十六	元年,侯奴薨,无后,国除。景帝元年,蔡奴去世,没有后嗣,封地被取消。
建元至元封六年三十六,太初元年尽后元二年十八	
侯第	**六十六** 蔡寅的功劳在诸功臣中名列第六十六位。

曲城[①]
以曲城户将卒三十七人初从起砀[②]，至霸上，为执珪[③]，为二队将[④]，属悼武王，入汉，定三秦，以都尉破项羽军陈下[⑤]，功侯，四千户。为将军，击燕、代，拔之。虫达以曲城户将的身份率领士卒三十七人，在砀县开始跟随刘邦起兵反秦，入关抵达霸上，担任执珪，在吕泽领导下担任二队将，进入汉国，后参与了消灭章邯、董翳、司马欣的战争，又担任都尉在陈下打败项羽的军队，立功封侯，享有食邑四千户。
七 六年三月庚子，圉侯虫达元年。虫达在高祖朝为侯共七年。虫达在高祖六年三月庚子被封为曲城侯，“圉”为其谥号，该年为其元年。
七 虫达在惠帝朝继续为侯，共七年。
八 虫达在吕后执政期间继续为侯，共八年。
八 元年，侯捷元年。有罪，绝。虫捷在文帝朝为侯共八年。文帝元年，虫达的儿子虫捷袭侯。文帝八年，虫捷犯罪被废。 **五** 后三年，复封恭侯捷元年。虫捷在文帝朝恢复为侯共五年。文帝后元三年，重封虫捷为曲城侯，“恭”为其谥号，该年为其重新为侯的元年。
十一[⑥] 有罪，绝。虫捷在景帝朝为侯共十一年。景帝中元四年，虫捷犯罪，第二次被废。 垣[⑦] **五** 中五年，复封恭侯捷元年。虫捷在景帝朝再次为垣侯共五年。景帝中元五年，又封虫捷为垣侯，“恭”为其谥号，该年是虫捷为垣侯的第一年。
一 虫捷在武帝朝为侯共一年。 **二十五** 建元二年，侯皋柔元年。元鼎三年，侯皋柔坐为汝南太守[⑧]，知民不用赤侧钱为赋[⑨]，国除。虫皋柔在武帝朝为侯共二十五年。武帝建元二年，虫捷的儿子虫皋柔袭侯，该年是虫皋柔为侯的第一年。武帝元鼎三年，虫皋柔任汝南太守时，汝南之民没用赤侧钱交纳赋税，他不予惩治，因此有罪，封地被取消。
十八 虫达的功劳在诸功臣中名列第十八位。

【注释】

海阳

①海阳:侯国名。在海阳县。梁玉绳以为治扬州海陵县,即今江苏泰州。高祖六年(前201)始封摇毋馀,传三侯。景帝中元六年(前144),侯摇省去世,无后,封国撤销。

②越队将:官名。西汉时南越国之队将。队将本中原官制。战国时,越、楚等国作战时,兵分为二队,每队一百人,分两道进攻,每队之将,称队将。按,前"越户将"与此处"越队将",疑所率皆越人。

③齐信侯摇毋馀:姓摇,名毋馀,谥"齐信"。

南安

①南安:侯国名。在南安县。梁玉绳以为即豫章之南埜县,即今江西赣州南康。一说在今四川乐山。高祖六年(前201)始封宣虎,传二侯。景帝中元元年(前149),侯宣千秋有罪,封国撤销。

②河南将军:杂号将军名。汉王三年:前204年。降晋阳:指随韩信打败魏豹。晋阳,即今山西太原。

③亚将:官名。位次于主将之将,或称次将、副将。

肥如

①肥如:侯国名。在肥如县(今河北秦皇岛卢龙北)。高祖六年(前201)始封蔡寅,传二侯。景帝元年(前156),侯蔡奴去世,无后,封国撤销。

②魏太仆:魏王豹的太仆。太仆,掌管帝王之舆马和马政。为帝王驾车。三年:汉三年,前204年。

曲城

①曲城:侯国名。一作曲成。治曲成县(今山东烟台莱州东北)。

高祖六年（前201）始封虫达，传二侯，改封垣侯。武帝元鼎三年（前114），侯虫皋柔有罪，封国撤销。

②曲城户将卒：户将，掌管宫门的官。按，“卒”上应重出“将”字。

③执珪：爵位名。功臣取得这一爵位后，便可执圭朝见国君，因称之。为次于列侯之高爵。

④二队将：汉有上队将、二队将、三队将，疑是率领第二队的将领。

⑤破项羽军陈下：即垓下之战的前奏。陈，今河南周口淮阳。

⑥十一：虫捷在景帝朝为侯十一年，二次被废。按，据下文景帝中元五年复封，景帝元年（前156）至中四年（前146）只有十一年，底本作“十三”，误，今改。

⑦垣：改封蛊捷为垣侯，治今山西运城垣曲东南。

⑧汝南：汉郡名。治上蔡（今河南驻马店上蔡西南）。

⑨知民不用赤侧钱为赋：汉武帝元鼎三年（一说二年）铸行赤侧钱，要求必须用这种钱币交纳赋税，而汝南郡百姓不用，虫皋柔明知其事而不予惩治。赤侧钱，以赤铜为外边（侧），故名。俗称紫绀钱、子绀钱。

国名	河阳[①]
侯功	以卒前元年起砀从[②],以二队将入汉,击项羽,身得郎将处[③],功侯。以丞相定齐地[④]。陈涓作为一名士卒,在刘邦起兵反秦的第一年在砀县开始跟随刘邦,以二队将的身份进入汉国,攻打项羽时亲自擒获了项羽的郎将处,立功封侯。又以丞相的身份平定了齐地。
高祖十二	**七** 六年三月庚子,庄侯陈涓元年。陈涓在高祖朝为侯共七年。陈涓在高祖六年三月庚子被封为河阳侯,“庄”为其谥号,该年为其元年。
孝惠七	**七** 陈涓在惠帝朝继续为侯,共七年。
高后八	**八** 陈涓在吕后执政期间继续为侯,共八年。
孝文二十三	**三** 元年,侯信元年。四年,侯信坐不偿人责过六月,夺侯,国除。陈信在文帝朝为侯共三年。文帝元年,陈涓的儿子陈信袭侯,该年为其元年。文帝四年,陈信罪犯欠债不还超过了六个月,侯位被废,封地被取消。
孝景十六	
建元至元封六年三十六,太初元年尽后元二年十八	
侯第	**二十九** 陈涓的功劳在诸功臣中名列第二十九位。

淮阴[①]
兵初起，以卒从项梁，梁死属项羽，为郎中[②]，至咸阳，亡，从入汉，为连敖典客[③]，萧何言为大将军，别定魏、齐，为王，徙楚，坐擅发兵[④]，废为淮阴侯。反秦义兵开始兴起时，韩信身为士卒跟随项梁作战，项梁战死后成为项羽的部下，担任郎中；进入咸阳后，从项羽处逃归刘邦，进入汉中，担任连敖典客，萧何举荐他为大将军，单独领兵平定了魏地、齐地，被封为齐王，后转封楚王，罪犯擅自发兵，王位被废，贬为淮阴侯。
五　六年四月，侯韩信元年[⑤]。十一年，信谋反关中[⑥]，吕后诛信，夷三族，国除。韩信在高祖朝为侯共五年。韩信在高祖六年四月被封为淮阴侯，该年为其元年。高祖十一年韩信在关中谋反，吕后杀了韩信，杀光了他的三族，封地被取消。

国名	芒[①]
侯功	以门尉前元年初起砀[②]，至霸上，为武定君，入汉，还定三秦，以都尉击项羽，侯。在刘邦起兵反秦的第一年，耏昭以门尉的身份在砀县开始跟随刘邦作战，入关抵达霸上，被封为武定君；进入汉国，其后参与了消灭章邯、董翳、司马欣的战争，又担任都尉攻击项羽，封侯。
高祖十二	三　六年，侯昭元年。九年，侯昭有罪，国除[③]。耏昭在高祖朝为侯共三年。耏昭在高祖六年被封为芒侯，该年为其元年。高祖九年，耏昭犯罪，封地被取消。
孝惠七	
高后八	
孝文二十三	
孝景十六	张[④]　**十一**　孝景三年，昭以故芒侯将兵从太尉亚夫击吴楚有功，复侯。耏昭在景帝朝为张侯共十一年。景帝三年，耏昭以原芒侯的身份，领兵跟随太尉周亚夫攻打吴、楚叛军有功，又被封为张侯。 三　后元年三月，侯申元年。耏申在景帝朝为侯共三年。景帝后元元年三月，耏昭的儿子耏申袭侯，该年为其元年。
建元至元封六年三十六，太初元年尽后元二年十八	**十七**　元朔六年，侯申坐尚南宫公主不敬[⑤]，国除。耏申在武帝朝为侯共十七年。武帝元朔六年，耏申罪犯娶南宫公主而不敬，被废，封地被取消。
侯第	

故市[①]
以执盾初起[②],入汉,为河上守[③],迁为假相,击项羽,侯,千户,功比平定侯[④]。阎泽赤以执盾的身份开始起兵反秦,进入汉国,成为河上郡的郡守;其后升为代理丞相,领兵攻打项羽,立功封侯,享有食邑一千户,功劳与平定侯齐受不相上下。
三 六年四月癸未,侯阎泽赤元年。阎泽赤在高祖朝为侯共三年。阎泽赤在高祖六年四月癸未被封为故市侯,该年为其元年。 **四** 九年,夷侯毋害元年。阎毋害在高祖朝为侯共四年。高祖九年,阎泽赤的儿子阎毋害袭侯,该年为其元年。
七 阎毋害在惠帝朝继续为侯,共七年。
八 阎毋害在吕后执政期间继续为侯,共八年。
十九 阎毋害在文帝朝为侯共十九年。 **四** 后四年,戴侯续元年。阎续在文帝朝为侯共四年。文帝后元四年,阎毋害的儿子阎续袭侯,"戴"为其谥号,该年为其元年。
四 阎续在景帝朝为侯共四年。 **十二** 孝景五年,侯穀嗣。阎穀在景帝朝为侯共十二年。景帝五年,阎续的儿子阎穀袭侯,该年为其元年。
二十八 元鼎五年,侯穀坐酎金,国除。阎穀在武帝朝为侯共二十八年。武帝元鼎五年,阎穀因献给朝廷供祭祀之用的贡金不合格,被废,封地被取消。
五十五 阎泽赤的功劳在诸功臣中名列第五十五位。

【注释】

河阳

①河阳：侯国名。在河阳（今河南焦作孟州西北）。高祖六年（前201）始封陈涓，传一侯。文帝四年（前176），侯陈信有罪，封国撤销。

②前元年：前209年。

③郎将处：名处的郎将。郎将，秦汉时中郎将、骑郎将、郎中将之通称。是帝王的侍卫官。

④以丞相定齐地：即跟随韩信平齐。丞相，这里只是虚衔，非实职。

淮阴

①淮阴：侯国名。在淮阴（今江苏淮安淮阴）。高祖六年（前201）始封韩信，高祖十一年（前196），韩信谋反被杀，封国撤销。

②郎中：帝王的近卫侍臣。

③连敖典客：《淮阴侯列传》作"治粟都尉"。连敖，或说主管粮秣，或说为帝王迎送宾客。

④擅发兵：此是刘邦忌惮韩信而欲除之所强加的罪名，并无其事。详见《淮阴侯列传》等。

⑤六年四月，侯韩信元年：汉六年（前201）韩信被刘邦强加罪名设计逮捕，从楚王降为淮阴侯。

⑥信谋反关中：刘邦、吕后强加谋反之罪给韩信，以达到最终除掉他的目的。详见《淮阴侯列传》等。

芒

①芒：侯国名。在芒县（今河南商丘永城北）。高祖六年（前201）始封耏（ér）昭，传一侯，中改封张侯。元朔六年（前123）侯耏申有罪，封国撤销。

②门尉：官名。掌阙门兵禁，警卫宫门。

③“六年”几句：据《汉书》，高祖六年始封侯为彤跖，卒于高祖九年，无后，由彤昭嗣立。彤昭在位四年有罪免。与此出入较大。

④张：恢复彤昭侯爵，改封张侯。地在汉寿张县（今山东泰安东平西南）南之张城。

⑤南宫公主：景帝之女，先嫁南宫侯张坐，后改嫁张侯彤申。

故市

①故市：侯国名。在故市（今河南郑州荥阳东北）。高祖六年（前201）始封阎泽赤，传三侯。武帝元鼎五年（前112），侯阎縠因酎金不合格，封国撤销。

②执盾：官名。国君左右亲卫的侍卫官。

③河上守：河上郡的郡守。河上郡，汉高祖二年（前205）以秦内史部分地置（一说置于元年，二年为重正郡界）。景帝二年（前155）为左内史。武帝太初元年（前104）改曰左冯翊。即汉代国都与其郊区的东北部。

④平定侯：此指始封侯齐受。见《惠景间侯者年表》。

国名	柳丘[①]
侯功	以连敖从起薛，以二队将入汉，定三秦，以都尉破项籍军，为将军，侯，千户。戎赐以连敖身份在薛县跟随刘邦反秦，担任二队将进入汉国，其后参与了消灭章邯、董翳、司马欣的战争，又担任都尉打败了项羽的军队，升为将军，立功封侯，享有食邑一千户。
高祖十二	**七**　六年六月丁亥[②]，齐侯戎赐元年。戎赐在高祖朝为侯共七年。戎赐在高祖六年六月丁亥被封为柳丘侯，“齐”为其谥号，该年为其元年。
孝惠七	**七**　戎赐在惠帝朝继续为侯，共七年。
高后八	**四**　戎赐在吕后执政期间为侯共四年。 **四**　五年，定侯安国元年。戎安国在吕后执政期间为侯共四年。吕后五年，戎赐的儿子戎安国袭侯，“定”为其谥号，该年为其元年。
孝文二十三	**二十三**　戎安国在文帝朝继续为侯，共二十三年。
孝景十六	**三**　戎安国在景帝朝为侯共三年。 **十**　四年，敬侯嘉成元年。后元年，侯角嗣，有罪，国除。戎嘉在景帝朝为侯共十年。景帝四年，戎安国的儿子戎嘉袭侯，“敬”为其谥号，该年为其元年。后元元年，戎嘉的儿子戎角袭侯，犯罪，封地被取消。
建元至元封六年三十六，太初元年尽后元二年十八	
侯第	**三十九**　戎赐的功劳在诸功臣中名列第三十九位。

魏其[①]
以舍人从沛，以郎中入汉，为周信侯[②]，定三秦，迁为郎中骑将，破籍东城[③]，侯，千户。周定以舍人的身份跟随刘邦在沛县起事反秦，后以郎中的身份进入汉国，被封为周信侯；其后参与了消灭章邯、董翳、司马欣的战争，升为郎中骑将，又在东城领兵打败项羽，立功封侯，享有食邑一千户。
七 六年六月丁亥，庄侯周定元年。周定在高祖朝为侯共七年。周定在高祖六年六月丁亥被封为魏其侯，"庄"为其谥号，该年为其元年。
七 周定在惠帝朝继续为侯，共七年。
四 周定在吕后执政期间为侯共四年。 **四** 五年，侯间元年[④]。周间在吕后执政期间为侯共五年。吕后五年，周定的儿子周间袭侯，该年为其元年。
二十三 周间在文帝朝继续为侯，共二十三年。
二 前三年，侯间反，国除。周间在景帝朝为侯共两年。景帝前元三年，魏其侯周间谋反，封地被取消。
四十四 周定的功劳在诸功臣中名列第四十四位。

国名	祁[①]
侯功	以执盾汉王三年初起从晋阳，以连敖击项籍，汉王败走[②]，贺方将军击楚，追骑以故不得进。汉王顾谓贺："子留彭城，用执圭东击羽，急绝其近壁。"侯，千四百户。缯贺以执盾的身份在汉王三年从晋阳起兵，曾担任连敖攻打项羽，汉王刘邦败逃时，缯贺正领兵进攻楚军，追赶汉王的骑兵因此无法进军攻打汉王。汉王对他说："你就留在彭城，以执圭身份在东面攻打项羽，急速出兵不要让他靠近我的军营。"立功封侯，享有食邑一千四百户。
高祖十二	**七**　六年六月丁亥，穀侯缯贺元年。缯贺在高祖朝为侯共七年。缯贺在高祖六年六月丁亥被封为祁侯，"穀"为其谥号，该年为其元年。
孝惠七	**七**　缯贺在惠帝朝继续为侯，共七年。
高后八	**八**　缯贺在吕后执政期间继续为侯，共八年。
孝文二十三	**十一**　缯贺在文帝朝为侯共十一年。 **十二**　十二年，顷侯湖元年。缯湖在文帝朝为侯共十二年。文帝十二年，缯贺的儿子缯湖袭侯，"顷"为其谥号，该年为其元年。
孝景十六	**五**　缯湖在景帝朝为侯共五年。 **十一**　六年，侯它元年。缯它在景帝朝为侯共十一年。景帝六年，缯湖的儿子缯它袭侯，该年为其元年。
建元至元封六年三十六，太初元年尽后元二年十八	**八**　元光二年，侯它坐从射擅罢[③]，不敬，国除。缯它在武帝朝为侯共八年。武帝元光二年，祁侯缯它陪着皇帝射箭，中途擅自离开，犯了不敬罪，封地被取消。
侯第	**五十一**　缯贺的功劳在诸功臣中名列第五十一位。

平[①]
兵初起,以舍人从击秦,以郎中入汉,以将军定诸侯,守洛阳,功侯,比费侯贺[②],千三百户。沛嘉在义军开始起兵反秦时,以舍人的身份跟从刘邦攻打秦军,后担任郎中进入汉国,又担任将军平定诸侯,守卫洛阳,立功封侯,与费侯陈贺的功劳不相上下,享有食邑一千三百户。
六　六年六月丁亥,悼侯沛嘉元年[③]。沛嘉在高祖朝为侯共六年。沛嘉在高祖六年六月丁亥被封为平侯,"悼"为其谥号,该年为其元年。 一　十二年,靖侯奴元年。沛奴在高祖朝为侯共一年。高祖十二年,沛嘉的儿子沛奴袭侯,"靖"为其谥号,该年为其元年。
七　沛奴在惠帝朝继续为侯,共七年。
八　沛奴在吕后执政期间继续为侯,共八年。
十五　沛奴在文帝朝为侯共十五年。 八　十六年,侯执元年。沛执在文帝朝为侯共八年。文帝十六年,沛奴的儿子沛执袭侯,该年为其元年。
十一　中五年,侯执有罪,国除。沛执在景帝朝为侯共十一年。景帝中元五年,沛执犯罪,封地被取消。
三十二　沛嘉的功劳在诸功臣中名列第三十二位。

国名	鲁[①]
侯功	以舍人从起沛，至咸阳，为郎中，入汉，以将军从定诸侯，侯，四千八百户，功比舞阳侯[②]。死事[③]，母代侯。奚涓以舍人的身份跟从刘邦在沛县起事反秦，到了咸阳后被任为郎中，进入汉国，后担任将军跟从刘邦平定各地诸侯，立功封侯，享有食邑四千八百户，与舞阳侯樊哙的功劳不相上下。他为刘邦的事业战死，他的母亲代替他为侯。
高祖十二	**七**　六年中，母侯疵元年[④]。奚涓的母亲疵在高祖朝为侯共七年。奚涓的母亲疵在高祖六年代替他成为鲁侯，该年是疵为侯的第一年。
孝惠七	**七**　疵在惠帝朝继续为侯，共七年。
高后八	**四**　五年，母侯疵薨，无后，国除。疵在吕后执政时为侯共四年。吕后五年，疵去世，没有后嗣，封地被取消。
孝文二十三	
孝景十六	
建元至元封六年三十六，太初元年尽后元二年十八	
侯第	**七**　奚涓的功劳在诸功臣中名列第七位。

故城（应为城父）[1]
兵初起，以谒者从，入汉，以将军击诸侯，以右丞相备守淮阳[2]，功比厌次侯[3]，二千户。在义军开始起兵反秦时，尹恢以谒者的身份跟从刘邦攻打秦军，进入汉国，担任将军攻打诸侯，又以右丞相的身份防守淮阳，与厌次侯元顷的功劳不相上下，享有食邑二千户。
七　六年中，庄侯尹恢元年。尹恢在高祖朝为侯共七年。尹恢在高祖六年被封为城父侯，“庄”为其谥号，该年为其元年。
二　尹恢在惠帝朝为侯共两年。 **五**　三年，侯开方元年。尹开方在惠帝朝为侯共五年。惠帝三年，尹恢的儿子尹开方袭侯，该年为其元年。
二　三年，侯方夺侯，为关内侯[4]。尹开方在吕后执政时期为侯共两年。吕后三年，尹开方因罪被降为关内侯，有侯爵而无封地。
二十六　尹恢的功劳在诸功臣中名列第二十六位。

【注释】

柳丘

①柳丘：侯国名。在柳丘，其地未详。《史记索隐》："县名，属渤海。"高祖六年（前201）始封戎赐，传三侯。景帝后元元年（前143），侯戎角有罪，封国撤销。

②六年六月丁亥：按此年六月无"丁亥"，记载有误。

魏其

①魏其：侯国名。在魏其县（今山东临沂东南）。高祖六年（前201）始封周定，传一侯。景帝三年（前154），侯周间谋反，封国撤销。

②周信侯：疑为封号，无实际封地。

③破籍东城：汉军在垓下打败项羽后继续追击，直至东城，项羽自杀。东城，秦县名。治今安徽滁州定远东南。

④侯间：《汉书》作"侯简"。

祁

①祁：侯国名。在祁县（今山西晋中祁县东南）。高祖六年（前201）始封缯贺，传二侯。元光二年（前133），侯缯它有罪，封国撤销。

②以连敖击项籍，汉王败走：即刘邦进攻彭城，后被项羽打得大败事。在汉二年（前205）。

③从射擅罢：陪同皇帝射箭中途擅自离开。

平

①平：侯国名。在平县（今河南洛阳孟津老城东）。高祖六年（前201）始封沛嘉，传三侯。景帝中元五年（前145），侯沛执有罪，

封国撤销。
②费侯贺:此指费始封侯陈贺。
③沛嘉:《汉书》作“工师喜”。

鲁

①鲁:侯国名。在鲁县(今山东济宁曲阜)。高祖六年(前201)始封奚涓,传一侯。高后五年(前183),侯疵去世,无后,封国撤销。
②舞阳侯:此指始封侯樊哙。
③死事:为国事而死。
④母侯疵:据《汉书》此鲁侯姓奚名涓。其母名“疵”,史失其姓。

故城

①故城:侯国名。当依《汉书·高惠高后文功臣表》作“城父”。治城父县(今安徽亳州东南城父集)。高祖六年(前201)始封尹恢,传一侯。高后三年(前185),侯尹开方有罪,封国撤销。
②右丞相:此处是虚衔。淮阳:当时的陈郡郡治,即今河南周口淮阳。
③厌次侯:此指始封侯元顷。
④关内侯:有侯爵而无封地,较列侯低一级。

国名	任[①]
侯功	以骑都尉汉五年从起东垣[②]，击燕、代[③]，属雍齿，有功，侯。为车骑将军。张越以骑都尉的身份在汉五年在东垣起兵跟从刘邦征战，攻打项羽所封的燕王臧荼，为雍齿的部下，立功，封侯，被任为车骑将军。
高祖十二	七　六年，侯张越元年。张越在高祖朝为侯共七年。张越在高祖六年被封为任侯，该年为其元年。
孝惠七	七　张越在惠帝朝继续为侯，共七年。
高后八	二　三年，侯越坐匿死罪[④]，免为庶人，国除。张越在吕后执政期间为侯共两年。吕后三年，张越罪犯窝藏犯了死罪的逃犯，被贬为庶人，封地被取消。
孝文二十三	
孝景十六	
建元至元封六年三十六，太初元年尽后元二年十八	
侯第	

棘丘[1]
以执盾队史前元年从起砀[2],破秦,以治粟内史入汉[3],以上郡守击定西魏地[4],功侯。襄以执盾队史的身份在高祖反秦的第一年跟从刘邦在砀县起兵,参与了灭秦战争,秦亡后以治粟内史的身份进入汉国,后又担任上郡守攻打平定了项羽所封的魏豹的封地,立功封侯。
七 六年,侯襄元年[5]。襄在高祖朝为侯共七年。襄在高祖六年被封为棘丘侯,该年为其元年。
七 襄在惠帝朝继续为侯,共七年。
四 四年,侯襄夺侯[6],为士伍[7],国除。襄在吕后执政时期为侯共四年。吕后四年,襄的侯位被废,他降为一般士兵,封地被取消。

国名	阿陵[1]
侯功	以连敖前元年从起单父[2]，以塞疏入汉[3]。还定三秦，属悼武王，以都尉击籍，功侯。郭亭以连敖的身份在高祖反秦的第一年在单父起兵跟从刘邦，在刘邦进入汉中时，他为之断后，堵塞道路。参与了消灭章邯、董翳、司马欣战争，属悼武王吕泽领导，又以都尉身份攻击项羽，立功封侯。
高祖十二	**七**　六年七月庚寅[4]，顷侯郭亭元年。郭亭在高祖朝为侯共七年。郭亭在高祖六年七月庚寅被封为阿陵侯，"顷"为其谥号，该年为其元年。
孝惠七	**七**　郭亭在惠帝朝继续为侯，共七年。
高后八	**八**　郭亭在吕后执政期间继续为侯，共八年。
孝文二十三	**二**　郭亭在文帝朝为侯共两年。 **二十一**　三年，惠侯欧元年。郭欧在文帝朝为侯共二十一年。文帝三年，郭亭的儿子郭欧袭侯，"惠"为其谥号，该年为其元年。
孝景十六	**一**　郭欧在景帝朝为侯共一年。 **八**　前二年，侯胜客元年。有罪，绝。郭胜客在景帝朝为侯共八年。景帝前元二年，郭欧的儿子郭胜客袭侯，该年为其元年。景帝中元五年，郭胜客因犯罪侯位被废。 南[5]　**四**　中六年，靖侯延居元年。郭延居在景帝朝为南侯共四年。景帝中元六年，郭延居改封南侯，"靖"为其谥号，该年为其元年。
建元至元封六年三十六，太初元年尽后元二年十八	**十一**　郭延居在武帝朝为侯共十一年。 **十七**　元光六年，侯则元年。元鼎五年，侯则坐酎金，国除。郭则在武帝朝为侯共十七年。武帝元光六年，郭延居的儿子郭则袭侯，该年为其元年。元鼎五年，郭则因献给朝廷供祭祀之用的贡金不合格，被废，封地被取消。
侯第	**二十七**　郭亭的功劳在诸功臣中名列第二十七位。

昌武[1]
初起以舍人从，以郎中入汉，定三秦，以郎中将击诸侯，侯，九百八十户，比魏其侯[2]。单宁在义军开始起兵反秦时，以舍人的身份跟从刘邦攻打秦军，后担任郎中进入汉国，不久参与了消灭章邯、董翳、司马欣的战争，又担任郎中将攻打各地诸侯，立功封侯，享有食邑九百八十户，功劳与魏其侯周定不相上下。
七　六年七月庚寅，靖信侯单宁元年。单宁在高祖朝为侯共七年。单宁在高祖六年七月庚寅被封为昌武侯，“靖信”为其谥号，该年为其元年。
五　单宁在惠帝朝为侯共五年。 **二**　六年，夷侯如意元年。单如意在惠帝朝为侯共两年。惠帝六年，单宁的儿子单如意袭侯，“夷”为其谥号，该年为其元年。
八　单如意在吕后执政期间继续为侯，共八年。
二十三　单如意在文帝朝继续为侯，共二十三年。
十　单如意在景帝朝为侯共十年。 **六**　中四年，康侯贾成元年。单贾成在景帝朝为侯共六年。景帝中元四年，单如意的儿子单贾成袭侯，“康”为其谥号，该年为其元年。
十　单贾成在武帝朝为侯共十年。 **四**　元光五年，侯得元年。元朔三年，侯得坐伤人二旬内死，弃市，国除。单得在武帝朝为侯共四年。武帝元光五年，单贾成的儿子单得袭侯，该年为其元年。元朔三年，昌武侯单得罪犯伤害他人，使受害者在二十天内死去，当众处死，封地被取消。
四十五　单宁的功劳在诸功臣中名列第四十五位。

【注释】

任

①任:侯国名。在任县(今河北邢台任泽东)。高祖六年(前201)始封张越。高后三年(前185),张越有罪,封国撤销。

②东垣:汉县名。治今河北石家庄正定南。

③击燕、代:进攻项羽所封的燕王臧荼。

④匿死罪:窝藏犯了死罪的逃犯。

棘丘

①棘丘:侯国名。其地说法不一。《史记志疑》疑即上棘(今河南许昌禹州西北);又云钜鹿南有棘原,亦近;《史记地名考》说此侯所封在棘亭(今河南商丘永城南),或在棘壁(今河南商丘柘城西北)。高祖六年(前201)始封襄。高后四年(前186),侯襄有罪,封国撤销。

②执盾队史:官名。郎中之队长。

③治粟内史:主管筹集粮秣的中级官吏。

④上郡守:上郡太守。上郡,郡治肤施(今陕西榆林东南)。西魏地:项羽所封西魏王魏豹封地,即今山西南部。

⑤侯襄:此人名“襄”,史失其姓。

⑥夺侯:被剥夺侯爵。

⑦士伍:士卒。

阿陵

①阿陵:侯国名。在阿陵县(今河北沧州任丘东北)。高祖六年(前201)始封郭亭,传四侯,中改封南侯。武帝元鼎五年(前112),侯郭则因酎金不合格,封国撤销。

②前元年:前209年。单父:秦县名。治今山东菏泽单县南。

③塞疏：应依《汉书》作“塞路”。刘邦入汉中时，郭亭堵塞道路为其断后。

④六年七月庚寅：高祖六年七月初八。

⑤南：郭延居改封南侯。其地未详。梁玉绳据《三国志》注认为青徐之间有南县，疑即郭延居所封。

昌武

①昌武：侯国名。在昌武县（今山东烟台旧莱州府境）。高祖六年（前201）始封单宁，传三侯。武帝元朔三年（前126），侯单得有罪，封国撤销。

②魏其侯：此指始封侯周定。

国名	高苑[1]
侯功	初起以舍人从，入汉，定三秦，以中尉破籍[2]，侯，千六百户，比斥丘侯[3]。丙倩在义军开始起兵反秦时，以舍人的身份跟从刘邦攻打秦军，进入汉国，不久参与了消灭章邯、董翳、司马欣的战争，后来担任中尉参与了打败项羽的战争，立功封侯，享有食邑一千六百户，功劳与斥丘侯唐厉不相上下。
高祖十二	**七** 六年七月戊戌[4]，制侯丙倩元年。丙倩在高祖朝为侯共七年。丙倩在高祖六年七月戊戌被封为高苑侯，“制”为其谥号，该年为其元年。
孝惠七	**七** 元年，简侯得元年[5]。丙得在惠帝朝为侯共七年。惠帝元年，丙倩的儿子丙得袭侯，“简”为其谥号，该年为其元年。
高后八	**八** 丙得在吕后执政期间继续为侯，共八年。
孝文二十三	**十五** 丙得在文帝朝为侯共十五年。 **八** 十六年，孝侯武元年。丙武在文帝朝为侯共八年。文帝十六年，丙得的儿子丙武袭侯，“孝”为其谥号，该年为其元年。
孝景十六	**十六** 丙武在景帝朝继续为侯，共十六年。
建元至元封六年三十六，太初元年尽后元二年十八	**二** 建元元年，侯信元年。建元三年，侯信坐出入属车间[6]，夺侯，国除。丙信在武帝朝为侯共两年。武帝建元元年，丙武的儿子丙信袭侯，该年为其元年。建元三年，高苑侯丙信罪犯在皇帝的副车之间穿行，被剥夺侯位，封地被取消。
侯第	**四十一** 丙倩的功劳在诸功臣中名列第四十一位。

宣曲[①]
以卒从起留[②]，以骑将入汉，定三秦，破籍军荥阳，为郎骑将，破锺离眛军固陵[③]，侯，六百七十户。丁义以士卒的身份在留县跟从刘邦反秦，后担任骑将进入汉国，不久参与了消灭章邯、董翳、司马欣的战争，又领兵在荥阳打败项羽的军队，后来还担任郎骑将，在固陵打败项羽的部下锺离眛的军队，立功封侯，享有食邑六百七十户。
七　六年七月戊戌，齐侯丁义元年[④]。丁义在高祖朝为侯共七年。丁义在高祖六年七月戊戌被封为宣曲侯，“齐”为其谥号，该年为其元年。
七　丁义在惠帝朝继续为侯，共七年。
八　丁义在吕后执政期间继续为侯，共八年。
十　丁义在文帝朝为侯共十年。 **十三**　十一年，侯通元年。丁通在文帝朝为侯共十三年。文帝十一年，丁义的儿子丁通袭侯，该年为其元年。
四[⑤]　有罪，除。丁通在景帝朝为侯共四年。丁通犯罪，封地被取消。 发娄[⑥]　中五年，复封侯通元年。中六年，侯通有罪，国除。景帝中元五年，改封丁通为发娄侯，该年是他为发娄侯的第一年。中元六年，丁通犯罪，封地被取消。
四十三　丁义的功劳在诸功臣中名列第四十三位。

国名	绛阳[1]
侯功	以越将从起留，入汉，定三秦，击臧荼，侯，七百四十户。从攻马邑及布[2]。华无害以越将的身份在留县跟从刘邦反秦，后进入汉国，不久参与了消灭章邯、董翳、司马欣的战争，又领兵攻打反汉的臧荼，立功封侯，享有食邑七百四十户。后跟从刘邦在马邑攻打谋反的韩王信，又在淮南攻打谋反的黥布。
高祖十二	**七** 六年七月戊戌，齐侯华无害元年[3]。华无害在高祖朝为侯共七年。华无害在高祖六年七月戊戌被封为绛阳侯，“齐”为其谥号，该年为其元年。
孝惠七	**七** 华无害在惠帝朝继续为侯，共七年。
高后八	**八** 华无害在吕后执政期间继续为侯，共八年。
孝文二十三	**三** 华无害在文帝朝为侯共三年。 **十六** 四年，恭侯勃齐元年。华勃齐在文帝朝为侯共十六年。文帝四年，华无害的儿子华勃齐袭侯，“恭”为其谥号，该年为其元年。 **四** 后四年，侯禄元年。华禄在文帝朝为侯共四年。文帝后元四年，华勃齐的儿子华禄袭侯，该年为其元年。
孝景十六	**三** 前四年，侯禄坐出界[4]，有罪，国除。华禄在景帝朝为侯共三年。景帝前元四年，华禄罪犯擅自离开自己的封地，封地被取消。
建元至元封六年三十六，太初元年尽后元二年十八	
侯第	**四十六** 华无害的功劳在诸功臣中名列第四十六位。

东茅①
以舍人从起砀，至霸上，以二队入汉②，定三秦，以都尉击项羽，破臧荼，侯。捕韩信③，为将军，益邑千户。刘钊以舍人的身份在砀县跟从刘邦起事反秦，入关到达霸上，又担任二队将进入汉国，不久参与了消灭章邯、董翳、司马欣的战争，又担任都尉攻打项羽，领兵打败了反汉的臧荼，立功封侯。又捕获了韩王信，升为将军，增加食邑一千户。
七　六年八月丙辰④，敬侯刘钊元年⑤。刘钊在高祖朝为侯共七年。刘钊在高祖六年八月丙辰被封为东茅侯，“敬”为其谥号，该年为其元年。
七　刘钊在惠帝朝继续为侯，共七年。
八　刘钊在吕后执政期间继续为侯，共八年。
二　三年，侯吉元年。刘钊在文帝朝为侯共两年。文帝三年，刘钊的儿子刘吉袭侯，该年为其元年。 **十三**　十六年，侯吉夺爵，国除。刘吉在文帝朝为侯共十三年。文帝十六年，刘吉的爵位被剥夺，封地被取消。
四十八　刘钊的功劳在诸功臣中名列第四十八位。

【注释】

高苑

①高苑：侯国名。在高苑县（今山东滨州邹平长山）。高祖六年（前201）始封丙倩，传三侯。武帝建元三年（前138），侯丙信有罪，封国撤销。

②尉：官名。掌京师治安。

③斥丘侯：此指始封侯唐厉。

④六年七月戊戌：高祖六年七月十六。

⑤得：《汉书》作“德”。

⑥出入属车间：皇帝出行时，在其随从车子间穿行。属车，古代帝王出行时的随从车。也称副车、佐车、贰车。

宣曲

①宣曲：侯国名。其地未详。或在今陕西西安南汉宣曲宫左近。《史记地名考》说当近荥阳中州，“盖即宣房”，在今河南濮阳西南。高祖六年（前201）始封丁义，传一侯，改封发娄侯。景帝中元六年（前145），侯丁通有罪，封国撤销。

②留：秦县名。在今江苏徐州沛县东南。

③锺离眛：项羽的部将。固陵：秦县名。治今河南周口太康南。

④齐：丁义谥号。

⑤四：丁通在景帝朝为侯四年，景帝五年（前152）因罪被撤。

⑥发娄：侯通恢复侯爵，改封发娄侯。其地未详。

绛阳

①绛阳：侯国名。其地未详。《汉书·高惠高后文功臣表》作“终陵”；《汉书补注》说当作“於陵”；陈直以为应作“绛陵”，《齐鲁封泥集存》有“绛陵邑丞”封泥。绛阳，《水经注·浍水》说即新田，

在今山西临汾侯马西；於陵，在今山东滨州邹平东南。高祖六年（前201）始封华无害，传二侯。景帝四年（前153），侯华禄有罪，封国撤销。

②攻马邑及布：参加打击反汉的韩王信和黥布的战争。马邑，时为韩王信的都城，即今山西朔州。布，黥布，又称英布。原为项羽部将，后降汉，封淮南王。高祖十一年（前196）谋反，战败被杀。

③齐：华无害谥号。

④出界：指擅自离开自己的封地。

东茅

①东茅：侯国名。其地未详。王先谦《汉书补注》以为即《后汉书·郡国志》山阳高平之茅乡城，故治在今山东济宁微山西北。其地古为茅国，为区别山西运城平陆西南之茅城（古茅戎之邑），故称东茅。高祖六年（前201）始封刘钊，传一侯。文帝十六年（前164），侯刘吉有罪，封国撤销。

②二队：疑即前文所谓“二队将”。

③捕韩信：指俘虏韩王信。按，俘韩王信者，或说为樊哙，或说为周勃，此又说为刘钊。

④八月丙辰：八月初四。

⑤刘钊：《汉书·高惠高后文功臣表》作“刘到”。

国名	斥丘[1]
侯功	以舍人从起丰，以左司马入汉，以亚将攻籍，克敌，为东郡都尉[2]，击破籍，侯武城[3]，为汉中尉，击布，为斥丘侯[4]，千户。唐厉以舍人的身份在丰县跟从刘邦起事反秦，后担任左司马进入汉国，又担任亚将攻打项羽，战胜敌人，升为东郡都尉；后打败项羽的军队立功封武城（应为成武）侯；又担任汉中尉攻打谋反的黥布，封为斥丘侯，享有食邑一千户。
高祖十二	**七**　六年八月丙辰，懿侯唐厉元年。唐厉在高祖朝为侯共七年。唐厉在高祖六年八月丙辰被封为斥丘侯，“懿”为其谥号，该年为其元年。
孝惠七	**七**　唐厉在惠帝朝继续为侯，共七年。
高后八	**八**　唐厉在吕后执政期间继续为侯，共八年。
孝文二十三	**八**　唐厉在文帝朝为侯共八年。 **十三**　九年，恭侯鼂元年。唐鼂在文帝朝为侯共十三年。文帝九年，唐厉的儿子唐鼂袭侯，“恭”为其谥号，该年为其元年。 **二**　后六年，侯贤元年。唐贤在文帝朝为侯共两年。文帝后元六年，唐鼂的儿子唐贤袭侯，该年为其元年。
孝景十六	**十六**　唐贤在景帝朝继续为侯，共十六年。
建元至元封六年三十六，太初元年尽后元二年十八	**二十五**　唐贤在武帝朝为侯共二十五年。 **三**　元鼎二年，侯尊元年。元鼎五年，侯尊坐酎金，国除。唐尊在武帝朝为侯共三年。武帝元鼎二年，唐贤的儿子唐尊袭侯，该年为其元年。元鼎五年，唐尊因献给朝廷供祭祀之用的贡金不合格，被废，封地被取消。
侯第	**四十**　唐厉的功劳在诸功臣中名列第四十位。

台[①]
以舍人从起砀，用队率入汉[②]，以都尉击籍，籍死，转击临江[③]，属将军贾[④]，功侯。以将军击燕。戴野以舍人的身份在砀县跟从刘邦起兵反秦，后担任队长进入汉国，又担任都尉攻打项羽，项羽战败而死，他又转而攻打项羽所封的临江王共尉，是将军刘贾的部下，立功封侯。又担任将军进攻谋反的燕王臧荼。
七 六年八月甲子[⑤]，定侯戴野元年。戴野在高祖朝为侯共七年。戴野在高祖六年八月甲子被封为台侯，“定”为其谥号，该年为其元年。
七 戴野在惠帝朝继续为侯，共七年。
八 戴野在吕后执政期间继续为侯，共八年。
三 戴野在文帝朝为侯共三年。 **二十** 四年，侯才元年。戴才在文帝朝为侯共二十年。文帝四年，戴野的儿子戴才袭侯，该年为其元年。
二 三年，侯才反，国除。戴才在景帝朝为侯共两年。景帝三年，台侯戴才谋反，封地被取消。
三十五 戴野的功劳在诸功臣中名列第三十五位。

国名	安国[1]
侯功	以客从起丰,以厩将别定东郡、南阳[2],从至霸上。入丰[4],封雍侯,五千户[5]。王陵以宾客的身份在丰县起事达霸上。进入汉国,其后守卫刘邦的老家丰县。刘邦向离睢水,后领兵坚守丰县,立功封为雍侯,享有食邑五
高祖十二	**七** 六年八月甲子,武侯王陵元年。定侯安国。王侯,"武"为其谥号,该年为其元年。
孝惠七	**七** 其六年,为右丞相[6]。王陵在惠帝朝继续为侯,共
高后八	**七** 王陵在吕后执政期间为侯共七年。 **一** 八年,哀侯忌元年。王忌在吕后执政期间为侯共年。
孝文二十三	**二十三** 元年,终侯游元年。王游在文帝朝为侯共二
孝景十六	**十六** 王游在景帝朝继续为侯,共十六年。
建元至元封六年三十六,太初元年尽后元二年十八	**二十** 建元元年,三月,安侯辟方元年。王辟方在武为其谥号,该年为其元年。 **八** 元狩三年,侯定元年。元鼎五年,侯定坐酎金,侯,该年为其元年。元鼎五年,王定因献给朝廷供祭祀
侯第	**十二** 王陵的功劳在诸功臣中名列第十二位。

汉，守丰[3]。上东，因从，战不利，奉孝惠、鲁元出睢水中，及坚守 跟从刘邦反秦，后以厩将的身份单独率兵平定东郡、南阳，跟随刘邦到 东攻打项羽，王陵因随从作战，失利，侍奉孝惠帝、鲁元公主，把他们带 千户。
陵在高祖朝为侯共七年。王陵在高祖六年八月甲子被确定封为安国
七年。在第六年，王陵出任右丞相。
一年。吕后八年，王陵的儿子王忌袭侯，"哀"为其谥号，该年为其元
十三年。文帝元年，王忌的儿子王游袭侯，该年为其元年。
帝朝为侯共二十年。武帝建元元年三月，王游的儿子王辟方袭侯，"安" 国除。王定在武帝朝为侯八年。武帝元狩三年，王辟方的儿子王定袭 之用的贡金不合格，被废，封地被取消。

国名	乐成[1]
侯功	以中涓骑从起砀中，为骑将，入汉，定三秦，侯。以都尉击籍，属灌婴[2]，杀龙且，更为乐成侯，千户。丁礼以中涓骑的身份在砀县跟从刘邦起事反秦，后升为骑将，进入汉国，不久参与了消灭章邯、董翳、司马欣的战争，立功封侯。后担任都尉攻打项羽，是灌婴的部下，杀死龙且，改封为乐成侯，享有食邑一千户。
高祖十二	**七**　六年八月甲子，节侯丁礼元年。丁礼在高祖朝为侯共七年。丁礼在高祖六年八月甲子被封为乐成侯，“节”为其谥号，该年为其元年。
孝惠七	**七**　丁礼在惠帝朝继续为侯，共七年。
高后八	**八**　丁礼在吕后执政期间继续为侯，共八年。
孝文二十三	**四**　丁礼在文帝朝为侯共四年。 **十八**　五年，夷侯马从元年。丁马从在文帝朝为侯共十八年。文帝五年，丁礼的儿子丁马从袭侯，“夷”为其谥号，该年为其元年。 **一**　后七年，武侯客元年。丁客在文帝朝为侯共一年。文帝后元七年，丁马从的儿子丁客袭侯，“武”为其谥号，该年为其元年。
孝景十六	**十六**　丁客在景帝朝继续为侯，共十六年。
建元至元封六年三十六，太初元年尽后元二年十八	**二十五**　丁客在武帝朝为侯共二十五年。 **三**　元鼎二年，侯义元年。元鼎五年，侯义坐言五利侯不道[3]，弃市，国除。丁义在武帝朝为侯共三年。武帝元鼎二年，丁客的儿子丁义袭侯，该年为其元年。元鼎五年，丁义因对武帝所宠信的方士五利将军栾大有非议，当众处死，封地被取消。
侯第	**四十二**　丁礼的功劳在诸功臣中名列第四十二位。

辟阳[1]
以舍人初起，侍吕后、孝惠沛三岁十月[2]，吕后入楚[3]，食其从一岁，侯。审食其以舍人的身份从一开始就跟从刘邦反秦，在三年十个月里一直在刘邦家乡沛县跟随护卫吕后、孝惠帝，吕后被项羽的楚军俘虏，审食其也跟着被俘，一年间一直跟随护卫着吕后，因此封侯。
七　六年八月甲子，幽侯审食其元年。审食其在高祖朝为侯共七年。审食其在高祖六年八月甲子被封为辟阳侯，"幽"为其谥号，该年为其元年。
七　审食其在惠帝朝继续为侯，共七年。
八　审食其在吕后执政期间继续为侯，共八年。
三[4]　审食其在文帝朝为侯共三年。 **二十**　四年，侯平元年。审平在文帝朝为侯共二十年。文帝四年，审食其的儿子审平袭侯，该年为其元年。
二　三年，平坐反，国除。审平在景帝朝为侯共两年。景帝三年，审平犯谋反罪，封地被取消。
五十九　审食其的功劳在诸功臣中名列第五十九位。

【注释】

斥丘

①斥丘:侯国名。在斥丘县(今河北邯郸成安东南)。高祖六年(前201)始封唐厉,传三侯。武帝元鼎五年(前112),侯唐尊因酎金不合格,封国撤销。

②东郡:郡名。治濮阳(今河南濮阳)。

③击破籍,侯武城:唐厉因击破项羽,初封武城侯。按,武城,应作“成武”,即今山东菏泽成武。

④击布,为斥丘侯:击败黥布,定封为斥丘侯。

台

①台:侯国名。在台县(今山东济南济阳东南)。高祖六年(前201)始封戴野,传一侯。景帝三年(前154),侯戴才有罪,封国撤销。

②队率:军队中百人之长,亦称“队卒”。

③击临江:攻打临江王共尉。事在汉五年(前202)。临江王是项羽所封,刘邦称帝,共尉反,战败投降,后被杀。

④将军贾:刘贾,刘邦的堂兄弟,屡建战功,后被封为荆王。

⑤八月甲子:八月十二。

安国

①安国:侯国名。在安国(今河北保定安国东南)。高祖六年(前201)始封王陵,传四侯。元鼎五年(前112),侯王定因酎金不合格,封国撤销。

②厩将:汉代别将之一。南阳:郡名。治宛县(今河南南阳)。

③丰:今江苏徐州丰县,刘邦的老家。

④“上东”几句:汉二年(前205),刘邦袭据彭城,后被项羽打得大败,汉军十余万被挤入睢水,刘邦侥幸逃脱。其家人从老家出逃,

一双儿女路遇刘邦得救。孝惠，刘邦之子刘盈，后为汉惠帝。鲁元，刘邦之女，后封鲁元公主。

⑤封雍侯，五千户：黄善夫本作“于雍，侯五千户”。梁玉绳认为“于雍”应作“平雍”。王陵未尝“封雍侯”，梁说可从。

⑥其六年，为右丞相：相国曹参去世，王陵与陈平同掌相府，称丞相。王陵为右丞相。惠帝六年，前189年。

乐成

①乐成：侯国名。在乐成县（今河南南阳邓州西南）。高祖六年（前201）始封丁礼，传三侯。元鼎五年（前112），侯丁义有罪，封国撤销。

②灌婴：刘邦的骑兵统帅。

③言五利侯不道：对武帝宠信的方士栾大有非议。五利侯，即五利将军栾大（？—前112），胶东人，方士。自言能点金、堵河决、招神位、炼不死之药诸术，深为武帝宠信，拜为五利将军。连得天士将军、地士将军、大通将军、天道将军四金印。封乐通侯。武帝还以卫长公主妻之。后骗术败露被杀。事见《封禅书》。

辟阳

①辟阳：治辟阳县（今河北衡水冀州东南）。高祖六年（前201）始封审食其，传一侯。景帝三年（前154），侯审平谋反，封国撤销。

②侍吕后、孝惠沛三岁十月：在刘邦反秦灭秦征战四方的三年十个月里，审食其一直在刘邦家乡侍卫刘邦的父母妻子。

③吕后入楚：刘邦彭城惨败后，太公、吕后一起被项羽俘获。

④三：审食其在文帝朝为侯三年。文帝三年（前177），淮南王刘长怨吕后时审食其不救其母，将其杀死。

国名	安平[①]
侯功	以谒者汉王三年初从，定诸侯，有功。秋举萧何[②]， 平定诸侯的战争，立下战功。因能顺着刘邦的心思盛推
高祖十二	**七** 六年八月甲子，敬侯谔千秋元年。谔千秋在高 其谥号，该年为其元年。
孝惠七	**二** 谔千秋在惠帝朝为侯共两年。 **五** 孝惠三年，简侯嘉元年。谔嘉在惠帝朝为侯共五
高后八	**七** 谔嘉在吕后执政期间为侯共七年。 **一** 八年，顷侯应元年。谔应在吕后执政期间为侯共
孝文二十三	**十三** 谔应在文帝朝为侯共十三年。 **十** 十四年，炀侯寄元年。谔寄在文帝朝为侯共十年。
孝景十六	**十五** 谔寄在景帝朝为侯共十五年。 **一** 后三年，侯但元年。谔但在景帝朝为侯共一年。
建元至元封六年三十六，太初元年尽后元二年十八	**十八** 元狩元年，坐与淮南王女陵通[③]，遗淮南书称 谔但罪犯与淮南王的女儿刘陵通奸，又向淮南王写信称
侯第	**六十一** 谔千秋的功劳在诸功臣中名列第六十一位。

功侯，二千户。谞千秋以谒者身份在汉王三年开始追随刘邦，参与了萧何的功劳为第一，立功封侯，享有食邑二千户。
祖朝为侯共七年。谞千秋在高祖六年八月甲子被封为安平侯，“敬”为
年。惠帝三年，谞千秋的儿子鄂嘉袭侯，“简”为其谥号，该年为其元年。
一年。吕后八年，谞嘉的儿子谞应袭侯，“顷”为其谥号，该年为其元年。
文帝十四年，谞应的儿子谞寄袭侯，“炀”为其谥号，该年为其元年。
景帝后元三年，谞寄的儿子谞但袭侯，该年为其元年。
臣尽力[4]，弃市，国除。谞但在武帝朝为侯共十八年。武帝元狩元年，臣效忠，当众处死，封地被取消。

国名	蒯成[①]
侯功	以舍人从起沛，至霸上，侯[②]。入汉，定三秦，食邑池 楚汉约分鸿沟，以緤为信[⑤]，战不利，不敢离上，侯， 霸上，封侯。进入汉国，不久参与了消灭章邯、董翳、司马 甬道；跟从刘邦逃出荥阳，北渡平阴，遇到驻扎在襄国的淮 利时，周緤忠心耿耿始终不离开刘邦，因此封侯，享有食邑
高祖十二	**七** 六年八月甲子，尊侯周緤元年[⑥]。十二年十月 子被封为蒯成侯，"尊"（应为"贞"）为其谥号，该年为其
孝惠七	**七** 周緤在惠帝朝继续为侯，共七年。
高后八	**八** 周緤在吕后执政期间继续为侯，共八年。
孝文二十三	**五** 緤薨，子昌代。有罪，绝，国除。周緤在文帝朝为 爵位被废，封地被取消。
孝景十六	郸[⑧] **一** 中元年，封緤子康侯应元年。周应在景帝 其谥号，该年为其元年。 **八** 中二年，侯中居元年。周中居在景帝朝为侯共八
建元至元封六年三十六，太初元年尽后元二年十八	**二十六** 元鼎三年，居坐为太常有罪，国除。周中居 被取消。
侯第	**二十二** 周緤的功劳在诸功臣中名列第二十二位。

阳[3]。击项羽军荥阳，绝甬道，从出，度平阴，遇淮阴侯军襄国[4]。
三千三百户。周緤以舍人的身份跟从刘邦在沛县起兵反秦，入关到达
欣的战争，享有在池阳的食邑。又在荥阳攻打项羽的军队，断绝项羽的
阴侯韩信。楚、汉约定以鸿沟为分界，刘邦任命周緤为信武侯，作战失
三千三百户。

乙未[7]，定蒯成。周緤在高祖朝为侯共七年。周緤在高祖六年八月甲
元年。在高祖十二年十月乙未，周緤由信武侯改封蒯成侯。

侯共五年。文帝五年，周緤去世，他的儿子周昌袭侯。周昌该年犯罪，

朝为郸侯共一年。景帝中元元年，封周緤的儿子周应为郸侯，“康”为

年。景帝中元二年，周应的儿子周中居袭侯，该年为其元年。

在武帝朝为侯共二十六年。武帝元鼎三年，周中居身为太常犯罪，封地

【注释】

安平

①安平：侯国名。在安平县（今河北衡水安平）。高祖六年（前201）始封谔千秋，传四侯。元狩元年（前122），侯谔但有罪，封国撤销。

②秋举萧何：在确定功臣位次时，诸功臣都认为曹参战功卓著，应为第一，谔千秋则猜到刘邦的心思，盛推萧何为第一。事详《萧相国世家》。秋，疑当作“秩”，次序、排序之义。

③淮南王女陵：淮南王刘安的女儿，名陵。聪慧，善口辩，与刘安太子刘迁俱得宠。在淮南国擅国权，侵民田宅。元狩元年（前122），刘安谋反事发自杀，她亦受株连被杀。

④遗淮南书称臣尽力：写信给淮南王称臣并表示效忠。淮南王刘安是刘长之子，这一年因谋反事发，自杀。谔但受牵连被杀。

蒯成

①蒯成：侯国名。其地说法不一。《史记索隐》以为在沛郡城父县（治今河南洛阳西南）；《史记正义》引《舆地志》说“蒯成县故陈仓县之故乡聚名也，周緤所封也”，认为故城在今陕西宝鸡东。梁玉绳以为“蒯”字应作“鄘”，其地应在扶风，即今陕西西安西。高祖六年（前201）始封周緤，传三侯。中改封郸侯。元鼎三年（前114），侯中居有罪，封国撤销。

②至霸上，侯：“侯”字衍，应削。

③池阳：汉县名。在今陕西咸阳泾阳西北。

④“击项羽军荥阳”几句：刘邦败于荥阳，乃北渡平阴，找韩信调兵。平阴，指平阴津。黄河重要渡口之一。在今河南洛阳孟津东北。襄国，秦县名。治今河北邢台。

⑤以緤为信：应作“以緤为信武侯”。

⑥尊侯:应作“贞侯”。

⑦十二年十月乙未,定蒯成:周緤开始被封为信武侯,至十二年(前195)的十月十三,被改封为蒯成侯。

⑧郸:周緤之子周应改封为郸侯。治今安徽亳州涡阳东北。

国名	北平[①]
侯功	以客从起阳武[②]，至霸上，为常山守[③]，得陈馀[④]，为代相[⑤]，徙赵相[⑥]，侯。为计相四岁[⑦]，淮南相十四岁[⑧]。千三百户。张仓以宾客的身份从阳武起兵跟从刘邦反秦，到达霸上，后担任常山郡守，抓获陈馀，又担任代王刘喜的国相，后改任赵王张耳的国相，封侯。在相国萧何手下分管财务四年，后又担任淮南王刘长的国相十四年。享有食邑一千三百户。
高祖十二	**七**　六年八月丁丑[⑨]，文侯张仓元年。张仓在高祖朝为侯共七年。张仓在高祖六年八月丁丑被封北平侯，“文”为其谥号，该年为其元年。
孝惠七	**七**　张仓在惠帝朝继续为侯，共七年。
高后八	**八**　张仓在吕后执政期间继续为侯，共八年。
孝文二十三	**二十三**　其四为丞相[⑩]。五岁罢[⑪]。张仓在文帝朝继续为侯，共二十三年。文帝四年，他出任丞相。为相五年（应为十五年）被罢免。
孝景十六	**五**　张仓在景帝朝为侯共五年。 **八**　六年，康侯奉元年。张奉在景帝朝为侯共八年。景帝六年，张仓的儿子张奉袭侯，“康”为其谥号，该年为其元年。 **三**　后元年，侯预元年[⑫]。张预在景帝朝为侯共三年。景帝后元元年，张奉的儿子张预袭侯，该年为其元年。
建元至元封六年三十六，太初元年尽后元二年十八	**四**　建元五年，侯预坐临诸侯丧后[⑬]，不敬，国除。张预在武帝朝为侯四年。武帝建元五年，北平侯张预罪犯在参加诸侯丧事时迟到，不敬，封地被取消。
侯第	**六十五**　张仓的功劳在诸功臣中名列第六十五位。

高胡[①]
以卒从起杠里，入汉，以都尉击籍，以都尉定燕[②]，侯，千户。陈夫乞以士卒的身份在杠里跟从刘邦起兵反秦，进入汉国，后担任都尉攻打项羽，又以都尉身份消灭项羽所封的燕王臧荼，封侯，享有一千户食邑。
七 六年中，侯陈夫乞元年。陈夫乞在高祖朝为侯共七年。陈夫乞在高祖六年被封高胡侯，该年为其元年。
七 陈夫乞在惠帝朝继续为侯，共七年。
八 陈夫乞在吕后执政期间继续为侯，共八年。
四 五年，殇侯程嗣。薨，无后，国除。陈夫乞在文帝朝为侯共四年。文帝五年，陈夫乞的儿子陈程袭侯，"殇"为其谥号，该年为其元年。他在该年去世，没有后嗣，封地被取消。
八十二 陈夫乞的功劳在诸功臣中名列第八十二位。

国名	厌次[①]
侯功	以慎将前元年从起留[②]，入汉，以都尉守广武[③]，功侯。元顷以谨慎为将，刘邦反秦的第一年他跟随着在留县起兵，进入汉国，后担任都尉守卫广武，立功封侯。
高祖十二	**七** 六年中，侯元顷元年[④]。元顷在高祖朝为侯共七年。元顷在高祖六年被封厌次侯，该年为其元年。
孝惠七	**七** 元顷在惠帝朝继续为侯，共七年。
高后八	**八** 元顷在吕后执政期间继续为侯，共八年。
孝文二十三	**五** 元年，侯贺元年。六年，侯贺谋反，国除。元贺在文帝朝为侯共五年。文帝元年，元顷的儿子元贺袭侯。文帝六年，厌次侯元贺谋反，封地被取消。
孝景十六	
建元至元封六年三十六，太初元年尽后元二年十八	
侯第	**二十四** 元顷的功劳在诸功臣中名列第二十四位。

平皋[①]
项它[②]，汉六年以砀郡长初从[③]，赐姓为刘氏；功比戴侯彭祖，五百八十户。项它，在汉六年以砀郡郡长的身份开始跟从刘邦反秦，刘邦赐他姓刘；他的功劳与戴侯彭祖不相上下，享有食邑五百八十户。
六 七年十月癸亥[④]，炀侯刘它元年。刘它在高祖朝为侯共六年。刘它在高祖七年十月癸亥被封为平皋侯，“炀”为其谥号，该年为其元年。
四 刘它在惠帝朝为侯共四年。 **三** 五年，恭侯远元年。刘远在惠帝朝为侯共三年。惠帝五年，刘它的儿子刘远袭侯，“恭”为其谥号，该年为其元年。
八 刘远在吕后执政期间继续为侯，共八年。
二十三 刘远在文帝朝继续为侯，共二十三年。
十六 元年，节侯光元年。刘光在景帝朝为侯共十六年。景帝元年，刘远的儿子刘光袭侯，“节”为其谥号，该年为其元年。
二十八 建元元年，侯胜元年。元鼎五年，侯胜坐酎金，国除。刘胜在武帝朝为侯共二十八年。武帝建元元年，刘光的儿子刘胜袭侯，该年为其元年。元鼎五年，平皋侯刘胜因献给朝廷供祭祀之用的贡金不合格，被废，封地被取消。
百二十一 刘它的功劳在诸功臣中名列第一百二十一位。

【注释】

北平

①北平:侯国名。在北平县(今河北保定满城北)。高祖六年(前201)始封张苍,传二侯。建元五年(前136),侯张预有罪,封国撤销。

②阳武:秦县名。在今河南新乡原阳东南。

③为常山守:陈馀击走项羽所封常山王张耳,张耳归汉,汉即以张苍为常山太守。常山,汉郡名。郡治元氏(今河北石家庄元氏西北)。

④得陈馀:汉三年(前204)韩信在井陉之战中灭赵,杀陈馀。

⑤代相:代王之相。时任代王为刘喜。

⑥赵相:赵王之相。张苍初相赵王张耳。张耳死后,张苍继续为其子张敖之相。

⑦计相:官名。张苍以列侯在相国萧何手下分管郡国上计事,称计相,后改称主计。

⑧淮南相:淮南王之相。时任淮南王为刘长。

⑨八月丁丑:八月二十五。

⑩其四为丞相:据张苍本传,汉文帝四年(前176),张苍继灌婴为丞相,则此“四”下应有“年”字。

⑪五岁罢:据张苍本传,为相十五岁而免,则“五”前应有“十”字。

⑫预:《张丞相列传》作“类”。

⑬临诸侯丧后:《张丞相列传》作“临诸侯丧后就位”,意即参加诸侯丧事迟到还过早地坐下。

高胡

①高胡:侯国名。其地未详。梁玉绳《史记志疑》以为其地在赵、魏之间。高祖六年(前201)始封陈夫乞,传一侯。文帝五年(前

175),侯陈程去世,无后,封国撤销。

②定燕:平定燕地。指灭项羽所封之燕王臧荼。

厌次

①厌次:侯国名。在厌次(今山东滨州惠民东北)。高祖六年(前201)始封元顷,传一侯。文帝六年(前174),侯元贺谋反,封国撤销。

②慎将:指谨慎为将者。

③广武:古城名。故城在今河南郑州荥阳东北广武山上。有三城:一为汉城(即西广武城),一为楚城(即东广武城),一为秦敖仓城。今汉城、楚城依然存在,但已被河水冲去大半。楚汉相争时,项羽、刘邦各据东西,互相对峙。

④元顷:姓元名顷。《汉书》作"爰类"。

平皋

①平皋:侯国名。在平皋县(今河南焦作温县东)。高祖七年(前200)始封刘它,传三侯。元鼎五年(前112),侯刘胜因酎金不合格,封国撤销。

②项它:项羽从兄之子。楚汉战争时,任羽大将、魏王咎相。被曹参、灌婴击败,降汉。

③以砀郡长初从:项它降汉时为项羽所封的砀郡长。砀郡,秦郡名。郡治砀县(今河南商丘夏邑东南)。按,项它封平皋侯事见《项羽本纪》。

④七年十月癸亥:高祖七年十月十二。当时以十月为岁首,公元纪年仍为前201年。

国名	复阳[1]
侯功	以卒从起薛，以将军入汉，以右司马击项籍，侯，千户。陈胥以士卒身份在薛县跟从刘邦反秦，后担任将军进入汉国，又担任右司马攻打项羽，立功封侯，享有食邑一千户。
高祖十二	**六**　七年十月甲子[2]，刚侯陈胥元年。陈胥在高祖朝为侯共六年。陈胥在高祖七年十月甲子被封为复阳侯，“刚”为其谥号，该年为其元年。
孝惠七	**七**　陈胥在惠帝朝继续为侯，共七年。
高后八	**八**　陈胥在吕后执政期间继续为侯，共八年。
孝文二十三	**十**　陈胥在文帝朝为侯共十年。 **十三**　十一年，恭侯嘉元年。陈嘉在景帝朝为侯共十三年。文帝十一年，陈胥的儿子陈嘉袭侯，“恭”为其谥号，该年为其元年。
孝景十六	**五**　陈嘉在景帝朝为侯共五年。 **十一**　六年，康侯拾元年。陈拾在景帝朝为侯共十一年。景帝六年，陈嘉的儿子陈拾袭侯，“康”为其谥号，该年为其元年。
建元至元封六年三十六，太初元年尽后元二年十八	**十二**　陈拾在武帝朝为侯共十二年。 **七**　元朔元年，侯彊元年。元狩二年，坐父拾非嘉子，国除。陈彊在武帝朝为侯共七年。武帝元朔元年，陈拾的儿子陈彊袭侯，该年为其元年。元狩二年，因为他的父亲陈拾不是陈嘉的亲生子，封地被取消。
侯第	**四十九**　陈胥的功劳在诸功臣中名列第四十九位。

阳河（应为阳阿）①
以中谒者从入汉②，以郎中骑从定诸侯③，侯，五百户，功比高胡侯④。亓䜣以中谒者的身份跟从刘邦反秦进入汉国，后担任郎中骑跟从刘邦平定各地诸侯，立功封侯，享有食邑五百户，功劳与高胡侯陈夫乞不相上下。
三　七年十月甲子⑤，齐哀侯元年⑥。亓䜣在高祖朝为侯共三年。亓䜣在高祖七年十月甲子被封为阳阿侯，"齐哀"（应为"齐"）为其谥号，该年为其元年。 三　十年，侯安国元年。亓安国在高祖朝为侯共三年。高祖十年，亓䜣的儿子亓安国袭侯，该年为其元年。
七　亓安国在惠帝朝继续为侯，共七年。
八　亓安国在吕后执政期间继续为侯，共八年。
二十三　亓安国在文帝朝继续为侯，共二十三年。
十　亓安国在景帝朝为侯共十年。 六　中四年，侯午元年。中绝⑦。亓午在景帝朝为侯共六年。景帝中元四年，亓安国的儿子亓午袭侯，该年为其元年。
二十七　亓午在武帝朝为侯共二十七年。 埤山⑧　三　元鼎四年，恭侯章元年。亓章在武帝朝为埤山侯共三年。武帝元鼎四年，亓午的儿子亓章改封为埤山侯，"恭"为其谥号，该年为其元年。 二十　元封元年，侯仁元年。征和三年十月，仁与母坐祝诅，大逆无道，国除⑨。亓仁在武帝朝为侯共二十年。武帝元封元年，亓章的儿子亓仁袭侯，该年为其元年。征和三年十月，亓仁与他的母亲以迷信手段诅咒皇帝，犯了大逆不道的罪，封地被取消。
八十三　亓䜣的功劳在诸功臣中名列第八十三位。

国名	朝阳[①]
侯功	以舍人从起薛，以连敖入汉，以都尉击项羽，后攻韩王信，侯，千户。华寄以舍人的身份在薛县跟从刘邦起兵反秦，其后担任连敖进入汉国，又担任都尉领兵攻打项羽，后又攻打韩王信，立功封侯，享有食邑一千户。
高祖十二	六　七年三月壬寅[②]，齐侯华寄元年。华寄在高祖朝为侯共六年。华寄在高祖七年三月壬寅被封为朝阳侯，"齐"为其谥号，该年为其元年。
孝惠七	七　华寄在惠帝朝继续为侯，共七年。
高后八	八　元年，文侯要元年。华要在吕后执政期间为侯共八年。吕后元年，华寄的儿子华要袭侯，"文"为其谥号，该年为其元年。
孝文二十三	十三　华要在文帝朝为侯共十三年。 十　十四年，侯当元年。华当在文帝朝为侯共十年。文帝十四年，华要的儿子华当袭侯，该年为其元年。
孝景十六	十六　华当在景帝朝继续为侯，共十六年。
建元至元封六年三十六，太初元年尽后元二年十八	十三　元朔二年，侯当坐教人上书枉法罪，国除。华当在武帝朝为侯共十三年。武帝元朔二年，朝阳侯华当罪犯唆使人上书违法，封地被取消。
侯第	六十九　华寄的功劳在诸功臣中名列第六十九位。

棘阳[1]
以卒从起胡陵[2]，入汉，以郎将迎左丞相军以击诸侯[3]，侯，千户。杜得臣以士卒的身份在胡陵跟从刘邦反秦，进入汉国，后来担任郎将迎接左丞相曹参的军队以攻打诸侯，立功封侯，享有食邑一千户。
六　七年七月丙申[4]，庄侯杜得臣元年。杜得臣在高祖朝为侯共六年。杜得臣在高祖七年七月丙申被封为棘阳侯，"庄"为其谥号，该年为其元年。
七　杜得臣在惠帝朝继续为侯，共七年。
八　杜得臣在吕后执政期间继续为侯，共八年。
五　杜得臣在文帝朝为侯共五年。 十八　六年，质侯但元年。杜但在文帝朝为侯共十八年。文帝六年，杜得臣的儿子杜但袭侯，"质"为其谥号，该年为其元年。
十六　杜但在景帝朝继续为侯，共十六年。
九　杜但在武帝朝为侯共九年。 七　元光四年，怀侯武元年。元朔五年，侯武薨，无后，国除。杜武在武帝朝为侯共七年。武帝元光四年，杜但的儿子杜武袭侯，"怀"为其谥号，该年为其元年。元朔五年，棘阳侯杜武去世，没有后嗣，封地被取消。
八十一　杜得臣的功劳在诸功臣中名列第八十一位。

【注释】

复阳

①复阳:侯国名。在复阳县,在今河南南阳桐柏东北,一说在今河北衡水故城西南。高祖七年(前200)始封陈胥,传三侯。元狩二年(前121),封国撤销。

②十月甲子:十月十三。

阳河

①阳河:应作“阳阿”,侯国名。在阳阿县(今山西晋城阳城西北)。高祖七年(前200)始封丌䜣(qí xīn),传四侯,中改埤山侯。征和三年(前90),侯亓仁有罪,封国撤销。

②中谒者:即谒者。官名。掌赞礼传达。

③郎中骑:官名。郎中骑将之简称。亦作“中郎骑”。掌宿卫宫殿及侍从天子。

④高胡侯:此指始封侯陈夫乞。

⑤十月甲子:十月十三。

⑥齐哀侯:下应有此人姓名“丌䜣”二字,也有人认为此人叫“卞䜣”。齐,丌䜣谥号。哀,衍文。

⑦中绝:《史记斠证》曰:“案《汉表》无‘中绝’二字。《补注》引沈钦韩曰:‘《史表》云“中绝”,故此下更封埤山。’”

⑧埤山:亓章改封埤山侯。其地未详。

⑨“征和三年十月”几句:亓仁与其母在巫蛊之难中被杀。征和三年,前90年。祝诅,祝告鬼神,使加祸于别人。

朝阳

①朝阳:侯国名。在朝阳县,《索隐》以为即南阳朝阳县,故治在今河南南阳邓州东南。《史记考异》认为在今山东滨州邹平西北。

高祖七年（前200）始封华寄，传二侯。元朔二年（前127）有罪，封国撤销。

②七年三月壬寅：高祖七年三月二十三。公元纪年为前200年。

棘阳

①棘阳：侯国名。在棘阳县（今河南南阳南）。高祖七年（前200）始封杜得臣，传二侯。元朔五年（前124）去世，无后，封国撤销。

②胡陵：秦县名。治今山东济宁鱼台东南。

③郎将：官名。秦汉时中郎将、骑郎将、郎中将（包括郎中车将、郎中户将）之通称。左丞相：此指曹参。时带“左丞相”虚衔。击诸侯：此指攻击项羽。

④七月丙申：七月十九。

国名	涅阳[1]
侯功	以骑士汉王二年从出关[2],以郎将击斩项羽[3],侯,千五百户,比杜衍侯。吕胜以骑士的身份在汉王二年跟随刘邦出函谷关,担任郎将攻打项羽,项羽战败自刎,吕胜等五人分得其尸,立功封侯,享有食邑一千五百户,功劳与杜衍侯王翳不相上下。
高祖十二	**六** 七年中,庄侯吕胜元年。吕胜在高祖朝为侯共六年。吕胜在高祖七年被封为涅阳侯,“庄”为其谥号,该年为其元年。
孝惠七	**七** 吕胜在惠帝朝继续为侯,共七年。
高后八	**八** 吕胜在吕后执政期间继续为侯,共八年。
孝文二十三	**四** 五年,庄侯子成实非子[4],不当为侯,国除。吕胜在文帝朝为侯共四年。文帝五年,庄侯吕胜的儿子吕成实际上并不是亲生儿子,不得袭侯,封地被取消。
孝景十六	
建元至元封六年三十六,太初元年尽后元二年十八	
侯第	**百四** 吕胜的功劳在诸功臣中名列第一百零四位。

平棘[1]
以客从起亢父[2],斩章邯所署蜀守[3],用燕相侯[4],千户。林挚以宾客的身份在亢父跟随刘邦反秦,斩杀章邯领导的蜀郡郡守,因担任燕相而得以封侯,享有食邑一千户。
六　七年中,懿侯执元年[5]。林挚在高祖朝为侯共六年。林挚在高祖七年被封为平棘侯,“懿”为其谥号,该年为其元年。
七　林挚在惠帝朝继续为侯,共七年。
七　林挚在吕后执政期间为侯共七年。 **一**　八年,侯辟彊元年。林辟彊在吕后执政期间为侯共一年。吕后八年,林挚的儿子林辟彊袭侯,该年为其元年。
五　六年,侯辟彊有罪,为鬼薪[6],国除。林辟彊在文帝朝为侯共五年。文帝六年,林辟彊因犯罪被判劳役,封地被取消。
六十四　林挚的功劳在诸功臣中名列第六十四位。

国名	羹颉[①]
侯功	以高祖兄子从军[②],击反韩王信,为郎中将。信母尝有罪高祖微时[③],太上怜之,故封为羹颉侯。刘信以高祖兄长儿子的身份跟随刘邦参加反秦军队,曾领兵攻打谋反的韩王信,担任郎中将。刘信的母亲曾在刘邦贫贱时没有善待他,刘邦的父亲怜爱刘信,所以刘邦封他为羹颉侯。
高祖十二	**六** 七年中,侯刘信元年。刘信在高祖朝为侯共六年。刘信在高祖七年被封为羹颉侯,该年为其元年。
孝惠七	**七** 刘信在惠帝朝继续为侯,共七年。
高后八	元年,信有罪,削爵一级,为关内侯。吕后元年,刘信犯罪,爵位降低一等,为关内侯。
孝文二十三	
孝景十六	
建元至元封六年三十六,太初元年尽后元二年十八	
侯第	

深泽[①]
以赵将汉王三年降[②]，属淮阴侯，定赵、齐、楚，以击平城[③]，侯，七百户。赵将夜以赵将的身份在汉王三年投降，成为淮阴侯韩信的部下，参加了平定赵、齐、楚的战争，后来又领兵攻打平城，立功封侯，享有食邑七百户。
五　八年十月癸丑[④]，齐侯赵将夜元年。赵将夜在高祖朝为侯共五年。赵将夜在高祖八年十月癸丑被封为深泽侯，“齐”为其谥号，该年为其元年。
七　赵将夜在惠帝朝继续为侯，共七年。
一　夺，绝。三年复封，一年绝[⑤]。赵将夜在吕后执政期间为侯共一年。吕后元年，赵将夜被剥夺爵位，封国被取消。吕后三年，赵将夜重被封侯，一年后又被废除。
四　十四年，复封将夜元年。赵将夜在文帝朝为侯共四年。文帝十四年，赵将夜又被封侯。该年是他再次为侯的第一年。 **六**　后二年，戴侯头元年。赵头在文帝朝为侯共六年。文帝后元二年，赵将夜的儿子赵头袭侯，“戴”为其谥号，该年为其元年。
二　赵头在景帝朝为侯共两年。 **七**　三年，侯循元年。罪，绝[⑥]。赵循在景帝朝为侯共七年。景帝三年，赵头的儿子赵循袭侯，该年为其元年。后因犯罪，爵位被废绝。 更[⑦]　**五**　中五年，封头子夷侯胡元年。赵胡在景帝朝为更侯共五年。景帝中元五年，改封赵头的儿子赵胡为更侯，“夷”为其谥号，该年为其元年。
十六　元朔五年，夷侯胡薨，无后，国除。赵胡在武帝朝为侯共十六年。武帝元朔五年，夷侯赵胡去世，没有后嗣，封地被取消。
九十八　赵将夜的功劳在诸功臣中名列第九十八位。

【注释】

涅阳

①涅阳:侯国名。在涅阳县(今河南南阳邓州东北)。高祖七年(前200)始封吕胜,传一侯。文帝五年(前175)撤销。

②汉王二年:前205年。出关:出函谷关征项羽。

③击斩项羽:项羽垓下之战战败南逃,刘邦悬赏千金、万户侯以杀之。项羽自刎乌江,吕胜、王翳等五人各得其一体,皆以此封侯。

④庄侯子成实非子:庄侯吕胜的儿子吕成不是其所生。

平棘

①平棘:侯国名。在平棘县(今河北石家庄赵县南)。高祖七年(前200)始封执,传一侯。文帝六年(前174)有罪,封国撤销。

②亢父:秦邑名。在今山东济宁南。

③蜀守:蜀郡郡守。蜀郡,秦汉郡名。治成都(今四川成都)。

④用燕相侯:因曾为燕相而封侯。用,以。

⑤懿侯执:据《汉书》,此侯为林挚。《史》失其姓,"执""挚"古通。

⑥鬼薪:秦汉时刑罚名。即判处男犯人入山采伐薪柴以供给宗庙祭祀用。刑期三年。

羹颉

①羹颉:侯国名。一说为爵号,非县邑名;一说为山名(今河北张家口涿鹿西),高祖取为侯号;一说为古城名,即安徽六安舒城西北三十里有羹颉城。高祖七年(前200)始封刘信。高后元年(前187)被撤。

②高祖兄子:刘邦长兄之子。其父早逝。

③信母尝有罪高祖微时:据《楚元王世家》,刘邦年轻时游手好闲,常带着一帮朋友到其大嫂家里吃饭,大嫂很讨厌他,故意刮得锅

底响，示意刘邦锅里已经没有羹了，朋友因而散去，再看锅里还有羹，刘邦因而怨之。

深泽

①深泽：侯国名。在深泽（今河北石家庄深泽）。高祖八年（前199）始封赵将夜，传三侯。元朔五年（前124）去世，无后，封国撤销。

②以赵将汉王三年降：赵将夜原为赵王歇部将，韩信灭赵后投降，遂成为韩信部属。汉王三年，前204年。

③击平城：指汉七年（前200）刘邦被匈奴人围困于平城白登山事。平城，在今山西大同城东北。

④十月癸丑：十月初八。

⑤三年复封，一年绝：高后三年（前185），赵将夜又被封为侯，高后四年（前184），又被取消。

⑥罪，绝：赵循在景帝朝为侯七年，其因罪废绝在景帝中元三年（前147）。

⑦更：封赵头之子赵胡为更侯。其地殿本《史记》及《汉书·高惠高后文功臣表》均作“臾”，则“更”为“臾”字之讹。故城在今山东临沂平邑东。

国名	柏至[1]
侯功	以骈怜从起昌邑[2]，以说卫入汉[3]，以中尉击籍，侯，千户。许温作为侧翼骑将跟从刘邦在昌邑起兵反秦，后担任税卫官进入汉国，又以中尉身份领兵攻打项羽，立功封侯，享有食邑一千户。
高祖十二	**六**　七年十月戊辰[4]，靖侯许温元年。许温在高祖朝为侯共六年。许温在高祖七年十月戊辰被封为柏至侯，"靖"为其谥号，该年为其元年。
孝惠七	**七**　许温在惠帝朝继续为侯，共七年。
高后八	**一**　二年，有罪，绝。许温在吕后执政期间为侯共一年。吕后二年，许温犯罪，爵位被废。 **六**　三年，复封温如故。许温在吕后执政期间为侯共六年。吕后三年，许温又被封为原先的柏至侯。
孝文二十三	**十四**　元年，简侯禄元年。许禄在文帝朝为侯共十四年。文帝元年，许温的儿子许禄袭侯，"简"为其谥号，该年为其元年。 **九**　十五年，哀侯昌元年。许昌在文帝朝为侯共九年。文帝十五年，许禄的儿子许昌袭侯，"哀"为其谥号，该年为其元年。
孝景十六	**十六**　许昌在景帝朝继续为侯，共十六年。
建元至元封六年三十六，太初元年尽后元二年十八	**七**　许昌在武帝朝为侯共七年。 **十三**　元光二年，共侯安如元年。许安如在武帝朝为侯共十三年。武帝元光二年，许昌的儿子许安如袭侯，"共"为其谥号，该年为其元年。 **五**　元狩三年，侯福元年。元鼎二年，侯福有罪，国除。许福在武帝朝为侯共五年。武帝元狩三年，许安如的儿子许福袭侯，该年为其元年。元鼎二年，许福犯罪，封地被取消。
侯第	**五十八**　许温的功劳在诸功臣中名列第五十八位。

中水①
以郎中骑将汉王元年从起好畤②,以司马击龙且,后共斩项羽③,侯,千五百户。吕马童以郎中骑将的身份,于汉王元年在好畤跟从刘邦起兵,担任司马领兵攻打龙且,后与吕胜等人共同分得项羽尸首,立功封侯,享有食邑一千五百户。
六　七年正月己酉④,庄侯吕马童元年。吕马童在高祖朝为侯共六年。吕马童在高祖七年正月己酉被封为中水侯,“庄”为其谥号,该年为其元年。
七　吕马童在惠帝朝继续为侯,共七年。
八　吕马童在吕后执政期间继续为侯,共八年。
九　吕马童在文帝朝为侯共九年。 三　十年,夷侯假元年。吕假在文帝朝为侯三年。文帝十年,吕马童的儿子吕假袭侯,“夷”为其谥号,该年为其元年。 十一　十三年,共侯青肩元年。吕青肩在文帝朝为侯共十一年。文帝十三年,吕假的儿子吕青肩袭侯,“共”为其谥号,该年为其元年。
十六　吕青肩在景帝朝继续为侯,共十六年。
五　吕青肩在武帝朝为侯共五年。 一　建元六年,靖侯德元年。吕德在武帝朝为侯共一年。武帝建元六年,吕青肩的儿子吕德袭侯,“靖”为其谥号,该年为其元年。 二十三　元光元年,侯宜成元年。元鼎五年,宜成坐酎金,国除。吕宜成在武帝朝为侯共二十三年。武帝元光元年,吕德的儿子吕宜成袭侯,该年为其元年。元鼎五年,吕宜成因献给朝廷供祭祀之用的贡金不合格,被废,封地被取消。
百一　吕马童的功劳在诸功臣中名列第一百一十位。

国名	杜衍[①]
侯功	以郎中骑汉王三年从起下邳[②]，属淮阴，从灌婴共斩项羽[③]，侯，千七百户。王翳以郎中骑的身份，在汉王三年在下邳县跟从刘邦起兵，是淮阴侯韩信的部下，跟随灌婴作战打败项羽，分得项羽尸首，立功封侯，享有食邑一千七百户。
高祖十二	**六** 七年正月己酉，庄侯王翳元年。王翳在高祖朝为侯共六年。王翳在高祖七年正月己酉被封为杜衍侯，"庄"为其谥号，该年为其元年。
孝惠七	**七** 王翳在惠帝朝继续为侯，共七年。
高后八	**五** 王翳在吕后执政期间为侯共五年。 **三** 六年，共侯福元年。王福在吕后执政期间为侯共三年。吕后六年，王翳的儿子王福袭侯，"共"为其谥号，该年为其元年。
孝文二十三	**四** 王福在文帝朝为侯共四年。 **七** 五年，侯市臣元年。王市臣在文帝朝为侯共七年。文帝五年，王福的儿子王市臣袭侯，该年为其元年。 **十二** 十二年，侯翕元年。王翕在文帝朝为侯共十二年。文帝十二年，王市臣的儿子王翕袭侯，该年为其元年。
孝景十六	**十二**[④] 有罪，绝。王翕在景帝朝为侯共十二年。王翕犯罪，爵位被废。 **三** 后元年，复封翳子彊侯郢人元年。王郢人在景帝朝为侯共三年。景帝后元元年，又封王翳的儿子王郢人为侯，"彊"为其谥号，该年为其元年。
建元至元封六年三十六，太初元年尽后元二年十八	**九** 王郢人在武帝朝为侯共九年。 **十二** 元光四年，侯定国元年。元狩四年，侯定国有罪，国除。王定国在武帝朝为侯十二年。武帝元光四年，王郢人的儿子王定国袭侯，该年为其元年。元狩四年，杜衍侯王定国犯罪，封地被取消。
侯第	**百二** 王翳的功劳在诸功臣中名列第一百二十位。

赤泉[①]
以郎中骑汉王二年从起杜[②]，属淮阴，后从灌婴共斩项羽，侯，千九百户。杨喜以郎中骑的身份，汉王二年在杜县跟从刘邦起兵，是淮阴侯韩信的部下，后来跟从灌婴作战打败项羽，分得项羽尸首，立功封侯，享有食邑一千九百户。
六　七年正月己酉，庄侯杨喜元年。杨喜在高祖朝为侯共六年。杨喜在高祖七年正月己酉被封为赤泉侯，“庄”为其谥号，该年为其元年。
七　杨喜在惠帝朝继续为侯，共七年。
元年，夺，绝。吕后元年，杨喜爵位被剥夺，封地被取消。 **七**　二年，复封。杨喜在吕后执政期间为侯共七年。吕后二年，重封杨喜为侯。
十一　杨喜在文帝朝为侯共十一年。 **十二**　十二年，定侯殷元年。杨殷在文帝朝为侯共十二年。文帝十二年，杨喜的儿子杨殷袭侯，“定”为其谥号，该年为其元年。
三　杨殷在景帝朝为侯共三年。 **六**[③]　四年，侯无害元年。有罪，绝。杨无害在景帝朝为侯共六年。景帝四年，杨殷的儿子杨无害袭侯，该年为其元年。后因犯罪被废。 临汝[④]　**五**　中五年，复封侯无害元年。杨无害在景帝朝为临汝侯共五年。景帝中元五年，又封杨无害为临汝侯，该年为其元年。
七　元光二年，侯无害有罪，国除。杨无害在武帝朝为侯共七年。武帝元光二年，杨无害因犯罪，封地被取消。
百三　杨喜的功劳在诸功臣中名列第一百三十位。

【注释】

柏至

①柏至：侯国名。其地未详。高祖七年（前200）始封许温，传四侯。元鼎二年（前115）有罪，封国撤销。

②骈怜：犹比邻。《索隐》曰："怜、邻声相近，骈邻犹比邻也。"一说，谓并两骑为军翼。《汉书》于此作"骈邻"。师古曰："二马曰'骈怜'，谓骈两骑为军翼也。"昌邑：秦县名。治今山东菏泽巨野南。

③说（shuì）卫：军队扎营休息时担任守卫。说，通"税"，停置。引申指休憩，止息。

④十月戊辰：十月十七。

中水

①中水：侯国名。在中水县（今河北沧州献县西北。地居易、滱二水之间，故名）。高祖七年（前200）始封吕马童，传四侯。元鼎五年（前112）因酎金不合格，封国撤销。

②好畤（zhì）：秦县名。治今陕西咸阳乾县东好畤村。

③共斩项羽：项羽自刎乌江，吕马童得其首级，吕胜、王翳等四人各得其一体，皆以此封侯。

④正月己酉：正月二十九。

杜衍

①杜衍：侯国名。在杜衍县（今河南南阳西南）。高祖七年（前200）始封王翳，传五侯。元狩四年（前119）有罪，封国撤销。

②汉王三年：前204年。下邳：秦县名。治今江苏徐州睢宁西北古邳镇东。

③从灌婴共斩项羽：王翳作为灌婴的部将追击项羽至乌江，项羽自尽，他与吕马童、吕胜等五人共分项羽遗体，得以封侯。

④十二：王翕在景帝朝为侯共十二年。在景帝中元五年（前145）因罪被废。

赤泉

①赤泉：侯国名。其地未详。《索隐》“南阳有丹水县，疑赤泉后改”，据此说则在今河南南阳淅川西；而《读史方舆纪要》谓鲁山县东北三十里赤城，或即汉赤泉城，则地在今河南平顶山鲁山。陈仁锡曰：“‘柏至’至‘中水’‘杜衍’‘赤泉’四侯，封年月本次‘阳阿’之后，《汉》表同；今本乱其次矣。”高祖七年（前200）始封杨喜，传二侯。中改封临汝侯。元光二年（前133）有罪，封国撤销。

②汉王二年：前205年。杜：秦县名。治今陕西西安长安西。

③六：杨无害在景帝朝为侯共六年。在景帝中二年（前148）因罪被废。

④临汝：杨无害恢复侯爵改封临汝侯。其地未详。

国名	栒[1]
侯功	以燕将军汉王四年从曹咎军[2]，为燕相，告燕王荼反，侯[3]，以燕相国定卢奴[4]，千九百户。温疥以燕将军的身份在汉王四年跟从曹咎作战，后成为燕王臧荼的相国，因向刘邦报告燕王臧荼谋反，立功封侯，后以燕相国的身份平定卢奴，享有食邑一千九百户。
高祖十二	**五** 八年十月丙辰[5]，顷侯温疥元年。温疥在高祖朝为侯共五年。温疥在高祖八年十月丙辰被封为栒侯，"顷"为其谥号，该年为其元年。
孝惠七	**七** 温疥在惠帝朝继续为侯，共七年。
高后八	**八** 温疥在吕后执政期间继续为侯，共八年。
孝文二十三	**五** 温疥在文帝朝为侯共五年。 **十七** 六年，文侯仁元年。温仁在文帝朝为侯共十七年。文帝六年，温疥的儿子温仁袭侯，"文"为其谥号，该年为其元年。 **一** 后七年，侯河元年。温河在文帝朝为侯共一年。文帝后元七年，温仁的儿子温河袭侯，该年为其元年。
孝景十六	**十** 中四年，侯河有罪，国除。温河在景帝朝为侯共十年。景帝中元四年，温河犯罪，封地被取消。
建元至元封六年三十六，太初元年尽后元二年十八	
侯第	**九十一** 温疥的功劳在诸功臣中名列第九十一位。

武原[①]
汉七年以梁将军初从[②]，击韩信、陈豨、黥布[③]，功侯，二千八百户，功比高陵[④]。汉王七年，卫胠以梁将军的身份开始跟从刘邦，攻打韩王信、陈豨、黥布，有功封侯，享有食邑二千八百户，功劳与高陵侯王周不相上下。
五　八年十二月丁未[⑤]，靖侯卫胠元年。卫胠在高祖朝为侯共五年。卫胠在高祖八年十二月丁未被封为武原侯，"靖"为其谥号，该年为其元年。
三　卫胠在惠帝朝为侯共三年。 **四**　四年，共侯寄元年。卫寄在文帝朝为侯共四年。惠帝四年，卫胠的儿子卫寄袭侯，"共"为其谥号，该年为其元年。
八　卫寄在吕后执政期间继续为侯，共八年。
二十三　卫寄在文帝朝继续为侯，共二十三年。
三　卫寄在景帝朝为侯共三年。 **十三**[⑥]　四年，侯不害元年。后二年，不害坐葬过律[⑦]，国除。卫不害在景帝朝为侯共十三（应为十一）年。景帝四年，卫寄的儿子卫不害袭侯。景帝后元二年，卫不害罪犯办丧事超出规格，封地被取消。
九十三　卫胠的功劳在诸功臣中名列第九十三位。

国名	磨[①]
侯功	以赵卫将军汉王三年从起卢奴[②]，击项羽敖仓下，为将军，攻臧荼有功，侯，千户。汉王三年，程黑以赵卫将军的身份在卢奴开始跟从刘邦，后在敖仓下攻打项羽，升为将军，又因攻打臧荼有功，封侯，享有食邑一千户。
高祖十二	**五**　八年七月癸酉[③]，简侯程黑元年。程黑在高祖朝为侯共五年。程黑在高祖八年七月癸酉被封为磨侯，"简"为其谥号，该年为其元年。
孝惠七	**七**　程黑在惠帝朝继续为侯，共七年。
高后八	**二**　程黑在吕后执政期间为侯共两年。 **六**　三年，孝侯釐元年。程釐在吕后执政期间为侯共六年。吕后三年，程黑的儿子程釐袭侯，"孝"为其谥号，该年为其元年。
孝文二十三	**十六**　程釐在文帝朝为侯共十六年。 **七**　后元年，侯灶元年。程灶在文帝朝为侯共七年。文帝后元元年，程釐的儿子程灶袭侯，该年为其元年。
孝景十六	**七**　中元年，灶有罪，国除。程灶在景帝朝为侯共七年。景帝中元元年，程灶因犯罪，封地被取消。
建元至元封六年三十六，太初元年尽后元二年十八	
侯第	**九十二**　程黑的功劳在诸功臣中名列第九十二位。

槀[①]
高帝七年为将军从击代陈豨有功[②]，侯，六百户。陈错在高祖七年以将军的身份跟从刘邦攻打韩王信、陈豨有功，封侯，享有食邑六百户。
五 八年十二月丁未，祗侯陈错元年[③]。陈错在高祖朝为侯共五年。高祖八年十二月丁未被封为槀侯，“祗”为其谥号，该年为其元年。
二 陈错在惠帝朝为侯共两年。 **五** 三年，怀侯婴元年。陈婴在惠帝朝为侯共五年。惠帝三年，陈错的儿子陈婴袭侯，“怀”为其谥号，该年为其元年。
八 陈婴在吕后执政期间继续为侯，共八年。
六 陈婴在文帝朝为侯共六年。 **十四** 七年，共侯应元年。陈应在文帝朝为侯共十四年。文帝七年，陈婴的儿子陈应袭侯，“共”为其谥号，该年为其元年。 **三** 后五年，侯安元年。陈安在文帝朝为侯共三年。文帝后元五年，陈应的儿子陈安袭侯，该年为其元年。
十六 陈安在景帝朝继续为侯，共十六年。
十二 元朔元年，侯不得元年[④]。不得，千秋父。陈安在武帝朝为侯共十二年。武帝元朔元年，陈安的儿子陈不得袭侯，该年为其元年。陈不得，是陈千秋的父亲。 **七** 元狩二年，侯千秋元年。陈不得在武帝朝为侯共七年。武帝元狩二年，陈千秋袭侯，该年为其元年。 **九** 元鼎五年，侯千秋坐酎金，国除。陈千秋在武帝朝为侯共九年。元鼎五年，陈千秋因献给朝廷供祭祀之用的贡金不合格，封地被取消。
百二十四 陈错的功劳在诸功臣中名列第一百二十四位。

【注释】

栒

①栒:侯国名。在栒县(今陕西咸阳旬邑东北)。高祖八年(前199)始封温疥,传二侯。景帝中元四年(前146)有罪,封国撤销。

②燕将军:燕王臧荼的部将。臧荼在汉三年(前204)投降。汉王四年:前203年。从曹咎军:《汉书》作"从破曹咎军"。曹咎,项羽的部将,汉四年被汉军破杀。

③"为燕相"几句:臧荼降汉后,在项羽死后又反汉,时为燕相的温疥向刘邦告密,臧荼被消灭。

④燕相国:燕王卢绾的相国。定卢奴:温疥参加平定陈豨之战,平定卢奴。卢奴,汉县名。治今河北保定定州。按,《汉书》作"定卢绾",则温疥参与的是平燕王卢绾叛乱。

⑤十月丙辰:十月十一。

武原

①武原:侯国名。在武原县(今江苏徐州邳州西北)。高祖八年(前199)始封卫胠(qū),传二侯。景帝后元二年(前142)有罪,封国撤销。

②汉七年:前200年。梁将军:彭越的部下。彭越被刘邦封为梁王。

③击韩信、陈豨、黥布:卫胠参加了平定韩王信、陈豨、黥布叛乱的战争。韩王信于高祖七年勾结匈奴反汉。陈豨为代相,于高祖十年(前197)反汉。黥布于高祖十一年(前196)起兵反汉。

④高陵:此指始封侯王周。

⑤十二月丁未:十二月初二。

⑥十三:据下文卫不害为侯起始年,此处应作"十一"。

⑦葬过律:办丧事违反规定。

磨

①磨：侯国名。应作“磿”，通“历”。《索隐》曰：“(《汉书》)表作‘历’，历县在信都。”西汉信都郡辖境相当于今山东德州部分和河北邢台南宫及衡水冀州、深州间地。高祖八年（前199）始封程黑，传二侯。景帝中元元年（前149）有罪，封国撤销。

②赵卫将军：赵王歇的护卫将领。汉王三年（前204）韩信灭赵，程黑降汉。

③七月癸酉：七月初二。

槀

①槀：侯国名。王念孙以为应作“橐”，治在今山东济宁邹城西南。高祖八年（前199）始封陈错，传五侯。元鼎五年（前112）因酎金不合格，封国撤销。

②高帝七年：前200年。击代陈豨：代，指韩王信。按，高帝七年韩王信反，陈豨反汉在高帝十年（前197）。陈错参加的是平韩王信叛乱，无关平陈豨事。

③陈错：《汉书》作“陈锴”。

④元朔元年，侯不得元年：底本无此九字，据文例应有。元朔元年，前128年。

国名	宋子[1]
侯功	以汉三年以赵羽林将初从[2]，击定诸侯，功比磨侯[3]，五百四十户。许瘛在汉王三年以赵羽林将的身份开始跟从刘邦，领兵攻打、平定诸侯，他的功劳与磨侯程黑不相上下，享有食邑五百四十户。
高祖十二	**四**　八年十二月丁卯[4]，惠侯许瘛元年。许瘛在高祖朝为侯共四年。许瘛在高祖八年十二月丁卯被封为宋子侯，“惠”为其谥号，该年为其元年。 **一**　十二年，共侯不疑元年。许不疑在高祖朝为侯共一年。高祖十二年，许瘛的儿子许不疑袭侯，“共”为其谥号，该年为其元年。
孝惠七	**七**　许不疑在惠帝朝继续为侯，共七年。
高后八	**八**　许不疑在吕后执政期间继续为侯，共八年。
孝文二十三	**九**　许不疑在文帝朝为侯共九年。 **十四**　十年，侯九元年。许九在文帝朝为侯共十四年。文帝十年，许不疑的儿子许九袭侯，该年为其元年。
孝景十六	**八**　中二年，侯九坐买塞外禁物罪[5]，国除。许不疑在景帝朝为侯共八年。景帝中元二年，许九罪犯购买国境以外的犯禁物资，封地被取消。
建元至元封六年三十六，太初元年尽后元二年十八	
侯第	**九十九**　许瘛的功劳在诸功臣中名列第九十九位。

猗氏[1]
以舍人从起丰，入汉，以都尉击项羽，侯，二千四百户。陈遬以舍人的身份跟从刘邦在丰县起兵反秦，进入汉国，后以都尉身份攻打项羽，封侯，享有食邑二千四百户。
五　八年三月丙戌[2]，敬侯陈遬元年。陈遬在高祖朝为侯共五年。陈遬在高祖八年三月丙戌被封为猗氏侯，"敬"为其谥号，该年为其元年。
六　陈遬在惠帝朝为侯共六年。 一　七年，靖侯交元年。陈交在惠帝朝为侯共一年。惠帝七年，陈遬的儿子陈交袭侯，"靖"为其谥号，该年为其元年。
八　陈交在吕后执政期间继续为侯，共八年。
二十三　陈交在文帝朝继续为侯，共二十三年。
二　三年，顷侯差元年。薨，无后，国除。陈交在景帝朝为侯共两年。景帝三年，陈交的儿子陈差袭侯，"顷"为其谥号，该年为其元年。他在当年去世，没有后嗣，封地被取消。
五十　陈遬的功劳在诸功臣中名列第五十位。

国名	清[①]
侯功	以弩将初起，从入汉，以都尉击项羽、代，侯，比彭侯[②]，千户。空中同（应为窒中同）以弩将的身份开始起兵，跟从刘邦进入汉国，后担任都尉攻打项羽、于代攻打韩王信，立功封侯，他的功劳与彭侯秦同不相上下，封侯，享有一千户食邑。
高祖十二	**五** 八年三月丙戌，简侯空中元年[③]。窒中同在高祖朝为侯共五年。窒中同在高祖八年三月丙戌被封为清侯，“简”为其谥号，该年为其元年
孝惠七	**七** 元年，顷侯圣元年。窒中圣在惠帝朝为侯共七年。惠帝元年，窒中同的儿子窒中圣袭侯，“顷”为其谥号，该年为其元年。
高后八	**八** 窒中圣在吕后执政期间继续为侯，共八年。
孝文二十三	**七** 窒中圣在文帝朝为侯共七年。 **十六** 八年，康侯鲋元年。窒中鲋在文帝朝为侯共十六年。文帝八年，窒中圣的儿子窒中鲋袭侯，“康”为其谥号，该年为其元年。
孝景十六	**十六** 窒中鲋在景帝朝继续为侯，共十六年。
建元至元封六年三十六，太初元年尽后元二年十八	**二十** 窒中鲋在武帝朝为侯共二十年。 **七** 元狩三年，恭侯石元年。窒中石在武帝朝为侯共七年。武帝元狩三年，窒中鲋的儿子窒中石袭侯，“恭”为其谥号，该年为其元年。 **一** 元鼎四年，侯生元年。元鼎五年，生坐酎金，国除。窒中生在武帝朝为侯共一年。武帝元鼎四年，窒中石的儿子窒中生袭侯，该年为其元年。元鼎五年，窒中生因献给朝廷供祭祀之用的贡金不合格，被废，封地被取消。
侯第	**七十一** 窒中同的功劳在诸功臣中名列第七十一位。

彊[①]
以客吏初起，从入汉，以都尉击项羽、代，侯，比彭侯[②]，千户。留胜以客吏的身份开始起兵跟从刘邦进入汉国，后担任都尉攻打项羽、于代攻打韩王信，立功封侯，他的功劳与彭侯秦同不相上下，享有食邑一千户。
三　八年三月丙戌，简侯留胜元年。留胜在高祖朝为侯共三年。留胜在高祖八年三月丙戌被封为彊侯，“简”为其谥号，该年为其元年。 二　十一年，戴侯章元年。留章在高祖朝为侯共两年。高祖十一年，留胜的儿子留章袭侯，“戴”为其谥号，该年为其元年。
七　留章在惠帝朝继续为侯，共七年。
八　留章在吕后执政期间继续为侯，共八年。
十二　留章在文帝朝为侯共十二年。 二　十三年，侯服元年。十五年，侯服有罪，国除。留服在文帝朝为侯共两年。文帝十三年，留章的儿子留服袭侯，该年为其元年。文帝十五年，留服犯罪，封地被取消。
七十二　留胜的功劳在诸功臣中名列第七十二位。

国名	彭[1]
侯功	以卒从起薛，以弩将入汉[2]，以都尉击项羽、代，侯，千户。秦同以士卒的身份在薛县开始跟从刘邦起兵反秦，后以弩将身份进入汉国，后来又担任都尉攻打项羽、于代攻打韩王信，立功封侯，享有食邑一千户。
高祖十二	**五** 八年三月丙戌，简侯秦同元年。秦同在高祖朝为侯共五年。秦同在高祖八年三月丙戌被封为彭侯，“简”为其谥号，该年为其元年。
孝惠七	**七** 秦同在惠帝朝继续为侯，共七年。
高后八	**八** 秦同在吕后执政期间继续为侯，共八年。
孝文二十三	**二** 秦同在文帝朝为侯共两年。 **二十一** 三年，戴侯执元年。秦执在文帝朝为侯共二十一年。文帝三年，秦同的儿子秦执袭侯，“戴”为其谥号，该年为其元年。
孝景十六	**二** 秦执在景帝朝为侯共两年。 **十一** 三年，侯武元年。后元年，侯武有罪，国除。秦武在景帝朝为侯共十一年。景帝三年，秦执的儿子秦武袭侯，该年为其元年。后元元年，秦武犯罪，封地被取消。
建元至元封六年三十六，太初元年尽后元二年十八	
侯第	**七十** 秦同的功劳在诸功臣中名列第七十位。

吴房[①]
以郎中骑将汉王元年从起下邽[②],击阳夏[③],以都尉斩项羽,有功,侯,七百户。汉王元年,杨武以郎中骑将的身份在下邽起兵跟从刘邦,在阳夏追击项羽,后又担任都尉,在项羽自杀后分得其尸首,立功,封侯,享有食邑七百户。
五 八年三月辛卯[④],庄侯杨武元年。杨武在高祖朝为侯共五年。杨武在高祖八年三月辛卯被封为吴房侯,"庄"为其谥号,该年为其元年。
七 杨武在惠帝朝继续为侯,共七年。
八 杨武在吕后执政期间继续为侯,共八年。
十二 杨武在文帝朝为侯共十二年。 **十一** 十三年,侯去疾元年。杨去疾在文帝朝为侯共十一年。文帝十三年,杨武的儿子杨去疾袭侯,该年为其元年。
十四 后元年,去疾有罪,国除。杨去疾在景帝朝为侯共十四年。景帝后元元年,杨去疾犯罪,封地被取消。
九十四 杨武的功劳在诸功臣中名列第九十四位。

【注释】

宋子

①宋子:侯国名。在宋子县(今河北石家庄赵县东北)。高祖八年(前199)始封许瘛(chì),传二侯。景帝中元二年(前148)有罪,封国撤销。

②汉三年:前204年。以赵羽林将初从:原为赵王歇禁卫军将领,韩信破赵后降汉。羽林将,羽林军所属将领。羽林军即禁卫军。

③磨侯:此指始封侯程黑。

④十二月丁卯:十二月二十二。

⑤买塞外禁物:购买从国境外走私进来的违禁物资。禁物,禁止使用的器服装饰等物品。

猗氏

①猗氏:侯国名。在猗氏县(今山西运城临猗南)。高祖八年(前199)始封陈遬,传二侯。景帝三年(前154)去世,无后,封国撤销。

②三月丙戌:三月十三。

清

①清:侯国名。在清县(今山东聊城西)。高祖八年(前199)始封窒中同,传四侯。元鼎五年(前112)因酎金不合格,封国撤销。

②彭侯:此指始封侯秦同。

③空中:《索隐》曰:"清简侯空中同。空,一作'窒',窒中,姓,见《风俗通》。"此人姓窒中,名同。

彊

①彊:侯国名。其地未详。《齐鲁封泥集存》有"彊侯邑丞"封泥。高祖八年(前199)始封留胜,传二侯。文帝十五年(前165)有

罪,封国撤销。

②彭侯:此指始封侯秦同。

彭

①彭:侯国名。其地未详。王先谦《汉书补注》引钱坫说“彭”即“祊”,古字通用,《后汉书·郡国志》费县有祊亭,在今山东临沂费县。《齐鲁封泥集存》有“彭侯邑丞”封泥。高祖八年(前199)始封秦同,传二侯。景帝三年(前154)有罪,封国撤销。

②弩将:官名。秦汉时地位略低于将军的武官,属别将一类。职掌弓箭部队。

吴房

①吴房:侯国名。在吴房县(今河南驻马店遂平)。高祖八年(前199)始封杨武,传一侯。景帝后元元年(前143)有罪,封国撤销。

②汉王元年:前206年。下邽:秦县名。治今陕西渭南北下邽镇东南渭河北岸。

③阳夏:秦县名。治今河南周口太康。汉五年,刘邦追击项羽于此。

④三月辛卯:三月十八。

国名	甯①
侯功	以舍人从起砀，入汉，以都尉击臧荼，功侯，千户。魏选以舍人的身份在砀县起兵跟从刘邦反秦，进入汉国，又担任都尉攻打臧荼，立功封侯，享有食邑一千户。
高祖十二	**五**　八年四月辛酉②，庄侯魏选元年。魏选在高祖朝为侯共五年。魏选在高祖八年四月辛卯被封为甯侯，“庄”为其谥号，该年为其元年。
孝惠七	**七**　魏选在惠帝朝继续为侯，共七年。
高后八	**八**　魏选在吕后执政期间继续为侯，共八年。
孝文二十三	**十五**　魏选在文帝朝为侯共十五年。 **八**　十六年，恭侯连元年。魏连在文帝朝为侯共八年。文帝十六年，魏选的儿子魏连袭侯，“恭”为其谥号，该年为其元年。
孝景十六	**三**　元年，侯指元年。四年，侯指坐出国界③，有罪，国除。魏指在景帝朝为侯共三年。景帝元年，魏连的儿子魏指袭侯，该年为其元年。景帝四年，魏指罪犯擅自离开自己的封地，封地被取消。
建元至元封六年三十六，太初元年尽后元二年十八	
侯第	**七十八**　魏选的功劳在诸功臣中名列第七十八位。

昌[1]
以齐将汉王四年从淮阴侯起无盐[2],定齐,击籍及韩王信于代,侯,千户。卢卿以齐将的身份于汉王四年在无盐归降淮阴侯韩信,平定齐地,又领兵攻打项羽,还在代攻打韩王信,封侯,享有食邑一千户。
五　八年六月戊申[3],圉侯卢卿元年。卢卿在高祖朝为侯共五年。卢卿在高祖八年六月戊申被封为昌侯,"圉"为其谥号,该年为其元年。
七　卢卿在惠帝朝继续为侯,共七年。
八　卢卿在吕后执政期间继续为侯,共八年。
十四　卢卿在文帝朝为侯共十四年。 **九**　十五年,侯通元年。卢通在文帝朝为侯共九年。文帝十五年,卢卿的儿子卢通袭侯,该年为其元年。
二　三年,侯通反,国除。卢通在景帝朝为侯共两年。景帝三年,卢通谋反,封地被取消。
百九　卢卿的功劳在诸功臣中名列第一百零九位。

国名	共①
侯功	以齐将汉王四年从淮阴侯起临淄，击籍及韩王信于平城②，有功，侯，千二百户。卢罢师以齐将的身份在汉王四年在临淄归降淮阴侯韩信，又领兵攻打项羽并在平城攻打韩王信，有功封侯，享有食邑一千二百户。
高祖十二	**五** 八年六月壬子③，庄侯卢罢师元年。卢罢师在高祖朝为侯共五年。卢罢师在高祖八年六月壬子被封为共侯，“庄”为其谥号，该年为其元年。
孝惠七	**七** 卢罢师在惠帝朝继续为侯，共七年。
高后八	**八** 卢罢师在吕后执政期间继续为侯，共八年。
孝文二十三	**六** 卢罢师在文帝朝为侯共六年。 **八** 七年，惠侯党元年。卢党在文帝朝为侯共八年。文帝七年，卢罢师的儿子卢党袭侯，“惠”为其谥号，该年为其元年。 **五** 十五年，怀侯商元年。后四年，侯商薨，无后，国除。卢商在文帝朝为侯共五年。文帝十五年，卢党的儿子卢商袭侯，“怀”为其谥号，该年为其元年。文帝后元四年，侯商去世，没有后嗣，封地被取消。
孝景十六	
建元至元封六年三十六，太初元年尽后元二年十八	
侯第	**百十四** 卢罢师的功劳在诸功臣中名列第一百一十四位。

阏氏[1]
以代太尉汉王三年降[2]，为雁门守[3]，以特将平代反寇[4]，侯，千户。冯解敢在汉王三年以代太尉的身份投降，后担任雁门守，又担任特将平定代地谋反的敌寇，封侯，享有食邑一千户。
四　八年六月壬子，节侯冯解敢元年。冯解敢在高祖朝为侯共四年。冯解敢在高祖八年六月壬子被封为阏氏侯，"节"为其谥号，该年为其元年。 **一**　十二年，恭侯它元年。冯它在高祖朝为侯共一年。高祖十二年，冯解敢的儿子冯它袭侯，"恭"为其谥号，该年为其元年。
薨，无后，绝。冯它在惠帝元年去世，没有后嗣，爵位断绝。
十四　二年，封恭侯遗腹子文侯遗元年。冯遗在文帝朝为侯共十四年。文帝二年，封恭侯冯它的遗腹子冯遗为侯，"文"为其谥号，该年为其元年。 **八**　十六年，恭侯胜之元年。冯胜之在文帝朝为侯共八年。文帝十六年，冯遗的儿子冯胜之袭侯，"恭"为其谥号，该年为其元年。
五　冯胜之在景帝朝为侯共五年。 **十一**　前六年，侯平元年。冯平在景帝朝为侯共十一年。景帝前元六年，冯胜之的儿子冯平袭侯，该年为其元年。
二十八　元鼎五年，侯平坐酎金，国除。冯平在武帝朝为侯共二十八年。武帝元鼎五年，阏氏侯冯平因献给朝廷供祭祀之用的贡金不合格，封地被取消。
百　冯解敢的功劳在诸功臣中名列第一百位。

国名	安丘[1]
侯功	以卒从起方与[2]，属魏豹[3]；二岁五月[4]，以执铍入汉[5]，以司马击籍，以将军定代，侯，三千户。张说以士卒身份在方与起兵反秦，是魏豹的部下；汉王二年五月，他以执铍的身份归顺刘邦，后担任司马攻打项羽，又担任将军在代平定韩王信，立功封侯，享有食邑三千户。
高祖十二	**五**　八年七月癸酉[6]，懿侯张说元年。张说在高祖朝为侯共五年。张说在高祖八年七月癸酉被封为安丘侯，“懿”为其谥号，该年为其元年。
孝惠七	**七**　张说在惠帝朝继续为侯，共七年。
高后八	**八**　张说在吕后执政期间继续为侯，共八年。
孝文二十三	**十二**　张说在文帝朝为侯共十二年。 **十一**　十三年，恭侯奴元年。张奴在文帝朝为侯共十一年。文帝十三年，张说的儿子张奴袭侯，“恭”为其谥号，该年为其元年。
孝景十六	**二**　张奴在景帝朝为侯共两年。 **一**　三年，敬侯执元年。张执在景帝朝为侯共一年。景帝三年，张奴的儿子张执袭侯，“敬”为其谥号，该年为其元年。 **十三**　四年，康侯䜣元年。张䜣在景帝朝为侯共十三年。景帝四年，张执的儿子张䜣袭侯，“康”为其谥号，该年为其元年。
建元至元封六年三十六，太初元年尽后元二年十八	**十八**　张䜣在武帝朝为侯共十八年。 **九**　元狩元年，侯指元年。元鼎四年，侯指坐入上林谋盗鹿，国除。张指在武帝朝为侯共九年。武帝元狩元年，张䜣的儿子张指袭侯，该年为其元年。元鼎四年，安丘侯张指罪犯擅入上林苑谋求盗猎鹿，封地被取消。
侯第	

合阳[①]
高祖兄。兵初起，侍太公守丰，天下已平，以六年正月立仲为代王[②]。高祖八年，匈奴攻代[③]，王弃国亡，废为合阳侯。刘仲是高祖刘邦的二哥。反秦义军开始兴起时，他侍奉太公守卫丰县，天下平定后，他在高祖六年正月被封为代王。高祖八年，匈奴进攻代国，他放弃代王职责逃跑，被废为合阳侯。
五　八年九月丙子[④]，侯刘仲元年。刘仲在高祖朝为侯共五年。刘仲在高祖八年九月丙子被封为合阳侯，该年为其元年。
二　仲子濞，为吴王[⑤]。以子吴王故，尊仲谥为代顷侯。刘仲在惠帝朝为侯共两年。刘仲的儿子刘濞被封为吴王。因为他的儿子是吴王的缘故，尊称死后的刘仲为代顷侯。

【注释】

甯

①甯:侯国名。在甯县,梁玉绳以为即当时的脩武,即今河南新乡获嘉。高祖八年(前199)始封魏选,传二侯。景帝四年(前153)有罪,封国撤销。

②四月辛酉:四月十八。

③出国界:离开自己的封国。

昌

①昌:侯国名。在昌县(今山东潍坊诸城东南)。高祖八年(前199)始封卢卿,传一侯。景帝三年(前154)谋反,封国撤销。

②以齐将汉王四年从淮阴起无盐:卢卿原为齐将,在无盐归降韩信。汉王四年,前203年。淮阴,此指韩信。无盐,秦县名。治今山东泰安东平县城东南之无盐村。

③六月戊申:六月初六。

共

①共:侯国名。在共县(今河南新乡辉县)。高祖八年(前199)始封卢罢师,传二侯。文帝后元四年(前160)去世,无后,封国撤销。

②平城:汉县名。在今山西大同城东北。汉七年(前200)刘邦攻韩王信,曾被匈奴围困于平城白登山。

③六月壬子:六月初十。

阏氏

①阏氏(yān zhī):侯国名。其地说法不一。《史记地名考》以为乌、阏古通,司马贞所见“乌氏”或作“阏氏”,治今宁夏固原东南;梁玉绳以为应作“阏与”,治今山西长治武乡西北。高祖八年(前

199）始封冯解敢，传四侯。元鼎五年（前112）因酎金不合格，封国撤销。

②代太尉：代王陈馀所封的太尉。掌管军政，实为帝王的军事顾问。韩信破代后投降。

③雁门守：雁门郡太守。雁门郡，治善无（今山西朔州右玉南）。

④特将：独当一面的将领。平代反寇：指平韩王信叛乱。

安丘

①安丘：侯国名。在安丘县（今山东潍坊安丘）。高祖八年（前199）始封张说，传四侯。元鼎四年（前113）有罪，封国撤销。

②方与：秦县名。治今山东济宁鱼台西。

③魏豹：战国魏国的后裔，秦汉之际诸侯王。先自立魏王，从项羽入关，被封西魏王。后在刘邦、项羽之间反复，前204年被汉将周苛杀于荥阳。

④二岁五月：前205年五月。是时刘邦刚被项羽大败于彭城。

⑤执铍（pí）：官名。国君左右亲卫之侍卫官。铍，剑形之刀。

⑥七月癸酉：七月初二。

合阳

①合阳：也作“郃阳”，侯国名。在合阳县（今陕西渭南合阳东南）。高祖八年（前199）始封刘仲，惠帝二年（前193）被撤销。

②立仲为代王：刘仲，刘邦的二哥。《汉书》作“刘喜”。

③高祖八年，匈奴攻代：事实在高祖七年。高祖八年，前199年。

④九月丙子：九月初六。

⑤仲子濞，为吴王：高祖十二年（前195）十月刘濞被封为吴王。

国名	襄平[①]
侯功	兵初起，纪成以将军从击破秦，入汉，定三秦，功比平定侯。战好畤[②]，死事[③]。子通袭成功[④]，侯。在反秦义军开始兴起时，纪成担任将军跟从刘邦征战灭秦，进入汉国，不久参与了消灭章邯、董翳、司马欣的战争，功劳与平定侯不相上下。后来他战于好畤，死于战事。他的儿子纪通继承其父已有的功勋，被封为襄平侯。
高祖十二	**五**　八年后九月丙午[⑤]，侯纪通元年。纪通在高祖朝为侯共五年。纪通在高祖八年闰九月丙午被封为襄平侯，该年为其元年。
孝惠七	**七**　纪通在惠帝朝继续为侯，共七年。
高后八	**八**　纪通在吕后执政期间继续为侯，共八年。
孝文二十三	**二十三**　纪通在文帝朝继续为侯，共二十三年。
孝景十六	**九**　纪通在景帝朝为侯共九年。 **七**　中三年，康侯相夫元年。纪相夫在景帝朝为侯共七年。景帝中元三年，纪通的儿子纪相夫袭侯，"康"为其谥号，该年为其元年。
建元至元封六年三十六，太初元年尽后元二年十八	**十二**　纪相夫在武帝朝为侯共十二年。 **十九**　元朔元年，侯夷吾元年。元封元年，夷吾薨，无后，国除。纪夷吾在武帝朝为侯共十九年。武帝元朔元年，纪相夫的儿子纪夷吾袭侯，该年为其元年。元封元年，纪夷吾去世，没有后嗣，封地被取消。
侯第	**五十六**　纪成的功劳在诸功臣中名列第五十六位。

龙[①]
以卒从，汉王元年起霸上[②]，以谒者击籍，斩曹咎[③]，侯，千户。陈署以士卒身份在汉王元年在霸上跟从刘邦，后来又担任谒者攻打项羽，斩杀了项羽的部下曹咎，立功封侯，享有食邑一千户。
五 八年后九月己未[④]，敬侯陈署元年。陈署在高祖朝为侯共五年。陈署在高祖八年闰九月己未被封为龙侯，"敬"为其谥号，该年为其元年。
七 陈署在惠帝朝继续为侯，共七年。
六 陈署在吕后执政期间为侯共六年。 **二** 七年，侯坚元年。陈坚在吕后执政期间为侯共两年。吕后七年，陈署的儿子陈坚袭侯，该年为其元年。
十六 后元年，侯坚夺侯，国除。陈坚在文帝朝为侯共十六年。文帝后元元年，陈坚因犯罪被剥夺爵位，封地被取消。
八十四 陈署的功劳在诸功臣中名列第八十四位。

国名	繁[1]
侯功	以赵骑将从[2],汉三年,从击诸侯,侯,比吴房侯[3],千五百户。彊瞻在汉王三年以赵骑将的身份跟从刘邦攻打诸侯,封侯,他的功劳与吴房侯杨武不相上下,享有食邑一千五百户。
高祖十二	**四** 九年十一月壬寅[4],庄侯彊瞻元年。彊瞻在高祖朝为侯共四年。彊瞻在高祖九年十一月壬寅被封为繁侯,"庄"为其谥号,该年为其元年。
孝惠七	**四** 彊瞻在惠帝朝为侯共四年。 **三** 五年,康侯昫独元年[5]。彊昫独在惠帝朝为侯共三年。惠帝五年,彊瞻的儿子彊昫独袭侯,"康"为其谥号,该年为其元年。
高后八	**八** 彊昫独在吕后执政期间继续为侯,共八年。
孝文二十三	**二十三** 彊昫独在文帝朝继续为侯,共二十三年。
孝景十六	**三** 彊昫独在景帝朝为侯共三年。 **六** 四年,侯寄元年。彊寄在景帝朝为侯共六年。景帝四年,彊昫独的儿子彊寄袭侯,该年为其元年。 **七** 中三年,侯安国元年。彊安国在景帝朝为侯共七年。景帝中元三年,彊寄的儿子彊安国袭侯,该年为其元年。
建元至元封六年三十六,太初元年尽后元二年十八	**十八** 元狩元年,安国为人所杀,国除。彊安国在武帝朝为侯共十八年。武帝元狩元年,彊安国被人杀死,封地被取消。
侯第	**九十五** 彊瞻的功劳在诸功臣中名列第九十五位。

陆梁[1]
诏以为列侯，自置吏，受令长沙王[2]。刘邦下诏任命须毋为列侯，他有权自己设置官吏，归长沙王吴芮领导。
三　九年三月丙辰[3]，侯须毋元年。须毋在高祖朝为侯共三年。须毋在高祖九年三月丙辰被封为陆梁侯，该年为其元年。 一　十二年，共侯桑元年。须桑在高祖朝为侯共一年。高祖十二年，须毋的儿子须桑袭侯，"共"为其谥号，该年为其元年。
七　须桑在惠帝朝继续为侯，共七年。
八　须桑在吕后执政期间继续为侯，共八年。
十八　须桑在文帝朝为侯共十八年。 五　后三年，康侯庆忌元年。须庆忌在文帝朝为侯共五年。文帝后元三年，须桑的儿子须庆忌袭侯，"康"为其谥号，该年为其元年。
十六　元年，侯冉元年。须冉在景帝朝为侯共十六年。景帝元年，须庆忌的儿子须冉袭侯，该年为其元年。
二十八　元鼎五年，侯冉坐酎金，国除。须冉在武帝朝为侯共二十八年。武帝元鼎元年，须冉因献给朝廷供祭祀之用的贡金不合格，被废，封地被取消。
百三十七　须毋的功劳在诸功臣中名列第一百三十七位。

【注释】

襄平

①襄平:侯国名。其地说法不一。《索隐》以为即《汉书·地理志》临淮郡之襄平侯国,其地当在今江苏省境,确址未详;《水经注·大辽水》说为辽东郡襄平县,在今辽宁辽阳。高祖八年(前199)始封纪通,传二侯。元封元年(前110)去世,无后,封国撤销。

②好畤:秦县名。治今陕西咸阳乾县东好畤村。

③死事:纪成在好畤战死。

④袭成功:继承其父现成的功勋。

⑤后九月丙午:闰九月初六。当时的历法是将闰月都放在岁末。

龙

①龙:侯国名。《索隐》:"庐江有龙舒县,盖其地也。"龙舒,在今安徽六安舒城西南。高祖八年(前199)始封陈署,传一侯。文帝后元元年(前163)有罪,封国撤销。

②汉王元年:前206年。

③斩曹咎:曹咎是项羽的部将,汉王三年(前204),项羽自击彭越,命他留守成皋。明年,中汉军激将计,兵败被杀。

④后九月己未:闰九月十九。

繁

①繁:侯国名。在繁县(今四川成都彭州西北)。高祖九年(前198)始封彊瞻,传三侯。元狩元年(前122)被撤。

②以赵骑将从:彊瞻原为赵王歇的骑将,汉王三年(前204)韩信破赵后降汉。

③吴房侯:此指始封侯杨武。

④十一月壬寅:十一月初三。梁玉绳以为"彊瞻"应作"张瞻师"。

⑤昫独:《汉表》作“侯惸(qióng)”,梁玉绳以为“昫”字当作“惸”,即今“茕”字,此侯名“茕独”。

陆梁

①陆梁:侯国名。其地未详。应离今湖南不远。《汉书·高惠高后文功臣表》《史记索隐》本、景祐本作“陆量”,或旧作“陆量”。高祖九年(前198)始封须毋,传三侯。元鼎五年(前112)因酎金不合格,封国撤销。

②受令长沙王:受长沙王管辖。此时的长沙王为第二代长沙王吴臣。

③九年三月丙辰:高祖九年三月十九。

国名	高京[①]
侯功	周苛起兵,以内史从[②],击破秦,为御史大夫,入汉,围取诸侯,坚守荥阳,功比辟阳[③]。苛以御史大夫死事。子成为后,袭侯。周苛以内史的身份起兵跟从刘邦,参与了灭秦战争,后升为御史大夫,进入汉国,后围攻各地诸侯,为刘邦坚守荥阳,他的功劳与辟阳侯审食其不相上下。周苛以御史大夫的身份死于战事。他的儿子周成是他的继承人,承袭了他的爵位。
高祖十二	**四** 九年四月戊寅[④],侯周成元年。周成在高祖朝为侯共四年。周成在高祖九年四月戊寅被封为高京侯,该年为其元年。
孝惠七	**七** 周成在惠帝朝继续为侯,共七年。
高后八	**八** 周成在吕后执政期间继续为侯,共八年。
孝文二十三	**二十** 后五年,坐谋反,系死[⑤],国除,绝。周成在文帝朝为侯共二十年。文帝后元五年,周成犯谋反罪死于关押之中,封地被取消,爵位被废绝。
孝景十六	绳[⑥] 中元年,封成孙应元年。侯平嗣,不得元年[⑦]。景帝中元元年,封周成的孙子周应为绳侯。该年为其元年。周应的儿子周平袭侯,不知道他的元年在哪一年。
建元至元封六年三十六,太初元年尽后元二年十八	元狩四年,平坐为太常不缮治园陵[⑧],不敬,国除。武帝元狩四年,周平罪犯担任太常却不整修列祖列宗的陵墓,不敬,封地被取消。
侯第	**六十** 周苛的功劳在诸功臣中名列第六十位。

离[1]
失此侯始所起及所绝[2]。这位侯的事迹与爵位被废的信息均丢失了。
九年四月戊寅[3],邓弱元年。邓弱在高祖九年四月戊寅被封为离侯,该年为其元年。

国名	义陵[①]
侯功	以长沙柱国侯[②],千五百户。吴程担任长沙柱国,封侯,享有食邑一千五百户。
高祖十二	**四**　九年九月丙子[③],侯吴程元年。吴程在高祖朝为侯共四年。吴程在高祖九年九月丙子被封为义陵侯,该年为其元年。
孝惠七	**三**　吴程在惠帝朝为侯共三年。 **四**　四年,侯种元年。吴种在惠帝朝为侯共四年。惠帝四年,吴程的儿子吴种袭侯,该年为其元年。
高后八	**六**　七年,侯种薨,无后,国除。皆失谥。吴种在吕后执政期间为侯共六年。吕后七年,义陵侯吴种去世,没有后嗣,封地被取消。谥号的信息都丢失了。
孝文二十三	
孝景十六	
建元至元封六年三十六,太初元年尽后元二年十八	
侯第	**百三十四**　吴程的功劳在诸功臣中名列第一百三十四位。

宣平[1]
兵初起，张耳诛秦，为相[2]，合诸侯兵钜鹿[3]，破秦定赵，为常山王[4]。陈馀反，袭耳，弃国，与大臣归汉，汉定赵，为王[5]。卒，子敖嗣[6]。其臣贯高不善，废为侯[7]。反秦义军开始兴起时，张耳起兵讨秦，后担任赵相国，会合各地诸侯的军队在钜鹿与秦军作战，打败秦军，安定了赵地，被项羽封为常山王。后来陈馀与他反目，驱逐张耳，张耳遂弃常山国，与大臣一起投归刘邦，韩信灭赵后刘邦封张耳为赵王。张耳死后，他的儿子张敖袭爵。他的大臣贯高谋杀刘邦，张敖因此被降为侯。
四　九年四月，武侯张敖元年。张敖在高祖朝为侯共四年。张敖在高祖九年四月被封为宣平侯，"武"为其谥号，该年为其元年。
七　张敖在惠帝朝继续为侯，共七年。
六　信平薨[8]，子偃为鲁王，国除[9]。张敖在吕后执政期间为侯共六年。张敖去世后，他的儿子张偃为鲁王，宣平侯的封地被取消。
十五　元年，以故鲁王为南宫侯[10]。张偃在文帝朝为南宫侯共十五年。文帝元年，改封被废的鲁王张偃为南宫侯，该年为其元年。 **八**　十六年，哀侯欧元年。张欧在文帝朝为侯共八年。文帝十六年，张偃的儿子张欧袭侯，"哀"为其谥号，该年为其元年。
九　张欧在景帝朝为侯共九年。 **七**　中三年，侯生元年。张生在景帝朝为侯共七年。景帝中元三年，张欧的儿子张生袭侯，该年为其元年。
七[11]　罪，绝。张生在武帝朝为侯共七年。武帝元光元年，张生犯罪，爵位被废。 睢阳[12]　**十八**　元光三年，封偃孙侯广元年。张广在武帝朝为睢阳侯共十八年。武帝元光三年，封张偃的孙子张广为睢阳侯，该年为其元年。 **十三**　元鼎二年，侯昌元年。太初三年，侯昌为太常，乏祠，国除。张昌在武帝朝为侯共十三年。武帝元鼎二年，张广的儿子张昌袭侯，该年为其元年。太初三年，他罪犯担任太常，对祭祀的事处理不力，封地被取消。
三[13]　张耳的功劳在诸功臣中名列第三位。

国名	东阳[①]
侯功	高祖六年[②]，为中大夫[③]，以河间守击陈豨力战[④]，功侯，千三百户。张相如在高祖六年担任中大夫，后又担任河间守攻打陈豨，拼力作战，立功封侯，享有食邑一千三百户。
高祖十二	**二**　十一年十二月癸巳[⑤]，武侯张相如元年。张相如在高祖朝为侯共两年。张相如在高祖十一年十二月癸巳被封为东阳侯，该年为其元年。
孝惠七	**七**　张相如在惠帝朝继续为侯，共七年。
高后八	**八**　张相如在吕后执政期间继续为侯，共八年。
孝文二十三	**十五**　张相如在文帝朝为侯共十五年。 **五**　十六年，共侯殷元年。张殷在文帝朝为侯共五年。文帝十六年，张相如的儿子张殷袭侯，"共"为其谥号，该年为其元年。 **三**　后五年，戴侯安国元年。张安国在文帝朝为侯共三年。文帝后元五年，张殷的儿子张安国袭侯，"戴"为其谥号，该年为其元年。
孝景十六	**三**　张安国在景帝朝为侯共三年。 **十三**　四年，哀侯彊元年。张彊在景帝朝为侯共十三年。景帝四年，张安国的儿子张彊袭侯，"哀"为其谥号，该年为其元年。
建元至元封六年三十六，太初元年尽后元二年十八	建元元年，侯彊薨，无后，国除。武帝建元元年，东阳侯张彊去世，没有后嗣，封地被取消。
侯第	**百十八**　张相如的功劳在诸功臣中名列第一百一十八位。

开封[①]
以右司马汉王五年初从，以中尉击燕[②]，定代，侯，比共侯[③]，二千户。陶舍以右司马的身份，汉王五年开始跟从刘邦征战，后来担任中尉讨伐燕王臧荼，平定韩王信，封侯，他的功劳与共侯卢罢师不相上下，享有食邑二千户。
一　十一年十二月丙辰[④]，闵侯陶舍元年。陶舍在高祖朝为侯共一年。陶舍在高祖十一年十二月丙辰被封为开封侯，该年为其元年。 一　十二年，夷侯青元年。陶青在高祖朝为侯共一年。高祖十二年，陶舍的儿子陶青袭侯，“夷”为其谥号，该年为其元年。
七　陶青在惠帝朝继续为侯，共七年。
八　陶青在吕后执政期间继续为侯，共八年。
二十三　陶青在文帝朝继续为侯，共二十三年。
九　景帝时，为丞相[⑤]。陶青在景帝朝为侯共九年。景帝时期，陶青曾任丞相。 七　中三年，节侯偃元年。陶偃在景帝朝为侯共七年。景帝中元三年，陶舍的儿子陶偃袭侯，“节”为其谥号，该年为其元年。
十　陶偃在武帝朝为侯共十年。 十八　元光五年，侯睢元年。元鼎五年，侯睢坐酎金，国除。陶睢在武帝朝为侯共十八年。武帝元光五年，陶偃的儿子陶睢袭侯。元鼎五年，陶睢因献给朝廷供祭祀之用的贡金不合格，封地被取消。
百十五　陶舍的功劳在诸功臣中名列第一百一十五位。

国名	沛[1]
侯功	高祖兄合阳侯刘仲子,侯。刘濞是高祖的二哥合阳侯刘仲的儿子,被封侯。
高祖十二	一　十一年十二月癸巳[2],侯刘濞元年。十二年十月辛丑[3],侯濞为吴王,国除。刘濞在高祖朝为侯共一年。刘濞在高祖十一年十二月癸巳被封为沛侯,该年为其元年。高祖十二年十月辛丑,沛侯刘濞被封为吴王,沛侯封地被取消。
孝惠七	
高后八	
孝文二十三	
孝景十六	
建元至元封六年三十六,太初元年尽后元二年十八	
侯第	

慎阳[1]
为淮阴舍人，告淮阴侯信反[2]，侯，二千户。栾说是淮阴侯韩信的舍人，因告发韩信谋反，被封侯，享有食邑二千户。
二　十一年十二月甲寅[3]，侯栾说元年[4]。栾说在高祖朝为侯共两年。栾说在高祖十一年十二月甲寅被封为慎阳侯，该年为其元年。
七　栾说在惠帝朝继续为侯，共七年。
八　栾说在吕后执政期间继续为侯，共八年。
二十三　栾说在文帝朝继续为侯，共二十三年。
十二　栾说在景帝朝为侯共十二年。 四　中六年，靖侯愿之元年。栾愿之在景帝朝为侯共四年。景帝中元六年，栾说的儿子栾愿之袭侯，"靖"为其谥号，该年为其元年。
二十二　建元元年，侯买之元年。元狩五年，侯买之坐铸白金弃市[5]，国除。栾买之在武帝朝为侯共二十二年。武帝建元元年，栾愿之的儿子栾买之袭侯，该年为其元年。元狩五年，他因犯盗铸白金罪，当众处死，封地被取消。
百三十一　栾说的功劳在诸功臣中名列第一百三十一位。

【注释】

高京

①高京:侯国名。其地未详。高祖九年(前198)始封周成,传二侯,中改绳侯。元狩四年(前119)有罪,封国撤销。

②内史:京城的行政长官。梁玉绳据《张丞相列传》“周苛为客。从入关”,认为此处“内史”应作“客”。王叔岷《史记斠证》认为“内史”是虚衔,恐非误。

③功比辟阳:周苛坚守荥阳,城破被俘,骂敌不屈而死。梁玉绳认为周苛忠烈卓著,而审食其只因为随侍吕后得宠而封侯,将此二人作比,“辱周御史矣”。曰:“侯第辟阳在五十九,高京在六十,岂非陈平阿吕后意差录倒杂乎?”辟阳,此指审食其。

④九年四月戊寅:高祖九年四月十一。

⑤系死:死于狱中。系,拘押,囚禁。

⑥绳:封周成之孙周应元为绳侯。绳,汉县名。《汉书补注》认为即“渑”,《史记地名考》据《水经注·淄水》说或在济南、千乘两郡间。

⑦不得元:不知其元年是哪一年。

⑧不缮治园陵:不整修祖宗墓园。

离

①离:侯国名。其地未详。高祖九年(前198)始封邓弱。

②失此侯所起:《索隐》曰:“《汉表》成帝时光禄大夫滑堪日旁占验,曰‘邓弱以长沙将兵侯’,是所起也。”陈直曰:“离侯之下为义陵侯吴程,以长沙柱国侯,功勋相类,故侯位相联次。”

③九年四月戊寅:高祖九年四月十一。

义陵

①义陵:侯国名。在义陵县(今湖南怀化溆浦南)。又,《史记地名

考》曰:“此侯以长沙柱国封,当在南阳。”梁玉绳以为即“平氏县”,治今河南南阳唐河东南。高祖九年(前198)始封吴程,传一侯。高后七年(前181)去世,无后,封国撤销。

②长沙柱国:长沙王的柱国。

③九年九月丙子:此年的九月无“丙子”日,记载有误。

宣平

①宣平:封号名。应为关内侯。高祖九年(前198)始封张敖,高后六年(前182)子偃封鲁王,废宣平侯。文帝元年封张偃为南宫侯,传四侯。中改封睢阳侯。太初三年(前102)有罪,封国撤销。

②张耳诛秦,为相:张耳起兵讨秦,后为赵王歇之相。

③合诸侯兵钜鹿:指诸侯救赵之“钜鹿之战”。

④破秦定赵,为常山王:灭秦后,项羽封张耳为常山王。

⑤汉定赵,为王:韩信与张耳灭赵,刘邦封张耳为赵王。

⑥子敖:张耳之子张敖,娶刘邦之女鲁元公主为妻。

⑦其臣贯高不善,废为侯:赵相贯高谋杀刘邦,张敖虽不知情,仍被降为侯。

⑧信平:二字不可解。梁玉绳认为是衍文。张文虎认为张敖封地在信都,“疑‘信平’即合‘信都’‘宣平’二字而误”。

⑨子偃为鲁王,国除:高后六年张敖卒后,其子张偃被封为鲁王,宣平侯国取消。

⑩元年,以故鲁王为南宫侯:高后八年(前180),大臣诛诸吕,鲁王张偃因是吕后外孙而被废。文帝元年(前179),又封其为南宫侯。南宫,汉县名。治信都,在今河北邢台南宫西北。

⑪七:张生在武帝朝为侯七年。被废时为元光元年(前134)。

⑫睢阳:张广被改封睢阳侯。睢阳,汉县名。治今河南商丘南。按,张广之侯国当作“睢陵”,故治在今江苏泗洪东南洪泽湖中。

⑬三：梁玉绳认为按例此当为张敖侯第，但以张敖功劳，绝不可能排在第三位。颜师古曰："张耳及敖并为无大功，盖以鲁元之故，吕后曲升之也。"则认为此为张耳排名。

东阳

①东阳：侯国名。在东阳县（今江苏淮安盱眙东南）。高祖十一年（前196）始封张相如，传三侯。建元元年（前140）去世，无后，封国撤销。

②高祖六年：前201年。

③中大夫：官名。掌议论。

④以河间守击陈豨：高祖九年（前198）设河间郡，陈豨叛汉在高祖十年（前197），张相如时为河间郡太守，参加了平叛之战。河间，汉郡名。治乐成，在今河北沧州献县东南，《齐鲁封泥集存》有"河间守印"封泥。

⑤十一年十二月癸巳：高祖十一年十二月初六。

开封

①开封：侯国名。在开封县（今河南开封南）。高祖十一年（前196）始封陶舍，传三侯。元鼎五年（前112）因酎金被撤。

②中尉：官名。掌京师治安。击燕：讨伐燕王臧荼。

③共侯：此指始封侯卢罢师。

④十一年十二月丙辰：高祖十一年十二月二十九。陶舍当年卒。

⑤景帝时，为丞相：陶青在景帝二年（前155）继申屠嘉任丞相。

沛

①沛：侯国名。在沛县（今江苏徐州沛县）。高祖十一年（前196）始封刘濞。高祖十二年（前195）刘濞封吴王，侯国撤销。

②十一年十二月癸巳:高祖十一年十二月初六。

③十二年十月辛丑:高祖十二年十月十九。

慎阳

①慎阳:侯国名。在慎阳县(今河南驻马店正阳北之江口集)。地处慎水之阳,故名。高祖十一年(前196)始封栾说,传二侯。元狩五年(前118)有罪,封国撤销。

②为淮阴舍人,告淮阴侯信反:据《淮阴侯列传》,韩信的舍人触犯韩信,韩信欲杀之,舍人之弟告发韩信谋反。

③十一年十二月甲寅:高祖十一年十二月二十七。

④栾说:《汉书》作"乐说"。

⑤铸白金:即盗铸钱。白金,货币名。即白金币。汉武帝元狩四年(前119)铸行。以银和锡作币材,根据形制、轻重不同,分为三个等级:其一,圆形龙纹币,名"白选",重八两,值三千钱;其二,方形马币,重六两,值五百钱;其三,椭形龟币,重四两,值三百钱。其实质是武帝为变相掠夺的一种手段,所以仅施行年余即废止了。见《平准书》。

国名	禾成①
侯功	以卒汉五年初从,以郎中击代,斩陈豨,侯,千九百户。公孙耳以士卒的身份在汉王五年开始跟从刘邦,后来担任郎中进攻代,斩杀陈豨,被封侯,享有食邑一千九百户。
高祖十二	**二** 十一年正月己未②,孝侯公孙耳元年。公孙耳在高祖朝为侯共两年。公孙耳在高祖十一年正月己未被封为禾成侯,该年为其元年。
孝惠七	**七** 公孙耳在惠帝朝继续为侯,共七年。
高后八	**八** 公孙耳在吕后执政期间继续为侯,共八年。
孝文二十三	**四** 公孙耳在文帝朝为侯共四年。 **九** 五年,怀侯渐元年。十四年,侯渐薨,无后,国除。公孙渐在文帝朝为侯共九年。文帝五年,公孙耳的儿子公孙渐袭侯,"怀"为其谥号,该年为其元年。文帝十四年,公孙渐去世,没有后嗣,封地被取消。
孝景十六	
建元至元封六年三十六,太初元年尽后元二年十八	
侯第	**百十七** 公孙耳的功劳在诸功臣中名列第一百一十七位。

堂阳[1]
以中涓从起沛,以郎入汉,以将军击籍[2],为惠侯。坐守荥阳降楚免,后复来,以郎击籍,为上党守[3],击豨,侯,八百户。孙赤以中涓的身份跟从刘邦在沛县起兵,后以郎的身份进入汉国,又担任将军攻打项羽,被封为惠侯。后罪犯守荥阳不利投降项羽被免,后来他又重新来投刘邦,以郎的身份攻打项羽,又担任上党守,攻打陈豨,立功封侯,享有食邑八百户。
二　十一年正月己未,哀侯孙赤元年。孙赤在高祖朝为侯共两年。孙赤在高祖十一年正月己未被封为堂阳侯,“哀”是他谥号,该年为其元年。
七　孙赤在惠帝朝继续为侯,共七年。
八　元年[4],侯德元年。孙德在吕后执政期间为侯共八年。吕后元年,孙赤的儿子孙德袭侯,该年为其元年。
二十三　孙德在文帝朝继续为侯,共二十三年。
十二　中六年[5],侯德有罪,国除。孙德在景帝朝为侯共十二年。景帝中元六年,堂阳侯孙德犯罪,封地被取消。
七十七　孙赤的功劳在诸功臣中名列第七十七位。

国名	祝阿[①]
侯功	以客从起啮桑[②]，以上队将入汉[③]，以将军定魏太原[④]，破井陉[⑤]，属淮阴侯，以缶度军击籍及攻豨，侯，八百户。高邑以宾客的身份在啮桑跟从刘邦起兵反秦，后以上队将的身份进入汉国，又担任将军在太原打败魏豹，在井陉消灭陈馀、赵歇，是淮阴侯韩信的部下，用缶使军队渡河攻打项羽及打败陈豨，立功封侯，享有食邑八百户。
高祖十二	**二** 十一年正月己未，孝侯高邑元年。高邑在高祖朝为侯共两年。高邑在高祖十一年正月己未被封为祝阿侯，“孝”为其谥号，该年为其元年。
孝惠七	**七** 高邑在惠帝朝继续为侯，共七年。
高后八	**八** 高邑在吕后执政期间继续为侯，共八年。
孝文二十三	**四** 高邑在文帝朝为侯共四年。 **十四** 五年，侯成元年。后三年[⑥]，侯成坐事国人过律[⑦]，国除。高成在文帝朝为侯共十四年。文帝五年，高邑的儿子高成袭侯，该年为其元年。文帝后元三年，高成罪犯让封地的百姓为自己服役超过规定，封地被取消。
孝景十六	
建元至元封六年三十六，太初元年尽后元二年十八	
侯第	**七十四** 高邑的功劳在诸功臣中名列第七十四位。

长脩[①]
以汉二年用御史初从出关[②]，以内史击诸侯，功比须昌侯[③]，以廷尉死事[④]，千九百户。杜恬在汉王二年以御史的身份开始跟从刘邦出函谷关，又担任内史攻打诸侯，他的功劳与须昌侯不相上下，后担任廷尉死于战事，享有食邑一千九百户。
二　十一年正月丙辰[⑤]，平侯杜恬元年。杜恬在高祖朝为侯共两年。杜恬在高祖十一年正月丙辰被封为长脩侯，“平”为其谥号，该年为其元年。
二　杜恬在惠帝朝为侯共两年。 **五**　三年[⑥]，怀侯中元年。杜中在惠帝朝为侯共五年。惠帝三年，杜恬的儿子杜中袭侯，“怀”为其谥号，该年为其元年。
八　杜中在吕后执政期间继续为侯，共八年。
四　杜中在文帝朝为侯共四年。 **十九**　五年[⑦]，侯喜元年。杜喜在文帝朝为侯共十九年。文帝五年，杜中的儿子杜喜袭侯，该年为其元年。
八[⑧]　罪绝。杜喜在景帝朝为侯共八年。景帝八年因犯罪被废。 阳平[⑨]　**五**　中五年[⑩]，复封；侯相夫元年。杜相夫在景帝朝为阳平侯共五年。景帝中元五年，又给杜氏封侯，杜喜的儿子杜相夫被改封为阳平侯。
三十三　元封四年[⑪]，侯相夫坐为太常与乐令无可当郑舞人擅繇不如令[⑫]，阑出函谷关[⑬]，国除。杜相夫在武帝朝为侯共三十三年。武帝元封四年，阳平侯杜相夫罪犯担任太常与太乐令无可不按照律令擅自征调郑舞人，没有通行证私自出函谷关，封地被取消。
百八　杜恬的功劳在诸功臣中名列第一百零八位。

【注释】

禾成

①禾成：侯国名。《水经注·浊漳水》作“和成”（禾、和古通），其地在钜鹿郡敬武、贳县之间（即今河北石家庄赵县东北、辛集西南）。梁玉绳据此认为即“下曲阳”，今河北石家庄无极南。高祖十一年（前196）始封公孙耳，传一侯。文帝十四年（前166）去世，无后，封国撤销。

②十一年正月己未：高祖十一年正月初三。

堂阳

①堂阳：侯国名。在堂阳县（今河北邢台新河北）。高祖十一年（前196）始封孙赤，传一侯。景帝中元六年（前144），侯孙德有罪，封国撤销。

②以将军击籍：指东袭彭城。

③上党：汉郡名。郡治长子（今山西长治长子西南）。

④元年：高后元年。前187年。

⑤中六年：景帝中元六年，前144年。

祝阿

①祝阿：侯国名。在祝阿县（今山东济南历城西南）。高祖十一年（前196）始封高邑，传一侯。文帝后元三年（前161），侯高成有罪，封国撤销。

②啮桑：古邑名。在江苏徐州沛县西南。

③上队将：汉有上队将、二队将、三队将，疑为率领第一队的将领。

④定魏太原：平定西魏王魏豹的太原郡。太原，郡名。治晋阳（今山西太原西南）。

⑤破井陉：指韩信灭赵的井陉之战。井陉，古山名。在今河北井陉

西。山上有井陉关，为太行山区进入华北平原之要隘。

⑥后三年：文帝后元三年，前161年。

⑦事国人过律：过度奴役领地上的人力。事，役使。

长脩

①长脩：侯国名。在长脩县（今山西运城新绛西北）。高祖十一年（前196）始封杜恬，传三侯。中杜喜有罪被废。侯杜相夫改封阳平侯。元封四年（前107），杜相夫有罪，封国撤销。

②御史：侍御史的省称。御史大夫的属官，受公卿奏事，举劾按章。

③须昌侯：此指始封侯赵衍。

④廷尉：官名。秦汉时九卿之一，职掌刑法。

⑤十一年正月丙辰：此年正月无“丙辰”，记载有误。

⑥三年：惠帝三年。前192年。

⑦五年：文帝前元五年，前175年。

⑧八：杜喜在景帝朝为侯共八年。在景帝中元元年（前149）因罪被废。

⑨阳平：杜相夫恢复侯爵，改封为阳平侯。阳平，汉县名。治今山东聊城莘县。

⑩中五年：景帝中元五年，前145年。

⑪元封四年：前107年。

⑫乐令无可：太乐令，名叫“无可”。当：判处。擅繇：擅征徭役。繇，通“徭”，徭役。

⑬阑出：无凭证擅自出关。

国名	江邑[1]
侯功	以汉五年为御史，用奇计徙御史大夫周昌为赵相而代之[2]，从击陈豨，功侯，六百户。赵尧在汉王五年被任为御史，他用诡计让刘邦将御史大夫周昌降为赵王如意的相国，自己则代替周昌当上御史大夫，后来他跟从刘邦攻打陈豨，立功封侯，享有食邑六百户。
高祖十二	**二**　十一年正月辛未[3]，侯赵尧元年。赵尧在高祖朝为侯共两年。赵尧在高祖十一年正月辛未被封为江邑侯，该年为其元年。
孝惠七	**七**　赵尧在惠帝朝继续为侯，共七年。
高后八	元年[4]，侯尧有罪，国除[5]。吕后元年，赵尧犯罪，封地被取消。
孝文二十三	
孝景十六	
建元至元封六年三十六，太初元年尽后元二年十八	
侯第	

营陵[①]
以汉三年为郎中，击项羽，以将军击陈豨，得王黄[②]，为侯。与高祖疏属刘氏，世为卫尉[③]。万二千户。刘泽在汉王三年被任为郎中，攻打项羽，后来担任将军攻打陈豨，抓获韩王信的部将王黄，立功封侯。他是刘邦远房亲属，为刘氏族人，担任卫尉。享有食邑一万二千户。
二 十一年[④]，侯刘泽元年。刘泽在高祖朝为侯共两年。刘泽在高祖十一年被封为营陵侯，该年为其元年。
七 刘泽在惠帝朝继续为侯，共七年。
五 六年[⑤]，侯泽为琅邪王，国除。刘泽在吕后执政期间为侯共五年。吕后六年，营陵侯刘泽改封为琅邪王，营陵侯封地被取消。
八十八 刘泽的功劳在诸功臣中名列第八十八位。

国名	土军[1]
侯功	高祖六年为中地守[2]，以廷尉击陈豨，侯，千二百户。就国，后为燕相。宣义在高祖六年担任中地守，后又担任廷尉攻打陈豨，立功封侯，享有食邑一千二百户。到自己的封地就任，后来担任燕相。
高祖十二	**二** 十一年二月丁亥[3]，武侯宣义元年。宣义在高祖朝为侯共两年。宣义在高祖十一年二月丁亥被封为土军侯，该年为其元年。
孝惠七	**五** 宣义在惠帝朝为侯共五年。 **二** 六年，孝侯莫如元年。宣莫如在惠帝朝为侯共两年。惠帝六年，宣义的儿子宣莫如袭侯，“孝”为其谥号，该年为其元年。
高后八	**八** 宣莫如在吕后执政期间继续为侯，共八年。
孝文二十三	**二十三** 宣莫如在文帝朝继续为侯，共二十三年。
孝景十六	**二** 宣莫如在景帝朝为侯共两年。 **十四** 三年[4]，康侯平元年。宣平在景帝朝为侯共十四年。景帝三年，宣莫如的儿子宣平袭侯，“康”为其谥号，该年为其元年。
建元至元封六年三十六，太初元年尽后元二年十八	**五** 宣平在武帝朝为侯共五年。 **八** 建元六年[5]，侯生元年。元朔二年[6]，生坐与人妻奸罪，国除。宣生在武帝朝为侯共八年。武帝建元六年，宣平的儿子宣生袭侯，该年为其元年。元朔二年，宣生罪犯与他人的妻子通奸，封地被取消。
侯第	**百二十二** 宣义的功劳在诸功臣中名列第一百二十二位。

广阿[①]
以客从起沛，为御史，守丰二岁，击籍，为上党守，陈豨反，坚守，侯，千八百户。后迁御史大夫。任敖以宾客的身份在沛县跟从刘邦起兵，后被任为御史，在丰县守卫了两年，又去攻打项羽，后担任上党守，陈豨谋反后，他顽强防守，立功封侯，享有食邑一千八百户。后来升任御史大夫。
二　十一年二月丁亥[②]，懿侯任敖元年。任敖在高祖朝为侯共两年。任敖在高祖十一年二月丁亥被封为广阿侯，"懿"为其谥号，该年为其元年。
七　任敖在惠帝朝继续为侯，共七年。
八　任敖在吕后执政期间继续为侯，共八年。
二　任敖在文帝朝为侯共两年。 **一**　三年[③]，夷侯竟元年。任竟在文帝朝为侯共一年。文帝三年，任敖的儿子任竟袭侯，"夷"为其谥号，该年为其元年。 **二十**　四年[④]，敬侯但元年。任但在文帝朝为侯共二十年。文帝四年，任竟的儿子任但袭侯，"敬"为其谥号，该年为其元年。
十六　任但在景帝朝继续为侯，共十六年。
四　任但在武帝朝为侯共四年。 **二十一**　建元五年[⑤]，侯越元年。元鼎二年[⑥]，侯越坐为太常庙酒酸，不敬，国除。任越在武帝朝为侯共二十一年。武帝建元五年，任但的儿子任越袭侯，该年为其元年。元鼎二年，广阿侯任越罪犯作为太常而使供奉宗庙的酒变酸，不敬，封地被取消。
八十九　任敖的功劳在诸功臣中名列第八十九位。

【注释】

江邑

①江邑:其地未详。梁玉绳疑是春秋时江国,“为汉汝南之安阳,其后文帝又以封淮南厉王子勃也”。汉安阳故治在今河南驻马店正阳南。高祖十一年(前196)始封赵尧。高后八年(前187),赵尧得罪,封国撤销。

②用奇计徙御史大夫周昌为赵相而代之:为保护刘邦爱子赵王如意不被吕后伤害,赵尧劝刘邦将对吕后有恩的御史大夫周昌改任为赵相,而自己取得御史大夫之职。

③十一年正月辛未:高祖十一年正月十五。

④元年:高后元年。前187年。

⑤侯尧有罪,国除:吕后掌权后,怨恨赵尧向刘邦献计阻止自己杀赵王如意,遂寻隙将其定罪撤职。

营陵

①营陵:治营陵县(今山东潍坊昌乐东南)。高祖十一年(前196)始封刘泽。高后六年(前182)刘泽改封琅邪王,封国撤销。

②王黄:韩王信的部将,胡人。韩王信败后继续勾结匈奴攻汉。后又投靠陈豨,兵败被俘。

③世为卫尉:卫尉,九卿之一,掌宫门卫屯兵,主管护卫宫廷。按,刘泽在吕后时始为卫尉,“世”字或指其后人世袭卫尉,或此为误记。

④十一年:高祖十一年。前196年。

⑤六年:高后六年。前182年。

土军

①土军:侯国名。在土军县(今山西吕梁石楼)。高祖十一年(前196)始封宣义,传三侯。元朔二年(前127)侯宣生有罪,封国

撤销。

②中地：汉郡名。汉高祖二年（前205）以秦内史部分地置。在今西安市与其郊区之西北部。武帝时改称右扶风。

③十一年二月丁亥：高祖十一年二月初一。

④三年：景帝三年。前154年。

⑤建元六年：前135年。

⑥元朔二年：前127年。

广阿

①广阿：侯国名。在广阿县（今河北邢台隆尧东）。高祖十一年（前196）始封任敖，传三侯。元鼎二年（前115）侯任越有罪，封国撤销。

②二月丁亥：二月初一。

③三年：文帝三年。前177年。

④四年：文帝四年。前176年。

⑤建元五年：前136年。

⑥元鼎二年：前115年。

国名	须昌[1]
侯功	以谒者汉王元年初起汉中[2]，雍军塞陈[3]，谒上，上计欲还，衍言从他道，道通。后为河间守，陈豨反，诛都尉相如，功侯，千四百户。赵衍以谒者的身份在汉王元年开始从汉中起兵，在陈仓堵塞雍王章邯的军队，他拜谒刘邦，刘邦正要打算撤军，赵衍对他建议走其他的道路，道路被打通。后来他担任河间守，陈豨谋反，他杀死了都尉相如，立功封侯，享有食邑一千四百户。
高祖十二	**二** 十一年二月己酉[4]，贞侯赵衍元年。赵衍在高祖朝为侯共两年。赵衍在高祖十一年二月己酉被封为须昌侯，"贞"为其谥号，该年为其元年。
孝惠七	**七** 赵衍在惠帝朝继续为侯，共七年。
高后八	**八** 赵衍在吕后执政期间继续为侯，共八年。
孝文二十三	**十五** 赵衍在文帝朝为侯共十五年。 **四** 十六年[5]，戴侯福元年。赵福在文帝朝为侯共四年。文帝十六年，赵衍的儿子赵福袭侯，"戴"为其谥号，该年为其元年。 **四** 后四年[6]，侯不害元年。赵不害在文帝朝为侯共四年。文帝后元四年，赵福的儿子赵不害袭侯，该年为其元年。
孝景十六	**四** 五年[7]，侯不害有罪，国除。赵不害在景帝朝为侯共四年。景帝五年，须昌侯赵不害犯罪，封地被取消。
建元至元封六年三十六，太初元年尽后元二年十八	
侯第	**百七** 赵衍的功劳在诸功臣中名列第一百零七位。

临辕[①]
初起从为郎，以都尉守蕲城[②]，以中尉侯，五百户。戚鳃开始跟从刘邦起兵时被任为郎，又担任都尉守卫蕲城，后来在中尉任上被封侯，享有食邑五百户。
二　十一年二月乙酉[③]，坚侯戚鳃元年。戚鳃在高祖朝为侯共两年。戚鳃在高祖十一年二月乙酉被封为临辕侯，"坚"为其谥号，该年为其元年。
四　戚鳃在惠帝朝为侯共四年。 三　五年[④]，夷侯触龙元年。戚触龙在惠帝朝为侯共三年。惠帝五年，戚鳃的儿子戚触龙袭侯，"夷"为其谥号，该年为其元年。
八　戚触龙在吕后执政期间继续为侯，共八年。
二十三　戚触龙在文帝朝继续为侯，共二十三年。
三　戚触龙景帝朝为侯共三年。 十三　四年[⑤]，共侯忠元年。戚忠在景帝朝为侯共十三年。景帝四年，戚触龙的儿子戚忠袭侯，"共"为其谥号，该年为其元年。
三　戚忠在武帝朝为侯共三年。 二十五　建元四年[⑥]，侯贤元年。元鼎五年[⑦]，侯贤坐酎金，国除。戚贤在武帝朝为侯共二十五年。武帝建元四年，戚忠的儿子戚贤袭侯，该年为其元年。元鼎五年，临辕侯戚贤因献给朝廷供祭祀之用的贡金不合格，被废，封地被取消。
百十六　戚鳃的功劳在诸功臣中名列第一百一十六位。

国名	汲[①]
侯功	高祖六年为太仆，击代豨，有功，侯，千二百户。为赵太傅[②]。公上不害在高祖六年担任太仆，领兵在代攻打陈豨，立功，封侯，享有食邑一千二百户。后担任赵王如意的太傅。
高祖十二	**二**　十一年二月己巳[③]，终侯公上不害元年[④]。公上不害在高祖朝为侯共两年。公上不害在高祖十一年二月己巳被封为汲侯，“终”为其谥号，该年为其元年。
孝惠七	**一**　公上不害在惠帝朝为侯共一年。 **六**　二年[⑤]，夷侯武元年。公上武在惠帝朝为侯共六年。惠帝二年，公上不害的儿子公上武袭侯，“夷”为其谥号，该年为其元年。
高后八	**八**　公上武在吕后执政期间继续为侯，共八年。
孝文二十三	**十三**　公上武在文帝朝为侯共十三年。 **十**　十四年[⑥]，康侯通元年。公上通在文帝朝为侯共十年。文帝十四年，公上武的儿子公上通袭侯，“康”为其谥号，该年为其元年。
孝景十六	**十六**　公上通在景帝朝继续为侯，共十六年。
建元至元封六年三十六，太初元年尽后元二年十八	**一**　公上通在武帝朝为侯共一年。 **九**　建元二年[⑦]，侯广德元年。元光五年[⑧]，广德坐妻精大逆罪[⑨]，颇连广德，弃市，国除。公上广德在武帝朝为侯共九年。武帝建元二年，公上通的儿子公上广德袭侯，该年为其元年。元光五年，公上广德因妻子精犯了大逆罪，公上广德与此牵连很深，当众处死，封地被取消。
侯第	**百二十三**　公上不害的功劳在诸功臣中名列第一百二十三位。

宁陵[1]
以舍人从陈留[2]，以郎入汉，破曹咎成皋，为上解随马[3]，以都尉击陈豨，功侯，千户。吕臣以舍人的身份在陈留起兵跟从刘邦，后以郎的身份进入汉国，又在成皋打败曹咎，为刘邦解了追骑之厄，后又担任都尉攻打陈豨，立功封侯，享有食邑一千户。
二　十一年二月辛亥[4]，夷侯吕臣元年。吕臣在高祖朝为侯共两年。吕臣在高祖十一年二月辛亥被封为宁陵侯，“夷”为其谥号，该年为其元年。
七　吕臣在惠帝朝继续为侯，共七年。
八　吕臣在吕后执政期间继续为侯，共八年。
十　吕臣在文帝朝为侯共十年。 十三　十一年[5]，戴侯射元年。吕射在文帝朝为侯共十三年。文帝十一年，吕臣的儿子吕射袭侯，“戴”为其谥号，该年为其元年。
三　吕射在景帝朝为侯共三年。 一　四年[6]，惠侯始元年。五年，侯始薨，无后，国除。吕始在景帝朝为侯共一年。景帝四年，吕射的儿子吕始袭侯，该年为其元年，“惠”为其谥号。景帝五年，宁陵侯吕始去世，没有后嗣，封地被取消。
七十三　吕臣的功劳在诸功臣中名列第七十三位。

【注释】

须昌

①须昌:侯国名。在须昌县(今山东泰安东平西北)。高祖十一年(前196)始封赵衍,传二侯。景帝五年(前152),侯赵不害有罪,封国撤销。

②汉王元年:前206年。汉中:郡名。治南郑(今陕西汉中东)。

③雍军塞陈:项羽将刘邦驱入汉中,封章邯等三人在秦地为王,堵住刘邦东出之路。其中章邯封雍王,刘邦东出,章邯出兵陈仓阻击。雍军,雍王章邯的军队。塞陈,梁玉绳认为应作"塞陈仓"。

④十一年二月己酉:高祖十一年二月二十三。

⑤十六年:文帝十六年。前164年。

⑥后四年:文帝后四年。文帝后元四年,前160年。

⑦五年:景帝五年。前152年。

临辕

①临辕:侯国名。其地未详。《齐鲁封泥集存》有"临袁邑丞"封泥,《衡斋金石识小录》有"临袁侯虎符"。梁玉绳疑在今河南洛阳偃师东南,或今山东德州禹城西南。高祖十一年(前196)始封戚鳃,传二侯。元鼎五年(前112)侯戚贤因酎金不合格,封国撤销。

②蕲城:秦县名。治今安徽宿州东南蕲县镇。

③十一年二月乙酉:此年二月无"乙酉",疑应同赵衍格作"己酉"。

④五年:惠帝五年。前190年。

⑤四年:景帝四年。前153年。

⑥建元四年:前137年。

⑦元鼎五年:前112年。

汲

①汲：侯国名。在汲县（今河南新乡卫辉西北）。高祖十一年（前196）始封公上不害，传三侯。元光五年（前130），侯公上广德有罪，封国撤销。

②为赵太傅：为赵王如意的太傅。太傅，帝王或太子的辅导官。

③十一年二月己巳：此年二月无“己巳”，此误。

④公上不害：姓公上，名不害。

⑤二年：惠帝二年。前193年。

⑥十四年：文帝十四年。前166年。

⑦建元二年：前139年。

⑧元光五年：前130年。

⑨妻精：其妻名精。

宁陵

①宁陵：侯国名。在宁陵县（今河南商丘宁陵东南）。高祖十一年（前196）始封吕臣，传二侯。景帝五年（前152），侯吕始去世，无后，封国撤销。

②从陈留：陈仁锡以为应“从起留”。陈留，古县名。治今河南开封东南陈留。留，古邑名。在今江苏徐州沛县东南。

③为上解随马：为刘邦解除被敌骑追杀的困厄。随，追逐。

④十一年二月辛亥：高祖十一年二月二十五。

⑤十一年：文帝十一年。前169年。

⑥四年：景帝四年。前153年。

国名	汾阳[①]
侯功	以郎中骑千人前二年从起阳夏[②]，击项羽，以中尉破锺离眛，功侯。靳彊以郎中骑千人的身份在刘邦起兵的第二年在阳夏起兵跟从刘邦，攻打项羽，担任中尉打败了锺离眛的军队，立功封侯。
高祖十二	**二** 十一年二月辛亥，侯靳彊元年。靳彊在高祖朝为侯共两年。靳彊在高祖十一年二月辛亥被封为汾阳侯，该年为其元年。
孝惠七	**七** 靳彊在惠帝朝继续为侯，共七年。
高后八	**二** 靳彊在吕后执政期间为侯共两年。 **六** 三年[③]，共侯解元年。靳解在吕后执政期间为侯共六年。吕后三年，靳彊的儿子靳解袭侯，“共”为其谥号，该年为其元年。
孝文二十三	**二十三** 靳解在文帝朝继续为侯，共二十三年。
孝景十六	**四** 靳解在景帝朝为侯共四年。 **十二**[④] 五年[⑤]，康侯胡元年。绝。靳胡在景帝朝为侯共十二年。景帝五年，靳解的儿子靳胡袭侯，“康”为其谥号，该年为其元年。十二年后他的爵位被废绝。
建元至元封六年三十六，太初元年尽后元二年十八	江邹[⑥] **十九** 元鼎五年[⑦]，侯石元年。太始四年五月丁卯[⑧]，侯石坐为太常，行太仆事[⑨]，治啬夫可年[⑩]，益纵年，国除[⑪]。靳石在武帝朝为江邹侯共十九年。武帝元鼎五年，改封靳胡的儿子靳石为江邹侯。太始四年五月丁卯，江邹侯靳石罪犯担任太常并兼任太仆一职，负责管理一位名叫可年的啬夫，却愈加放任可年行不法之事，封地被取消。
侯第	**九十六** 靳彊的功劳在诸功臣中名列第九十六位。

戴[①]
以卒从起沛，以卒开沛城门，为太公仆；以中厩令击豨[②]，侯，千二百户。祕彭祖以士卒的身份在沛县跟从刘邦起兵，他身为士卒打开了沛县的城门，为刘邦的父亲太公驾车；后来他担任中厩令攻打陈豨，立功封侯，享有食邑一千二百户。
二　十一年三月癸酉[③]，敬侯彭祖元年[④]。祕彭祖在高祖朝为侯共两年。祕彭祖在高祖十一年三月癸酉被封为戴侯，该年为其元年。
七　祕彭祖在惠帝朝继续为侯，共七年。
二　祕彭祖在吕后执政期间为侯共两年。 **六**　三年，共侯悼元年。祕悼在吕后执政期间为侯共六年。吕后三年，祕彭祖的儿子祕悼袭侯，“共”为其谥号，该年为其元年。
七　祕悼在文帝朝为侯共七年。 **十六**　八年[⑤]，夷侯安国元年。祕安国在文帝朝为侯共十六年。文帝八年，祕悼的儿子祕安国袭侯，“夷”为其谥号，该年为其元年。
十六　祕安国在景帝朝继续为侯，共十六年。
十六　祕安国在武帝朝为侯共十六年。 **十二**　元朔五年[⑥]，侯安期元年。祕安期在武帝朝为侯共十二年。武帝元朔五年，祕安国的儿子祕安期袭侯，该年为其元年。 **二十五**　元鼎五年，侯蒙元年。后元元年五月甲戌[⑦]，坐祝诅[⑧]，无道，国除[⑨]。祕蒙在武帝朝为侯共二十五年。武帝元鼎五年，祕安期的儿子祕蒙袭侯，该年为其元年。后元元年五月甲戌，他罪犯祈求鬼神诅咒皇上，无道，封地被取消。
百二十六　祕彭祖的功劳在诸功臣中名列第一百二十六位。

【注释】

汾阳

①汾阳：侯国名。在汾阳县（今山西忻州静乐西）。高祖十一年（前196）始封靳彊，传三侯。中靳胡时国绝，靳石改封江邹侯。太始四年（前93），侯靳石有罪，封国撤销。

②千人：中尉的属官。因带兵千人而得名。前二年从起阳夏：前二年，刘邦起兵后的第二年，前208年。梁玉绳认为此句当作“汉二年从起栎阳”。

③三年：高后三年。前185年。

④十二：康侯靳胡在景帝朝为侯十二年。其国绝之年为景帝后元三年（前141）。

⑤五年：景帝五年。前152年。

⑥江邹：靳石恢复侯爵，改封江邹侯。按，此侯国《汉书·百官公卿表》作“江都侯”。江邹，其地未详。江都，治今江苏扬州西南。

⑦元鼎五年：前112年。

⑧太始四年：前93年。五月丁卯：五月十一。

⑨行：兼任，代行其职。

⑩啬夫可年：姓可名年的啬夫。啬夫，汉时一种小吏，主管各类具体事务。

⑪国除：按“太始四年”之后几句是太初之后事，为后人所补，且与《汉书》所记不同。

戴

①戴：侯国名。在汉甾县，治今河南商丘民权东北。《齐鲁封泥集存》有“载国大行”封泥。高祖十一年（前196）始封祕彭祖，传四侯。武帝后元元年（前88），侯祕蒙有罪，封国撤销。

②中厩令：先秦管理国君马匹的官员。汉代中厩为皇后安置车马的

地方，中厩令主其事。

③十一年三月癸酉：高祖十一年三月十八。

④彭祖：戴侯之名，此失其姓。《汉书》曰姓“祕”。

⑤八年：文帝八年。前172年。

⑥元朔五年：前124年。

⑦后元元年：前88年。五月甲戌：五月十五。

⑧祝诅：祝告鬼神，使加祸于别人。

⑨国除：按，“后元元年”之后几句是太初之后事，为后人所补。

国名	衍[1]
侯功	以汉二年为燕令[2]，以都尉下楚九城，坚守燕，侯，九百户。翟盱在汉王二年担任燕令，后又担任都尉攻下了楚国的九座城池，能坚守燕县，被封侯，享有食邑九百户。
高祖十二	二　十一年七月乙巳[3]，简侯翟盱元年。翟盱在高祖朝为侯共两年。翟盱在高祖十一年七月乙巳被封为衍侯，该年为其元年。
孝惠七	七　翟盱在惠帝朝继续为侯，共七年。
高后八	三　翟盱在吕后执政期间为侯共三年。 二　四年[4]，祗侯山元年。翟山在吕后执政期间为侯共两年。吕后四年，翟盱的儿子翟山袭侯，"祗"为其谥号，该年为其元年。 三　六年[5]，节侯嘉元年。翟嘉在吕后执政期间为侯共三年。吕后六年，翟山的儿子翟嘉袭侯，"节"为其谥号，该年为其元年。
孝文二十三	二十三　翟嘉在文帝朝继续为侯，共二十三年。
孝景十六	十六　翟嘉在景帝朝继续为侯，共十六年。
建元至元封六年三十六，太初元年尽后元二年十八	二　翟嘉在武帝朝为侯共两年。 十　建元三年[6]，侯不疑元年。元朔元年[7]，不疑坐挟诏书论罪[8]，国除。翟不疑在武帝朝为侯共十年。武帝建元三年，翟嘉的儿子翟不疑袭侯，该年为其元年。元朔元年，他因挟带诏书以威胁他人而被定罪，封地被取消。
侯第	百三十　翟盱的功劳在诸功臣中名列第一百三十位。

平州[①]
汉王四年,以燕相从击籍[②],还击荼[③],以故二千石将为列侯,千户。昭涉掉尾在汉王四年,以燕王臧荼之相的身份跟从刘邦攻打项羽,然后回军攻打臧荼,因曾为原二千石将而被封为列侯,享有食邑一千户。
二 十一年八月甲辰[④],共侯昭涉掉尾元年[⑤]。昭涉掉尾在高祖朝为侯共两年。昭涉掉尾在高祖十一年八月甲辰被封为平州侯,"共"为其谥号,该年为其元年。
七 昭涉掉尾在惠帝朝继续为侯,共七年。
八 昭涉掉尾在吕后执政期间继续为侯,共八年。
一 昭涉掉尾在文帝朝为侯共一年。 三 二年[⑥],戴侯福元年[⑦]。昭涉福在文帝朝为侯共三年。文帝二年,昭涉掉尾的儿子昭涉福袭侯,"戴"为其谥号,该年为其元年。 四 五年[⑧],怀侯它人元年。昭涉它人在文帝朝为侯共四年。文帝五年,昭涉福的儿子昭涉它人袭侯,"怀"为其谥号,该年为其元年。 十五 九年[⑨],孝侯马童元年。昭涉马童在文帝朝为侯共十五年。文帝九年,昭涉它人的儿子昭涉马童袭侯,"孝"为其谥号,该年为其元年。
十四 昭涉马童在景帝朝为侯共十四年。 二 后二年[⑩],侯昧元年。昭涉昧在景帝朝为侯共两年。景帝后元二年,昭涉马童的儿子昭涉昧袭侯,该年为其元年。
二十三 元狩五年[⑪],侯昧坐行驰道中更呵驰去罪[⑫],国除。昭涉昧在武帝朝为侯共二十三年。武帝元狩五年,昭涉昧罪犯在驰道中行进还大声呼喝疾驰而去,封地被取消。
百十一 昭涉掉尾的功劳在诸功臣中名列第一百一十一位。

国名	中牟[①]
侯功	以卒从起沛，入汉，以郎中击布[②]，功侯，二千三百户。始高祖微时，有急，给高祖一马，故得侯。单父圣以士卒的身份跟从刘邦在沛县起兵，进入汉国，其后担任郎中讨伐黥布，立功封侯，享有食邑二千三百户。原先高祖刘邦地位低下时，曾遇有急事，单父圣送给高祖一匹马，因此得以封侯。
高祖十二	**一**　十二年十月乙未[③]，共侯单父圣元年[④]。单父圣在高祖朝为侯共一年。单父圣在高祖十二年十月乙未被封为中牟侯，“共”为其谥号，该年为其元年。
孝惠七	**七**　单父圣在惠帝朝继续为侯，共七年。
高后八	**八**　单父圣在吕后执政期间继续为侯，共八年。
孝文二十三	**七**　单父圣在文帝朝为侯共七年。 **五**　八年[⑤]，敬侯缯元年。单父缯在文帝朝为侯共五年。文帝八年，单父圣的儿子单父缯袭侯，“敬”为其谥号，该年为其元年。 **十一**　十三年[⑥]，戴侯终根元年。单父终根在文帝朝为侯共十一年。文帝十三年，单父缯的儿子单父终根袭侯，“戴”为其谥号，该年为其元年。
孝景十六	**十六**　单父终根在景帝朝继续为侯，共十六年。
建元至元封六年三十六，太初元年尽后元二年十八	**十**　单父终根在武帝朝为侯共十年。 **十八**　元光五年[⑦]，侯舜元年。元鼎五年[⑧]，侯舜坐酎金，国除。单父舜在武帝朝为侯共十八年。武帝元光五年，单父终根的儿子单父舜袭侯，该年为其元年。元鼎五年，中牟侯单父舜因献给朝廷供祭祀之用的贡金不合格，被废，封地被取消。
侯第	**百二十五**　单父圣的功劳在诸功臣中名列第一百二十五位。

邔[1]
以故群盗长为临江将[2],已而为汉击临江王及诸侯[3],破布,功侯,千户。黄极中因是群盗的头目,而被任为临江王共敖的将领,不久归顺刘邦讨伐临江王及其他诸侯,打败黥布,立功封侯,享有食邑一千户。
一　十二年十月戊戌[4],庄侯黄极中元年。黄极中在高祖朝为侯共一年。黄极中在高祖十二年十月戊戌被封为邔侯,"庄"为其谥号,该年为其元年。
七　黄极中在惠帝朝继续为侯,共七年。
八　黄极中在吕后执政期间继续为侯,共八年。
十一　黄极中在文帝朝为侯共十一年。 九　十二年[5],庆侯荣盛元年。黄荣盛在文帝朝为侯共九年。文帝十二年,黄极中的儿子黄荣盛袭侯,"庆"为其谥号,该年为其元年。 三　后五年[6],共侯明元年。黄明在文帝朝为侯共三年。文帝后元五年,黄荣盛的儿子黄明袭侯,"共"为其谥号,该年为其元年。
十六　黄明在景帝朝继续为侯,共十六年。
十六　黄明在武帝朝为侯共十六年。 八　元朔五年[7],侯遂元年。元鼎元年[8],遂坐卖宅县官故贵[9],国除。黄遂在武帝朝为侯共八年。武帝元朔五年,黄明的儿子黄遂袭侯,该年为其元年。元鼎元年,黄遂罪犯故意高价把自己的家宅卖给国家,封地被取消。
百十三　黄明的功劳在诸功臣中名列第一百一十三位。

【注释】

衍

①衍:侯国名。在衍县(今河南新乡封丘)。高祖十一年(前196)始封翟盰,传三侯。元朔元年(前128),侯翟不疑有罪,封国撤销。

②燕令:燕县县令。燕,汉县名。治今河南新乡延津东北。

③十一年七月乙巳:此年七月无"乙巳",记载有误。

④四年:高后四年。前184年。

⑤六年:高后六年。前182年。

⑥建元三年:前138年。

⑦元朔元年:前128年。

⑧挟诏书:梁玉绳引程大中曰:"谓挟诏书以威令人,借端生事者。"挟,倚仗。

平州

①平州:侯国名。在平州(今山东济南莱芜西)。高祖十一年(前196)始封昭涉掉尾,传四侯。元狩五年(前118),侯昭涉昧有罪,封国撤销。

②燕相:燕王臧荼之相。臧荼于汉三年(前204)时降汉。按,温疥也在此年为燕王臧荼之相。

③还击荼:项羽死后,臧荼于汉五年(前202)反汉,被讨平。

④十一年八月甲辰:高祖十一年八月二十一。

⑤昭涉掉尾:姓昭涉,名掉尾。

⑥二年:文帝二年。前178年。

⑦福:《汉书》作"种"。

⑧五年:文帝五年。前175年。

⑨九年:文帝九年。前175年。

⑩后二年:景帝后元二年。前142年。

⑪元狩五年：前118年。

⑫驰道：古代供君王行驶车马的道路。更呵驰去：加以大声呼喝疾驰而去。

中牟

①中牟：侯国名。在中牟县（今河南郑州中牟西）。高祖十二年（前195）始封单父圣，传三侯。元鼎五年（前112），侯单父舜因酎金不合格，封国撤销。

②击布：讨伐黥布。黥布在高祖十一年（前196）起兵反汉，被消灭。

③十二年十月乙未：高祖十二年十月十三。

④单父圣：姓单父，名圣。《汉书》作名"左车"。

⑤八年：文帝八年。前172年。

⑥十三年：文帝十三年。前167年。

⑦元光五年：前130年。

⑧元鼎五年：前112年。

邔

①邔（qǐ）：侯国名。在邔县（今湖北襄阳宜城北）。高祖十二年（前195）始封黄极中，传三侯。元鼎元年（前116），侯黄遂有罪，封国撤销。

②临江将：项羽所封临江王共敖的将领。

③为汉击临江王：汉五年（前202）临江王共尉不听命，刘邦派兵击之。

④十月戊戌：十月十六。

⑤十二年：文帝十二年。前168年。

⑥后五年：文帝后元五年。前159年。

⑦元朔五年：前124年。

⑧元鼎元年：前116年。

⑨卖宅县官故贵：故意把自己家的房宅高价卖给官府。县官，朝廷，官府。

国名	博阳[①]
侯功	以卒从起丰，以队卒入汉[②]，击籍成皋，有功，为将军，布反，定吴郡[③]，侯，千四百户。周聚以士卒的身份跟从刘邦在丰县起兵，后来担任队率进入汉国，又在成皋攻打项羽，立功，升为将军，黥布谋反，他领兵平定吴郡，封侯，享有食邑一千四百户。
高祖十二	**一** 十二年十月辛丑[④]，节侯周聚元年。周聚在高祖朝为侯共一年。周聚在高祖十二年十月辛丑被封为博阳侯，“节”为其谥号，该年为其元年。
孝惠七	**七** 周聚在惠帝朝继续为侯，共七年。
高后八	**八** 周聚在吕后执政期间继续为侯，共八年。
孝文二十三	**八** 周聚在文帝朝为侯共八年。 **十五** 九年[⑤]，侯遬元年。周遬在文帝朝为侯共十五年。文帝九年，周聚的儿子周遬袭侯，该年为其元年。
孝景十六	**十一** 中五年[⑥]，侯遬夺爵一级[⑦]，国除。周遬在景帝朝为侯共十一年。景帝中元五年，博阳侯周遬被降为关内侯，封地被取消。
建元至元封六年三十六，太初元年尽后元二年十八	
侯第	**五十三** 周聚的功劳在诸功臣中名列第五十三位。

阳义①
以荆令尹汉王五年初从②,击锺离眛及陈公利幾③,破之,徙为汉大夫,从至陈,取韩信,还为中尉,从击布,功侯,二千户。灵常在汉王五年,以荆令尹的身份开始跟从刘邦征战,讨伐锺离眛与陈县县令利幾,打败了他们,升迁为汉大夫,又跟刘邦到陈地,袭捕韩信,回京后升为中尉,跟从刘邦讨伐黥布,立功封侯,享有食邑二千户。
一 十二年十月壬寅④,定侯灵常元年。灵常在高祖朝为侯共一年。灵常在高祖十二年十月壬寅被封为阳义侯,"定"为其谥号,该年为其元年。
七 灵常在惠帝朝继续为侯,共七年。
六 灵常在吕后执政期间为侯共六年。 **二** 七年⑤,共侯贺元年。灵贺在吕后执政期间为侯共两年。吕后七年,灵常的儿子灵贺袭侯,"共"为其谥号,该年为其元年。
六 灵贺在景帝朝为侯共六年。 **六** 七年⑥,哀侯胜元年。十二年⑦,侯胜薨,无后,国除。灵胜在景帝朝为侯共六年。景帝七年,灵贺的儿子灵胜袭侯,"哀"为其谥号,该年为其元年。景帝十二年,阳义侯灵胜去世,没有后嗣,封地被取消。
百十九 灵常的功劳在诸功臣中名列第一百一十九位。

国名	下相[1]
侯功	以客从起沛，用兵从击破齐田解军[2]，以楚丞相坚守彭城[3]，距布军，功侯，二千户。冷耳以门客的身份跟从刘邦在沛县起兵，又跟着领兵打败齐国田解的军队，还担任楚王刘交的丞相坚守彭城，抵御黥布的军队，立功封侯，享有食邑二千户。
高祖十二	**一** 十二年十月己酉[4]，庄侯冷耳元年。冷耳在高祖朝为侯共一年。冷耳在高祖十二年十月己酉被封为下相侯，"庄"为其谥号，该年为其元年。
孝惠七	**七** 冷耳在惠帝朝继续为侯，共七年。
高后八	**八** 冷耳在吕后执政期间继续为侯，共八年。
孝文二十三	**二** 冷耳在文帝朝为侯共两年。 **二十一** 三年[5]，侯慎元年。冷慎在文帝朝为侯共二十一年。文帝三年，冷耳的儿子冷慎袭侯，该年为其元年。
孝景十六	**二** 三年三月[6]，侯慎反[7]，国除。冷慎在景帝朝为侯共两年。景帝三年三月，下相侯冷慎谋反，封地被取消。
建元至元封六年三十六，太初元年尽后元二年十八	
侯第	**八十五** 冷耳的功劳在诸功臣中名列第八十五位。

德[1]
以代顷王子侯[2]。顷王，吴王濞父也；广，濞之弟也。刘广因为是代顷王刘仲的儿子而被封侯。顷王是吴王刘濞的父亲；刘广是刘濞的弟弟。
一　十二年十一月庚辰[3]，哀侯刘广元年。刘广在高祖朝为侯共一年。刘广在高祖十二年十一月庚辰被封为德侯，“哀”为其谥号，该年为其元年。
七　刘广在惠帝朝继续为侯，共七年。
二　刘广在吕后朝为侯共两年。 六　三年[4]，顷侯通元年。刘通在吕后执政期间为侯共六年。吕后三年，刘广的儿子刘通袭侯，“顷”为其谥号，该年为其元年。
二十三　刘通在文帝朝继续为侯，共二十三年。
五　刘通在景帝朝为侯共五年。 十一　六年[5]，侯龁元年。刘龁在景帝朝为侯共十一年。景帝六年，刘通的儿子刘龁袭侯，该年为其元年。
二十七　刘龁在武帝朝为侯共二十七年。 一　元鼎四年[6]，侯何元年。元鼎五年，侯何坐酎金，国除。刘何在武帝朝为侯共一年。元鼎四年，刘龁的儿子刘何袭侯，该年为其元年。元鼎五年，刘何因献给朝廷供祭祀之用的贡金不合格，被废，封地被取消。
百二十七　刘广的功劳在诸功臣中名列第一百二十七位。

【注释】

博阳

①博阳:侯国名。似应作“傅阳”,治今山东枣庄峄城南。高祖十二年(前195)始封周聚,传一侯。景帝中元五年(前145),侯周遬有罪,封国撤销。

②队卒:即“队率”。军队中百人之长。

③吴郡:郡治吴县(今江苏苏州)。

④十二年十月辛丑:高祖十二年十月十九。

⑤九年:文帝九年。前171年。

⑥中五年:景帝中元五年。前145年。

⑦夺爵一级:爵位被降一级,即降为关内侯。夺,削除,剥夺。

阳义

①阳义:侯国名。当依《汉书》作“阳羡”。治今江苏宜兴西南。高祖十二年(前195)始封灵常,传二侯。文帝十二年(前168),侯灵胜去世,无后,封国撤销。

②以荆令尹汉王五年初从:此侯当是垓下之战项羽失败后投降汉军。荆令尹,项羽属下高官。

③陈公利幾:陈县县令名利幾。陈,古县名。治今河南周口淮阳。

④十二年十月壬寅:高祖十二年十月二十。

⑤七年:高后七年。前181年。

⑥七年:文帝七年。前173年。

⑦十二年:文帝十二年。前168年。

下相

①下相:侯国名。在下相县(今江苏宿迁西南),废黄河西岸古城。高祖十二年(前195)始封冷耳,传一侯。景帝三年(前154),侯

冷慎谋反，封国撤销。

②田解：齐王田广的部下。受命率军驻守历下（今山东济南）以距汉兵。汉王三年（前204），郦生说服田广联汉攻楚，他遂罢战备，汉四年被汉将韩信击破。

③楚丞相：刘邦弟楚元王刘交的丞相。彭城：楚国国都，今江苏徐州。

④十二年十月己酉：高祖十二年十月二十七。

⑤三年：文帝三年。前177年。

⑥三年：景帝三年。前154年。

⑦侯慎反：疑参与了七国之乱。

德

①德：侯国名。其地未详。梁玉绳以为即济南府德州（今山东德州）。西汉有安德县，治今山东德州平原县东北。高祖十二年（前195）始封刘广，传三侯。元鼎五年（前112），侯刘何因酎金不合格，封国撤销。

②代顷王：刘邦的二哥刘仲。

③十一月庚辰：十一月二十八。

④三年：高后三年。前185年。

⑤六年：景帝六年。前151年。

⑥元鼎四年：前113年。

国名	高陵[1]
侯功	以骑司马汉王元年从起废丘[2],以都尉破田横、龙且[3],追籍至东城[4],以将军击布,九百户。王周汉王元年以骑司马的身份在废丘跟从刘邦起兵,后来担任都尉打败田横、龙且,追击项羽到东城,又担任将军讨伐黥布,享有食邑九百户。
高祖十二	**一** 十二年十二月丁亥[5],圉侯王周元年[6]。王周在高祖朝为侯共一年。王周在高祖十二年十二月丁亥被封为高陵侯,"圉"为其谥号,该年为其元年。
孝惠七	**七** 王周在惠帝朝继续为侯,共七年。
高后八	**二** 王周在吕后执政期间为侯共两年。 **六** 三年,惠侯并弓元年。王并弓在吕后执政期间为侯共六年。吕后三年,王周的儿子王并弓袭侯,"惠"为其谥号,该年为其元年。
孝文二十三	**十二** 王并弓在文帝朝为侯共十二年。 **十一** 十三年[7],侯行元年。王行在文帝朝为侯共十一年。文帝十三年,王并弓的儿子王行袭侯,该年为其元年。
孝景十六	**二** 三年[8],反[9],国除。王行在景帝朝为侯共两年。景帝三年,王行谋反,封地被取消。
建元至元封六年三十六,太初元年尽后元二年十八	
侯第	**九十二** 王周的功劳在诸功臣中名列第九十二位。

期思[①]
淮南王布中大夫，有郄，上书告布反[②]，侯，二千户。布尽杀其宗族。贲赫原为淮南王黥布的中大夫，与黥布有仇，进京上书告发黥布谋反，封侯，享有食邑二千户。黥布把贲赫宗族中的人全部杀死。
一　十二年十二月癸卯[③]，康侯贲赫元年。贲赫在高祖朝为侯共一年。贲赫在高祖十二年十二月癸卯被封为期思侯，"康"为其谥号，该年为其元年。
七　贲赫在惠帝朝继续为侯，共七年。
八　贲赫在吕后执政期间继续为侯，共八年。
十三　十四年[④]，赫薨，无后，国除。贲赫在文帝朝为侯共十三年。文帝十四年，贲赫去世，没有后嗣，封地被取消。
百三十二　贲赫的功劳在诸功臣中名列第一百三十二位。

国名	榖陵[①]（应为榖阳）
侯功	以卒从，前二年起柘[②]，击籍，定代，为将军，功侯。冯谿在刘邦起兵反秦的第二年，以士卒的身份跟从刘邦在柘县起兵，后领兵攻打项羽，又平定代地，升为将军，立功封侯。
高祖十二	**一**　十二年正月乙丑[③]，定侯冯谿元年。冯谿在高祖朝为侯共一年。冯谿在高祖十二年正月乙丑被封为榖阳侯，“定”为其谥号，该年为其元年。
孝惠七	**七**　冯谿在惠帝朝继续为侯，共七年。
高后八	**八**　冯谿在吕后执政期间继续为侯，共八年。
孝文二十三	**六**　冯谿在文帝朝为侯共六年。 **十七**　七年[④]，共侯熊元年。冯熊在文帝朝为侯共十七年。文帝七年，冯谿的儿子冯熊袭侯，“共”为其谥号，该年为其元年。
孝景十六	**二**　冯熊在景帝朝为侯共两年。 **二**　三年[⑤]，隐侯卬元年。冯卬在景帝朝为侯共两年。景帝三年，冯熊的儿子冯卬袭侯，“隐”为其谥号，该年为其元年。 **十二**　五年[⑥]，献侯解元年。冯解在景帝朝为侯共十二年。景帝五年，冯卬的儿子冯解袭侯，“献”为其谥号，该年为其元年。
建元至元封六年三十六，太初元年尽后元二年十八	**三**　建元四年[⑦]，侯偃元年。冯偃在武帝朝为侯共三年。武帝建元四年，冯解的儿子冯偃袭侯，该年为其元年。
侯第	**百五**　冯谿的功劳在诸功臣中名列第一百零五位。

戚[①]
以都尉汉二年初起栎阳[②]，攻废丘[③]，破之，因击项籍，别属丞相韩信，破齐军，攻臧荼，迁为将军，击信[④]，侯，千户。季必（应作李必）在汉二年以都尉的身份跟从刘邦在栎阳起兵，攻打废丘，攻克了它，顺势攻打项羽，又作为韩信的部将领兵打败齐军，后又率军攻打臧荼，升为将军，攻打韩王信，立功封侯，享有食邑一千户。
一　十二年十二月癸卯，圉侯季必元年[⑤]。季必（应作李必）在高祖朝为侯共一年。李必在高祖十二年十二月癸卯被封为戚侯，“圉”为其谥号，该年为其元年。
七　李必在惠帝朝继续为侯，共七年。
八　李必在吕后执政期间继续为侯，共八年。
三　李必在文帝朝为侯共三年。 二十　四年[⑥]，齐侯班元年。李班在文帝朝为侯共二十年。文帝四年，李必的儿子李班袭侯，“齐”为其谥号，该年为其元年。
十六　李班在景帝朝继续为侯，共十六年。
二　李班在武帝朝为侯共两年。 二十　建元三年[⑦]，侯信成元年。元狩五年[⑧]，侯信成坐为太常，纵丞相侵神道壖[⑨]，不敬，国除。李信在武帝朝为侯共二十年。武帝建元三年，李班的儿子李信袭侯，该年为其元年。元狩五年，戚侯李信罪犯担任太常，纵容丞相侵占皇帝陵墓前正道两侧的空旷地，不敬，封地被取消。
九十　李必的功劳在诸功臣中名列第九十位。

【注释】

高陵

①高陵:侯国名。其地未详。《索隐》说为《汉书·地理志》琅邪郡高陵侯国,当在今山东境内。高祖十二年(前195)始封王周,传二侯。景帝三年(前154),侯王行谋反,封国撤销。

②以骑司马汉王元年从起废丘:此侯原为章邯部将,汉王元年(前206)刘邦围攻章邯于废丘,他当在此时降汉。废丘,章邯被封雍王时的都城,在今陕西咸阳兴平东南。

③破田横、龙且:韩信先破齐兵于历下,项羽派龙且救齐,韩信又破田横、龙且于潍水,齐国遂灭。

④东城:今安徽滁州定远东南。

⑤十二年十二月丁亥:高祖十二年十二月初六。

⑥王周:《汉书》作"王虞人"。

⑦十三年:文帝十三年。前167年。

⑧三年:景帝三年。前154年。

⑨反:疑王行参与了七国之乱。

期思

①期思:侯国名。在期思县(今河南信阳淮滨东南)。高祖十二年(前195)始封贲赫。文帝十四年(前166),贲赫去世,无后,封国撤销。

②有郄,上书告布反:因黥布怀疑他与自己的妃子有奸,欲杀之,故进京上书告黥布谋反。黥布族其家,发兵反。

③十二年十二月癸卯:高祖十二年十二月二十二。

④十四年:文帝十四年。前166年。

穀陵

①穀陵：应作“穀阳”，治今安徽蚌埠固镇西北。高祖十二年（前195）始封冯谿。

②前二年：刘邦起兵反秦的第二年，前208年。柘：汉县名。县治在今河南商丘柘城北。

③十二年正月乙丑：高祖十二年正月十四。

④七年：文帝七年。前173年。

⑤三年：景帝三年。前154年。

⑥五年：景帝五年。前152年。

⑦建元四年：前137年。

戚

①戚：侯国名。其地说法不一。一说在今山东济宁微山，一说在今河南濮阳清丰西南之古戚亭。高祖十二年（前195）始封李必，传二侯。元狩五年（前118），侯李信成有罪，封国撤销。

②以都尉汉二年初起栎阳：汉二年，前205年。栎阳，古县名。在今陕西西安临潼西北部的栎阳街道，时为项羽所封塞王司马欣的都城。据此，此侯或为司马欣旧部。

③攻废丘：攻章邯。废丘是项羽所封雍王章邯的都城。

④击信：平定韩王信叛乱。

⑤季必：应作“李必”，其人见《汉书·灌婴传》。

⑥四年：文帝四年。前176年。

⑦建元三年：前138年。

⑧元狩五年：前118年。

⑨丞相：此时的丞相是李广的堂弟李蔡。神道堧（ruán）：皇帝陵墓前正道两侧的空旷地。李蔡所侵是景帝神道堧。堧，空地，边缘余地。

国名	壮[①]
侯功	以楚将汉王三年降，起临济[②]，以郎中击籍、陈豨，功侯，六百户。许倩在汉王三年以楚将的身份投降刘邦，在临济起兵，后担任郎中攻打项羽、陈豨，立功封侯，享有食邑六百户。
高祖十二	**一** 十二年正月乙丑，敬侯许倩元年。许倩在高祖朝为侯共一年。许倩在高祖十二年正月乙丑被封为壮侯，“敬”为其谥号，该年为其元年。
孝惠七	**七** 许倩在惠帝朝继续为侯，共七年。
高后八	**八** 许倩在吕后执政期间继续为侯，共八年。
孝文二十三	**二十三** 许倩在文帝朝继续为侯，共二十三年。
孝景十六	**一** 许倩在景帝朝为侯共一年。 **十五** 二年[③]，共侯恢元年。许恢在景帝朝为侯共十五年。景帝二年，许倩的儿子许恢袭侯，“共”为其谥号，该年为其元年。
建元至元封六年三十六，太初元年尽后元二年十八	**一** 许恢在武帝朝为侯共一年。 **九** 建元二年[④]，殇侯则元年。许则在武帝朝为侯共九年。武帝建元二年，许恢的儿子许则袭侯，“殇”为其谥号，该年为其元年。 **十五** 元光五年[⑤]，侯广宗元年。元鼎元年[⑥]，侯广宗坐酎金，国除。许广宗在武帝朝为侯共十五年。武帝元光五年，许则的儿子许广宗袭侯，该年为其元年。元鼎元年，壮侯许广宗因献给朝廷供祭祀之用的贡金不合格，被废，封地被取消。
侯第	**百十二** 许倩的功劳在诸功臣中名列第一百十二位。

成阳[①]
以魏郎汉王二年从起阳武[②]，击籍，属魏豹，豹反，属相国彭越[③]，以太原尉定代[④]，侯，六百户。奚意在汉王二年以魏郎的身份跟从刘邦在阳武起兵，攻打项羽，是魏豹的部下，魏豹谋反，他归属相国彭越领导，以太原尉的身份平定代地，封侯，享有食邑六百户。
一　十二年正月乙酉[⑤]，定侯意元年[⑥]。奚意在高祖朝为侯共一年。奚意在高祖十二年正月乙酉被封为成阳侯，“定”为其谥号，该年为其元年。
七　奚意在惠帝朝继续为侯，共七年。
八　奚意在吕后执政期间继续为侯，共八年。
十　奚意在文帝朝为侯共十年。 十三　十一年[⑦]，侯信元年。奚信在文帝朝为侯共十三年。文帝十一年，奚意的儿子奚信袭侯，该年为其元年。
十六　奚信在景帝朝继续为侯，共十六年。
建元元年[⑧]，侯信罪鬼薪[⑨]，国除。武帝建元元年，成阳侯奚信因犯罪被判罚劳役，封地被取消。
百一十　奚意的功劳在诸功臣中名列第一百一十位。

国名	桃[①]
侯功	以客从,汉王二年从起定陶[②],以大谒者击布[③],侯,千户。为淮阴守[④]。项氏亲也[⑤],赐姓。刘襄以门客的身份在汉王二年跟从刘邦在定陶起兵,后担任大谒者攻打黥布,封侯,享有食邑一千户。曾担任淮阴守。他是项伯的族人,被赐刘姓。
高祖十二	**一** 十二年三月丁巳[⑥],安侯刘襄元年。刘襄在高祖朝为侯共一年。刘襄在高祖十二年三月丁巳被封为桃侯,“安”为其谥号,该年为其元年。
孝惠七	**七** 刘襄在惠帝朝继续为侯,共七年。
高后八	**一** 夺,绝。刘襄在吕后执政期间为侯共一年。吕后执政的第一年,刘襄被剥夺爵位,被废。 **七** 二年[⑦],复封襄。刘襄在吕后执政期间为桃侯共七年。吕后二年,重新封刘襄为桃侯。
孝文二十三	**九** 刘襄在文帝朝为侯共九年。 **十四** 十年[⑧],哀侯舍元年。刘舍在文帝朝为侯共十四年。文帝十年,刘襄的儿子刘舍袭侯,“哀”为其谥号,该年为其元年。
孝景十六	**十六** 景帝时,为丞相[⑨]。刘舍在景帝朝继续为侯,共十六年。景帝时,担任丞相。
建元至元封六年三十六,太初元年尽后元二年十八	**十三** 建元元年,厉侯申元年。刘申在武帝朝为侯共十三年。武帝建元元年,刘舍的儿子刘申袭侯,“厉”为其谥号,该年为其元年。 **十五** 元朔二年[⑩],侯自为元年。元鼎五年[⑪],侯自为坐酎金,国除。刘自为在武帝朝为侯共十五年。武帝元朔二年,刘申的儿子刘自为袭侯,该年为其元年。元鼎五年,刘自为因献给朝廷供祭祀之用的贡金不合格,被废,封地被取消。
侯第	**百三十五** 刘襄的功劳在诸功臣中名列第一百三十五位。

高梁[1]
食其兵起以客从击破秦[2]，以列侯入汉[3]，还定诸侯，常使约和诸侯，列卒兵聚[4]，侯，功比平侯嘉[5]。以死事[6]，子疥袭食其功侯，九百户。郦食其以门客的身份跟从刘邦攻破秦军，后以列侯身份进入汉国，又回师平定诸侯，常常出使与诸侯约和，列卒兵聚，封侯，功劳与平侯嘉不相上下。他死于刘邦的事业，儿子郦疥承袭了郦食其的功勋侯位，享有食邑九百户。
一　十二年三月丙寅[7]，共侯郦疥元年。郦疥在高祖朝为侯共一年。郦疥在高祖十二年三月丙寅被封为高梁侯，“共”为其谥号，该年为其元年。
七　郦疥在惠帝朝继续为侯，共七年。
八[8]　郦疥在吕后执政期间继续为侯，共八年。
二十三　郦疥在文帝朝继续为侯，共二十三年。
十六　郦疥在景帝朝继续为侯，共十六年。
八　郦疥在武帝朝为侯共八年。 十　元光三年[9]，侯勃元年。元狩元年[10]，坐诈诏衡山王取金[11]，当死，病死，国除。郦勃在武帝朝为侯共十年。武帝元光三年，郦疥的儿子郦勃袭侯，该年为其元年。元狩元年，郦勃罪犯假传圣旨向衡山王刘赐骗取钱财，被判死罪，病死，封地被取消。
六十六[12]　郦食其的功劳在诸功臣中名列第六十六位。

国名	纪信[1]
侯功	以中涓从起丰，以骑将入汉，以将军击籍，后攻卢绾[2]，侯，七百户。陈仓以中涓的身份跟从刘邦在丰县起兵，后担任骑将进入汉国，又担任将军攻打项羽，后又攻打卢绾，封侯，享有食邑七百户。
高祖十二	一　十二年六月壬辰[3]，匡侯陈仓元年。陈仓在高祖朝为侯共一年。陈仓在高祖十二年六月壬辰被封为纪信侯，“匡”为其谥号，该年为其元年。
孝惠七	七　陈仓在惠帝朝继续为侯，共七年。
高后八	二　陈仓在吕后执政期间为侯共两年。 六　三年[4]，夷侯开元年。陈开在吕后执政期间为侯共六年。吕后三年，陈仓的儿子陈开袭侯，“夷”为其谥号，该年为其元年。
孝文二十三	十七　陈开在文帝朝为侯共十七年。 六　后二年[5]，侯阳元年。陈阳在文帝朝为侯共六年。文帝后元二年，陈开的儿子陈阳袭侯，该年为其元年。
孝景十六	二　三年[6]，阳反，国除。陈阳在景帝朝为侯共两年。景帝三年，陈阳谋反，封地被取消。
建元至元封六年三十六，太初元年尽后元二年十八	
侯第	八十　陈仓的功劳在诸功臣中名列第八十位。

甘泉[①]
以车司马汉王元年初从起高陵[②],属刘贾[③],以都尉从军,侯。王竟以车司马的身份在汉王元年开始跟从刘邦在高陵起兵,他是刘贾的部将,后又担任都尉从军,立功封侯。
一　十二年六月壬辰[④],侯王竟元年。王竟在高祖朝为侯共一年。王竟在高祖十二年六月壬辰被封为甘泉侯,该年为其元年。
六　王竟在惠帝朝为侯共六年。 一　七年[⑤],戴侯莫摇元年。王莫摇在惠帝朝为侯共一年。惠帝七年,王竟的儿子王莫摇袭侯,"戴"为其谥号,该年为其元年。
八　王莫摇在吕后执政期间继续为侯,共八年。
十　王莫摇在文帝朝为侯共十年。 十三　十一年[⑥],侯嫖元年。王嫖在文帝朝为侯共十三年。文帝十一年,王莫摇的儿子王嫖袭侯,该年为其元年。
九　十年[⑦],侯嫖有罪,国除。王嫖在景帝朝为侯共九年。景帝十年,王嫖犯罪,封地被取消。
百六　王竟的功劳在诸功臣中名列第一百零六位。

【注释】

壮

①壮:侯国名。一作“庄”。其地未详。高祖十二年(前195)始封许倩,传三侯。元鼎元年(前116),侯许广宗因酎金不合格,封国撤销。

②临济:秦邑名。其地说法不一:一说在今山东淄博高青西北,即汉狄县故城;一说为《后汉书·郡国志》平丘县临济亭,平丘故治在今河南新乡长垣西南。

③二年:景帝二年。前155年。

④建元二年:前139年。

⑤元光五年:前130年。

⑥元鼎元年:前116年。

成阳

①成阳:侯国名。在成阳县(今河南信阳东北)。高祖十二年(前195)始封奚意,传一侯。建元元年(前140)侯奚信有罪,封国撤销。

②魏郎:魏王豹的侍从。阳武:汉县名。今河南新乡原阳东南。

③彭越:楚汉战争时,率兵投刘邦,后拜魏相国。曾屡断项羽粮道。汉王四年(前202),与韩信等灭项羽于垓下。五年,封梁王,都定陶(今山东菏泽定陶西北)。十一年(前196),以谋反被吕后族诛。

④太原尉:太原郡的最高武官。

⑤十二年正月乙酉:此年正月无“乙酉”,此误记。

⑥意:《汉书》作“奚意”,此失其姓。

⑦十一年:文帝十一年。前169年。

⑧建元元年:前140年。

⑨鬼薪:秦汉时的一种徒刑。因最初为宗庙采薪而得名。鬼薪从事官府杂役、手工业生产劳动以及其他各种重体力劳动等。

桃

①桃：侯国名。在桃县（今河北衡水桃城）。高祖十二年（前195）始封刘襄，传三侯。元鼎五年（前112）侯刘自为因酎金不合格，封国撤销。

②定陶：汉县名。治今山东菏泽定陶城北。

③大谒者：官名。又称谒者仆射，为帝王主管传达、赞礼的谒者的长官。

④为淮阴守：当依《汉书》作“淮南太守”。汉无淮阴郡。

⑤项氏亲：项羽的族人，原姓项。

⑥十二年三月丁巳：高祖十二年三月初七。

⑦二年：高后二年。前186年。

⑧十年：文帝十年。前170年。

⑨景帝时，为丞相：刘舍在景帝中元三年（前147）至中元六年（前144）为相，共四年。

⑩元朔二年：前127年。

⑪元鼎五年：前112年。

高梁

①高梁：侯国名。在高梁县（今山西临汾东北）。高祖十二年（前195）始封郦疥，传一侯。元狩元年（前122），侯郦勃有罪，封国撤销。

②食其（yì jī）：即郦食其。

③以列侯入汉：郦食其封广野君，并未封侯。

④列卒兵聚：词语不顺，疑有讹误。

⑤平嘉侯：此人未详。

⑥死事：郦食其已说降齐王田广，韩信突袭击破齐，田广以为郦食其骗他，怒而杀之。

⑦十二年三月丙寅：高祖十二年三月十六。

⑧八：郦疥在武帝朝共为侯八年。时为元光二年（前133）。郦疥为侯共六十三年。

⑨元光三年：前132年。

⑩元狩元年：前122年。

⑪诈诏：假传圣旨。衡山王：刘赐，刘邦之孙，淮南王刘长之子。景帝四年（前153）封，是年谋反事泄自杀。

⑫六十六：梁玉绳曰："郦之侯第必是'三十八'，故功比之'平侯'也。若在'六十六'，不但去比'平侯'太远，且与'肥如'同位矣。"

纪信

①纪信：侯国名。其地未详。《齐鲁封泥集存》有"纪信邑丞"封泥。高祖十二年（前195）始封陈仓，传二侯。景帝三年（前154）侯陈阳谋反，封国撤销。

②卢绾：刘邦的同乡好友，深受刘邦器重，恩宠过于诸将。刘邦击败燕王臧荼，封他为燕王，领其地。后因被刘邦怀疑，他派人联合叛乱的赵相国陈豨，并联络匈奴共谋叛汉。陈豨败，他惧诛逃入匈奴，被匈奴单于封为东胡卢王。不久病死于匈奴。

③十二年六月壬辰：高祖十二年六月十四。

④三年：高后三年。前185年。

⑤后二年：文帝后元二年，前162年。

⑥三年：景帝三年。前154年。

甘泉

①甘泉：侯国名。其地未详。梁玉绳以为应作"景城"，在今河北沧州西。高祖十二年（前195）始封王竟，传二侯。景帝中元三年

（前147），侯王嫖有罪，封国撤销。

②高陵：秦县名。县治在今陕西西安高陵西南。

③刘贾：刘邦的堂兄弟，后以功封荆王。

④十二年六月壬辰：高祖十二年六月十四。

⑤七年：惠帝七年。前188年。

⑥十一年：文帝十一年。前169年。

⑦十年：景帝第十年为其中元三年，前147年。

国名	煮枣[1]
侯功	以越连敖从起丰，别以郎将入汉，击诸侯，以都尉侯，九百户。赤以越连敖的身份跟从刘邦在丰县起兵，又以郎将的身份另行进入汉国，其后领兵攻打诸侯，担任都尉侯，享有食邑九百户。
高祖十二	**一**　十二年六月壬辰，靖侯赤元年[2]。赤在高祖朝为侯共一年。赤在高祖十二年六月壬辰被封为煮枣侯，"靖"为其谥号，该年为其元年。
孝惠七	**七**[3]　赤在惠帝朝继续为侯，共七年。
高后八	**八**　赤在吕后执政期间继续为侯，共八年。
孝文二十三	**一**　赤在文帝朝为侯共一年。 **二十二**　二年[4]，赤子康侯武元年。武在文帝朝为侯共二十二年。文帝二年，赤的儿子武袭侯，"康"为其谥号，该年为其元年。
孝景十六	**八**　武在景帝朝为侯共八年。 **二**　中二年[5]，侯昌元年。中四年，有罪，国除。昌在景帝朝为侯共两年。景帝中元二年，武的儿子昌袭侯，该年为其元年。中元四年，昌犯罪，封地被取消。
建元至元封六年三十六，太初元年尽后元二年十八	
侯第	**七十五**　赤的功劳在诸功臣中名列第七十五位。

张[1]
以中涓骑从起丰，以郎将入汉，从击诸侯，七百户。毛泽之以中涓骑的身份跟从刘邦在丰县起兵，后以郎将的身份进入汉国，又跟从刘邦攻打各地诸侯，享有食邑七百户。
一　十二年六月壬辰[2]，节侯毛泽之元年。毛泽之在高祖朝为侯共一年。毛泽之在高祖十二年六月壬辰被封为张侯，"节"为其谥号，该年为其元年。
七　毛泽之在惠帝朝继续为侯，共七年。
八　毛泽之在吕后执政期间继续为侯，共八年。
十　毛泽之在文帝朝为侯共十年。 二　十一年，夷侯庆元年。毛庆在文帝朝为侯共两年。文帝十一年，毛泽之的儿子毛庆袭侯，"夷"为其谥号，该年为其元年。 十一　十三年[3]，侯舜元年。毛舜在文帝朝为侯共十一年。文帝十三年，毛庆的儿子毛舜袭侯，该年为其元年。
十二　中六年[4]，侯舜有罪，国除。毛舜在景帝朝为侯共十二年。景帝中元六年，毛舜犯罪，封地被取消。
七十九　毛泽之的功劳在诸功臣中名列第七十九位。

国名	鄢陵[1]
侯功	以卒从起丰，入汉，以都尉击籍、荼，侯，七百户。朱濞以士卒的身份在丰县跟从刘邦起兵，进入汉国，后来担任都尉攻打项羽、臧荼，立功封侯，享有食邑七百户。
高祖十二	一　十二年中，庄侯朱濞元年。朱濞在高祖朝为侯共一年。朱濞在高祖十二年被封侯，“庄”为其谥号，该年为其元年。
孝惠七	七　朱濞在惠帝朝继续为侯，共七年。
高后八	三　朱濞在吕后执政期间为侯共三年。 五　四年[2]，恭侯庆元年。朱庆在吕后执政期间为侯共五年。吕后四年，朱濞的儿子朱庆袭侯，“恭”为其谥号，该年为其元年。
孝文二十三	六　七年[3]，恭侯庆薨，无后，国除。朱庆在文帝朝为侯共六年。文帝七年，恭侯朱庆去世，没有后嗣，封地被取消。
孝景十六	
建元至元封六年三十六，太初元年尽后元二年十八	
侯第	五十二　朱濞的功劳在诸功臣中名列第五十二位。

菌[1]
以中涓前元年从起单父[2]，不入关，以击籍、布、燕王绾，得南阳，侯，二千七百户。张平在刘邦起兵反秦的第一年，在单父起兵跟从刘邦，没有进入函谷关，领兵攻打项羽、黥布、燕王卢绾，攻取南阳，立功封侯，享有食邑二千七百户。
一　十二年，庄侯张平元年。张平在高祖朝为侯共一年。张平在高祖十二年被封为菌侯，"庄"为其谥号，该年为其元年。
七　张平在惠帝朝继续为侯，共七年。
四　张平在吕后执政期间为侯共四年。 四　五年[3]，侯胜元年。张胜在吕后执政期间为侯共四年。吕后五年，张平的儿子张胜袭侯，该年为其元年。
三　四年[4]，侯胜有罪，国除。张胜在文帝朝为侯共三年。文帝四年，菌侯张胜犯罪，封地被取消。
四十八　张平的功劳在诸功臣中名列第四十八位。

【注释】

煮枣

①煮枣：侯国名。其地说法不一。一说在今山东菏泽东明南，一说在今河北衡水冀州东北。高祖十二年（前195）始封赤，传二侯。景帝中元四年（146），侯昌有罪，封国撤销。

②侯赤：史失其姓，《汉书》作“革朱”。

③七：按，梁玉绳曰：“《汉表》云朱以孝惠七年薨，嗣子有罪不得代，至文帝二年始以它子绍封，中间旷绝十年。则此所书妄矣，当衍去‘八’字‘一’字，而高后格内补书曰‘嗣子有罪，不得代’，表例也。”

④二年：文帝二年。前178年。

⑤中二年：景帝中元二年，前148年。

张

①张：侯国名。在今河北邢台任泽西南。一说今山东泰安东平西南的张城。高祖十二年（前195）始封毛泽之，传二侯。景帝中元六年（前144），侯毛舜有罪，封国撤销。

②十二年六月壬辰：梁玉绳曰：“纪信已下六侯惟鄢陵无月，余皆书‘六月’。考高祖以四月甲辰崩，则此六侯者岂孝惠封之欤？抑误书‘六月’也。”

③十三年：文帝十三年。前167年。

④中六年：景帝中元六年，前144年。

鄢陵

①鄢陵：侯国名。在鄢陵县（今河南许昌鄢陵西北）。高祖十二年（前195）始封朱濞，传一侯。文帝七年（前173），侯朱庆去世，无后，封国撤销。

②四年:高后四年。前184年。

③七年:文帝七年。前173年。

菌

①菌:侯国名。《集解》引徐广曰"一作'卤'",《索隐》"又作'齿'"。其地未详。《汉书·地理志》安定郡有卤县,其地当在今甘肃境;代郡有卤城县,在今山西忻州繁峙东。高祖十二年(前195)始封张平,传一侯。文帝四年(前176),侯张胜有罪,封国撤销。

②前元年:刘邦起兵反秦之年,前209年。

③五年:高后五年。前183年。

④四年:文帝四年。前176年。

【集评】

汪越曰:"表侯功,大约从起丰、沛,从至霸上,定秦,从至汉中,从灭项羽,功之大者也。余功如从大将击齐、魏,击赵、韩、燕、代,定诸侯;如护太公、吕后,如奉孝惠、鲁元公主;如解鸿门,如为汉守,如从击黥布、彭越、陈豨、卢绾、韩王信等,皆表而出之,明不与恩泽侯同也。"(《读史记十表》)

徐克范曰:"《功臣年表》以功论也,自外戚周吕侯泽、建成侯释之、王子羹颉侯信、合阳侯信、德侯广、沛侯濞外,凡百三十七人皆功臣侯者,食邑多寡以功差。独其中有射阳侯缠,即项羽季父项伯,以鸿门解难,破羽降汉得侯;慎阳侯乐说以淮阴舍人告反得侯;期思侯贲赫以黥布中大夫告反得侯,非所以教忠也。辟阳侯审食其以侍从吕后入楚一岁得侯,非所以正体也。使萧、曹、良、平与此等伍,并揭于表,为之气塞也。"(《读史记十表补》)

俞樾曰:"观年表所载,有以'谋反'国除者,斯固法所宜然也。他如武昌侯德，坐‘伤人二旬死’弃市国除，犹曰重民命也。又如蓼侯臧，坐‘为太常南陵桥坏’国除；广阿侯越，坐‘为太常酒酸’国除；犹曰严祀事也。即如曲城侯皋柔，坐‘民不用赤侧钱为赋’国除；乐成侯义坐‘言五利侯不道’国除，犹曰挠时禁也。乃至芒侯申生坐‘尚南宫公主不敬’国除矣，祈侯它坐‘从射擅罢’国除矣，绛阳侯禄、宁侯指，坐‘出界’国除矣，武原侯不害坐‘葬过律’国除矣，高苑侯信坐‘出入属车间’国除矣，安丘侯指坐‘入上林谋盗鹿’国除矣，噫！父祖累百战之功而得国，子孙负一朝之过而失侯，遂使降将无反顾之心，功臣有自危之意，亦岂长有天下之道哉？”（《湖海笔谈》）

方苞曰：“汉武以列侯莫求从军，坐酎金失侯者百有余人，迁不敢斥言其过，故微词以见义。言古之道笃于仁义以安勋旧，而今任法刻削不同于古，帝王殊礼异务各以自就其功绪，岂可混而一之乎？刺武帝用一切之法以侵夺群下，而成其南诛北讨之功也。”（《史记注补正》）

李晚芳曰：“此篇论汉诸侯享国不如三代之久，因上之多所防，下之有所挟也。多所防则网密，有所挟则不兢兢持身，所以必致衰微，虽欲固根本而不能也。臣固失矣，君亦未为得焉，有无限伤今慕古之意。往复低徊，回环百折，词旨疏畅，而局度谨严。说古处直捷，用快笔；说今处含蓄吞吐，用婉笔，有言外不尽之言，味外不尽之味。读者细细领其旨趣，褒贬自见。呜乎，主挟今情，臣追昔款所以为功臣慨也。太史笔笔若归罪功臣，正所以叹惜功臣，惜其不遇三代之时也。吁！”（《读史管见》）

高塘曰：“今古相形，得失互勘，回护有法，劝戒无穷，其用笔低回曲折，自是千古绝调。汉待功臣最薄，然其骄溢淫辟，实有自取灭亡之道。使能如三代时笃仁义、奉上法，何至坐法亡国哉？至汉待功臣之薄处，只以‘网亦少密’、及‘帝王殊礼异务’等句见古今不必尽同，于言外微微逗人；而仍以‘得失之林’劝戒功臣为正指，可谓‘微而彰’矣。（《史记钞》）

【评论】

本表的意义，首先是它为我们提供了一份刘邦在位十二年间所封一百四十三位列侯的完整名单，并且列出了他们的功劳，大大弥补"本纪""世家""列传"纪事的不足。本表所列的功臣中，只有二十余人被单独写入"世家"或"列传"（包括合传），即所谓有"本传"，还有一些只在"本纪""世家"或"列传"中被附带提到过，而像功劳排在第七位的鲁侯涓、第十八位的曲城侯虫达、第十九位的博阳侯陈濞、第二十位的梁邹侯武儒等不少人除此表外，书中再未提及，正是有了这份史表，他们的事迹才被保留了下来。另外，表中列侯的封地所在与大小等，也给后代学者留下了研究汉代分封制度、经济分布等各种社会文化的线索，可见本表的史料价值是十分重要的。

一般情况下，排位越靠前的人功劳应该越大，越应该有"本传"，但司马迁在写"世家""列传"时却仿佛没有完全依据这些因素。如按功劳位次，萧何第一，曹参第二，周勃第四，这三个人都进入了"世家"；而位居第三的张敖，与位居第五、第六的樊哙、郦商则下降到了"列传"；进入了"世家"的另外两个人，是位居第四十七的陈平和位居第六十二的张良。司马迁说他为人物立传的标准是"扶义俶傥，不令己失时，立功名于天下"，正可与此表相印证。

刘邦的这一百四十三位功臣侯，到了武帝末年，剩下的只有五个了，除了"无后国除"，绝大多数都是因犯了这样那样的罪被削除了爵位，有的被杀，有的被贬为了平民。司马迁分析这些列侯迅速消亡的原因，一是由于列侯子孙骄奢淫逸，行为不轨，触犯法律，一是由于皇帝对列侯们的制裁越来越严厉。司马迁的本意是什么呢？从他在表序开头引用高祖分封功臣时所立誓词，再对夏、商、周时诸侯享国长久加以称赞，接着对比汉代列侯的迅速消亡，可知他是隐晦地表达了对汉代高祖以来诸帝失信寡恩、不能善待列侯的不满，表达了对许多因"莫须有"的罪名而被剥夺封爵的诸侯们的同情。然而司马迁的这种情绪更多地出自君臣关系、朋友关系的道德层面，不能以此推论出他留恋分封制。

据本表统计，武帝时期撤销的高祖功臣侯共七十个，几乎占了一半，其中只有四个是因“无后”自然撤销的。而因为酎金不合格被撤的有二十个，其他有些罪名也相当随意，如祁侯缯它因陪着武帝射箭中途离开，犯了不敬之罪而被废，平州侯昭昧因在驰道中行进还大声呼喝而被废，安丘侯张指因擅入上林苑盗猎鹿而被废等。武帝之所以大量撤销这些列侯，日人中井积德曾说：“是时四方征伐，有功者不得不封，而天下无地可封焉，故不得不减旧封，是事所必至，虽孝武之残忍寡恩，亦少有可恕者，要之处之之道失宜耳。”这应该是实情，只是手段太过分，难免令人反感。

梁玉绳认为本表是谱列功臣，不应该将刘姓子弟与吕氏外戚混入其中。将没有尺寸之功的刘姓子侄杂入“功臣表”的确不好；但吕后的兄长吕泽、吕释之是与刘邦共同起事，并为刘邦做出了重要贡献的大功臣，简单地将他们作为“外戚”从“功臣表”剔除，抹杀其历史作用，则是不合适的。

关于安国侯王陵的侯功：“以客从起丰，以厩将别定东郡、南阳，从至霸上。入汉，守丰。上东，因从战不利，奉孝惠、鲁元出睢水中，及坚守丰，封雍侯，五千户。”王陵的事迹主要附见于《陈丞相世家》，其次为《高祖本纪》《吕太后本纪》《张丞相列传》与本表，关于王陵归附刘邦的时间及其主要事迹与功勋，各篇说法都有较大不同。本表所载的“入汉，守丰。上东，因从战不利，奉孝惠、鲁元出睢水中，及坚守丰”云云，是王陵一生中的大事，也是他的重要功勋，但本表以外未见提及，只在《陈丞相世家》的《集解》中出现过一回，文字与此大同小异，可以认为是裴骃从本表中引用过去的，但《陈丞相世家》并没有与这条材料相呼应的事实。比较奇怪的是在《樊郦滕灌列传》中有一段文字说：“（夏侯婴）从击项籍。至彭城，项羽大破汉军。汉王败，不利，驰去。见孝惠、鲁元，载之。……汉王怒，行欲斩婴者十余，卒得脱，而致孝惠、鲁元于

【评论】

丰。”与此相应的《汉书·樊郦滕灌傅靳周传》也是说:“汉王怒,欲斩婴者十余,卒得脱,而致孝惠、鲁元于丰。”丰邑当时是项羽的地盘,好不容易逃出险境,怎么能又把两个孩子送进敌占区去呢?这似乎就与王陵在这个时候是不是真的曾经“坚守丰”大有关系了。这条材料很重要。

清代汪越《读史记十表》曰:“按《汉书》,高祖八年,天下平,论功定封。讫十二年,侯者百四十有三人,又作十八侯位次。高后二年,诏丞相陈平尽差列侯之功,录第下竟,藏诸宗庙,副在有司。太史公所表侯第是也。”也就是说,史表中所列功臣们的功劳位次是高后二年陈平奉诏最后论定的,当时录为两本,正本收藏在宗庙里,副本收进官府档案馆,这篇史表是根据副本写成的。